Kohlhammer

Hartmut Kreikebaum

Strategische Unternehmensplanung

6., überarbeitete und erweiterte Auflage

Verlag W. Kohlhammer
Stuttgart Berlin Köln

Die Deutsche Bibliothek - CIP-Einheitsaufnahme

Kreikebaum, Hartmut:
Strategische Unternehmensplanung / Hartmut Kreikebaum. - 6.,
überarb. und erw. Aufl. - Stuttgart ; Berlin ; Köln : Kohlhammer,
1997
    ISBN 3-17-014282-8

6., überarbeitete und erweiterte Auflage 1997

Verlagsort: Stuttgart
Umschlag: Data Images audiovisuelle Kommunikation GmbH
Gesamtherstellung: W. Kohlhammer Druckerei GmbH + Co. Stuttgart
Printed in Germany

Vorwort zur 6. Auflage

Gegenüber den bisherigen Auflagen erfolgte bei der vorliegenden sechsten Auflage des offensichtlich von Studenten und Praxisvertretern gut aufgenommenen Lehrbuchs zur strategischen Unternehmensplanung eine vollständige Überarbeitung. Sie betrifft einmal die gründliche Straffung der Lehrbuchinhalte, unter gleichzeitiger Berücksichtigung der inzwischen neu erschienenen Literatur im In- und Ausland. Auf der anderen Seite wurden zwei aktuelle Entwicklungen neu aufgenommen, die für eine strategische Führung der Unternehmen in Zukunft ausschlaggebend sein werden: die Globalisierung der Märkte sowie die Herausforderungen durch das »digitale Zeitalter«.

Tatkräftig bei der Überarbeitung unterstützt haben mich insbesondere Herr Dr. Roland Keil, inzwischen bei TELEKOM AG, Dipl.-Kffr. Susanne Lehning, inzwischen CSC Ploentzke AG, und meine wissenschaftlichen Mitarbeiter Dipl.-Kfm. Michael Behnam, Dipl.-Kfm. Dirk Ulrich Gilbert, Dipl.-Kfm. René Kay Munser, Dipl.-Kfm. Glenn Reinhardt und cand.rer.pol. Isabell Müller. Ihnen allen danke ich herzlich. In diesen Dank schließe ich Herrn Dipl.-Vw. Frank Katzenmayer vom Kohlhammer-Verlag ein.

Frankfurt am Main, Februar 1997.

Inhaltsverzeichnis

Abkürzungsverzeichnis

BMFT	=	Bundesministerium für Forschung und Technologie
DB	=	Der Betrieb
DBW	=	Die Betriebswirtschaft
FAZ	=	Frankfurter Allgemeine Zeitung
HBR	=	Harvard Business Review
HdWW	=	Handwörterbuch der Wirtschaftswissenschaft
HWA	=	Handwörterbuch der Absatzwirtschaft
HWB	=	Handwörterbuch der Betriebswirtschaft
HWF	=	Handwörterbuch der Finanzierung
HWO	=	Handwörterbuch der Organisation
HWPlan	=	Handwörterbuch der Planung
IO	=	Management Zeitschrift industrielle Organisation
JoBS	=	Journal of Business Strategy
JoM	=	Journal of Marketing
LRP	=	Long Range Planning
SMJ	=	Strategic Management Journal
SP	=	Strategische Planung
WiSt	=	Wirtschaftswissenschaftliches Studium
WISU	=	Das Wirtschaftsstudium
ZfB	=	Zeitschrift für Betriebswirtschaft
ZfbF	=	Zeitschrift für betriebswirtschaftliche Forschung
ZFO	=	Zeitschrift Führung und Organisation
ZfP	=	Zeitschrift für Planung
ZIR	=	Zeitschrift Interne Revision
ZO	=	Zeitschrift für Organisation

Abbildungs- und Tabellenverzeichnis

1.1   Begriffliche Abgrenzungen

| 1.1.1   Planung | 1.1.2   Strategien | 1.1.3   Strategische Unternehmensplanung | 1.1.4   Strategisches Management |

1.2   Entwicklungsgeschichte und Zweck der strategischen Unternehmensplanung

| 1.2.1   Bisherige Entwicklung | 1.2.2   Zweck der strategischen Unternehmensplanung |

1.3   Kritische Überlegungen zur bisherigen Planungspraxis

| 1.3.1   Kritik am Vorrang des Handelns und der operativen Planung vor strategischem Planen | 1.3.2   Kritische Überprüfung der Instrumente und Entscheidungshilfen | 1.3.3   Kritik an den konzeptionellen Ansätzen zur strategischen Unternehmensplanung |

Abb. 1.1: Aufbau des ersten Kapitels

1 Grundlagen

Problemstellung

Das Gebiet der strategischen Unternehmensplanung ist für die Praxis wie für die betriebswirtschaftliche Theorie gleichermaßen von aktueller Bedeutung. Die Beschäftigung mit den strategischen Aspekten der Unternehmensführung erscheint nicht nur reizvoll, sondern auch notwendig. Als relativ junges und sehr stark durch die unternehmerische Praxis geprägtes Gebiet zeichnet sich die strategische Unternehmensplanung durch einen Mangel an gesicherten Erkenntnissen, durch Uneinheitlichkeit der Begriffe, durch ordinale oder gar nur nominale Skalierung der Informationen sowie durch überwiegend kasuistische Erfahrungen und modische Tendenzen aus.

Um eine breite und nachvollziehbare Basis für das Verständnis der strategischen Unternehmensplanung zu schaffen, werden in diesem ersten Kapitel die Grundbegriffe, Entwicklungsgeschichte sowie der Zweck der strategischen Unternehmensplanung erklärt. Kritische Überlegungen zur Planungspraxis bilden dann die Überleitung zum zweiten Kapitel, in der eine allgemein akzeptierte Konzeption des strategischen Planungprozesses detailliert entwickelt wird.

Nebenstehende Abbildung 1 gibt einen Überblick über den Aufbau des ersten Kapitels.

1.1 Begriffliche Abgrenzungen

1.1.1 Planung

In Literatur und Praxis findet sich häufig eine Gleichsetzung von »Planen« und »Planung«. Es erscheint jedoch angebracht, diese beiden Begriffe voneinander abzugrenzen. Das Wort »Planen«, im deutschsprachigen Raum seit dem 15. Jahrhundert gebräuchlich, leitet sich vom lateinischen »planta« (= Grundriß eines Gebäudes, Grundfläche) ab. »Planen« beinhaltet damit, einen Grundriß bzw. ein Schema zu entwerfen, wie etwas zu tun oder auszuführen ist. Im Gegensatz zu »Planen« bedeutet »Improvisieren« (lateinisch:

improvisus = unerwartet, unvorhergesehen), ad hoc zu entscheiden, etwas dem Zufall zu überlassen, also planlos zu handeln.

Es sind drei inhaltliche Merkmale des Planens zu unterscheiden. Planen ist
(1) eine allgemeine geistige Beschäftigung mit der Zukunft,
(2) das konkrete Prüfen von alternativen Handlungsmöglichkeiten im Hinblick auf künftige Umweltsituationen,
(3) das Auswählen einer Handlungsalternative im Sinne einer Festlegung der Entscheidung.[1]

Im Gegensatz zu WILD wird hier die Auffassung vertreten, daß die Entscheidungsfindung Bestandteil des Planens ist, da nicht nur bei der Auswahl der bestmöglichen Handlungsalternative eine Entscheidung zu treffen ist, sondern mit jeder Teilstufe des Planungsprozesses Vorentscheidungen verbunden sind.[2] Daraus ergibt sich, daß der Entscheidungsträger zugleich auch Planungsträger ist und der Entscheidungsakt in die Planung einzubeziehen ist.

Die Begriffe Planung bzw. Unternehmensplanung kommen erst seit dem 20. Jahrhundert in der deutschen Sprache vor. In Abgrenzung zum »Planen« wird unter »Planung« die zukunftsbezogene Tätigkeit verschiedener Planungsträger in Organisationen verstanden. Planung ist also diejenige kollektive Tätigkeit in Organisationen, die zum gegenwärtigen Zeitpunkt eine Entscheidung vorbereitet und unter verschiedenen Handlungsmöglichkeiten eine Alternative auswählt. Durch die Art der Planung werden die Struktur des Planungssystems und der Ablauf des Planungsprozesses bestimmt.

Das Ergebnis bzw. das Objekt des Planens und der Planung wird als »Plan« bezeichnet. Man kann einen Plan »im Kopf haben« oder schriftlich fixieren. Da beim Prozeß der Planung mehrere Planungsträger beteiligt sind, sollte aus Gründen der gegenseitigen Information und der Koordination ein als Ergebnis von mehreren Planungstätigkeiten entstehender Plan in schriftlicher Form vorliegen. Der Plan muß bezeichnen, wer was warum womit bis wann und unter welchen Annahmen erreichen soll. Wenn im folgenden von Planung gesprochen wird, geschieht dies bezogen auf das Untersuchungsobjekt »Unternehmung«. Andere Arten von Planung sind z. B. Raumplanung, Verkehrsplanung und Bildungsplanung.

Diesen sicherlich einfach nachvollziehbaren Aspekten der Unternehmensplanung stehen aber Schwierigkeiten gegenüber, die sich aus den folgenden Bedingungen einer Planungssituation ergeben:
(1) Über die künftige Entwicklung besteht prinzipielle Unsicherheit. Diese Erkenntnis ist so alt, wie sich Menschen mit der Erstellung von Plänen befassen. So stellte bereits LORENZO DI MEDICI fest: »Über das Morgen gibt es keine Gewißheit«.
(2) Da die zu planenden Gegenstände in der Realität ausgesprochen komplex sind, müssen im allgemeinen sehr viele Faktoren erfaßt werden (statisti-

---

[1] Siehe hierzu die zusammenfassende Übersicht über die Planungsbegriffe in der Betriebswirtschaftslehre bei WEBER 1964, S. 724.
[2] Vgl. WILD 1982, S. 39. Zum umfassenden Entscheidungsbegriff siehe LAUX 1995, S. 7.

16

sche Angaben über die Vergangenheit plus Prognoseinformationen). Die Unsicherheit wird durch die vielfältigen Verknüpfungen zwischen den einzelnen Faktoren noch potenziert. Realiter muß deshalb stets eine Begrenzung auf die als wichtig angesehenen Variablen vorgenommen werden.

(3) Inbesondere in der strategischen Unternehmensplanung sind anstelle genauer quantitativer Angaben (metrische Skalierung) häufig nur qualitative Aussagen (ordinale und nominale Skalierung) möglich.

(4) Das Eintreten des geplanten Ergebnisses hängt nicht nur vom eigenen Handeln, sondern auch von den Aktionen und Reaktionen der »Mitspieler« ab (Konkurrenten, Lieferanten, Kunden, Staat usw.).

(5) Planung wird um so komplexer und damit um so schwieriger, je stärker verschiedene Interessenten ihren Einfluß auf die Planung geltend machen.

(6) Pläne tendieren generell dazu, sich zu verselbständigen. Es besteht zum Beispiel die Gefahr, daß ein einmal verabschiedeter Plan auch bei einer Veränderung der ursprünglichen Bedingungen beibehalten wird.

1.1.2 Strategien

Die Begriffe »Strategie« und »strategisch« sind zu Modewörtern und damit unklar und vieldeutig geworden (Beispiele: »strategische Motivation«, »strategische Kostenrechnung«, »strategisches Marketing«). Als Konsequenz ergibt sich daraus, daß diese Begriffe auch in Verbindung mit »Unternehmensplanung« nur dann beibehalten werden können, wenn sie sorgfältig definiert und abgegrenzt werden.

Die etymologischen Wurzeln des Wortes »Strategie« lassen sich auf die altgriechischen Begriffe »stratos« (= Heer) und »agein« (= führen) zurückführen. In Griechenland wurden ab 550 v. Chr. die Heerführer und Feldherren »strategos« genannt, die ursprünglich eine rein militärische Funktion ausübten. Mit der Zeit nahm auch ihre Bedeutung in Verwaltung und Politik zu. In der Drakonischen Verfassung wurde um 500 v. Chr. in Athen ein Kollegium von zehn militärischen Oberbeamten eingesetzt, das sich »Strategia« nannte. Dieses Gremium war nicht nur für die Fragen der Kriegsführung verantwortlich, sondern bestimmte im antiken Griechenland auch die Politik, insbesondere die Außenpolitik. Damit wurde die Regierungsführung in wesentlichen Zügen verändert und eine Reihe von Strukturen geschaffen, die für die Entwicklung der Demokratie wesentliche Bedeutung hatte.[3] Der Strategiebegriff wurde aus diesem Grund zunächst in einem allgemeineren Sinne, d. h. als Kunst der Staatsführung aufgefaßt und erst später wieder auf den Militärbereich eingeengt.[4]

---

[3] Vgl. EVERED 1983, S. 58.
[4] Vgl. GÄLWEILER 1981, S. 44.

Vom 15. Jahrhundert bis zum Ende des 18. Jahrhunderts n. Chr. war das Wort »Strategem« in Europa ein Begriff für die Kriegslist. Von der »Strategie« ist erst ab dem 19. Jahrhundert im Zuge der Napoleonischen Kriege die Rede.[5] Das Mitglied des preußischen Generalstabs, CARL VON CLAUSEWITZ (1780 – 1831), formulierte eine für den militärischen Bereich wichtige und darüber hinaus weit beachtete Definition:

> »Die Strategie ist der Gebrauch des Gefechts zum Zweck des Krieges; sie muß also dem ganzen kriegerischen Akt ein Ziel setzen, welches dem Zweck desselben entspricht, d. h. sie entwirft den Kriegsplan, und an dieses Ziel knüpft sie die Reihe der Handlungen an, welche zu demselben führen sollen, d. h. sie macht die Entwürfe zu den einzelnen Feldzügen und ordnet in diesen die einzelnen Gefechte an. Da sich alle diese Dinge meistens nur nach Voraussetzungen bestimmen lassen, die nicht alle zutreffen, eine Menge anderer, mehr ins Einzelne gehender Bestimmungen sich aber gar nicht vorher geben lassen, so folgt von selbst, daß die Strategie mit ins Feld ziehen muß, um das Einzelne an Ort und Stelle anzuordnen und für das Ganze die Modifikationen zu treffen, die unaufhörlich erforderlich werden.«[6]

Nach diesem Verständnis stellt die Strategie ein zielorientiertes Rahmenkonzept für Taktiken dar, das unter Ungewißheit zu formulieren sowie im Lichte der jeweils aktuellen Umweltinformationen ständig zu überprüfen ist.[7]

Die Einführung des Strategiebegriffs in die betriebswirtschaftliche Literatur wurde begünstigt durch die Spieltheorie. Nach VON NEUMANN/MORGENSTERN entspricht die Strategie eines Spielers einem »Plan, der angibt, welche Wahl er (der Spieler, d. Verf.) zu treffen hat in allen nur möglichen Situationen, für jede nur mögliche wirkliche Information, die er in diesem Augenblick im Einklang mit dem Informationsschema, das die Spielregeln für diesen Fall vorsehen, besitzen kann«.[8] Die mangelnde Übertragbarkeit des Strategiebegriffs der Spieltheorie auf die Unternehmenspraxis ist dadurch begründet, daß die zu bewältigenden Entscheidungen zu komplex sind, um die maßgeblichen Variablen der jeweiligen Situation mit den Mitteln der Spieltheorie berücksichtigen zu können. Außerdem spiegeln die in der Spieltheorie beschriebenen Situationen eher Probleme der operativen als der strategischen Planung wider.[9]

Die Schwierigkeiten im Umgang mit dem Strategiebegriff in der unternehmerischen Praxis begründet MINTZBERG wie folgt: »It is important to remember that no-one has ever seen a strategy or touched one; every strategy is an invention, a figment of someone´s imagination.«[10] Selbst wenn eine Strategie schriftlich fixiert ist, bleibt sie immer ein gedankliches Konstrukt und kann sich niemals in einen physischen Gegenstand wandeln. Es müssen deshalb die

---

[5] Vgl. EVERED 1983, S. 63.
[6] VON CLAUSEWITZ 1991, S. 345.
[7] Siehe hierzu auch BROCKHOFF 1994, S. 111.
[8] VON NEUMANN/MORGENSTERN 1967, S. 79.
[9] Vgl. ANTHONY 1965, S. 56 f.
[10] MINTZBERG 1987, S. 16.

mit einer Strategie verbundenen Vorstellungen untersucht werden, um einen Überblick über die Bedeutung dieses Begriffes zu bekommen.[11]

Strategien sind nach dem hier vertretenen Verständnis durch drei Merkmale gekennzeichnet, die sich auch als Strukturelemente der strategischen Unternehmensplanung identifizieren lassen. Eine Strategie ist

(1) ein Gesamtkonzept zur Erreichung eines Zieles oder mehrerer Ziele, das
(2) auf längere Zeit ausgelegt ist und
(3) aggregierte Größen beinhaltet.[12]

Unternehmensstrategien sind damit als ein durchgängiger Zusammenhang von ersten Aktionen bis zum endgültigen Erfolg durch Zielerfüllung charakterisiert.[13] Inhaltlich können sie entweder Vorgaben für Handlungsanweisungen umfassen oder Planungsergebnisse enthalten, die unmittelbar in Handlungen umzusetzen sind. Sie sind also »allgemeine Verfahrensrichtlinien«[14], die Aussagen darüber machen, wie ein Unternehmen seine vorhandenen und seine potentiellen Stärken einsetzt, um Veränderungen der Umweltbedingungen zielgerichtet zu begegnen.

In dieser Definition kommen folgende Elemente zum Ausdruck:

(1) Unternehmensstrategien werden beeinflußt durch Veränderungen der Umweltbedingungen. Sie können letztere entweder aktiv gestalten, oder sie können reaktive Anpassungsstrategien sein. Die Umweltänderungen können bereits eingetreten sein oder erst noch erwartet werden.

(2) Unternehmensstrategien lassen erkennen, in welcher Weise das intern vorhandene Potential unter Ausnutzung der bestehenden und der zukünftigen Stärken eingesetzt werden kann, um die Absichten des Unternehmens zu erfüllen.

(3) Unternehmensstrategien geben die allgemeine Richtung an, in die hinein sich ein Unternehmen langfristig entwickelt. Sie müssen deshalb durch nachfolgende Maßnahmen ergänzt bzw. ausgefüllt werden.

(4) Das Ziel ist der Aufbau nachhaltiger Erfolgspotentiale durch Ausnutzung von Wettbewerbsvorteilen.

In Abgrenzung zu CHANDLER, STEINER, ANDREWS u. a. schließt dieser Strategiebegriff den Prozeß der Zielformulierung nicht mit ein.[15] Unternehmensstrategien bezeichnen hiernach nur das »fundamental pattern of present and planned resource deployments and environmental interactions that indicates how the organization will achieve its objectives.«[16] Diese enge Begriffsauffassung von Unternehmensstrategien wird u. a. auch von ANSOFF vertreten.[17]

---

[11] Vgl. DANNENBERG 1990, S. 21.
[12] Siehe hierzu auch VOIGT 1992, S. 217-218.
[13] Vgl. GÄLWEILER 1981, S. 45.
[14] ULRICH 1990, S. 107.
[15] Vgl. CHANDLER 1962, S. 13; STEINER 1971, S. 321; ANDREWS 1980, S. 28.
[16] HOFER/SCHENDEL 1978, S. 25.
[17] vgl. ANSOFF 1965, S. 93 und S. 135.

Ein wesentliches Strukturmerkmal von Unternehmensstrategien ist deren langfristige Wirksamkeit.[18] Je nachdem, ob die Bezugszeit, die Geltungsdauer, der Planungshorizont oder die Anpassungs-/Innovationszeit einer Strategie betrachtet wird, ergeben sich zwar unterschiedliche zeitliche Planungshorizonte, die Wirksamkeit einer Strategie ist aber grundsätzlich langfristiger Natur.[19] Zum einen löst die Umsetzung von Unternehmensstrategien zahlreiche Maßnahmen aus, die sich über einen bestimmten Zeitraum erstrecken. Strategien müssen so umfassend formuliert sein, daß sie diese Maßnahmenketten und die zu deren Realisierung erforderliche Zeit einbeziehen.[20] Zum anderen werden bei der Durchführung von Maßnahmen auch selbst dauerhaft wirkende Bindungen eingegangen, z. B. durch den Kapitaleinsatz, langfristig bindende Verträge und die Bereitstellung von Arbeitskräften.[21] Weil diese Bindungen meist nicht beliebig oder nur mit hohen Aufwendungen wieder gelöst werden können, stellen sie für spätere Planungsperioden Daten dar.[22]

1.1.3 Strategische Unternehmensplanung

Aufgabe der Unternehmensplanung ist es, für das Unternehmen relevante Informationen zu beschaffen, aufzubereiten und aus der Sicht der Entscheidungsträger in ein Entscheidungsmodell abzubilden.[23]
Die strategische Unternehmensplanung stellt ein solches, entscheidungsorientiertes Modell dar, mit dessen Hilfe die Daten und Variablen eines Unternehmens und seine erfaßbare Umweltsituation abgebildet werden können. Innerhalb der strategischen Unternehmensplanung selbst können wiederum Teilmodelle formuliert werden.
Die Literatur zur strategischen Unternehmensplanung enthält eine Fülle unterschiedlicher Begriffsabgrenzungen. [24] Dabei lassen sich formale, instrumentelle, teleologische und integrierte Definitionen unterscheiden. [25] Nach

---

[18] Vgl. ALBACH 1978, S. 703-704; HAMMER 1988, S. 55-56; HAHN 1981, S. 224; FANDEL 1983, S. 489; HANSSMANN 1985, S. 152; JACOB 1980, S. 19; JACOB 1982a, S. 42; GÄLWEILER 1976, S. 67; GÄLWEILER 1981a, S. 84; SCHREYÖGG 1984, S. 80-81; KIRSCH/ESSER/GABELE 1979, S. 328-331.
[19] Zu den Zeitpunkten und Zeiträumen eines Planes siehe KIRSCH/ESSER/GABELE 1979, S. 330-331.
[20] Vgl. VOIGT 1992, S. 220.
[21] Vgl. JACOB 1982, S. 72.
[22] Vgl. VOIGT 1992, S. 221; JACOB 1982, S. 70-71.
[23] Vgl. ROTHGÄNGEL 1989, S. 68, und die dort angegebene Literatur.
[24] Eine beispielhafte Gegenüberstellung der unterschiedlichen Begriffe der Strategie und der strategischen Planung in der deutschsprachigen Literatur findet sich bei RABL 1990, S. 13-15. Eine Aufstellung von Strategiekonzepten der englischsprachigen Literatur enthält bereits HOFER/SCHENDEL 1978, S. 18-19.
[25] Vgl. HANSSMANN 1985, S. 151-156.

der hier vertretenen weiten Auffassung kann sich die strategische Planung nicht auf die Planung von Produkt-/Markt-Kombinationen beschränken, sondern umfaßt neben der Formulierung von Strategien auf der Unternehmens-, Geschäfsfeld- und Funktionsebene auch die Analyse von relevanten Umweltänderungen.[26]

Die folgende Arbeitsdefinition umfaßt die Strategiebestimmung als wesentlichen Bestandteil der strategischen Planung sowie vor- und nachgelagerte Prozeßschritte:

> Strategische Unternehmensplanung beschreibt in präskriptiver Sicht den Prozeß, in dem eine rationale Analyse der gegenwärtigen Situation und der zukünftigen Möglichkeiten und Gefahren zur Formulierung von Absichten, Strategien, Maßnahmen und Zielen führt. Diese Bausteine des strategischen Planungsprozesses geben an, wie das Unternehmen unter bestmöglicher Ausnutzung der vorhandenen Ressourcen die durch die Umwelt bedingten Chancen wahrnimmt und die Bedrohungen abwehrt.

Als vorgelagerte Schritte der Strategiebestimmung sind eine Analyse und Prognose der internen und externen Umweltbedingungen vorzunehmen und Aussagen über die langfristig verfolgten Absichten des Unternehmens zu treffen. Der Strategiefindung folgt die Festlegung konkreter Maßnahmen und Zielerreichungsgrade zeitlich nach.

Für die strategische Unternehmensplanung insgesamt ist die Unternehmensleitung verantwortlich. Dies gilt sowohl für Unternehmensgesamtstrategien (in Konzernen auch Konzernstrategie genannt) als auch für Geschäftsbereichs- und Funktionsbereichsstrategien. In deskriptiver Sicht geht es um die Untersuchung und Erklärung der tatsächlich ablaufenden Planungsprozesse in einem Unternehmen.[27]

Aufgabe der strategischen Unternehmensplanung ist im Sinne von BARNARD und DRUCKER die Sicherung der Effektivität eines Unternehmens, während die operative Planung die Verbesserung der Effizienz zum Ziele hat.[28] Die strategische Unternehmensplanung läßt sich als wichtigstes Intrument der obersten Führungskräfte bezeichnen und auf die kurze Formel: »Process and tools they use to get their job done« bringen.[29]

---

[26] Vgl. zu dieser weiten Sichtweise auch WELGE/AL-LAHAM 1992, S. 5 und HAMMER 1992, S. 49.
[27] Siehe hierzu QUINN 1980 sowie MINTZBERG/WATERS 1986.
[28] Siehe dazu die zusammengefaßte Diskussion bei HOFER/SCHENDEL 1978, S. 2-4, und GRIMM 1983, S. 7-10.
[29] CLAYCAMP 1985, S. 10.

1.1.4 Strategisches Management

Im Zusammenhang mit der begrifflichen Klarstellung ist abschließend zu begründen, worin der Ansatz des »Strategischen Managements«[30] besteht und wie dieser Begriff gegenüber der strategischen Planung abzugrenzen ist. Die Konzeption des strategischen Managements entwickelte sich ursprünglich aus der Kritik an der strategischen Unternehmensplanung. Letzterer wurde vorgeworfen, zu einem versteinerten Ritual für Planungsstäbe geworden zu sein, das sich periodisch wiederhole und hauptsächlich im Ausfüllen von Planungsformularen erschöpfe. Als Protagonist des strategischen Managements ist HARRY IGOR ANSOFF anzusehen, der diesen Ansatz erstmals 1976 entfaltete.[31] ANSOFFS Plädoyer für ein strategisches Management umfaßt vor allem drei Aspekte:

(1) Erstens seien die Umweltbedingungen zu analysieren, die sich durch zunehmende Turbulenz und Diskontinuitäten auszeichnen.

(2) Zweitens sei das Konzept einer »strategischen Führung« nur durch geeignete »strategische Manager« durchzusetzen.

(3) Drittens müßten die Anpassungszeiten verkürzt werden, mit denen die Unternehmensleitung auf Umweltveränderungen reagiert. Dies könne z. B. durch ein »strategic issue management« geschehen, das bereits »schwache Signale« aufnimmt und in vorausschauendes Handeln umsetzt.

Dieser Ansatz ist sowohl in der englischsprachigen wie auch in der deutschsprachigen Literatur aufgegriffen worden. In den USA haben sich u. a. HAX/ MAJLUF und BARNETT/WILSTED mit dem strategischen Management beschäftigt. HAX und MAJLUFF behandeln in ihrem Ansatz

(1) die Entwicklung der Strategieplanungstheorie,

(2) Konzepte und Instrumente der Strategieplanung sowie

(3) eine Methodik zur Entwicklung eines Unternehmensstrategieplans,

also die traditionellen Schwerpunktbereiche der strategischen Unternehmensplanung.[32] Unter strategischem Management wird von beiden Autoren speziell die administrative Integration von Planung, Organisationsstruktur und Unternehmenskultur verstanden. BARNETT und WILSTED rücken ebenfalls die Formulierung und Umsetzung von Strategien in den Mittelpunkt ihrer Ausführungen. Weitere Schwerpunkte gelten der Beschreibung von Eigenschaften des strategischen Managers und der unternehmerischen Absichten.[33]

---

[30] Zur Entwicklung des strategischen Managements siehe KNYPHAUSEN-AUFSESS 1997.
[31] Vgl. ANSOFF/DECLERCK/HAYES 1976 sowie ANSOFF 1979.
[32] Vgl. HAX/MAJLUF 1984 und 1988.
[33] Vgl. BARNETT/WILSTED 1989.

Im deutschen Sprachraum ist der ANSOFFsche Ansatz erstmalig von KIRSCH aufgegriffen worden.[34] Dabei werden die strategische Analyse, die Planung sowie die strategische Steuerung als Kerngehalte eines strategischen Managements behandelt. Dessen Grundgehalt läßt sich nach KIRSCH mit dem Versuch umschreiben, »das richtige Holz richtig zu hacken« und dabei ungleich einem »Haarschneideautomaten« die Individualität eines Unternehmens zu berücksichtigen.[35] Die Autoren befassen sich ferner mit der strategischen Frühaufklärung (nicht als neuem »System«, sondern als Querschnittsfunktion), sie diskutieren die verschiedenen Planungs- und Kontrollsysteme und gehen auf den – häufig in der Planungstheorie ihrer Meinung nach vernachlässigten – unternehmenspolitischen Rahmen ein.

SCHOLZ stellt die Konzeption eines »Integrativstrategischen Managements« in den Mittelpunkt seiner Arbeit.[36] Der Verfasser untersucht die Integration strategischer Prinzipien (z. B. strategische Stimmigkeit), strategischer Aktivitäten (z. B. Strategieformulierung und -implementierung) und strategischer Felder (z. B. Produktion, Absatz, Organisation).

In der praxisorientierten Sichtweise des Problemkreises werden die Kernprobleme der strategischen Planung auch unter dem Oberbegriff der »Strategischen Unternehmensführung« diskutiert.[37] Dargestellt werden Einzelfragen zu folgenden Themenbereichen: Strategische Führung als Schlüssel zum Unternehmenserfolg, Strategiekonzepte (für Unternehmens- und Geschäftsfeldstrategien) und ihre Anwendung, Strategieentwicklung und Zukunftsperspektiven der strategischen Führung.

Eine Weiterentwicklung des strategischen Denkens, von der strategischen Planung hin zur strategischen Führung, heben auch HAHN/TAYLOR mit der ab der 6. Auflage geänderten Überschrift ihres Sammelbandes »Strategische Unternehmungsplanung – Strategische Unternehmungsführung« hervor.[38] Behandelt werden Wesen und Konzepte der strategischen Planung und Führung, die strategische Geschäftsfeld-, Organisations-und Führungssystemplanung, institutionelle Aspekte der Organisation, Implementierung und Kontrolle, computergestützte Planungsmodelle, Einzelfragen der Unternehmensplanung und -führung in Familienunternehmen sowie neue Perspektiven und künftige Rahmenbedingungen. Die Herausgeber gehen von einer Erweiterung der strategischen Planung in sowohl inhaltlicher als auch prozessualer Hinsicht aus und betonen, daß sich strategische Führungsprozesse nicht nur auf die Kerngegenstände der strategischen Planung, sondern auch auf die übergeordneten Fragen der Unternehmenspolitik sowie auf die Unternehmungsphilosophie und Unternehmungskultur bezögen.

Abschließend sei hier noch das zweibändige Werk von HINTERHUBER zum strategischen Management herausgegriffen. Der Verfasser beschäftigt sich

---

[34] Vgl. KIRSCH/ROVENTA 1983; siehe auch das Konzept der fortschrittsfähigen Organisation bei KIRSCH/ESSER/GABELE 1979.

[35] KIRSCH/ROVENTA 1983, S. 5 bzw. S. 17.

[36] Vgl. SCHOLZ 1987.

[37] Siehe hierzu den Sammelband von HENZLER 1988.

[38] Vgl. HAHN/TAYLOR 1992.

vorrangig mit Visionen, Unternehmenspolitik und Strategien als Ausdruck eines »strategischen Denkens«.[39] Er behandelt Direktiven, Organisations- und Umsetzungsprobleme, die Unternehmenskultur sowie strategische Führungskompetenz als Gegenstände des »strategischen Handelns«. Das Gesamtwerk ist aus einer empirischen Untersuchung des Innovationsverhaltens und der strategischen Planungssysteme von europäischen Unternehmen heraus entwickelt worden und damit auch entsprechend praxisorientiert aufgebaut.

Es ist kritisch festzuhalten, daß sich strategisches Management von der strategischen Unternehmensplanung je nach Sichtweise durch folgende Aspekte unterscheidet.[40]

(1) Neben der Produkt-Markt-Beziehung werden auch andere System-Umwelt-Beziehungen in die Betrachtung eingeschlossen.

(2) Externe Umweltorientierung und interne Kompetenz der Unternehmung werden gleichgewichtig betrachtet.

(3) Es wird explizit ein Management interner Veränderungsprozesse berücksichtigt.

Die strategische Unternehmensplanung konnte inzwischen nachweisen, daß die an ihre Adresse gerichteten Vorwürfe nur im Anfangsstadium und im Einzelfall zutreffen, vom System her gesehen aber nicht haltbar erscheinen. Theorie und Praxis der strategischen Planung stimmen weitgehend darin überein, daß die externen Umweltbeziehungen einschließlich der soziopolitischen Variablen und der internen Unternehmenskompetenz ebenso wie die Probleme der Steuerung, Implementierung und Kontrolle einzubeziehen sind. Alles andere wäre eine Verkürzung des Planungsgedankens, die auch und gerade von der betrieblichen Praxis nicht mitgetragen wird. Der Vorwurf einer Verkrustung der strategischen Planung kann ebenfalls angesichts der Entwicklungen in Richtung Dezentralisierung und Flexibilität nicht länger aufrechterhalten werden.[41]

Mit anderen Worten: Die Konzeption der strategischen Unternehmensplanung ist nach dem hier vorgetragenen Verständnis so weit, daß sie mögliche Fehlentwicklungen der Vergangenheit zu korrigieren und erfolgversprechende neuere Ansätze aufzunehmen in der Lage ist. Auf jeden Fall erscheint es unangebracht, dem Vorschlag ANSOFFS folgend, eine historisch datierbare Abfolge von strategischer Planung und strategischem Management zu konstatieren. Diese Behauptung muß nach dem Ergebnis unserer empirischen Untersuchungen zur Weiterentwicklung strategischer Planungssysteme zurückgewiesen werden.[42]

---

[39] Vgl. HINTERHUBER 1996.
[40] Vgl. STAEHLE 1994.
[41] Vgl. BONN/CHRISTODOULOU 1996, p. 546.
[42] Siehe hierzu KREIKEBAUM/GRIMM 1986.

1.2 Entwicklungsgeschichte und Zweck der strategischen Unternehmensplanung

1.2.1 Bisherige Entwicklung

Eine Durchsicht der Planungsliteratur läßt erkennen, daß die strategische Unternehmensplanung seit den 70er Jahren immer stärker in den Mittelpunkt des betriebswirtschaftlichen Interesses gerückt ist.[43] Ein kritischer Rückblick zeigt, daß von einem zwingenden temporalen Ablauf von der Finanzplanung über die Langfristplanung hin zur strategischen Planung nicht gesprochen werden kann. Es lassen sich lediglich bestimmte Entwicklungsstufen voneinander unterscheiden.[44] An dieser Entwicklung sind insbesondere folgende Faktoren beteiligt:
(1) Die Erhöhung von Komplexität und Dynamik der Umweltbedingungen;
(2) Neuere Entwicklungen in der Organisation des Unternehmens;
(3) Fortschritte im Bereich der Planungsmethoden.

zu (1):

Da jede Planung widerspiegelt, wie das Unternehmen auf externe Umweltbedingungen zu reagieren gedenkt bzw. wie es diese zu beeinflussen versucht, kann die Umweltsituation als ein ausschlaggebender Einflußfaktor der Entwicklung in Richtung auf eine strategische Unternehmensplanung angesehen werden. Im Hinblick auf die unterschiedlichen Umweltbedingungen, denen sich die Unternehmensführung in der Vergangenheit gegenübersah, lassen sich folgende Veränderungen feststellen.
Die Entwicklung in den 50er und 60er Jahren war geprägt durch einen Verkäufermarkt, der beträchtliches industrielles Wachstum und expandierende Unternehmen nach sich zog. Angesichts dieser Gesamtsituation konnten sich die Unternehmen mit einer kurzfristigen Planung im Produktions- und Finanzbereich begnügen.
Konjunkturelle Einbrüche Mitte bis Ende der 60er Jahre zwangen die Unternehmen dazu, sich verstärkt mit dem Absatzmarkt zu beschäftigen und längerfristige Zielvorstellungen zu entwickeln. Zu diesem Zweck wurden vielfach umfangreiche Planungsabteilungen aufgebaut, die aber teilweise mehr die Funktion von volkswirtschaftlichen Abteilungen erfüllten und sich insbesondere mit der Analyse und der Prognose von Umweltbedingungen beschäftigten. Dies dokumentierte einerseits ein wachsendes Verständnis für die Notwendigkeit, auf Änderungen der Umweltbedingungen einzugehen. Auf der anderen Seite neigten diese Stabsabteilungen dazu, ihre Tätigkeit zu ver-

---

[43] Vgl. BLUM/MÜLLER-BÖLING/SCHMIDT 1979, S. 4-7.
[44] Siehe dazu beispielsweise die Versuche von SAUER 1970, KIRSCH/ESSER/GABELE 1979 und HAHN/TAYLOR 1992.

absolutieren. Die 60er Jahre waren deshalb typisch für die Entwicklung ganzer Expertenstäbe und Planungsabteilungen, die entsprechend ihrer formalen bzw. methodischen Schulung zunächst einmal bestrebt waren, die Umwelt so vollständig und so exakt wie möglich zu erfassen, ohne den aktuellen Bedarf an solchen Informationen zu berücksichtigen.

Ausgelöst durch unternehmensexterne Entwicklungen (stark ausschlagende Konjunkturzyklen, Aufgabe des Bretton-Woods-Prinzips fester Währungsparitäten, Beschleunigung des wissenschaftlich-technischen Wandels, erste Ölkrise 1973) sowie die erhebliche Ausweitung der Geschäftätigkeit der Unternehmen auf neue Märkte mit dem Ziel der Risikostreuung trat in den 70er Jahren die Frage in den Vordergrund, wie die Unternehmen unvorhergesehenen Ereignissen (sog. Diskontinuitäten) begegnen sollten. Die für die Unternehmensplanung Verantwortlichen wurden gezwungen, vollständig umzudenken. Bisher hatten sie sich vielfach damit begnügt, Wachstumsprognosen auf der Grundlage der Vergangenheitsentwicklung aufzustellen und damit die bisherige Entwicklung einfach zu extrapolieren. Dies führte notwendigerweise zum Aufbau von Überkapazitäten und zu damit verbundenen Kostenerhöhungen. Die Situation stagnierender Umsätze bei Kostenremanenz und bei einem ansteigenden Kostenniveau zwang die Unternehmen unter anderem zu einer kritischen Überprüfung ihrer bisherigen Planungspraxis und erforderte damit die Beschäftigung mit den Grundgedanken einer strategischen Unternehmensplanung. Man erkannte, daß strategische Planung eine Aufgabe der Unternehmensleitung selbst sein muß.

In den 80er Jahren traten zunehmend Fragen der Internationalisierung von Unternehmensstrategien und der Globalisierung des Marketing in Erscheinung. Nicht zuletzt dadurch sind heute die Umweltbedingungen durch ein hohes Maß an Turbulenz gekennzeichnet. Dies drückt sich in der Abnahme der Prognostizierbarkeit der Umweltveränderungen, der Verkürzung der Reaktionszeit, einer Verlängerung der Anpassungszeit für notwendige Reaktionsmaßnahmen sowie der größeren Bedeutung von Umweltveränderungen für das Unternehmen aus.

Hervorgehoben wird in jüngster Zeit immer stärker die Notwendigkeit, Risiken und mögliche Chancen möglichst frühzeitig aufzuspüren und in unternehmerische Entscheidungen umzusetzen. Durch eine entsprechende Ausrichtung des Planungsprozesses auf spezifische Gegebenheiten wird die Forderung nach Flexibilität der Planung umgesetzt. Planungs- und Entscheidungsprozesse werden als eine Einheit gesehen. Immer häufiger tritt der Gedanke des gesellschaftlichen Wertewandels in den Vordergrund.[45]

zu (2):

Die Entwicklung hin zur strategischen Unternehmensplanung wurde bereits durch die Erkenntnis CHANDLERS »Structure follows strategy« induziert. Der

---

[45] Siehe dazu beispielsweise PETERS/WATERMAN 1983, KREIKEBAUM 1988, ZABEL 1991 und RIBBE/ZABEL 1993.

amerikanische Wirtschaftshistoriker hatte im Rahmen einer empirisch ge-stützen Ex-post-Betrachtung herausgearbeitet, daß die organisatorischen Strukturveränderungen bestimmten Veränderungen der Unternehmenspoli-tik und der strategischen Entscheidungen der Unternehmensleitung folgten.[46] CHANDLER wies insbesondere nach, daß der Wandel von zentralen, nach funk-tionalen Gesichtspunkten aufgebauten Unternehmensstrukturen zu dezen-tralen »divisions« in den von ihm untersuchten Unternehmen als konse-quente Folge strategischer Veränderungen (verstärkte Diversifizierung) anzu-sehen ist.

Diese Beobachtung wurde für europäische Großunternehmen durch die Ar-beit von DYAS/THANHEISER bestätigt.[47] Die Autoren beschäftigten sich u. a. mit Wachstum und Wandel der 100 größten deutschen Unternehmen von 1950-1970 und zeigten die organisatorischen Veränderungen während dieses Zeitraums auf. Der Wandel zur Diversifikation und damit auch zur Divisio-nalisierung war sowohl in den deutschen als auch in den untersuchten franzö-sischen Unternehmen festzustellen. Bei unserer eigenen Untersuchung von 40 Unternehmen mit Geschäftsbereichsorganisation stellten wir Ende der 70er Jahre fest, daß die strategische Planung in formalisierter Form im unmittelba-ren Zusammenhang mit der oder im Anschluß an die Divisionalisierung ein-geführt wurde.[48] In den 80er und 90er Jahren setzte sich diese Tendenz weiter fort. Die Divisionalisierung der Unternehmen wird heute in vielen Fällen so-gar durch die Ausgründung von Unternehmensteilen in eigene Gesellschaften institutionalisiert. Die Steuerung der hierbei entstehenden Konzerne ist nur noch mit einem hochentwickelten strategischen Planungssystem möglich.[49]

Es muß darauf hingewiesen werden, daß diese Entwicklung CHANDLERS These nicht unumstößlich belegt. Die Aussagen der oben angegebenen Unter-suchungen sowie die Einschätzung der neueren Entwicklung beziehen sich nicht auf die Einführung strategischer Planungssysteme, sondern auf mehr intuitive strategische Entscheidungen der Unternehmensleitung.

zu (3):

Die Weiterentwicklung des methodischen Planungsinstrumentariums hat ei-nen bedeutsamen Einfluß auf Theorie und Praxis der strategischen Planung ausgeübt. Bereits in den 60er Jahren setzte man Wirtschaftlichkeits- und In-vestitionsrechnungen, Verfahren der Unternehmensforschung sowie einfache Wenn-Dann-Wirkungsmodelle im Rahmen der operativen Planung ein, um zu einer systematischen Entscheidungsvorbereitung zu gelangen.[50] Mit Be-ginn der 70er Jahre wurden im Rahmen der strategischen Planung in immer stärkerem Maße Lern- und Erfahrungskurven, Portfoliomethoden, Stärken-

---

[46] Vgl. CHANDLER 1962.
[47] Vgl. DYAS/THANHEISER 1976.
[48] Vgl. KREIKEBAUM/SUFFEL 1980, S. 27.
[49] Siehe hierzu die Beispiele für international operierende Konzerne bei Hahn 1994, S. 821-1105.
[50] Siehe dazu SAUER 1970, S. 203.

27

und Schwächenanalysen, Szenario-Analysen und andere, hauptsächlich quantitative Analyseverfahren benutzt.

Im Hinblick auf die notwendige Informationsbeschaffung und -verarbeitung erwies sich der Einsatz von Computern zunehmend als ein Hilfsmittel auch der strategischen Unternehmensplanung. Eine methodische Bereicherung, die damit in engem Zusammenhang steht, ergab sich durch den Einsatz von sogenannten Frühwarnsystemen. Diese Instrumente sollten das Defizit an Prognoseinformationen abbauen helfen. Schließlich diente auch die Verfeinerung der Prognosen zusammen mit der Entwicklung von Entscheidungshilfen wie der flexiblen Planung dazu, die strategischen Entscheidungen der Unternehmensleitung zu erleichtern.

Seit einiger Zeit ist eine tendenzielle Abwendung von rein quantitativen Ansätzen und eine Rückbesinnung auf die meist qualitativ orientierten Grundlagen unternehmerischer Entscheidungen festzustellen. Methodisch drückt sich diese Tendenz durch die Aufnahme von Instrumenten, die der Nicht-Linearität, Dynamik und Unschärfe der Informationen Rechnung tragen, in den »Instrumentenkasten« der strategischen Unternehmensplanung aus. Neben Kreativitätstechniken kommen heute auch Fuzzy-Logik-basierte Verfahren und neuronale Netze in der Unternehmensplanung zum Einsatz.

1.2.2 Zweck der strategischen Unternehmensplanung

Eine Planung hat grundsätzlich folgende Aufgaben zu erfüllen:[51]
(1) Minderung des Risikos von Fehlentscheidungen;
(2) Schaffung zukünftiger Handlungsspielräume zur Vermeidung von sogenannten Sach- und Zeitzwängen;
(3) Reduktion von Komplexität durch Stabilisierung von Verhaltensweisen und -erwartungen;
(4) Integration von Einzelentscheidungen in einen umfassenden Gesamtplan unter Berücksichtigung der vorhandenen Handlungsinterdependenzen.

Diese Aufgaben sind auch von der strategischen Unternehmensplanung zu bewältigen. Der Zweck der strategischen Planung besteht nicht darin, Absichten und Ziele als gegeben hinzunehmen. Vielmehr ist es die Aufgabe der strategischen Unternehmensplanung, die Berechtigung und Rationalität der Absichten und Ziele selbst zu untersuchen.

Nach GÄLWEILER liegt die spezifische Aufgabe der strategischen Planung in der Schaffung und der Erhaltung von Ertragspotentialen. Sie steckt hierdurch den Rahmen für die Entscheidungen, die innerhalb der operativen Planung in bezug auf die optimale Ausnutzung der vorhandenen Ertragspotentiale zu treffen sind, ab.[52]

---

[51] Vgl. WILD 1982, S. 15-18.
[52] Vgl. GÄLWEILER 1986, S. 54-55 und S. 148-149.

Der künftige Zustand der Umweltbedingungen kann sich gegenüber der heutigen Situation schnell, unvorhersehbar und drastisch ändern. In die strategische Planung von heute muß deshalb auch stets Phantasie und Kreativität im Hinblick auf die Erfassung der möglichen Welt von morgen mit einfließen. Nur dann wird die strategische Planung die oben erwähnten Aufgaben voll erfüllen können. Letztlich ist es Zweck der strategischen Unternehmensplanung, die »odds of winning«[53] zu verbessern. Diese Zwecksetzung findet ihren Niederschlag in einer verstärkten Diskussion über den bisher nicht eindeutig nachgewiesenen Zusammenhang zwischen Unternehmenserfolg und strategischer Planung.[54]

1.3 Kritische Überlegungen zur bisherigen Planungspraxis

Die folgenden Bemerkungen bezieht sich auf die Handhabung und Auffassung der strategischen Planung in der unternehmerischen Praxis. Die Kritik ist in dem Sinne konstruktiv und theoriegeleitet, als sie auch auf Lösungshinweise eingeht. Unabhängig von der spezifischen Kritik der inhaltlichen, instrumentellen und organisatorischen Einzelbestandteile der strategischen Planung ist ein Befund hervorzuheben, der durchgängig zu beobachten ist. Es handelt sich dabei um das Übergewicht einer Argumentationsweise, der die Idee von der prinzipiellen Machbarkeit und Beherrschbarkeit jedes Planungssystems zugrunde liegt.

Auch wenn sich die Unternehmensleitung bewußt ist, daß z. B. Planungsmethoden stets nur einen instrumentellen Charakter besitzen und nicht mit strategischer Planung gleichzusetzen sind, läßt sich häufig in der Praxis eine Tendenz zur Verselbständigung von einzelnen Planungsverfahren und damit eine partielle Betrachtungsweise beobachten. Eine solche Neigung zur Institutionalisierung ist auch für andere Teilelemente der Planung charakteristisch. Damit verliert die notwendige Verknüpfung von Inhalt, Methodik und organisatorischer Strukturierung der strategischen Unternehmensplanung aber ihren inneren Zusammenhalt.

Wie die partiellen Betrachtungsweisen zustande kommen, soll im nächsten Abschnitt an einem Tatbestand aus dem Bereich der inhaltlichen Planungselemente gezeigt werden: Der Verabsolutierung einer kurzfristigen operativen Planung.

---

[53] Lewis 1983, S. 24-1.
[54] Siehe hierzu Lange 1981, S. 21-35, und Greenley 1986.

1.3.1 Kritik am Vorrang des Handelns und der operativen Planung vor strategischem Planen

Nach »Gresham's law of planning« neigen Manager dazu, bei der Wahl zwischen neuartigen Aufgaben und Routinetätigkeiten letztere vorzuziehen und die komplexeren Planungsaufgaben zu vernachlässigen.[55] In modifizierter Form läßt sich dieses Gesetz auf das Verhältnis der operativen (routinemäßigen) zur strategischen Planung übertragen.

Aus der Sicht der unteren Führungsebenen, aber teilweise auch des Top-Managements, wird dem intuitiven Verhalten vor allem bei längerfristig wirkenden Entscheidungen tendenziell eine größer Bedeutung beigemessen als der systematischen Planung. Außerdem beansprucht das kurzfristig zu bewältigende Tagesgeschäft oft Priorität vor jeglicher Planung. Die operativen Einheiten bzw. Linienstellen sehen sich unter dem Druck täglich zu treffender Entscheidungen bestenfalls in der Lage, operativ und funktionsbezogen zu planen. Ein solches Verhalten wird häufig gerade durch das bestehende Planungs-, Kontroll- und Anreizsystem erzwungen.[56] Dennoch ist nicht zu übersehen, daß sich die Entscheidungsträger auch von sich aus durch Improvisation der Mühe entziehen, strategisch zu planen. Der Vorrang des Handelns vor dem Denken und die Bevorzugung der operativen vor der strategischen Planung ist sicherlich nicht nur ein Generationsproblem und durch die bisherige Ausbildung der Führungskräfte bedingt. In der Praxis wird immer wieder beklagt, daß sich zahlreiche Entscheidungsträger gern den schwierigen und zeitraubenden Prozeß des Nachdenkens über strategische Alternativen ersparen. Ein Indiz für die Priorität der operativen Planung gegenüber der strategischen Planung liefern auch die Ergebnisse unserer empirischen Untersuchung der strategischen Planung von 223 Unternehmen in Deutschland. Danach hatten zahlreiche Unternehmen eine formalisierte operative Planung eingeführt, die sich auf kurzfristige und quantifizierte Zielvorstellungen abstützte. Diese Zielvorstellungen waren überwiegend nicht mit übergeordneten unternehmenspolitischen Absichten abgestimmt.[57]

1.3.2 Kritische Überprüfung der Instrumente und Entscheidungshilfen

Die strategische Unternehmensplanung wird häufig mit dem Einsatz von Instrumenten der strategischen Analyse und Prognose gleichgesetzt. Anstatt dem Planenden einen Überblick über das Unternehmen und seine Umwelt zu

---

[55] Siehe dazu SIMON/MARCH 1993 S. 206.
[56] Diese heute hochaktuelle Feststellung läßt sich bereits bei RINGBAKK 1969, S. 49, nachlesen.
[57] Vgl. KREIKEBAUM/GRIMM 1986.

30

vermitteln, führt diese sehr verengte Sichtweise zu einem durch die jeweils angewandten Instrumente und Entscheidungshilfen geprägten, einseitig ausgerichteten Bild von meist zusammenhanglosen Ausschnitten des Planungsgegenstands.

Aus diesem Grund ist es notwendig, die Bedingungen der Anwendung von methodischen Hilfsmitteln zu erkennen und eine kritische Distanz zu den Instrumenten zu gewinnen. Die undifferenzierte Anwendung von Methoden führt vielfach dazu, daß diese aus dem Beziehungszusammenhang mit anderen strategischen Größen gelöst werden und in eine Eigengesetzlichkeit umschlagen. So wird die Verwendung eines bestimmten Planungsinstruments (z. B. Portfolio-Analysen) häufig mit formalisierter strategischer Planung gleichgesetzt.[58]

In diesem Zusammenhang ist auf eine weitere Gefahr aufmerksam zu machen. Der Einsatz bestimmter Methoden ist in der Regel mit gewissen Rechenoperationen und einer quantitativen Darstellung von Zusammenhängen verknüpft. In der Praxis ist immer wieder zu beobachten, daß die Entscheidungsträger dazu neigen, nicht mehr nach den Begründungszusammenhängen und Entstehungsursachen der aufbereiteten Informationen zu fragen, sondern allein mit den quantitativen Informationen zu operieren. Unter Umständen kann eine »Magie der Zahl« entstehen, die ihren Ausdruck in einer »Buchhaltung nach vorn« findet und sich von echtem strategischen Denken emanzipiert. Aus diesem Grund haben sich eine Reihe von Unternehmen inzwischen dazu entschlossen, den quantitativen Teil der Planung zugunsten einer Aufwertung der stärker verbalen Darstellung zu verringern.

Eine kritische Distanz zu den verfügbaren Instrumenten und Entscheidungshilfen ist schließlich auch deshalb erforderlich, weil sonst leicht die Wertbezogenheit und die Interessenorientierung verloren gehen kann, denen jede Auswahl von Methoden und Instrumenten unterliegt.

Vor einer Überbetonung der Aussagen eines einzigen Instrumentes muß auch noch aus einem anderen Grund gewarnt werden. So verleitet die unreflektierte Anwendung der Erfahrungskurve u. U. zu einer Überbetonung der Kosten und einer Strategie der Marktanteilserhöhung durch Niedrigpreise. Der oberflächliche Einsatz des Marktwachstum-Marktanteil-Portfolio wiederum führt zu der absurden Konsequenz, daß die Mehrzahl der Geschäftseinheiten im »Dog«-Bereich liegen und deshalb Desinvestitionen zu erfolgen haben (siehe hierzu auch Kapitel 2.6.3.1 und 3.1).

Die wissenschaftliche Auseinandersetzung mit den einzelnen Instrumenten sowie die Ergebnisse der praktischen Anwendung haben in den letzten Jahren zu einer Relativierung ihrer Bedeutung geführt. Strategisches Denken, d. h. die Suche nach dauerhaften Wettbewerbsvorteilen, tritt in den Vordergrund. Die Rolle der Instrumente besteht darin, diesen Prozeß, der sowohl kreative als auch analytische Komponenten enthält, zu unterstützen.

Die Instrumente und Entscheidungshilfen der strategischen Unternehmensplanung können anhand zweier Kriterien untersucht werden:

---

[58] Siehe hierzu auch Kreikebaum 1993.

(1) Mangelnde Verknüpfung der bereitgestellten Instrumente;
(2) Möglichkeiten des Einsatzes von Instrumenten unter dem Gesichtspunkt des qualitativen Wachstums

zu (1):

Eine mögliche Verabsolutierung von Instrumenten der strategischen Planung kann darauf zurückzuführen sein, daß jede einzelne Methode nur für sich alleine gesehen und dadurch unter Umständen in ihrer Bedeutung überbewertet wird. Dieser Gefahr kann begegnet werden, indem erstens eine kombinierende Betrachtungsweise angewandt und zweitens der Methodeneinsatz – im Sinne eines »methods follow strategy«- durch die Inhalte der strategischen Planung gesteuert wird.

Die Anwendung von Entscheidungshilfen erfolgt häufig losgelöst von den Inhalten der strategischen Planung. Es erscheint deshalb notwendig, den Methodeneinsatz durch den konzeptionellen Zusammenhang des gesamten strategischen Planungsprozesses zu steuern. Dies sei anhand eines praktischen Beispiels erläutert.

Ein Unternehmen verfolge die Absicht einer Risikostreuung und bevorzuge dazu eine Diversifikationsstrategie durch Akquisition neuer Produkte und neuer Unternehmen. Es muß zunächst anhand einer Marktanalyse prüfen, ob für die vorgesehene Produkt- und Marktentwicklung (Diversifikation) in einem für das Unternehmen neuen Markt Wachstumsmöglichkeiten gegeben sind. Als weiteres Instrument bieten sich hier die Analyse der Branchen- und Branchenstrukturentwicklung an, mit dem Ziel, Ertragspotential und Risiko verschiedener Branchen zu beurteilen. Die Cash-Flow-Konsequenzen einer Diversifikation können dann mit Hilfe der Marktwachstum-Marktanteil-Matrix verdeutlicht werden.

Als Ergebnis bleibt festzuhalten, daß die Auswahl der Instrumente im wesentlichen durch die Absichten des Unternehmens sowie das planerische Know how des Unternehmens bestimmt wird.

zu (2):

Die Literatur zur strategischen Planung hat in Verbindung mit der Unternehmenspraxis ein beachtliches Instrumentarium entwickelt. Diese Instrumente sind jedoch nicht losgelöst von den bestehenden Voraussetzungen und Bedingungen geschaffen worden. Dazu zählen auch die Interessen der beteiligten Instanzen selbst. Eine stärker sozialverantwortliche Unternehmensleitung wird zusätzlich andere Entscheidungshilfen anwenden als ein ausschließlich gewinnorientiertes Management.

Die bestehenden Instrumente der strategischen Planung sind anfänglich nahezu ausschließlich vor dem Hintergrund eines rein quantitativen Wachstums entwickelt worden. So dienen beispielsweise sowohl die Erfahrungskurven- als auch die Portfolioanalyse primär der Erfassung quantitativer Zusammenhänge zwischen Marktanteilen, Wachstumsraten und anderen Größen.

Zwar weist auch jedes qualitative, an den Zielen der ökologischen Rationalität orientierte Wachstum eine quantitative Komponente auf. Die genannten

32

Instrumente werden deshalb auch unter dem Gesichtspunkt eines vorwiegend qualitativ ausgerichteten Wachstums weiterhin eingesetzt werden können. Sie sind aber durch Methoden zu ergänzen, die beispielsweise die ökologischen und/oder gesellschaftspolitischen Auswirkungen von bestimmten Strategien und Maßnahmen explizit zu messen gestatten.

1.3.3 Kritik an den konzeptionellen Ansätzen zur strategischen Unternehmensplanung

Sowohl in der Literatur als auch in der Planungspraxis ist vielfach die Tendenz zur vorwiegend isolierten Darstellung der inhaltlichen Elemente der strategischen Planung festzustellen. Erfolgt diese Vorgehensweise in theoretischen Abhandlungen meist aus didaktischen Gründen, so klagen die mit Planungsaufgaben betrauten Entscheidungsträger immer wieder darüber, daß die eigentlichen Fragen nach den Entscheidungsdeterminanten und nach den inhaltlichen Größen zu kurz kämen. Statt dessen rückten immer umfangreichere Informationen zu bestimmten Detailproblemen in den Vordergrund. Ein gewisses inhaltliches Defizit wird darin gesehen, daß der Ausfüllung von Planungsformularen aller Art Priorität eingeräumt wird und die organisatorischen Probleme die inhaltliche Diskussion strategischer Gesamtzusammenhänge tendenziell verdrängen.

Ein großes Problem stellt in diesem Zusammenhang speziell der Bereich der Unternehmensziele dar. Die Unternehmer haben zwar vielfach die Notwendigkeit einer strategischen Zielplanung erkannt. Häufig stehen jedoch die Zielbildung einerseits und die Planung andererseits als isolierte Blöcke nebeneinander. Die Ziele werden »gesetzt« und bilden den Rahmen für die anschließende Planung. Die notwendige Interdependenz der beiden Prozesse wird zwar gesehen, kommt aber oft nicht in einer entsprechenden institutionellen und instrumentellen Verzahnung zum Ausdruck. Statt dessen wird einer ausführlichen Behandlung strategischer Teilelemente der Vorrang eingeräumt.

Ferner ist kritisch darauf hinzuweisen, daß die unternehmerischen Absichten mitunter zu global formuliert sind und die erforderliche Konkretisierung bis hin zum (quantitativen) Zielausmaß unterbleibt. Dies wird begründet mit dem unterschiedlichen organisatorischen Prozeß der Formulierung von Zielinhalten einerseits und der notwendigen Festsetzung von Zielausmaßen andererseits. Die unternehmerischen Absichten werden in der Praxis häufig nicht explizit in Form von qualitativen Aussagen über Unternehmenszweck sowie Art und Richtung der anzustrebenden Unternehmensziele formuliert und auch selten einem größeren Kreis der Führungskräfte bekanntgegeben.[59] Im übrigen wird das (quantitative) Zielausmaß vielfach vorab festgelegt und damit eine notwendige Vorstufe im Prozeß der strategischen Planung über-

---

[59] Siehe dazu im einzelnen auch GRIMM 1983, S. 246-257.

sprungen, nämlich die Formulierung von Strategien und Maßnahmen zur Erreichung der Absichten.

Im folgenden Kapitel wird eine Konzeption der strategischen Unternehmensplanung vorgeschlagen, die einen inneren Zusammenhang von Absichten, Strategien, Maßnahmen und Zielen abbildet. Als Leitlinie dazu dient die für zweckmäßig erachtete zeitlich-sachliche Abfolge der genannten Elemente.

Übungsfragen:

(1) Worin besteht der Unterschied zwischen »Planen« und »Planung«?

(2) Welches sind grundsätzliche Schwierigkeiten jeder Unternehmensplanung?

(3) Aus welchen Bereich stammt ursprünglich der Strategiebegriff, und wie wird er dort abgegrenzt?

(4) Was versteht man im betriebswirtschaftlichen Sinne unter Strategien (Unternehmensstrategien)?

(5) Welche Veränderungen in den Umweltbedingungen während der vergangenen Jahrzehnte haben die Unternehmen veranlaßt, sich stärker mit der strategischen Planung zu beschäftigen?

(6) Nennen Sie Beispiele für Weiterentwicklungen des methodischen Instrumentariums der strategischen Planung.

(7) Welche Aufgaben sind von jeder Unternehmensplanung zu erfüllen?

(8) Welchen spezifischen Zweck verfolgt darüber hinaus die strategische Unternehmensplanung?

2.1 Zum Prozeßcharakter der strategischen Unternehmensplanung

2.2 Unternehmenspolitik und Leitbilder als Einflußgrößen des strategischen Planungsprozesses

2.3 Analyse und Prognose des Unternehmens und seiner Umwelt

2.3.1 Analyse der Umwelt

2.3.2 Analyse der Unternehmenssituation

2.3.3 Strategische Prognose und Frühaufklärung

2.4 Elemente einer Planungskonzeption

2.4.1 Absichten

2.4.2 Strategien

2.4.3 Maßnahmen

2.4.4 Ziele

2.4.5 Der konzeptionelle Zusammenhang von Absichten, Strategien, Maßnahmen und Zielen

2.5 Die strategische Zielplanung

2.5.1 Generelle und spezielle Absichten als Ausdruck zunehmender Unvollständigkeit strategischer Planungsprozesse

2.5.2 Die Präzisierung der unternehmerischen Absichten

2.6 Die Strategieentwicklung

2.6.1 Grundprinzipien der Strategieentwicklung

2.6.2 Strukturelle und inhaltliche Strategieebenen

2.6.3 Die Formulierung von Strategiealternativen

2.6.4 Die Bewertung und Auswahl von Strategiealternativen

2.7 Strategieimplementierung

2.7.1 Die Umsetzung strategischer Maßnahmenprogramme

2.7.2 Die Durchsetzung strategischer Maßnahmenprogramme

2.8 Strategische Kontrolle

2.8.1 Typen strategischer Kontrolle

2.8.2 Organisation der strategischen Kontrolle

Abb. 2.1: Aufbau des zweiten Kapitels

2 Eine Konzeption der strategischen Unternehmensplanung

Problemstellung

Auf den im ersten Kapitel dargelegten Grundlagen aufbauend werden nun die inhaltlichen Elemente der strategischen Unternehmensplanung in einem konzeptionellen Zusammenhang dargestellt. Die strategische Planung umfaßt einen Prozeß, der von der Unternehmenspolitik und den Wertvorstellungen der Entscheidungsträger ausgeht und sich über die Formulierung der unternehmerischen Absichten, die Entwicklung und Implementierung von Strategien und konkreten Maßnahmen bis hin zur Vorgabe von Zielen für die operative Planung erstreckt. Diese Prozeßschritte werden durch strategische Analysen und Prognosen sowie durch eine strategische Kontrolle begleitet.

Wir schlagen vor, am Beginn des Planungsprozesses zunächst die qualitativen Zielinhalte in Form von unternehmerischen Absichten festzulegen und das quantitative Zielausmaß erst am Ende des Planungsprozesses zu bestimmen. Der hier vertretene konzeptionelle Ansatz der Unternehmensplanung wird im folgenden Kapitel ausführlich entwickelt und begründet.

2.1 Zum Prozeßcharakter der strategischen Unternehmensplanung

Die zukunftsbezogene Tätigkeit des Planens besteht aus einer Vielzahl von Einzelaktivitäten, die in einem sachlichen und zeitlichen Zusammenhang stehen. Die Strukturierung und Koordinierung dieser Einzelaktivitäten sowie deren Beziehungen zueinander erfolgt durch die Festlegung eines Planungsprozesses, der die Gliederung und arbeitsteilige Gestaltung des Planungsablaufes umfaßt. Auch wenn eine typische phasendeterminierte Aktivitätenfolge bei strategischen Entscheidungsprozessen in der Unternehmenspraxis nicht nachgewiesen werden konnte und damit das Phasentheorem zu falsifizieren ist[60], kann der strategische Planungsprozeß in präskriptiver Sicht dennoch als zeit- und sachlogische Strukturierung der Planungsaktivitäten definiert werden.

Während sich die Betriebswirtschaftslehre in den ersten Entwicklungsjahren der strategischen Planung auf die Formulierung von präskriptiv-synoptischen Prozeßmodellen konzentrierte, wurden später deskriptiv-inkrementale Ansätze bevorzugt, die im Zusammenhang mit der empirisch fundierten Entscheidungstheorie entstanden. Die Diskrepanz zwischen diesen beiden Sichtweisen resultiert daraus, daß es sich bei den einzelnen Planungsaktivitäten um interdependente Vorgänge handelt, die in einen dynamischen Rückkopplungsprozeß eingebunden sind.

In der Literatur wurde eine große Anzahl von Prozeßabläufen zur strategischen Unternehmensplanung entwickelt, die sich meist nur in Einzelheiten voneinander unterscheiden.[61] Die meisten Ansätze konzentrieren sich allerdings auf die Ergebnisse der Tätigkeiten in den verschiedenen Planungsstufen. Sie sagen wenig über diejenigen Aktivitäten aus, die erforderlich sind, um zu diesen Ergebnissen zu gelangen.[62] Im folgenden soll daher ein umfassendes Prozeßmodell der strategischen Unternehmensplanung dargestellt und erläutert werden (siehe Abbildung 2.2).

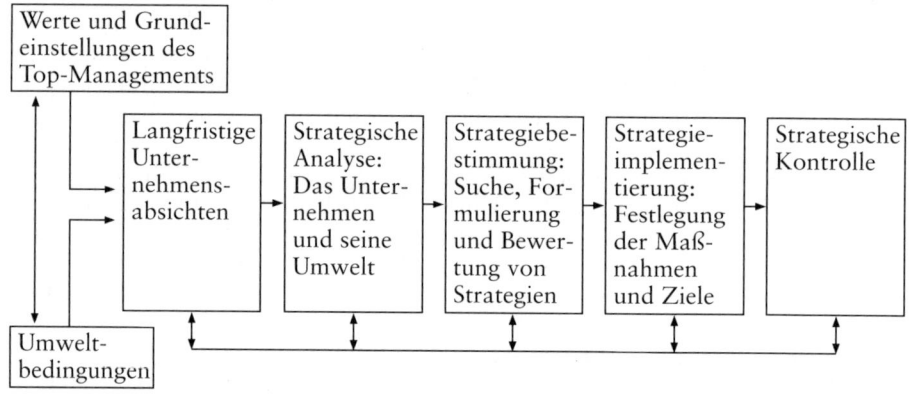

Abb. 2.2: Grundmodell der strategischen Unternehmensplanung

---

[60] Dies galt sowohl in den Anfangszeiten der strategischen Planung (vgl. WITTE 1968) als auch in der neueren Zeit (vgl. HAUSCHILDT/PETERSEN 1987).

[61] Originäre Ansätze liegen von ANSOFF 1957, S. 113-124, GILMORE/BRANDENBURG 1962, S. 61-69, STEWART 1963, S. 7 und ANTHONY 1965, S. 22 vor. Auf diesen Ansätzen bauen die Modelle von SCHREYÖGG 1984, S. 85, HAMMER 1988, S. 130 und WELGE/AL-LAHAM 1992, S. 44, auf.

[62] Vgl. hierzu GRINYER 1981, S. 52.

Der Gesamtprozeß der strategischen Planung umfaßt die Subprozesse der *Strategieentwicklung* und der *strategischen Problemlösung*. Während der erste Subprozeß die Phasen der Zielbildung und der Strategieformulierung umfaßt, besteht der zweite Prozeß aus der Strategieformulierungs- und der Strategieimplementierungsphase.

Das Modell des Planungsprozesses stellt keine unumkehrbare Abfolge der einzelnen Phasen dar. Die Phasen sind vielmehr als Schritte in einem iterativen Prozeß zu verstehen, der durch Rückkoppelungen und Phasenüberlappungen charakterisiert ist. Die einzelnen Phasen werden in den folgenden Abschnitten ausführlich beschrieben.

2.2 Unternehmenspolitik und Leitbilder als Einflußgrößen des strategischen Planungsprozesses

Die Unternehmenspolitik findet ihren schriftlichen Niederschlag in Unternehmensleitbildern, die als Grundlage für den strategischen Planungsprozeß herangezogen werden. Anstelle von Leitbildern wird auch häufig von Unternehmensgrundsätzen oder von »Missions« gesprochen.

Die Unternehmenspolitik spiegelt den Umgang des Unternehmens mit seinen Anspruchsgruppen wider. So verstanden können Leitbilder intern und extern ausgerichtet sein. Ihre Inhalte beziehen sich auf den grundlegenden Zweck der Unternehmenstätigkeit sowie die Absichten und Verhaltensregeln des Unternehmens.[63] Mit der Formulierung solcher Unternehmensgrundsätze wird kein Selbstzweck verfolgt. Leitbilder tragen zu einer erhöhten Identifikation der Beschäftigten mit dem Unternehmen bei und bieten zugleich eine Rechtfertigung für das eigene Handeln im Unternehmen. Daneben unterstützen sie die Koordination dezentraler Entscheidungen und Handlungen. KIPPES spricht von einer Motivations-, einer Legitimations- und einer Orientierungsfunktion von Leitbildern.[64]

Unternehmenspolitik und Leitbilder stellen folglich das Fundament des strategischen Planungsprozesses dar und determinieren die Wahl von Strategien und Maßnahmen. Zum einen wird mit Unternehmensleitbildern die Gesamtstrategie des Unternehmens bestimmt, zum anderen wirken Bereichsleitbilder auf die Herleitung von Unternehmensstrategien. Auf diese Weise durchdringen die Inhalte der Unternehmenspolitik den gesamten Prozeß bis zur Festlegung quantitativer Zielgrößen.

---

[63] Vgl. WELGE/AL-LAHAM 1992, S. 45-47. Siehe dazu in Abschnitt 2.4 generelle und spezielle Absichten.
[64] Vgl. KIPPES 1993, S. 184 f.

2.3 Analyse und Prognose des Unternehmens und seiner Umwelt

2.3.1 Analyse der Umwelt

Die Ausrichtung eines Unternehmens auf seine spezifischen Umweltbedingungen ist ein konstitutives Merkmal jeder strategischen Planung. Informationen über die relevanten Umweltbedingungen und deren Veränderungen bilden gewissermaßen den »Rohstoff« für strategische Entscheidungen. Die Verknüpfung des Unternehmens mit seiner Umwelt beziehen viele Autoren bereits in die Definition der strategischen Unternehmensplanung ein. In der amerikanischen Literatur wird die Übereinstimmung der Unternehmensstrategie mit den Umweltbedingungen als erforderlicher »Fit« bezeichnet.[65] Nach ANSOFF/LEONTIADES sieht sich jedes Unternehmen mit seinen verschiedenen strategischen Geschäftseinheiten unterschiedlichen »Umwelten« und nicht einer einheitlichen Umwelt gegenüber. Diese spezifischen Umweltsegmente sind gekennzeichnet durch jeweils eigene Bedrohungen und Chancen.

Umweltbedingungen sind Gegenstand einer vergangenheits- und gegenwartsorientierten Analyse sowie einer zukunftsgerichteten Prognose. Welche speziellen Umweltbedingungen im Einzelfall als relevant anzusehen und genauer zu analysieren sind, ist von einer Vielzahl von Einflußgrößen (z. B. Branche, Unternehmensgröße, Konjunkturlage) abhängig. Allgemein läßt sich die Forderung aufstellen, daß die Umweltanalyse den Zweck verfolgen muß, die Erfolgsfaktoren des Unternehmen zu identifizieren, um letztlich die von außen kommenden Chancen und Risiken zu erkennen. Nach ANDREWS dienen dazu folgende Fragen:[66]

(1) Unter welchen wirtschaftlichen und technischen Bedingungen operiert das Unternehmen?
(2) Welche Trendentwicklungen zeichnen sich ab?
(3) Welche Wettbewerbssituation herrscht vor?
(4) Welche Anstrengungen sind erforderlich, um bei der gegebenen Konkurrenzsituation zum Erfolg zu kommen?
(5) Welches Spektrum an Strategien ergibt sich unter Berücksichtigung der unternehmerischen Absichten angesichts der technischen, wirtschaftlichen, sozialen und politischen Entwicklungstendenzen?

Abbildung 2.3 gibt einen Überblick über diejenigen externen Umweltbedingungen, die für die strategische Planung von Bedeutung sind. Allerdings können bei dieser Darstellungsform nicht die bestehenden Interdependenzen zwischen den Umweltbedingungen aufgezeigt werden. Im konkreten Einzelfall ist es aber notwendig, diese Zusammenhänge zu berücksichtigen. So be-

---

[65] Siehe dazu BOURGEOIS 1986, S. 377.
[66] Vgl. ANDREWS 1980, S. 70-73.

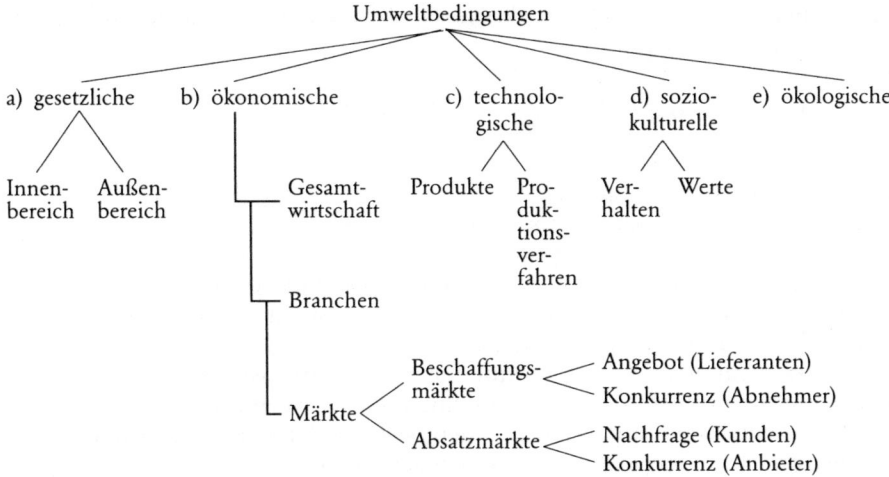

Abb. 2.3: Arten von Umweltbedingungen

stimmen beispielsweise gesetzliche Auflagen ebenso den technologischen Bereich, wie umgekehrt auch technologische Veränderungen auf die Gesetzgebung einwirken.

(a) Gesetzliche Umweltbedingungen

Unter gesetzlichen Umweltbedingungen sind solche Bedingungen zu verstehen, die durch Aktivitäten des Staates und der Körperschaften mit Gesetzgebungshoheit vorgegeben werden und damit für das Unternehmen bindend sind. In erster Linie ist dies die für den nationalen Bereich gültige staatliche Gesetzgebung. An erheblicher Bedeutung hat inzwischen auch die internationale und supranationale Gesetzgebung gewonnen (speziell im Bereich der Europäischen Union), die um eine Angleichung und Harmonisierung der unterschiedlichen nationalen Gesetzgebungen bemüht ist und an der sich eine derart exportintensive Wirtschaft wie die der Bundesrepublik Deutschland orientieren muß.

Bezogen auf das einzelne Unternehmen lassen sich die gesetzlichen Umweltbedingungen danach unterscheiden, ob sie mehr den internen Bereich des Unternehmens regulieren oder aber stärker auf die externen Beziehungen des Unternehmens einwirken. Interne Auswirkungen haben z. B. die gesetzlichen Regelungen

- des Gesellschaftsrechts,
- der Unternehmensverfassung,
- des Arbeits- und Tarifvertragsrechts
- der Betriebsverfassung sowie
- die technischen Sicherheits- und Prüfvorschriften aller Art.

41

Auf die Beziehungen des Unternehmens nach außen wirken insbesondere Gesetze und Verordnungen über

- die Finanz- und Währungspolitik,
- die Wirtschafts-, Wettbewerbs- und Konjunkturpolitik,
- die Außenhandelsgesetzgebung,
- die Patentschutzgesetzgebung,
- die Steuergesetzgebung sowie
- die Umweltschutzgesetzgebung ein.

Bei einigen Normen, z. B. bei der Gesundheits- und Sozialgesetzgebung, ist sowohl eine Auswirkung auf das Innenverhältnis wie auch auf das Außenverhältnis des Unternehmens festzustellen.
Die Gesetzgebung steckt einen Rahmen ab, den die strategische Unternehmensplanung als Restriktion berücksichtigen muß. Sie wird häufig keine Ausweichmöglichkeiten haben und sich den bestehenden Gesetzgebungsregelungen reaktiv anpassen müssen. Das Beispiel der Umweltschutzgesetzgebung zeigt jedoch, daß die Unternehmen auch die Chance haben, den vorgegebenen gesetzlichen Rahmen proaktiv für ihre strategische Planung auszunutzen. Auf diese Möglichkeiten wird ausführlich im vierten Kapitel eingegangen.
Selbstverständlich lassen sich die genannten Faktoren je nach Bedarf noch weiter untergliedern und differenzieren. So können z. B. Informationen über die Außenhandelsgesetzgebung folgende Tatbestände betreffen:

- Zölle,
- gesetzliche Export- und Importrestriktionen,
- Freihandelszonen und
- Wirtschaftsgemeinschaften.

Im Bereich der Währungspolitik sind
- Veränderungen der Währungsparitäten,
- währungspolitische Gesetze sowie
- Auslandskapitalbestimmungen (Erlasse über die gesetzliche Investitionsförderung im Ausland, die Kapitalliberalisierung und die Beteiligungshöchstgrenzen für ausländisches Kapital)
  unter Umständen wichtige Einzelinformationen.

(b) Ökonomische Umwelt

Unter ökonomischen Umweltbedingungen werden diejenigen Einflußfaktoren verstanden, die durch die gesamtwirtschaftliche Entwicklung (sowohl national als auch international), die Branche sowie die Bedingungen auf den Absatz- und Beschaffungsmärkten gekennzeichnet sind. Die Entscheidung über Breite und Tiefe der Analyse ökonomischer Umweltbedingungen wird beeinflußt durch die Art und Intensität der Abhängigkeit des Unternehmens von der als spezifisch wahrgenommenen Umwelt. Zu den Analysefeldern gehören die Entwicklungen

- in der Gesamtwirtschaft,
- in der Branche sowie
- auf den bearbeiteten Märkten.

Dies sei im folgenden näher ausgeführt.

Gesamtwirtschaftliche Entwicklung

Die gesamtwirtschaftliche Entwicklung findet vor allem in folgenden Indikatoren ihren Niederschlag:

- Entwicklung des Bruttosozialprodukts (real und nominal),
- Entwicklung von Umfang und Struktur der Bevölkerung (Alterspyramide, Zahl der Haushalte, regionale Entwicklung),
- Entwicklung von Zahl und Struktur der Erwerbspersonen einschließlich deren regionaler Entwicklung,
- Wachstumsrate der industriellen Produktion, unterteilt nach den für das Unternehmen wichtigen Industriezweigen,
- Einkommensentwicklung und -verwendung,
- Index der Lebenshaltungskosten,
- Entwicklung der Investitionen in den für das Unternehmen wichtigen Sektoren,
- Entwicklung des öffentlichen Sektors (Staatsausgaben, Steuern, Förderungsprogramme).

Die Analyse der gesamtwirtschaftlichen Daten erstreckt sich nicht nur auf das Inland. Sie umfaßt darüber hinaus auch diejenigen Länder, die als Schlüsselländer der wirtschaftlichen Betätigung des Unternehmens angesehen werden. Im Grenzfall muß die gesamte weltwirtschaftliche Entwicklung analysiert werden.[67]

Entwicklung der Branche

Unter der Branchenentwicklung sind alle Umweltfaktoren zu verstehen, welche die geschäftliche Situation des speziellen Wirtschaftszweiges (der Branchen) beeinflussen. Diese Angaben dienen in erster Linie zum Vergleich der eigenen Unternehmensentwicklung mit der anderer Unternehmen im Sinne eines Benchmarking. Es ist jedoch darauf hinzuweisen, daß die Branchenkennziffern jeweils nur eine durchschnittliche Angabe und damit lediglich eine erste Orientierungsgröße darstellen.

Inhalte einer Branchenanalyse können beispielsweise der Gesamtumsatz der Branche, die Umsatzentwicklung nach einzelnen Produktgruppen sowie die Entwicklung verschiedener Produktivitätskennziffern sein. Ein Vergleich der gewonnenen Daten mit der Entwicklung anderer Geschäftszweige kann Anreizwirkungen für die strategischen Entscheidungen haben und möglicherweise Änderungen im Produkt- und Leistungsportfolio des Unternehmens bewirken.

Im Sinne einer erforderlichen Verknüpfung von Umweltdaten und strategischen Entscheidungen kann auch hier eine stellenweise vertiefte Analyse der

---

[67] Vgl. GÄLWEILER 1986, S. 350-364.

Zusammenhänge notwendig sein. Ziel solcher Detailanalysen ist es, Aufschlüsse über vorhandene Konzentrations- oder Diversifikationstendenzen, über Kooperationsbestrebungen sowie über Veränderungen der Größenstruktur und der Anzahl der Mitwettbewerber zu gewinnen.

Aufbauend auf den Erkenntnissen der Industrieökonomik hat PORTER ein Modell zur Strukturanalyse von Branchen entwickelt. Ziel dieser Analyse ist es, das Gewinnpotential einer Branche in Abhängigkeit von der Wettbewerbssituation einzuschätzen. Die Branchenstrukturanalyse wird im Instrumententeil dieses Lehrbuches (siehe drittes Kapitel) eingehend dargestellt und erläutert.

Analyse der Bedingungen auf den Absatz- und Beschaffungsmärkten

Bei der Analyse der Marktbedingungen ist zwischen den Absatz- und den Beschaffungsmärkten zu unterscheiden. Die Analyse der *Absatzmärkte* umfaßt die Analyse der Nachfrage und der Konkurrenzsituation. Die Untersuchung der Nachfrage setzt eine Segmentierung des Gesamtmarktes nach Abnehmergruppen, regionalen Gesichtspunkten, Absatzwegen und Kundenclustern voraus. Es sind Informationen über

- das Marktvolumen (Marktpotential),
- das Marktwachstum,
- die Marktanteile sowie
- über die Preis- und Ertragsbedingungen

einzuholen.[68] Die Segmentierung des Untersuchungsobjektes »Markt« ist dabei so weit voranzutreiben, daß konkrete Produktentscheidungen getroffen werden können.

Die Analyse der Konkurrenzsituation auf den Absatzmärkten bezieht sich auf die wichtigsten Wettbewerber. Gegenstand dieser Analyse ist die Beschaffung von Informationen zumindest über

- die Umsätze im In- und Ausland,
- die Anzahl der jeweils Beschäftigten,
- die Kapazitäten,
- die Marktanteile,
- die Programmtiefe und -breite,
- spezifische Produkteigenschaften,
- die jeweiligen Standortvorteile sowie
- die geplanten Strategien und Verhaltensweisen.

Während die Absatzmarktsituation alle Lieferungen und Leistungen des Unternehmens nach außen umfaßt, ist bei der Analyse der *Beschaffungsmärkte* die umgekehrte Richtung zu verfolgen. Die wichtigsten Beschaffungsmärkte für ein Unternehmen sind

- die Rohstoffmärkte,
- der Arbeitsmarkt,

---

[68] Vgl. GÄLWEILER 1986, S. 374-378.

44

- die Märkte für den Bezug von Hilfsstoffen, Fertigungsmaterial und Halbfabrikaten,
- der Investitionsgütermarkt,
- der Kapitalmarkt sowie
- Energiebezugsquellen.

Insbesondere bei den Rohstoff- und Energiemärkten haben sich in den letzten Jahren einschneidende Veränderungen ergeben. Teilweise gravierende Verknappungserscheinungen führten zu beträchtlichen Preiserhöhungen. Die Situation auf diesen Beschaffungsmärkten ist deshalb auch stets unter dem Gesichtspunkt möglicher Substitutionsgüter zu untersuchen. Gegenstand einer Analyse der Beschaffungsmärkte und ihrer Entwicklung sind
- Menge und Qualität der Bezugsgüter,
- ihre Verfügbarkeit unter dem Gesichtspunkt der technologischen Entwicklung,
- die Preis- und Bezugsbedingungen,
- vorhandene oder künftige Lieferrisiken sowie
- die bisherigen und potentiellen Lieferanten.

(c) Technologische Umwelt

Analysen der technologischen Umweltbedingungen sind in erster Linie für Industrieunternehmen von Bedeutung, die einem starken technologischen Wandel unterliegen. Gegenstand der technologischen Umweltanalyse dieser Unternehmen ist der »Stand der Technik« als die Gesamtheit des technologischen Wissens über Produkte und Produktionsverfahren, die bereits bekannt oder noch in der Entwicklung befindlich sind.
Bei Produkttechnologien wird zwischen Basisinnovationen und Verbesserungsinnovationen unterschieden. Gegenstand der Analysen können die Lebensdauer der Produkte, die Zeit zwischen der Erfindung (Invention) und ihrer Markteinführung (Innovation) sowie die sogenannten Innovationsschübe sein.
Zur Analyse von Verfahrenstechnologien müssen
- Veränderungen der Fertigungstechnik im engeren Sinne,
- Mechanisierungs- und Automatisierungstendenzen,
- Änderungen im Fertigungsmaterial sowie
- Veränderungen in den Meß- und Prüfverfahren
  untersucht werden.

(d) Soziokulturelle Umwelt

Neben den oben genannten Gebieten sind im Rahmen der strategischen Analyse auch soziokulturelle Entwicklungen zu beobachten und zu bewerten. Als soziokulturelle Umweltbedingungen gelten diejenigen Einflußfaktoren, die aus der gesellschaftlichen Umgebung im weiteren Sinne auf das Unternehmen einwirken. Beispiele dafür sind:
- Veränderungen des Freizeitverhaltens und des Freizeitkonsums,
- Veränderung kultureller Normen,

- Veränderungen im Anspruchsniveau der Mitarbeiter,
- Veränderungen in der Arbeitseinstellung sowie
- Änderungen im politischen Verhalten.

(e) Ökologische Umwelt

Obwohl die fortschreitende Zerstörung der natürlichen Lebensgrundlagen bereits in den sechziger Jahren erkannt und in aufsehenerregenden Büchern beschrieben wurde, zeichnet sich eine systematische Beschäftigung mit den Problemen der ökologischen Umwelt und insbesondere der Umweltverschmutzung erst seit Ende der achtziger Jahre ab. Die ökologischen Bedingungen des wirtschaftlichen Handelns sind für die strategische Planung in doppelter Hinsicht bedeutungsvoll. Erstens muß sich die Unternehmensleitung bei ihren Entscheidungen an den bestehenden Normen des Umweltrechts orientieren (reaktiv-passive Anpassung). Die ökologische Umwelt bietet zweitens aber auch Chancen eigener geschäftlicher Betätigung, z. B. durch die Entwicklung von Produkten und Produktionsverfahren zum verbesserten Schutz der Umwelt (aktiver Umweltschutz).

Beide Überlegungen lassen es zwingend erscheinen, die Entwicklung der natürlichen Lebensgrundlagen sorgfältig und permanent zu beobachten. Das primäre Ziel dieser Analyse wird es sein, den Einsatz von Rohstoffen und Energien ökologisch sinnvoll und kostensparend zu senken und die Produktion möglichst umweltschonend zu gestalten. Zu untersuchen sind vor allem diejenigen Belastungen von Luft, Boden und Gewässern, die durch die eigene betriebliche Tätigkeit hervorgerufen werden.[69]

Neben den Umweltbedingungen selbst müssen auch deren Auswirkungen auf den Prozeß der strategischen Unternehmensplanung untersucht werden. Diese Wirkungsanalyse gibt Hinweise auf bestimmte Instrumente, die im Planungsprozeß eingesetzt werden können bzw. sollen.

2.3.2 Analyse der Unternehmenssituation

Im Rahmen der strategischen Analyse der Unternehmenssituation geht es darum, ein möglichst objektives Bild der gegenwärtigen und zukünftigen Lage des Unternehmens aufzuzeigen. Gegenstand der Unternehmensanalyse sind die zentralen und dezentralen Kompetenzen des Unternehmens und seiner Teile. Diese Kompetenzen drücken sich in den Zielen sowie den Maßnahmen und Ressourcen in ihren spezifischen Ausprägungen aus. Die einzelnen Untersuchungsfelder sind nach Art, Menge, Zeit, Wert sowie ihren Beziehungszusammenhängen zum Unternehmen zu analysieren. Es ist ersichtlich, daß die Abgrenzungen zur Umweltanalyse hierbei fließend sind.[70] Ziel der

---

[69] Siehe dazu die Vorschläge bei v. WEIZSÄCKER/LOVINS/LOVINS 1996, S. 186-231.
[70] Siehe hierzu auch HAHN 1989, Sp. 2074-2075.

Unternehmensanalyse muß es sein, Aussagen über die Wert- und Grundeinstellungen der Führungskräfte des Unternehmens, über die vorhandenen
bzw. zukünftigen Unternehmenspotentiale sowie über die Stärken und
Schwächen des Unternehmens zu gewinnen.
Jedes Unternehmen verfügt über eine Fülle an Einzelinformationen. Primäre
Aufgabe der Unternehmensanalyse muß es zunächst sein, die vorhandenen
Informationen zu ermitteln, zu ordnen und für strategische Entscheidungen
selektiv zu verdichten. Die strategische Unternehmensanalyse kann deshalb
als ein Subprozeß der strategischen Unternehmensplanung aufgefaßt werden,
der die Ermittlung und Bewertung strategischer Potentiale sowie die Erstellung eines Stärken/Schwächen-Profils umfaßt.[71] Abbildung 2.4 verdeutlicht
diesen Zusammenhang.
Im ersten Schritt sind die für eine strategische Entscheidung relevanten internen Potentiale zu identifizieren und zu selektieren. Hierbei kann sowohl
funktions- als auch wertorientiert vorgegangen werden. Im ersten Fall stehen
die betrieblichen Funktionen wie Beschaffung, Produktion, Marketing, Forschung und Entwicklung im Mittelpunkt der Betrachtung. Zur Ermittlung

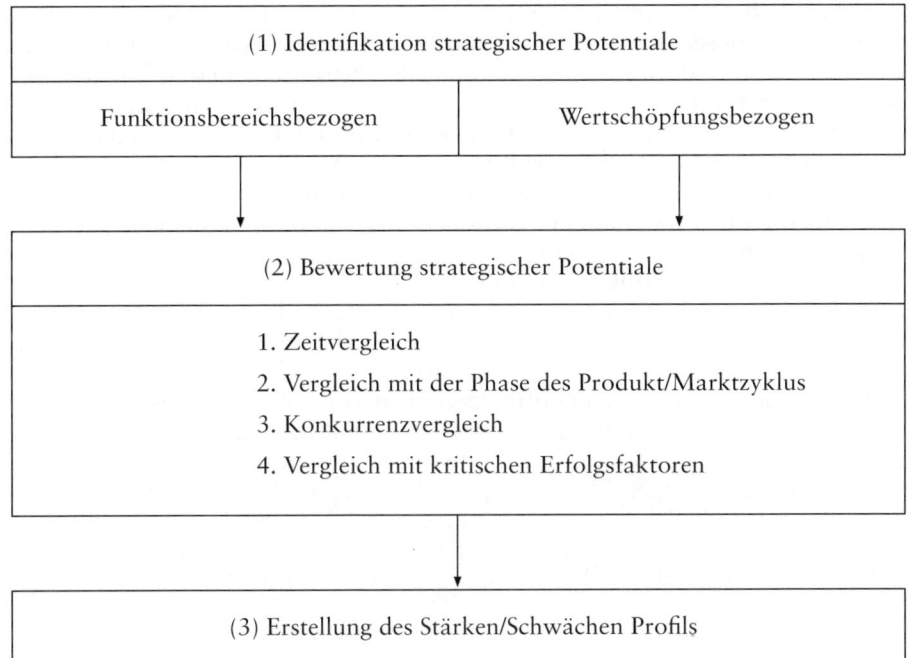

Abb. 2.4: Prozeß der strategischen Unternehmensanalyse
  Quelle: Welge/Al Laham 1992, S. 110

---

[71] Vgl. WELGE/AL LAHAM 1992, S. 109-111.

der funktionsspezifischen Potentiale sind in der Literatur verschiedene Kriterienkataloge entwickelt worden, die sich weitgehend an dem bereits in den siebziger Jahren entwickelten Ansatz von HOFER und SCHENDEL orientieren.[72] Danach ergeben sich die Stärken und Schwächen eines Unternehmens anhand finanzieller, physischer, personeller und organisatorischer Ressourcen sowie der technischen Fähigkeiten.

Die wertorientierte Analyse der Unternehmenspotentiale ist hauptsächlich von PORTER untersucht worden.[73] Danach lassen sich unternehmensspezifische Wettbewerbsvorteile nicht analysieren, wenn das Unternehmen als Ganzes betrachtet wird. Ein Unternehmen ist vielmehr in strategisch relevante Funktionsbereiche, sogenannte »Wertschöpfungsaktivitäten«, zu unterteilen. Um einen Wettbewerbsvorteil zu erlangen, muß ein Unternehmen diese Wertschöpfungsaktivitäten entweder zu geringeren Kosten ausführen oder sie so gestalten, daß sie zu einer Produktdifferenzierung bzw. zu größerem Kundennutzen führen. Zur systematischen Durchleuchtung eines Unternehmens mit dem Ziel der Identifizierung wertbezogener Aktivitäten entwickelt PORTER das Konzept der Wertkette (»Value chain«).[74]

Neben den unmittelbaren Wertschöpfungsaktivitäten bilden die Werte und Grundeinstellungen des Top-Managements ein weiteres wichtiges Element des Strategiebestimmungsprozesses.[75] Da strategische Entscheidungen selten allein auf der Basis ökonomischer Kriterien getroffen werden können, durchdringen Werte und Grundeinstellungen alle Phasen des Planungsprozesses. Werte und generelle Ziele üben hinsichtlich der externen und internen Umwelt eine Filter-, Bewertungs- und Auswahlfunktion aus. Sie prägen generell die Wahrnehmung von Chancen und Risiken sowie die Aufnahme und Verarbeitung von strategisch wichtigen Informationen. Ein Wechsel in der Unternehmensleitung kann über einen Wertewandel zu einer strategischen Neuorientierung führen.[76]

Jedes Unternehmen sollte deshalb entweder implizit (Philosophie, Vision, Mission) oder explizit (Satzung, Charta, Statuten) über eine ideale Vorstellung seiner gegenwärtigen und zukünftigen Verhaltensweisen verfügen. Die Werte und Grundeinstellungen können in Form von sogenannten Unternehmensleitbildern, Unternehmensphilosophien, Führungsgrundsätzen oder Corporate-Identity-Manifesten dokumentiert und offengelegt werden.

Die Werte und Grundeinstellungen der Führungskräfte des Unternehmens sind zwangsläufig vage, d.h. nicht quantifizierbar und selten explizit formuliert. Das folgende Schema zur Erstellung von Wertprofilen arbeitet deshalb mit einer Likert-Skala der Faktorenausprägungen (siehe dazu Abbildung 2.5).[77] Dieses Instrument kann dazu eingesetzt werden, die individuellen

---

[72] Vgl. HOFER/SCHENDEL 1978, S. 145. Weitere Kriterienkataloge finden sich bei HINTERHUBER 1992a, S. 85-93, JAUCH/GLUECK 1988, S. 159 f.
[73] Siehe hierzu PORTER 1989, S. 59-92.
[74] Siehe dazu Kapitel 3.
[75] Vgl. z. B. ANDREWS 1980, S. 74-85.
[76] Vgl. BÜHNER 1985, S. 92.
[77] Vgl. ULRICH 1990, S. 51-55.

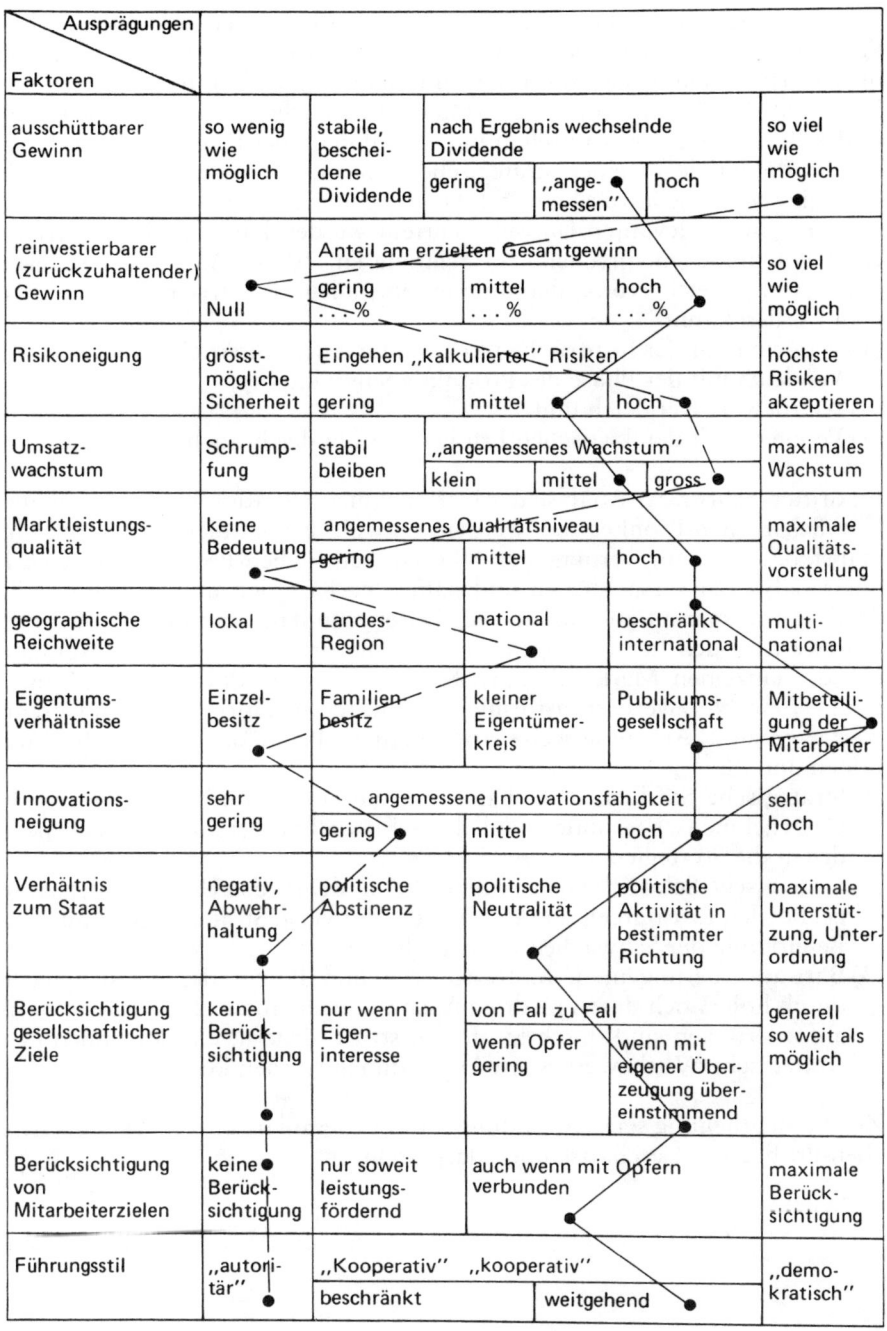

Faktoren \ Ausprägungen					
ausschüttbarer Gewinn	so wenig wie möglich	stabile, bescheidene Dividende	nach Ergebnis wechselnde Dividende		so viel wie möglich
			gering	„angemessen"	hoch	
reinvestierbarer (zurückzuhaltender) Gewinn	Null	Anteil am erzielten Gesamtgewinn			so viel wie möglich
		gering ...%	mittel ... %	hoch ... %	
Risikoneigung	grösstmögliche Sicherheit	Eingehen „kalkulierter" Risiken			höchste Risiken akzeptieren
		gering	mittel	hoch	
Umsatzwachstum	Schrumpfung	stabil bleiben	„angemessenes Wachstum"		maximales Wachstum
		klein	mittel	gross	
Marktleistungsqualität	keine Bedeutung	angemessenes Qualitätsniveau			maximale Qualitätsvorstellung
		gering	mittel	hoch	
geographische Reichweite	lokal	Landes-Region	national	beschränkt international	multi-national
Eigentumsverhältnisse	Einzelbesitz	Familienbesitz	kleiner Eigentümerkreis	Publikumsgesellschaft	Mitbeteiligung der Mitarbeiter
Innovationsneigung	sehr gering	angemessene Innovationsfähigkeit			sehr hoch
		gering	mittel	hoch	
Verhältnis zum Staat	negativ, Abwehrhaltung	politische Abstinenz	politische Neutralität	politische Aktivität in bestimmter Richtung	maximale Unterstützung, Unterordnung
Berücksichtigung gesellschaftlicher Ziele	keine Berücksichtigung	nur wenn im Eigeninteresse	von Fall zu Fall		generell so weit als möglich
			wenn Opfer gering	wenn mit eigener Überzeugung übereinstimmend	
Berücksichtigung von Mitarbeiterzielen	keine Berücksichtigung	nur soweit leistungsfördernd	auch wenn mit Opfern verbunden		maximale Berücksichtigung
Führungsstil	„autoritär"	„Kooperativ"	„kooperativ"		„demokratisch"
		beschränkt	weitgehend		

Abb. 2.5: Schema zur Erstellung von Wertvorstellungsprofilen
Quelle: Ulrich 1990, S. 53
© *Verlag Paul Haupt, Bern/Stuttgart/Wien*

49

Wertvorstellungen der Führungskräfte zu operationalisieren. Daran anschließend muß in einem Diskussionsprozeß versucht werden, zu einem gemeinsamen Wertvorstellungsprofil für die Unternehmung zu kommen.

Der zweite Schritt im Prozeß der strategischen Unternehmensanalyse besteht in der Bewertung der ermittelten internen Potentiale. Es geht um die Frage, ob die Potentiale in einer strategischen Entscheidungssituation als Stärke oder als Schwäche anzusehen sind. Da die Unternehmenssituation nicht isoliert von ihrer relevanten Umwelt beurteilt werden kann, sind die betrieblichen Potentiale entsprechend zu relativieren. WELGE/AL LAHAM schlagen hierzu vier Bereiche vor, anhand derer eine solche Relativierung vorgenommen werden kann:[78]

(1) Vergleich mit der historischen Entwicklung des Unternehmens,
(2) Vergleich mit der Phase des Produktlebenszyklusses,
(3) Wettbewerbsvergleich und
(4) Vergleich mit den kritischen Erfolgsfaktoren der Branche.

Im dritten Schritt der Analyse der Unternehmenssituation muß nun ein Stärken-/Schwächen-Profil erstellt werden. Obwohl keine objektiven Vergleichsmaßstäbe esitieren, vermag ein Stärken-/Schwächen-Profil die Unternehmensanalyse zu versachlichen und damit die Kriterien und Annahmen der Analyse transparent zu machen. Als Datengrundlage kann ein Punkt- oder Nutzwert-Modell herangezogen werden. Die ordinalskalierten Ausprägungen der einzelnen Merkmale bzw. Kriterien werden durch Gewichtung in Punkt- bzw. Nutzwerte transformiert und durch Addition zu einem Gesamtwert aggregiert. Auf diese Weise erhält man ein Profil, das folgende Informationen umfaßt:[79]

(1) **Strategische Stärken**, d. h. Faktoren, die einen Wettbewerbsvorteil des Unternehmens begründen und die Schlüsselkompetenzen darstellen, an denen die Strategien ansetzen.
(2) **Strategische Schwächen**, d. h. Bereiche, in denen das Unternehmen Mängel bei den Ressourcen und Fähigkeiten aufweist. Strategien sind auch zur Beseitigung der Schwächen zu formulieren.
(3) **Basisanforderungen**, d. h. Ressourcen und Potentiale, die sich weder durch hohe noch durch niedrige Ausprägungen auszeichnen. Diese Basisanforderungen sind durch Strategien so zu fördern, daß aus ihnen neue strategische Wettbewerbsvorteile gewonnen werden können.

Zur Verdeutlichung sei in Abbildung 2.6 ein exemplarisches Stärken-/Schwächen-Profil einer Geschäftseinheit dargestellt.

---

[78] Vgl. WELGE/AL LAHAM 1992, S. 118-127.
[79] Vgl. WELGE/AL LAHAM 1992, S. 128.

Kritische Erfolgsfaktoren (Leistungspotentiale)	Beurteilung			Bemerkungen
	Schlecht 10 9 8 7 6 5 4	Mittel 3 2 1 0 1 2 3	Gut 4 5 6 7 8 9 10	
Produktlinie X				
Absatzmärkte (Marktanteile)				
Marketingkonzept				
Finanzsituation				
Forschung und Entwicklung				
Produktion				
Versorgung mit Rohstoffen und Energie				
Standort				
Kostensituation, Differenzierung				
Qualität der Führungskräfte				
Führungssysteme				
Steigerungspotential der Produktivität				

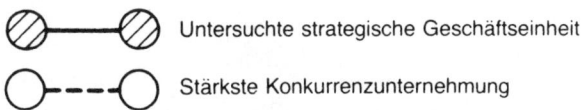

⊘——⊘ Untersuchte strategische Geschäftseinheit

○----○ Stärkste Konkurrenzunternehmung

Anmerkung: Der Einfachheit halber werden bei der Darstellung der Ressourcen Felder gleicher Größe gewählt; dies impliziert die in der Praxis nicht immer gerechtfertigte Annahme einer Gleichgewichtigkeit der Ressourcen. Im Bedarfsfall kann über die Breite der Felder (oder die Größe der Kreise) die Fläche der Bedeutung der Ressourcen angepaßt werden.

Abb. 2.6: Stärken-/Schwächen-Profil einer Geschäftseinheit
Quelle: Hinterhuber 1992a, S. 94
© *Walter de Gruyter, Berlin/New York*

2.3.3 Strategische Prognose und Frühaufklärung

Die Informationen der strategischen Analyse beziehen sich im wesentlichen auf die unmittelbare Vergangenheit und Gegenwart des Unternehmens. Im Rahmen der strategischen Unternehmensplanung sind aber auch künftige Entwicklungen und Trends zu antizipieren. Um einmal erlangte Wettbewerbsvorteile nachhaltig gegenüber der Konkurrenz zu verteidigen, müssen sich die Anstrengungen der Unternehmen darauf konzentrieren, neue Wettbewerbsvorteile rascher als die Wettbewerber zu erarbeiten. Voraussetzung hierfür ist es, schneller und besser als die Konkurrenz die künftige Struktur der Märkte zu prognostizieren.[80]

Die Deckung dieses Prognosebedarfs gelingt nur dann, wenn ergänzend auch die Planung prognosegerecht ausgestaltet wird.[81] Prognosen sind insofern wichtige Bestandteile nahezu aller Pläne. Dennoch dürfen Prognosen nicht überfordert werden; sie stellen im engeren Sinne lediglich zukunftsbezogene Bedingungs- und Wirkungsaussagen dar, die wiederum jeweils unterschiedliche Prognoseprobleme aufwerfen.[82]

Prognosen sind für alle Planungsfelder zu erstellen, die auch im Rahmen der unternehmensinternen und -externen strategischen Analyse untersucht werden. Ein Schwergewicht liegt auf der Prognose der Marktentwicklung, da dem Marketingplan in strategischer Hinsicht eine besondere Bedeutung zukommt. Aber auch die strategische Relevanz des ökologieorientierten Bedingungsrahmens erfordert eine spezielle Frühaufklärung, die sich auf die Besonderheiten ökologischer Problemstellungen konzentriert.[83]

Zur Bewältigung der Unbestimmtheit und der Menge an Informationen sind Frühaufklärungs- bzw. Früherkennungssysteme zu entwickeln. Ihr Ziel ist es, rechtzeitig auf bestimmte Veränderungen im Unternehmen sowie in der Umwelt aufmerksam zu machen, entsprechende Tiefenanalysen und Prognosen auszulösen und Erkenntnisse über Chancen und Gefahren an die Führungskräfte zu übermitteln.[84] Vielfach lassen sich Umweltveränderungen ex ante nicht als eindeutig positiv oder negativ einstufen. Eine Bewertung ist deshalb erst durch eine »Spiegelung« am Kompetenzprofil des gesamten Unternehmens möglich.[85]

Während die gesamtwirtschaftlich ausgerichtete Früherkennung eine relativ lange Tradition aufweist, sind einzelwirtschaftliche Ansätze erst im Zuge entscheidender Veränderungen der wirtschaftlichen Rahmenbedingungen in den siebziger Jahren entwickelt worden.

---

[80] KRYSTEK/MÜLLER-STEWENS 1992, S. 337.
[81] Vgl. REISS 1989, Sp. 1631-1632.
[82] Vgl. dazu REISS 1989, Sp. 1632.
[83] Siehe dazu auch SEPP 1996, der sich ausführlich mit einer strategischen Frühaufklärung aus ökologieorientierter Perspektive beschäftigt.
[84] Vgl. MAUTHE 1984, S. 397.
[85] Vgl. BEA/HAAS 1995, S. 269.

Als Auslöser für die Entwicklung von modernen Frühaufklärungssystemen gilt das ANSOFFsche Konzept der »Strategic Issue Analysis«. Kern dieses Konzepts ist die Annahme, daß Diskontinuitäten sich bereits in einem Frühstadium durch »schwache Signale« ankündigen. ANSOFF stellt daher die Forderung auf, daß ein Unternehmen bereits beim Empfang dieser »Weak signals« über strategische Handlungsalternativen nachdenken sollte und nicht erst dann, wenn die Chancen bzw. Bedrohungen über das Unternehmen hereinbrechen.[86]

Früherkennungssysteme sind in allen Managementbereichen des Unternehmens, aber auch bei Kunden, Lieferanten, Gläubigern und anderen Stakeholdern des Unternehmens zu implementieren. Die Mitarbeiter, Kunden und Lieferanten vor Ort können die schwachen Signale am besten wahrnehmen. In diesem Zusammenhang wird auch der Begriff des »Scannens« verwendet. Moderne Informationssysteme ermöglichen eine de facto Erfassung, Verarbeitung und Auswertung wichtiger Indikatoren.

2.4 Elemente einer Planungskonzeption

In den folgenden Unterabschnitten werden die Kernelemente der eigenen Konzeption einer strategischen Unternehmensplanung dargestellt. Dabei sind sowohl die Schnittstellen als auch die Unterschiede gegenüber den bisher vertretenen Auffassungen deutlich zu machen.

2.4.1 Absichten

Der Begriff »Absichten« stellt ursprünglich eine Übersetzung des englischen »Purposes« dar. Die Absichten kennzeichnen als Unternehmenszweck die langfristige Ausrichtung der Unternehmenspolitik. Sie können den ökonomischen, den technologischen und den sozialen Bereich betreffen. Absichten stehen analog den Zielen zueinander in einem Verhältnis der Komplementarität, der Konkurrenz oder der Indifferenz. Die Komplementarität oder Konkurrenz zwischen Absichten läßt sich durch die Reihenfolge der Handlungsalternativen ausdrücken. Verhalten sich Absichten komplementär zueinander, so ist die Rangordnung der Möglichkeiten gemäß ihrer Erreichungsgrade für beide Absichten gleich. Im Falle der Konkurrenz erfolgt die

---

[86] Zu den verschiedenen Generationen von Frühaufklärungssystemen siehe z. B. KRYSTEK/MÜLLER-STEWENS 1992, S. 338-341, sowie BEA/HAAS 1995, S. 269-276. Der Ansatz der Strategic Issue Analysis ist in ANSOFF 1976, S. 130-143, sowie KREIKEBAUM 1989, Sp. 1878-1884, dargestellt.

Rangordnung entgegengesetzt. Da in praktischen Entscheidungssituationen die Ergebnisse der einzelnen Handlungsalternativen i. d. R. mehrere Beziehungstypen aufweisen, lassen sich meist nur partielle Beziehungen zwischen Absichten feststellen. Dies bedeutet, daß die Komplementaritäts- bzw. Konkurrenzbeziehungen oft von Handlungsalternative zu Handlungsalternative wechseln.

Im folgenden wird zwischen generellen und speziellen Absichten unterschieden. **Generelle Absichten** umfassen Aussagen über den Unternehmenszweck sowie über die Einstellungen gegenüber Mitarbeitern und Umwelt. Willenserklärungen über die (vorgesehene) Entwicklung des Unternehmens als Ganzes oder seiner Teilbereiche finden sich z. B. im Rahmen der Statuten eines Unternehmens oder in der Darstellung der »Unternehmensidee« (SCHÄFER). Bezogen auf die strategische Planung sind Aussagen über die generellen Absichten vielfach im Vorspann von Planungsrichtlinien oder von unternehmenspolitischen Leitlinien enthalten. Anstelle des Begriffs der generellen Absichten findet man in der Literatur häufig den Begriff der »Unternehmensphilosophie« (»Management philosophy«). Er bezeichnet die Grundeinstellung eines Unternehmens zu seiner Umwelt und deren Veränderungen. Unter der Unternehmensphilosophie wird das Bild verstanden, das sich ein Unternehmen von seinen Aufgaben in Wirtschaft und Gesellschaft macht. Der Begriff wird zum Teil synonym verwandt mit den Ausdrücken »Unternehmensgrundsätze« und »Verhaltensnormen«.[87] Eine weitere Bezeichnung des Inhaltes von generellen Absichten stellt die »Charta« – als Gesamtheit der unternehmenspolitischen Grundsätze – dar.

Die Absichten beinhalten die grundsätzlichen Einstellungen und geplanten Verhaltensweisen des Unternehmens zu den Veränderungen der Umweltbedingungen im Marktbereich. Eine statische, adaptive Unternehmensphilosophie führt zur Ausbildung von reaktiven Anpassungsstrategien und zu einer dafür notwendigen Akkumulation von Ressourcen. Demgegenüber hat eine dem Konkurrenten zuvorkommende dynamische Grundeinstellung zur Umwelt einschließlich der daraus entspringenden Beeinflussungsaktivitäten eine Unternehmensplanung zur Folge, die langfristig und antizipativ ausgerichtet ist und damit ihre eigenen Vorstellungen am Markt durchsetzt.

Als ein praktisches Beispiel für die Formulierung des Unternehmenszwecks im Rahmen allgemeiner unternehmerischer Absichten sei das Leitbild der Degussa AG angeführt. Darin heißt es in dem Abschnitt »Wer wir sind und was wir wollen« unter anderem:[88]

---

[87] Siehe dazu GABELE/KRETSCHMER 1985.
[88] Degussa AG, o. J.

»Unser Ziel ist es, mit engagierten Mitarbeiterinnen und Mitarbeitern anspruchsvolle Produkte und intelligente Problemlösungen zu schaffen und damit Spitzenpositionen im Markt zu besetzen. Im Vordergrund stehen Produkte, die der Erhöhung der Lebensqualität dienen – insbesondere in den Bereichen Ernährung, Gesundheit und Umwelt. … Wir setzen klare Ziele in der Unternehmensführung, der Marktbearbeitung, Produktentwicklung und Forschung, und wir verfolgen diese konsequent mit Ideenreichtum, Können und Tatkraft. … Bei der Weiterentwicklung unseres Unternehmens können wir auf Erfahrungen aus über hundert Jahren aufbauen, in denen wir viele Innovationen geschaffen und Hervorragendes geleistet haben. Präzision und besondere Sorgfalt sind Wertmaßstäbe, die sich aus der Natur vieler Degussa-Geschäfte ergeben. An dieser guten Tradition wollen wir festhalten und sie mit fortschrittlicher Denkungsart verbinden.«

Es können nicht nur Aussagen über die Entwicklung des Gesamtunternehmens, sondern auch über einzelne Funktionsbereiche getroffen werden. Die für den Personalbereich formulierten Prinzipien werden in der Literatur oftmals auch als »Führungsgrundsätze« bezeichnet. Sie charakterisieren die für wünschenswert gehaltenen Umgangsformen der Organisationsmitglieder untereinander.

Die **speziellen Absichten** bezeichnen Aussagen über den Zielinhalt. Der Zielinhalt bezieht sich auf Tatbestände im Unternehmen und dessen Umwelt, die dem Entscheidungsträger erstrebenswert erscheinen und zu einer meßbaren, d. h. operationalen Zielformulierung führen. Er umfaßt Angaben über Art und Richtung der Ziele.[89] Die speziellen Absichten leiten sich aus den allgemeinen Absichten ab und konkretisieren diese. Der Zusammenhang sei an zwei Beispielen erläutert.

Tab. 2.1: Beispiele für generelle und spezielle Absichten

Generelle Absicht	Abgeleitete spezielle Absicht
Erhaltung der finanziellen Unabhängigkeit	Verringerung des Fremdkapitalanteils
Sicherung des Erfolgspotentials auf einem bestimmten Produktmarkt	Erhöhung des Marktanteils eines bestimmten Produktes

---

[89] Zu Dimensionen und Ordnung von Unternehmenszielen siehe HEINEN 1985, S. 98-105.

Welche speziellen Absichten (Zielinhalte) für das einzelne Unternehmen von Bedeutung sind, läßt sich nicht allgemeingültig festlegen. Sie sind das Ergebnis der Analyse und Prognose der für das Unternehmen wichtigen strategischen Gegebenheiten vor dem Hintergrund der allgemeinen Absichten.

In der Literatur zu strategischen Unternehmensplanung wird anstelle der speziellen Absichten auch von strategischen und von qualitativen Zielen gesprochen.

- Da sich die Strategien an den unternehmerischen Absichten zu orientieren haben, schlägt GRIMM den Begriff der strategischen Ziele vor. Strategische Ziele (z. B. Marktanteils-, Wachstums- und Diversifikationsziele) würden anhand einer Analyse der strategischen Faktoren bzw. der strategischen Position des Unternehmens bestimmt und enthielten sowohl eine langfristige als auch eine kurzfristige Komponente.[90]
- Zur Bezeichnung der unternehmerischen Absichten verwendet FISCHER den Begriff der qualitativen Ziele.[91] Auf diesem Begriffsverständnis aufbauend zeigt KEIL, wie qualitative Ziele operationalisiert, dekomponiert und einer mengentheoretischen Abbildung und Aggregation zugänglich gemacht werden können.[92]

Diesen Empfehlungen ist im Prinzip zuzustimmen, da hiermit der Vorwurf einer induktiven Strategiesetzung entkräftet wird. Problematisch an den strategischen Zielen ist allerdings die Tatsache, daß die damit verbundene »Konkretisierung der wünschenswerten Weiterentwicklung der gegebenen Situation« häufig unterbleibt.[93] Mit dem Begriff der qualitativen Ziele wird ein sehr komplexer Inhalt angesprochen, der bereits in der (älteren) Literatur zur Investitionsplanung auftaucht, und zwar als »Imponderabilien«, »irreduzible Faktoren« bzw. »Unwägbarkeiten«. Die Konsequenz ist, daß diese Faktoren nicht in die Modellrechnung aufgenommen werden, obwohl weitgehend Einigkeit darüber besteht, daß sowohl die Bedeutung der qualitativen Einflußgrößen als auch die Ungenauigkeit des Wissens bei der Unternehmensplanung ständig zunehmen.[94] Um der Gefahr entgegenzuwirken, daß die strategischen bzw. qualitativen Ziele vorschnell quantifiziert oder einfach fortgeschrieben werden, wird hier der Begriff der speziellen Absichten beibehalten. Gegenüber dem Zielbegriff läßt er sich wie folgt abgrenzen: Während die speziellen Absichten Art und Richtung der Unternehmensziele – den Zielinhalt – festlegen, beinhalten die Ziele die genaue Quantifizierung – das Zielausmaß – der speziellen Absichten. Der Begriff Ziel wird hier also nur im Sinne von Zielerfüllungsgrad verwendet. Diese Abgrenzung will Abbildung 2.7 nochmals übersichtlich verdeutlichen.

---

[90] Vgl. GRIMM 1983, S. 253-257.
[91] Siehe dazu FISCHER 1989.
[92] Vgl. KEIL 1996, S. 100-142.
[93] GRIMM 1983, S. 254.
[94] Vgl. FISCHER 1989, S. 5.

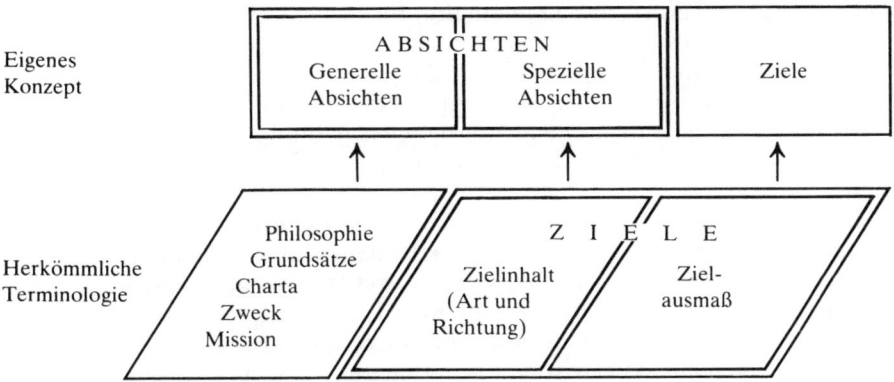

Abb. 2.7: Der Zusammenhang von Absichten und Zielen

Mit der begrifflichen Trennung zwischen Absichten und Zielen sollen einmal die bestehenden wesensmäßigen Unterschiede zum Ausdruck gebracht werden. Die Unterteilung entspricht damit der Forderung nach Differenzierung und terminologischer Klarheit. Auf der anderen Seite trägt diese Abgrenzung der unterschiedlichen Kompetenzaufteilung und organisatorischen Abwicklung des Planungsprozesses Rechnung (vgl. dazu im einzelnen Abschnitt 2.5).

2.4.2 Strategien

Strategien lassen erkennen, wie ein Unternehmen seine bestehenden und potentiellen Stärken dazu benutzt, Umweltbedingungen und deren Veränderungen gemäß den unternehmerischen Absichten zu begegnen. Zunächst sollen verschiedene Arten von Strategien unterschieden werden, um einen Eindruck von der Vielfalt der Formulierungsmöglichkeiten zu geben. Es handelt sich dabei um eine klassifizierende Darstellung. Im Zusammenhang mit der Strategieentwicklung (siehe Abschnitt 2.6) wird dann beschrieben, wie diese unterschiedlichen Strategie-Arten formuliert, bewertet und ausgewählt werden. Tabelle 2.2 läßt verschiedene Einteilungsmöglichkeiten von Strategien in Abhängigkeit vom jeweiligen Unterscheidungskriterium erkennen. Die Übersicht zeigt gleichfalls einige Beispiele anhand von unterschiedlichen Kriterien der Strategiebildung auf.

Tab. 2.2: Überblick über Arten von Strategien

Unterscheidungskriterium/Gegenstand	Bezeichnung
Organisatorischer Geltungsbereich	• Unternehmensgesamtstrategien (corporate strategies) • Geschäftsbereichsstrategien (business strategies) • Funktionsbereichsstrategien (functional area strategies)
Funktionsbereich	• Absatzstrategien • Produktionsstrategien • Forschungs- und Entwicklungsstrategien • Investitionsstrategien • Finanzierungsstrategien • Personalstrategien
Entwicklungsrichtung/Mitteleinsatz	• Wachstumsstrategien (Investieren) • Stabilisierungsstrategien (Halten) • Schrumpfungsstrategien (Desinvestieren)
Marktverhalten	• Angriffsstrategien (z.B. Promotionsstrategien) • Verteidigungsstrategien (z.B. Imitationsstrategien)
Produkte/Märkte	• Marktdurchdringungsstrategie • Marktentwicklungsstrategie • Produktentwicklungsstrategie • Diversifikationsstrategie
Wettbewerbsvorteile/Marktabdeckung	• Strategie der Kostenführerschaft • Differenzierungsstrategie • Konzentrationsstrategie (auf Kostenführerschaft oder Produktdifferenzierung)

Diese Tabelle enthält nur eine isolierte Darstellung verschiedener Arten von Unternehmensstrategien. Um die Wirklichkeit sinnvoll abzubilden, ist darüber hinaus eine Verknüpfung von einzelnen Kriterien erforderlich. Ein Beispiel für diese Vorgehensweise bietet die Produkt-Markt-Matrix von ANSOFF, in der grundsätzliche Strategien typologisiert werden, die sich aus bestehenden und neuen Produkt-Markt-Kombinationen ergeben (siehe Abbildung 2.8).

ANSOFF unterteilt jeweils in vorhandene Produkte (P_o) und Märkte (M_o) und in neue Produkte ($P_1 \ldots P_n$) und Märkte ($M_1 \ldots M_n$). Die Kombination des Absatzes vorhandener Produkte auf den bestehenden Märkten wird als Strategie der Marktdurchdringung (»Market penetration«) bezeichnet. Werden dagegen bereits entwickelte Produkte auf neuen Märkten (z. B. Exportmärk-

Produkt-linie \ Märkte	M_0	M_1 $M_2 \dots M_n$
P_0	Markt-durchdringung	Marktentwicklung
P_1 P_2 · · · P_n	Produkt-entwicklung	Diversifikation horizontal vertikal lateral

Abb. 2.8: Die Produkt-Markt-Matrix
Quelle: Ansoff 1965, S. 109

ten) abgesetzt, so spricht man von einer Marktentwicklungsstrategie (»Market development«). Sind umgekehrt bereits Märkte vorhanden, die nun mit neuen Produkten beliefert werden, so liegt eine Strategie der Produktentwicklung (»Product development«) vor. Den Absatz neuer Produkte auf bisher noch nicht belieferten Märkten bezeichnet Ansoff schließlich als Diversifikationsstrategie (»Diversification«).

In Abhängigkeit vom Grad der Verbundenheit der neuen Produkte mit den bisherigen Produktlinien läßt sich weiter unterscheiden zwischen horizontaler, vertikaler und lateraler Diversifikation:

- Bei einer Strategie der horizontalen Diversifikation stehen die neuen Produkte in enger produktionsmäßiger Verbindung mit dem bisherigen Produktionsprogramm (Beispiel: Mofas und Fahrräder).
- Eine Strategie der vertikalen Diversifikation umfaßt die Herstellung und den Vertrieb von Produkten, die zu einer vorgelagerten und/oder nachgelagerten Produktionsstufe gehören (Beispiel: Ein Halbfabrikatehersteller geht in den Bereich der Stahlerzeugung hinein und/oder erzeugt Investitionsgüter).
- Bei einer Strategie der lateralen Diversifikation wird demgegenüber der Bezug zu der bisherigen Produktlinie vollständig aufgegeben (Beispiel: Herstellung von Tonbändern und Pharmazeutika).

Die genannten Strategien der Diversifikation sind in der Regel identisch mit den internen und/oder externen Strategien des horizontalen, des vertikalen und des diagonalen bzw. des heterogenen Wachstums:

- Bei einer horizontalen Wachstumsstrategie (z. B. durch Kauf gleichartiger Unternehmen) werden mögliche Synergievorteile im Beschaffungs-, Produktions- und Absatzbereich ausgenutzt.
- Eine Strategie des vertikalen Wachstums verfolgt in erster Linie eine produktionsbezogene Stabilisierung der langfristigen Unternehmensentwick-

lung. Sie kann entweder rückwärts gerichtet (Beispiel: Angliederung des Rohstoffbereichs) oder vorwärts orientiert sein (Beispiel: Einbeziehung des Weiterverarbeitungssektors), oder auch eine Rückwärts- und eine Vorwärtsintegration umfassen.

- Laterale Wachstumsstrategien werden häufig in Form von Unternehmenszusammenschlüssen (extern) vorgenommen und führen dann zur Bildung von Mischkonzernen (»Conglomerate mergers«). Bei letzteren treten produkt- und programmbezogene Synergieeffekte zugunsten finanzwirtschaftlicher und risikopolitischer Ziele zurück.

Die Produkt-Markt-Strategien zeigen beispielhaft die mögliche Verknüpfung unterschiedlicher Einzelkriterien. Man kann nun einen Schritt weiter gehen und Produkt-Markt-Strategien mit funktionsorientierten Strategien, z. B. Forschungs- und Entwicklungsstrategien, kombinieren. Abbildung 2.9 zeigt eine solche Verknüpfung, die die Möglichkeiten einer internen Wachstumsstrategie erkennen läßt. Diese kann sich der verschiedenen Forschungs- und Entwicklungsstrategien bedienen: der Entwicklung neuer Produkte und Verfahren, einer Verbesserung der bisherigen Produkte und Verfahren oder auch der Weiterentwicklung des naturwissenschaftlich-technischen Know-hows.
Die Kombination einer F & E-Strategie und einer Produkt-Markt-Strategie wird als offensiv bezeichnet, wenn die F & E-Strategie in Verbindung mit einer Strategie der Diversifikation auftritt. Die Kombination gilt als defensiv, falls die Bemühungen im Bereich der Forschung und Entwicklung lediglich auf eine Strategie der Marktdurchdringung abzielen (durch Verbesserung von Produkten, Prozessen oder Know-how).

Produkt-/Markt-Strategie / F & E-Strategie	Diversifikation	Produktentwicklung	Marktentwicklung	Marktdurchdringung
Entwickeln neuer Produkte und Verfahren	×	×		
Produkt- und Prozeßverbesserungen			×	×
Verbessern des naturwissenschaftlichen und technischen Know hows	×	×	×	×
Charakter der Strategiekombination	offensiv	offensiv/ defensiv	offensiv/ defensiv	defensiv

Abb. 2.9: Beispiel für die Verknüpfung von Produkt-Markt-Strategien mit F&E-Strategien

In welcher Weise Strategien inhaltlich beschrieben werden können, sei an Beispielen aus dem Bereich der Forschungs- und Entwicklungsstrategie der Adam Opel AG dargestellt:[95]

(1) Zur Verkürzung der Entwicklungszeiten werden Entwicklungs- und Konstruktionsarbeiten verstärkt am Bildschirm durchgeführt. Die Computer-Simulation erlaubt eine schnellere und kostenärmere Erprobung der Fahrzeuge in einer virtuellen Kunstwelt.

(2) Daneben orientiert man sich bei Opel in der Entwicklung an Vorbildern und Gesetzmäßigkeiten der Natur. Im Rahmen von »Bio-Engineering« ahmen Entwicklungsingenieure natürliche Wachstumsformen und Strukturen nach. So können beispielsweise Komponenten wie Achsschenkel und Felgensterne optimiert werden.

(3) Die Forschungsaktivitäten hinsichtlich der Entwicklung von Antriebskonzepten konzentrieren sich auf die Erprobung von Elektromotoren und Bio-Diesel. Die bislang erzielten Ergebnisse weisen positive Zwischenergebnisse auf. Der Einsatz von Raps-Methylester als Treibstoff würde nur geringe technische Anpassungen der Opel-Dieselfahrzeuge erfordern.

2.4.3 Maßnahmen

Maßnahmen konkretisieren die Strategien, vor allem auf der Ebene der operativen Einheiten des Unternehmens. Sie stellen deshalb einen wichtigen Schritt auf dem Wege der Formulierung von Zielerfüllungsgraden dar. Die operativen Einheiten (z. B. Geschäftsbereiche, Funktionsbereiche oder Tochtergesellschaften im In- und Ausland) haben im Rahmen der Strategiebildung das Recht zum Vorschlag und die Verantwortung für die Durchsetzung geeigneter Maßnahmen.

Als Maßnahmen werden diejenigen Operationen bezeichnet, die zur Durchführung von Strategien erforderlich sind. Dagegen zählen die alltäglichen, geschäftlichen Aktivitäten, die sich im Rahmen der operativen Planung ergeben, nicht zu den Maßnahmen im Sinne des hier verwandten Begriffs. Was im folgenden unter Maßnahmen verstanden wird, sei an zwei Beispielen erläutert.

---

[95] Vgl. ADAM OPEL AG 1994, S. 32-34.

Beispiel 1:

Ein Unternehmen, das eine Strategie der intensiven Marktdurchdringung betreibt, kann dazu u. a. folgende Maßnahmen einsetzen:

- Aufbau eines neuen Vertriebsweges (z. B. Einsatz von Reisenden statt Handelsvertretern) bei gleichzeitiger Änderung des Provisionssystems
- Aufbau eines Informationssystems zur differenzierten Erfassung von Kundenwünschen
- Veränderung der Werbeträger (z. B. TV-Werbung statt Anzeigen in Zeitschriften)
- Verstärkung der Werbebemühungen (z. B. durch zielgruppenorientierte Werbung).

Beispiel 2:

Eine Strategie der Markterschließung (Marktentwicklung) kann dagegen z. B. nachstehende Maßnahmen erfordern:

- Veränderung der bisherigen Werbekonzeption entsprechend der vorgesehenen Marktsegmentierung
- Erweiterung der Außendienstorganisation
- Ausbildung der Vertriebsmitarbeiter
- Preissenkungen zur Überbrückung der Markteintrittsbarrieren
- Bereitstellung zusätzlicher finanzieller Mittel.

Die Bestimmung der Maßnahmen stellt einen ergänzenden Schritt dar, der zur Konkretisierung und Durchführung vorgelagerter Strategien notwendig ist. Diese sachlogische Verknüpfung schließt jedoch nicht aus, daß Überlegungen hinsichtlich der erforderlichen Maßnahmen bereits in den Prozeß der Strategieentwicklung mit eingehen. Denn die Entscheidung, welche Strategie verfolgt werden soll, ist abhängig von der Überlegung, welche Maßnahmen im Einzelfall dazu erforderlich sind und welchen Zielerreichungsgrad diese Maßnahmen aufweisen. Strategien können in diesem Sinne auch als Maßnahmenprogramm bezeichnet werden. Es handelt sich deshalb eher um eine simultane Bestimmung von Strategien und Maßnahmen.

Die Planung der Maßnahmen findet ihre konkrete Fortsetzung in der Mittelfristplanung und im Budget. Dort wird detailliert nach Kosten, Umsatz, Investitionen und Personalbedarf gegliedert aufgeführt, welche Abteilung welche Mittel für welche Aktionen einsetzen wird, um die gesetzten Ziele zu erreichen.

2.4.4 Ziele

Manche Leser werden darüber erstaunt sein, daß die Ziele erst an letzter Stelle unserer Konzeption der strategischen Unternehmensplanung behandelt werden. Dies hat seinen Grund in der Trennung zwischen Absichten und Zielen. Diese Abgrenzung bringt zum Ausdruck, daß es im Rahmen der strategischen Planung weder sinnvoll noch möglich ist, zu Beginn des Planungsprozesses konkrete Zielvorgaben zu formulieren. Es erscheint vielmehr notwendig, zuerst die grundsätzlichen Entwicklungsrichtungen eines Unternehmens und seiner Teilbereiche (die generellen Absichten) festzulegen. Auf dieser Grundlage lassen sich dann Aussagen über die anzustrebenden Veränderungen von grundlegenden Erfolgsgrößen (die speziellen Absichten) treffen.

Die Gründe für die fehlende Möglichkeit, zu Beginn des Planungs- und Entscheidungsprozesses quantifizierte Ziele festzulegen, sind insbesondere in zwei Aspekten zu sehen:

(1) Die zunehmende Dynamik und Komplexität der Umweltbedingungen macht es unmöglich, die Auswirkungen aller Einflußgrößen auf eine oder wenige Zielgrößen uno actu zu erfassen und zu bewerten.

(2) Der wachsende Wettbewerbsdruck hat in Verbindung mit rapidem technologischem Wandel dazu geführt, daß Erfolgschancen seltener auftreten und schwieriger zu finden sind.

Bei einer zunehmenden Orientierung der Unternehmen an strategischen Planungsentscheidungen nimmt die absolute Vorgabe quantifizierter Ziele für dezentrale Unternehmensbereiche immer weiter ab. Die für die Planung in diesen Einheiten notwendigen operationalen Zielausmaße ergeben sich nämlich als Ergebnis aus der Strategien- und Maßnahmenformulierung. Darüber hinaus hat die wissenschaftliche Arbeit an diesen Problemen die verschiedenen Erfolgsdeterminanten und die Zusammenhänge zwischen ihnen hervortreten lassen. Die hier vertretene Trennung zwischen Absichten und Zielen ermöglicht den Entscheidungsträgern, die für sie relevanten Abhängigkeiten zu analysieren und damit eine sichere Grundlage für die spätere Quantifizierung zu schaffen.

Als Ziele werden im folgenden quantitative Aussagen über den Erfüllungsgrad der in den speziellen Absichten festgelegten Zielinhalte bezeichnet. So kann z. B. das Ziel, die Eigenkapitalquote von 30 % auf 35 % zu erhöhen, als Folge der speziellen Absicht bezeichnet werden, die Kapitalstruktur durch Verringerung des Fremdkapitalanteils zu verbessern. Ferner stellt das Ziel »Steigerung des Marktanteils bei Produkt A von 26 % auf 29 % im 1. Planungsjahr« eine Folge der Strategien und Maßnahmen dar, die die spezielle Absicht »Erhöhung des Marktanteils« verwirklichen.

2.4.5 Der konzeptionelle Zusammenhang von Absichten, Strategien, Maßnahmen und Zielen

In welcher Weise die Verknüpfung von Absichten, Strategien, Maßnahmen und Zielen denkbar ist, sei zunächst an einem Beispiel aus der Konsumgüterindustrie erläutert:

Ein junges Unternehmen der Telekommunikationsbranche verfolge die generellen Absichten, die auf Telekommunikation bezogenen Bedürfnisse bereits bedienter und potentieller Kunden zu befriedigen sowie seine unternehmerische Selbständigkeit auszubauen. Es bestehe ferner die generelle Absicht, die jeweils neuesten Technologien einzusetzen. Im Geschäftsbereich Mehrwertdienste sollen den Kunden Dienste angeboten werden, die das Kommunizieren per Telefon- und Telefaxgeräten in sinnvoller Weise ergänzen und bereichern. Hierzu gehören Auskunftsdienste, Sekretariats-Service-Dienste, Ansagedienste usw. Diese generellen Absichten werden wie folgt konkretisiert.

- Zunächst sind spezielle Absichten festzulegen. Gedacht ist an die Erhöhung des Marktanteils auf dem Markt für Auskunfts- und Operatordienste. Da die Gewinnung von Marktanteilen sehr aufwendig sein wird, ist man bereit, während der ersten zwei Jahre der Planung auf einen positiven Cash-flow zu verzichten.

- Als nächstes muß man sich darüber Gedanken machen, welche Strategien in Betracht zu ziehen sind, um den genannten Absichtserklärungen auch Taten folgen zu lassen. Als Grundlage werden Marktforschungsstudien über die Akzeptanz von neuartigen Komfortleistungen rund um das Telefonieren erstellt, die in die Entwicklung konkreter Mehrwertdienste eingeflossen sind. Die Absicht, stets die neueste Technologie bei der Produkt- und Diensteentwicklung zu berücksichtigen, führt zu der Strategie: »Eigene Entwicklung von Mehrwertdiensten, Lizenznahme bzw. Miete von Leitungen und Netzdiensten von einem europäischen Netzbetreiber«. Die Ressourcen zur Bereitstellung der Ansagedienste, Auskünfte und Services sind vorhanden. Für die neuen Mehrwertdienste ist eine Marktstrategie zu entwickeln. Diese beinhaltet im einzelnen die Auswahl der anzusprechenden Kunden- und Marktsegmente, der Vertriebswege und des Komfortniveaus (Produktqualität), die Tarifgestaltung sowie Aussagen zur Penetration des Marktes. Anhand dieser strategischen Variablen werden unterschiedliche Strategiealternativen entwickelt.

- Unter Beachtung der vorhandenen Potentiale kann die ausgewählte Strategie wie folgt beschrieben werden: Da das Unternehmen im Bereich von Corporate Networks (unternehmensinternen Netzwerken) bereits erfolgreich mit Großunternehmen und Kommunen zusammenarbeitet, möchte man mit den neuen Mehrwertdiensten zunächst ausschließlich Geschäftskunden im Sinne eines Inhouse-Service bedienen. Wie das unternehmensinterne Testen der Mehrwertdienste ergeben hat, wird von den Kunden eine hohe Auskunftsqualität gefordert. Ferner müssen Anstrengungen unternommen werden, die Geschäftskunden für eine Umstellung ihrer Informationsverarbeitung auf die Inhouse-Services zu gewinnen. Die einzelnen Strategien stehen selbstverständlich nicht isoliert nebeneinander, sondern müssen sinnvoll miteinander verknüpft werden.

- Zur Durchführung der oben beschriebenen Marktstrategie sollen u. a. folgende Maßnahmen ergriffen werden: Verknüpfung der neuen Dienste mit bereits angebotenen Datenübertragungsleistungen, Ausbau des Vertriebsnetzes und Schulung der Mitarbeiter in den IV-Abteilungen der Geschäftskunden sowie Einstellung weiterer Mitarbeiter für die Komfortauskunft und die Sekretariats-Dienste. Die Maßnahmen konkretisieren die Strategie und bieten die Möglichkeit, die anzustrebenden Ziele (das Zielausmaß) festzulegen.

- Nachdem die Strategien und die zugehörigen Maßnahmen festgelegt wurden und damit in ihren Auswirkungen überschaubar geworden sind, können die Ziele u. a. wie folgt quantifiziert werden: angestrebte Kapazitätsauslastung des neuen Auskunftsdienstes im ersten Jahr 60 %, zu realisierender Marktanteil aller Mehrwertdienste in Ballungsräumen 35 %. Diese Ziele werden in einzelne Mengen- und Umsatzvorgaben für die verschiedenen zu bedienenden Regionen, d. h. in detaillierte operative Ziele, aufgespalten. Ferner ergibt sich daraus, den Anteil neuer Produkte und Dienste am Gesamtumsatz des Unternehmens zu erhöhen (z. B. von 25 % im ersten Planungsjahr über 28 % im zweiten Jahr auf 32 % im dritten Jahr der Planung).

Nachdem der sachlich-zeitliche Zusammenhang von Absichten, Strategien, Maßnahmen und Zielen beispielhaft dargestellt worden ist, sind ergänzende theoretische Überlegungen zur hier vertretenen Gesamtkonzeption der strategischen Unternehmensplanung anzustellen. Abbildung 2.10 zeigt die Planungselemente in ihrer Verknüpfung mit den unterschiedlichen hierarchischen Ebenen des Unternehmens. Unterstellt wird dabei ein Unternehmen mit einer Geschäftsbereichsstruktur.

Aus der Abbildung ist zu entnehmen, daß die Aufeinanderfolge von Absichten, Strategien, Maßnahmen und Zielen prinzipiell alle hierarchischen Ebenen umfaßt. Bei allen Planungselementen wird davon ausgegangen, daß sie in expliziter Form auf jeder der drei organisatorischen Ebenen (Gesamtunternehmen, Geschäftsbereich, Funktionsbereiche) formuliert werden.

Darüber hinaus existieren ebenfalls horizontale Verbindungen zwischen den Elementen auf den einzelnen Ebenen, insbesondere bei den Absichten und den Strategien. Die Empirie zeigt ferner, daß auch diagonale Verknüpfungen auftreten können. Die Möglichkeit dieser Verbindung zeigt sich in einem iterativen Prozeß der gegenseitigen Abstimmung der Planungselemente. Dieser Prozeß wird bestimmt durch die Abschätzung der Realisierungsmöglichkeiten einerseits und durch die Wunschvorstellungen der Entscheidungsträger andererseits. In dem iterativen Prozeß kann beispielsweise festgestellt wer-

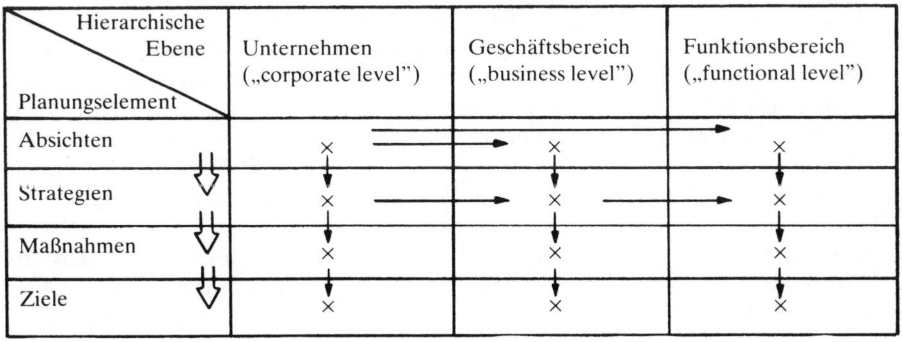

Hierarchische Ebene / Planungselement	Unternehmen („corporate level")	Geschäftsbereich („business level")	Funktionsbereich („functional level")
Absichten	×	×	×
Strategien	×	×	×
Maßnahmen	×	×	×
Ziele	×	×	×

Abb. 2.10: Hierarchische Zuordnung von Absichten, Strategien, Maßnahmen und Zielen eines divisionalisierten Unternehmens

den, daß nur solche Maßnahmen innerhalb eines Geschäftsbereichs möglich sind, die mit der ursprünglichen Strategie auf der Unternehmensebene nicht mehr in Einklang stehen, so daß Maßnahmen auf Geschäftsbereichsebene zur Änderung der Strategie auf Unternehmensebene führen.

Die Matrix in Abbildung 2.10 läßt erkennen, daß Absichten als Angaben über Art und Richtung der angestrebten Ziele für das Unternehmen als Ganzes, für einzelne Geschäftsbereiche oder auch für Funktionsbereiche ausgesprochen werden können. Die Absichten umfassen folglich sowohl die globalen unternehmenspolitischen Vorstellungen wie auch konkrete Aussagen über Art und Richtung von Zielen.

In unserem Beispiel ist die globale Absicht, unabhängig zu bleiben, auf das Gesamtunternehmen bezogen. Im Hinblick auf einen bestimmten Geschäftsbereich äußert sich die spezielle Absicht im Sinne einer konkreten Festlegung von Art und Richtung von Zielen, z. B. auf dem Telekommunikationsmarkt den Marktanteil bei einer bestimmten Produkt-/Servicegruppe (Auskunftsdienste) zu erhöhen. Für den Personalsektor als Beispiel eines Funktionsbereichs, der in allen Geschäftsbereichen vertreten ist, kann beispielsweise die spezielle Absicht formuliert werden, das bestehende personelle Potential in Zukunft zu erhalten.

In dem genannten Beispiel lassen sich die (Ziel-) Inhalte der speziellen Absichten durch Aussagen über die Zielgröße sowie die Richtung der Ziele wie folgt spezifizieren:

Tab. 2.3: Art und Richtung von Zielen

Art der Ziele	Richtung der Ziele
• Marktanteil	• zunehmend
• Cash flow	• zeitlich von negativ nach positiv verlaufend

An dieser Stelle sollte noch keine Quantifizierung der Ziele erfolgen, da diese ohne die Festlegung von Strategien und Maßnahmen selten in realistischer Weise möglich ist. Der Verzicht auf eine vorzeitige Spezifizierung ermöglicht außerdem eine vollständigere Suche nach geeigneten Strategien. Wenn nämlich das Zielausmaß vor der Strategiensuche und -bewertung festgelegt wird, so besteht die Gefahr, ein zu niedriges Zielniveau vorzugeben. Dies könnte zur Folge haben, daß die Suche nach »besseren« Strategiealternativen zu früh abgebrochen wird. Andererseits kann eine unrealistisch hohe Zielvorgabe die anderen Entscheidungsträger entmutigen.

Strategien stellen einen ersten Schritt dar, um die unternehmerischen Absichten zu verwirklichen. Sie dienen dazu, die vorhandenen und die potentiellen Stärken des Unternehmens einzusetzen, um Veränderungen der Umweltbedingungen in geeigneter Weise zu begegnen oder auf diese aktiv Einfluß zu nehmen. Wie Abbildung 2.10 erkennen läßt, können Strategien für alle hierarchischen Ebenen des Unternehmens festgelegt werden.

- Wird z. B. die Absicht verfolgt, wirtschaftlich selbständig zu bleiben, so bieten sich als Strategien auf der Ebene des Gesamtunternehmens eine Beteiligungsfinanzierung oder aber weitgehende Selbstfinanzierung der erforderlichen Investitionen an. Akquisitions- und Fusionsstrategien betreffen ebenfalls die oberste Unternehmensebene.
- Auf der Geschäftsbereichsebene können unterschiedliche Produkt-/Marktstrategien betrieben werden, um eine beabsichtigte Ausdehnung des Marktanteils zu erreichen.
- Forschungs- und Entwicklungsstrategien stellen ein Beispiel für Funktionsbereichsstrategien dar. Im Personalbereich kann z. B. die Strategie verfolgt werden, das fachliche Niveau der Mitarbeiter durch ein Programm der langfristigen Personalentwicklung anzuheben.

Strategien geben an, auf welche Weise die Absichten verwirklicht werden sollen. Sie können deshalb auch als Mittel zur Erfüllung des Zwecks (der Absichten) aufgefaßt werden. Wichtig erscheint dabei der Hinweis, daß auf dieser Stufe der Planung Strategiealternativen zunächst als Optionen offen gehalten werden. Die gedankliche Beschäftigung mit mehreren Strategiemöglichkeiten sowie die Auswahl einer (optimalen) Strategie stellt einen Schwerpunkt der strategischen Unternehmensplanung dar. Dennoch bedürfen die ausgewählten Strategien einer weiteren Konkretisierung in Form von Maßnahmen.
Es ist eine offene Frage, ob man die Maßnahmen in den Strategiebegriff einbeziehen oder getrennt behandeln soll. Da es sich um zwei gedanklich zu unterscheidende Vorgänge handelt, wird aus didaktischen Gründen eine getrennte Darstellung bevorzugt, die im allgemeinen auch der Planungspraxis entspricht. In jedem Fall gilt aber, daß Strategien und Maßnahmen interdependent sind. So sind in unserem Beispiel zur Durchsetzung einer Netz-Strategie u. a. Maßnahmen der Personalbeschaffung, der Bereitstellung von Investitionsmitteln, der Einrichtung neuer Kostenstellen und der technologischen Ausstattung notwendig.
Das Beispiel hat ebenfalls deutlich gemacht, daß aus einer Absicht mehrere Strategien folgen und diese wiederum durch eine Reihe von Maßnahmen konkretisiert werden können. Ein und dieselbe Maßnahme kann dabei durchaus Bestandteil unterschiedlicher Strategien sein. Jede einzelne Maßnahme trägt zur Erfüllung der Ziele bei. Auf den Zielplanungsprozeß wird nun näher eingegangen.

2.5   Die strategische Zielplanung

2.5.1   Generelle und spezielle Absichten als Ausdruck zunehmender Unvollständigkeit strategischer Planungsprozesse

Die Formulierung strategischer Pläne beginnt in der Praxis überwiegend mit der Zielsetzung als erstem Planungsschritt. Diese Auffassung findet sich mitunter auch in der Planungsliteratur.[96] Empirische Untersuchungen zum Prozeß der Zielbildung bei der (strategischen) Entscheidung über die Beschaffung von EDV-Anlagen haben demgegenüber ergeben, daß die Zielbildung keine erste Phase des Entscheidungsprozesses darstellt. Vielmehr zeigte sich, daß die Zielbildungsaktivitäten über die gesamte Dauer des Problemlösungsprozesses verteilt auftraten, wobei kein einheitlicher Verlauf festzustellen war.[97] Die Befunde weisen einen engen zeitlichen und inhaltlichen Zusammenhang zwischen dem Zielbildungsprozeß und den Problemlösungsaktivitäten auf. Sie stützen damit eine Erkenntnis, die bei der Untersuchung politischer Verhandlungsprozesse bereits in den sechziger Jahren gewonnen wurde und noch heute große Aktualität hat. LINDBLOM spricht von dem »inkrementalen Ansatz« zur Lösung von Problemen.[98]

Beim inkrementalen Ansatz verläuft die Entscheidungsbildung im Gegensatz zum synoptischen Ansatz als ein sich stückweise vollziehender Verhandlungsprozeß, dessen Ergebnis nicht von vornherein feststeht. Was als Ziel schließlich erreicht wird, ist abhängig sowohl von den Aktivitäten der Entscheidungsträger während des Prozesses als auch von den wirksamen Umwelteinflüssen. Würden bereits zu Beginn des Planungsprozesses Aussagen über den erstrebten Zielerreichungsgrad getroffen (z. B. die genaue Höhe des Umsatzes oder des Gewinns), so entbehrten diese der realen Grundlage. Ohne eine entsprechende Absicherung durch Angaben über die zu verfolgenden Strategien und Maßnahmen kämen nur höchst unsichere Schätzwerte zustande.

Ein weiterer Aspekt, der sich für die Abgrenzung von Absichten und Zielen im Prozeß der strategischen Unternehmensplanung heranziehen läßt, betrifft die Unvollständigkeit des Entscheidungsfelds. Da in einer praktischen Planungssituation niemals sämtliche Unternehmensvariablen durch eine Entscheidung erfaßt werden, niemals sämtliche Variablenausprägungen als Zeitvektor über die totale Unternehmensdauer definiert sind sowie niemals von jeder Variablen konkrete Ausprägungen in die Entscheidung einbezogen werden, muß die strategische Unternehmensplanung von diesen zeitlichen, sachlichen und wirkungsmäßigen Unvollständigkeiten ausgehen.

2.5.2 Die Präzisierung der unternehmerischen Absichten

Aufgrund ihrer Unvollständigkeit und Formulierung als qualitative Größen müssen die speziellen Absichten eines Unternehmens zunächst konkretisiert werden. Das bedeutet aber nicht, die Unbestimmtheit der Absichten durch Maßnahmen der Komplexitätsreduktion zu beseitigen. Vielmehr ist der Un-

---

[96] Siehe hierzu z. B. GÄLWEILER 1986, S. 86-95.

[97] Vgl. HAUSCHILDT 1977, S. 98-103 sowie S. 104-106. Neuere Untersuchungsergebnisse wurden von HAUSCHILDT/PETERSEN 1987 vorgelegt.

[98] Vgl. HAUSCHILDT 1977, S. 153-160. Zum »inkrementalen Ansatz« siehe LINDBLOM 1965, S. 143-148, und LINDBLOM 1968, S. 26 f.

schärfegrad so weit zu präzisieren, bis hinreichend operationalisierbare Zielkriterien herausgearbeitet werden können. Durch die wiederholte Dekomposition der Absichten in relevante Zielbeiträge entsteht eine Hierarchie von Zielkriterien, die an die Stelle der abstrakten Absichten treten. Da hierbei keine Bewertung der Absichten vorgenommen wird, führt die Dekomposition auch nicht zu einer Bedeutungsverschiebung, sondern zu einer Objektivierung des Ausgangsproblems.[99]

Ein Konzept, mit dessen Hilfe Absichten bis zur Abbildung in Planungsmodellen präzisiert werden können, stellt die »Decision analysis« dar.[100] Hiermit kann die Bestimmungslücke zwischen einer qualitativen Problembeschreibung und deren Präzisierung in operationale Ersatzgrößen überwunden werden. Methodisch greift die Decision analysis auf den hierarchischen Ansatz der Zielstrukturierung zurück. Danach werden aus den qualitativen Oberzielen Ersatzkriterien abgeleitet, deren Erfüllung als positiver Beitrag zur Realisierung der Ausgangsziele anzusehen ist.[101] Zur Entwicklung dieser Zielkriterienhierarchien schlagen KEENEY und RAIFFA vor, die Absichten daraufhin zu analysieren, was mit ihnen überhaupt gemeint bzw. gewollt ist.[102] Kritisch anzumerken ist, daß eine solche Erklärung der Absichten weder einer formal-logischen Ableitung von Kriterien noch einer Substitution qualitativer Begriffe durch absolut bedeutungsgleiche und kardinal meßbare Kennziffern entspricht. Vielmehr sind »in einem rekursiven und kreativen Prozeß … Zielkriterien abzuleiten, die die qualitativen Ziele sowohl methodisch verarbeitungsfähig machen, als auch begrifflich konkretisieren.«[103] Dieser Erklärungs- bzw. Dekompositionsprozeß ist dann zu beenden, wenn die Absichten nach Ansicht des Planungsträgers inhaltlich und strukturell hinreichend erklärt sind. Aufgrund ihres Stellvertretercharakters werden die zu formulierenden Zielkriterien als »Proxy attributes« bzw. »Proxy-Kriterien« bezeichnet. Um den Fehler zu minimieren, daß die Erfüllung eines Proxy-Kriteriums nicht mit der Erfüllung der zugrundeliegenden Absicht korrespondiert, sollten möglichst viele erklärende Kriterien gesucht werden. Ausschlaggebend für ihre Berücksichtigung ist ihr Beitrag zur Erfüllung der jeweiligen Zielsetzung. Dabei können die Absichten nicht nur interpretiert, sondern auch mit unterschiedlicher Stärke in ihren Akzenten verändert und erweitert werden.[104] Dieser Effekt ist in der strategischen Unternehmensplanung geradezu erwünscht, da auch Zielkriterien konstruiert werden können, die über den ursprünglich vorhandenen Wissensstand hinausgehen. Letzlich nimmt dadurch der Grad der Unbestimmtheit der Absichten ab.[105]

---

[99] Vgl. HANSSMANN 1993, S. 43-44.

[100] Siehe hierzu KEENEY 1982.

[101] Der hierarchische Ansatz der Zielstrukturierung findet sich z. B. bei: EISENFÜHR/WEBER 1986, S. 910-911; HANSSMANN 1993, S. 43-45.

[102] Vgl. KEENEY/RAIFFA 1976, S. 41.

[103] KEIL 1996, S. 97.

[104] Zu den Proxy Kriterien siehe KEENEY 1981, S. 30; HANSSMANN 1981, S. 210; HANSSMANN 1993, S. 45. Siehe auch BOSCH 1993, S. 169.

[105] Vgl. KEIL 1996, S. 97.

Die Präzisierung der unternehmerischen Absichten ist kein vom Unternehmensgeschehen und von der Person des Planungsträgers unabhängiger Prozeß. Einerseits ist die bestmögliche Ausgangsbasis für die Formulierung der Strategien zu schaffen und damit einer allgemein akzeptierten Erfahrung der empirischen Zielforschung Rechnung zu tragen. Hiernach führen bewußt gestaltete Zielbildungsprozesse zu besseren Ergebnissen als unbewußt ablaufende. Andererseits muß sich der Prozeß der Absichtenpräzisierung aber auch an der Knappheit der Ressourcen des Unternehmens orientieren, d. h. begrenzte Planungsmittel und knappe Entscheidungszeit zu einer Frage der Zweckmäßigkeit und Wirtschaftlichkeit machen.[106]

2.6   Die Strategieentwicklung

2.6.1 Grundprinzipien der Strategieformulierung

Im Rahmen der Strategieformulierung kommt dem schöpferischen Denken und der Intuition zwar eine große Bedeutung zu, daneben erweist sich aber auch die Beachtung bestimmter Grundsätze als notwendig. In der Literatur findet sich eine Reihe von allgemeinen Grundsätzen als Bestimmungsgrößen für Strategien. Die meist genannten Prinzipien gehen zurück auf PÜMPIN[107]:

- Konzentration der Kräfte
- Aufbau von Stärken bei gleichzeitiger Vermeidung von Schwächen
- Ausnützen von Umwelt- und Marktchancen
- Innovationen
- Nutzung von Synergiepotentialen
- Abstimmung von Zielen und Mitteln
- Schaffung einer führbaren Organisation
- Risikoausgleich
- Ausnutzung von Koalitionsmöglichkeiten.

Darüber hinaus lassen sich weitere strategische Grundprinzipien aufstellen. Hinsichtlich dieser Kriterienkataloge ist allerdings kritisch anzumerken, daß sie kaum konkrete Handlungsempfehlungen angeben. WELGE/AL LAHAM schlagen deshalb eine Konzentration auf drei zentrale Leitlinien vor:[108]

(1) Aufbau von Stärken, Vermeiden von Schwächen

Diese Philosophie ist Gegenstand jeder Strategie und bezieht sich sowohl auf die aktuellen wie die zukünftigen Strategien. Neben der Langfristigkeit steht

---

[106] Vgl. BOSCH 1993, S. 174.
[107] Vgl. PÜMPIN 1986, S. 129-132
[108] Siehe zu diesem Abschnitt WELGE/AL LAHAM 1992, S. 172-178.

hier die Orientierung an externen Chancen und Risiken im Vordergrund der Strategieentwicklung.

(2) Konzentration der Kräfte

Auch dieser Grundsatz beinhaltet eine interne und eine externe Betrachtungsweise. Die interne Perspektive richtet ihr Augenmerk auf die eigenen Funktionen und deren Beiträge zur Wertschöpfung des Unternehmens und zur Erlangung von Wettbewerbsvorteilen. Nach außen gerichtet bedeutet dieser Grundsatz, daß nur solche Produkt-Markt-Kombinationen bearbeitet werden sollen, die ein Erfolgspotential versprechen.

(3) Ausnutzung bzw. Aufbau von Synergiepotentialen

Dieses Leitbild spielt insbesondere bei Wachstumsstrategien eine wichtige Rolle, d.h. im Rahmen von Akquisitionsvorhaben, Diversifikationsentscheidungen und Unternehmenszusammenschlüssen.

2.6.2 Strukturelle und inhaltliche Strategieebenen

Der Bezugsrahmen für die einzelnen Strategiearten wird durch die strukturellen und inhaltlichen Aufgaben der strategischen Unternehmensplanung geprägt.

- Bezogen auf die strukturellen Ebenen umfaßt die Planung das gesamte Unternehmen, die einzelnen betrieblichen Funktionen sowie die unterschiedlichen Geschäftsbereiche.
- In inhaltlicher Hinsicht bezieht sich die strategische Planung auf strategische Entscheidungen über das Leistungsprogramm des Unternehmens und damit auf die künftige Unternehmensentwicklung. Hier müssen sämtliche strategischen Stoßrichtungen berücksichtigt werden, d. h. Wachstums-, Stabilisierungs- und Schrumpfungsstrategien.

Wir gehen zunächst auf die strukturellen Strategieebenen ein.

2.6.2.1 Strukturelle Strategieebenen

(1) Unternehmensstrategien

Die Gesamtstrategie des Unternehmens bildet den Bezugsrahmen für die Ableitung von Teilstrategien einzelner Bereiche. Sie gibt die grundsätzliche Richtung der Unternehmensentwicklung vor, an der sich die Entscheidungsträger zu orientieren haben. Zentrale Bedeutung für diese Strategieebene hat das Instrument der Portfolio-Analyse, auf die weiter unten eingegangen wird. Auf der Unternehmensebene werden Entscheidungen über die Steuerung und Koordination der verschiedenen Unternehmensbereiche getroffen. Dazu zählt die Allokation von Ressourcen, aber auch der Risikoausgleich zwischen den einzelnen Teilbereichen.

(2) Geschäftsbereichsstrategien

Die Ebene der Geschäftsbereichstrategien legt die Vorgehensweise der im Unternehmen verfolgten Produkt-Markt-Kombinationen fest. Nach PORTER sind Geschäftsbereichsstrategien vorrangig Wettbewerbsstrategien.[109] Er unterteilt sie in die Strategie der Kostenführerschaft, der Differenzierung und der Konzentration auf Schwerpunkte. Die relevante Wettbewerbsstrategie ist in Abhängigkeit von dem betrachteten Unternehmensbereich auszuwählen. Jede Strategie beinhaltet ihre eigenen Chancen und Risiken. Bei der Verfolgung der Kostenstrategie läuft die strategische Geschäftseinheit Gefahr, die eigentlichen Marktbedürfnisse aus dem Blickfeld zu verlieren und zugleich änderungsfeindlich zu werden. Die Strategie der Differenzierung dagegen kann zu einem Kostennachteil führen, bei dem sich die Differenzierung für den Kunden nicht mehr lohnt. Außerdem können die Vorteile dieser Wettbewerbsstrategie durch Nachahmer rasch abgebaut werden. Als Risiko der Nischenpolitik ist die Gefahr der Nachahmung durch Marktführer zu nennen, die das Nischenprodukt auf dem Gesamtmarkt anbieten.

(3) Funktionsbereichsstrategien

Die Funktionsbereichsstrategien geben die Ausrichtungen der klassischen Funktionsbereiche vor. Bei der Planung ist zu beachten, daß zwischen den Funktionen ein Interdependenzverhältnis herrscht. Die funktionsbezogenen Strategien sind folglich in Abhängigkeit voneinander zu planen. Ihnen kommt die Aufgabe zu, übergeordnete Strategien zu konkretisieren und gleichzeitig die strategische Planung mit der operativen Planung zu verbinden.
Unternehmens-, Geschäftsbereichs- und Funktionsbereichsstrategien lassen sich meist nicht unabhängig voneinander formulieren. Abbildung 2.11 zeigt exemplarisch, wie Strategien auf allen drei strukturellen Ebenen des Unternehmens miteinander verknüpft sein können.
Die Abbildung läßt erkennen, daß Funktionsbereichsstrategien eine unterschiedliche Reichweite haben können. Zum Beispiel verbleiben die Absatzstrategie A_1 und die Produktionsstrategie PR_2 in der Ebene des Geschäftsbereichs. Dagegen durchdringen die Finanzstrategie F_1 und die Personalstrategie PE_2 sowohl die Geschäftsbereiche wie auch die Ebene des Gesamtunternehmens. Die Beispiele der Forschungs- und Entwicklungsstrategie $F\&E_1$ und der Finanzstrategie F_2 machen deutlich, daß Strategien auch in eine Überlappungszone zwischen den genannten Ebenen hineinragen können, indem sie grundsätzlich für die Geschäftsbereichsebene formuliert, aber mit der Gesamtunternehmensstrategie verzahnt werden. Und schließlich lassen die Beispiele der Absatzstrategie A_2 und der Personalstrategie PE_2 erkennen,

---

[109] Vgl. PORTER 1995, S. 62-69.

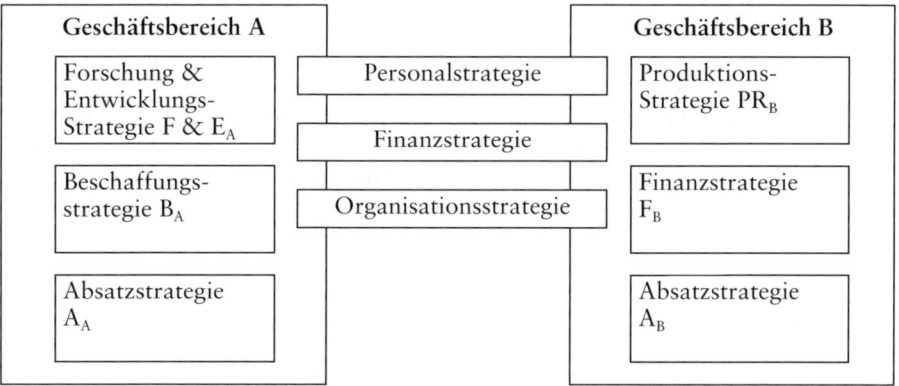

Geschäftsbereich A		Geschäftsbereich B

Abb. 2.11: Beispiel für die Verknüpfung von Unternehmens-, Geschäftsbereichs- und Funktionsbereichsstrategien

daß Funktionsbereichsstrategien auch über die Geschäftsbereichs- und die Gesamtunternehmensebene hinausragen können. Dies ist dann der Fall, wenn die Funktionsbereiche solche Entwicklungen in ihren Bereichen aufzeigen und verwerten, die auf den anderen organisatorischen Ebenen noch nicht zur Veränderung von Strategien geführt haben.

2.6.2.2 Inhaltliche Strategieebenen

Das zweite Kriterium zur Einordnung von Strategietypen beschreibt die verschiedenen Richtungen, in die das Leistungsprogramm eines Unternehmens entwickelt werden kann. Damit wird gleichzeitig auch die Richtung der Unternehmensentwicklung vorgegeben.[110] Das Leistungsprogramm kann grundsätzlich ausgeweitet, gehalten oder verkleinert werden.

Wachstumsstrategien

Wenn ein Unternehmen eine Wachstumsstrategie verfolgt, strebt es die Ausweitung seines Leistungsprogramms an. Die unterschiedlichen Formen sind bereits in Verbindung mit den Produkt-Markt-Strategien ausführlich dargestellt worden (vgl. Abschnitt 2.4.2).

Stabilisierungsstrategien

Plant das Unternehmen keine Veränderung seines Leistungsprogramms, wird von Stabilisierungsstrategien gesprochen.

---

[110] Vgl. WELGE/AL LAHAM 1992, S. 292.

Schrumpfungsstrategien

Im Gegensatz zu den oben genannten Strategien ist bei der Schrumpfungsstrategie explizit ein Abbau des Leistungsprogramms geplant. So kann z.B. der gesellschaftliche Wertewandel oder der begrenzte Zugang zu wichtigen Ressourcen einen schrumpfenden Markt verursachen. Verschiebungen der staatlichen Rahmenbedingungen oder in der demographischen Zusammensetzung der Bevölkerung könne weitere Gründe für Schrumpfungsstrategien sein.

2.6.3 Die Formulierung von Strategiealternativen

Offen geblieben ist noch die Frage, wie man überhaupt zu Strategien kommt, d. h. *wie* sie formuliert werden. Hierbei können zwei grundsätzliche Vorgehensweisen unterschieden werden:

(1) Bei der eher *intuitiv* vorgenommenen Strategiesuche wird sich ein Unternehmen an der gesammelten Erfahrung orientieren. In diese subjektive Einschätzung fließen Erkenntnisse sowohl aus der Unternehmens- als auch aus der Umweltsituation mit ein. Falls die bisherige Strategie nicht mehr zweckmäßig erscheint, findet die Suche nach neuen Strategien statt.

(2) Die *rationale* Vorgehensweise baut dagegen auf einer expliziten Umweltanalyse auf. Unterschiedliche unternehmerische Absichten führen dabei zur Suche nach möglichen Strategiealternativen.

Dieser Prozeß erfordert in hohem Maße kreative Fähigkeiten aller Mitarbeiter des Unternehmens. In der Praxis hat sich als vorteilhaft erwiesen, ein strukturiertes Verfahren anzuwenden, um auch das latent vorhandene Know-how der Mitarbeiter auszunutzen und möglichst viele Ansätze für neue Strategien in Form von sogenannten Planungsbeiträgen aufzuspüren.[111] Im folgenden werden zwei Instrumente beschrieben, mit deren Hilfe konkrete Strategiealternativen formuliert werden können. Es handelt sich dabei um die Portfolio-Analyse und die Fuzzy-Logik basierte Strategieformulierung.

2.6.3.1 Die Portfolio-Analyse

Die Grundidee des Portfolios stammt aus der Finanzwirtschaft, in der ein Portfolio die optimale Mischung mehrerer Investitionsmöglichkeiten beschreibt. Die Bildung eines Wertpapierportfolios erfolgt hier in drei Schritten:[112]

---

[111] In der amerikanischen Literatur hat sich mit diesem Problem insbesondere DAY beschäftigt; vgl. DAY 1984, Kap. 7. Eine übersichtliche Darstellung traditioneller Strategieentwicklungsansätze findet sich bei HAMMER 1992, S. 159-164.

[112] Die Idee der »portfolio selection« geht auf MARKOWITZ 1959 zurück. Zu den drei Schritten der Portfoliobildung siehe EYBL 1984, S. 121.

(1) Beurteilung jeder einzelnen Anlage im Hinblick auf die erwartete Rendite und Varianz der Rendite.
(2) Bestimmung der wechselseitigen Abhängigkeiten (Kovarianzen) zwischen allen Einzelinvestitionen.
(3) Auswahl der für das Portfolio optimalen Einzelanlagen (Investitionsprogramm) im Hinblick auf die beiden Kriterien Renditemaximierung und Risikominimierung.

Ziel der strategischen Portfolioanalyse ist es, für jedes Geschäftsfeld sowohl die charakteristischen Merkmale des relevanten Marktes als auch die Position des Unternehmens in diesem Markt zu bewerten sowie das Ergebnis in anschaulicher Weise darzustellen. Ausgangspunkt der Portfolio-Analyse ist im Unterschied zu den finanztheoretischen Modellen die Abgrenzung der jeweiligen Portfolio-Elemente bzw. Planungseinheiten, die als sogenannte strategische Geschäftseinheiten (SGE) bezeichnet werden.
Die meisten Portfolio-Konzeptionen spannen einen zweidimensionalen Beurteilungsraum in Form einer Matrix auf, deren Achsen stets eine Umweltdimension und eine Unternehmensdimension beschreiben. Die einzelnen Portfolio-Elemente (SGE) werden dann in die jeweiligen Matrizen eingezeichnet und mit dem Ziel einer »strategischen Bestandsaufnahme« und der Ermittlung von sogenannten Normstrategien analysiert. Der Schwerpunkt der Portfolio-Analyse liegt zwar auf der Ist-Analyse. Aufgrund möglicher Aussagen über die Entwicklungsrichtung der darin positionierten Geschäftseinheiten sowie der relativ einfachen Anwendung hat sich dieses Instrument jedoch zu einer wesentlichen Entscheidungshilfe für die Strategieentwicklung entwikkelt. Zeitweise wurde die Portfolio-Analyse sogar mit der strategischen Unternehmensplanung gleichgesetzt.
Im folgenden sollen drei Portfolio-Konzepte aus der Vielzahl möglicher Darstellungsformen herausgegriffen und näher erläutert werden:[113]
(1) Das Marktwachstum-Marktanteil-Portfolio
(2) Das Marktattraktivität-Wettbewerbsvorteil-Portfolio
(3) Das Technologie-Portfolio

Das Marktwachstum-Marktanteil-Portfolio

Das Marktwachstum-Marktanteil-Portfolio kann als der klassische Portfolio-Ansatz bezeichnet werden. Es wurde von der Boston Consulting Group mit dem Ziel entwickelt, die Beurteilungskriterien Marktwachstum und relativer Marktanteil miteinander in Beziehung zu setzen.[114] Beide Faktoren werden jeweils in *niedrig* und *hoch* eingeteilt, so daß letztlich eine aus vier Feldern bestehende Matrix entsteht (siehe dazu Abbildung 2.12).

---

[113] Vgl. MAUTHE/ROVENTA 1982; PFEIFFER/SCHNEIDER 1985; HOMBURG 1991, S. 104-111; WELGE/AL LAHAM 1992, S. 195-220; VOIGT 1993, S. 115-128.
[114] Vgl. HEDLEY 1977.

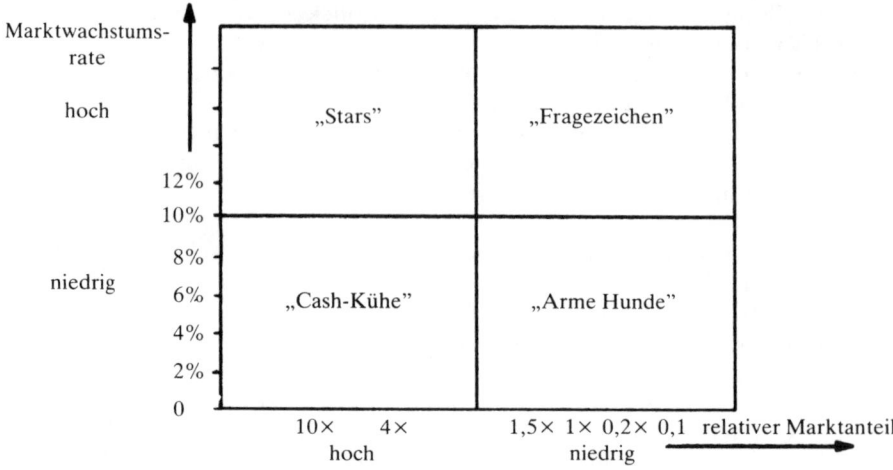

Abb. 2.12: Das Marktwachstum-Marktanteil-Portfolio
Quelle: in Anlehnung an Hedley 1977, S. 12

Zentrale Zielgröße bzw. abhängige Variable des Portfolios ist der Cash Flow. Untersucht wird die Wirkung der beiden Variablen Marktanteil und Marktwachstum auf das Cash-Flow-Gleichgewicht der Unternehmung. Hierbei sind zwei Grundhypothesen zu unterscheiden:

(1) Ceteris paribus führt eine Marktanteilserhöhung aufgrund einer Erhöhung des Mengenabsatzes einer Unternehmung zu einer potentiellen Senkung der Stückkosten sowie zu einer potentiellen Erhöhung der Gewinnspanne und des Cash Flows. Die Höhe des Marktanteils bestimmt also das Cash-Flow-Generierungspotential einer SGE. Hinter dieser Überlegung steht letztlich der Erfahrungskurveneffekt.

(2) Die Partizipation eines Unternehmens am Marktwachstum erfordert Investitionen (Cash-Flow-Verbrauch). Das in (1) beschriebene Unternehmenswachstum ist am leichtesten und billigsten zu erreichen, wenn der gesamte Markt stark expandiert. Die erwartete Marktwachstumsrate gilt als ein Indikator für den Finanzmittelbedarf.

Aus der Unterscheidung von zwei Dimensionen und zwei Merkmalsausprägungen resultieren vier Portfolio-Felder. Die Bezeichnungen dieser Felder orientieren sich an dem jeweils zu erwartenden Cash Flow:[115]

- »*Stars*« sind SGE mit einem hohen Marktanteil auf einem schnell wachsenden Markt. Zur Sicherung ihrer Position haben sie einen hohen Cash-Flow-Bedarf, den sie aber größtenteils selbst decken.

- Als »*Cash-Kühe*« gelten SGE mit einem hohen relativen Marktanteil in einem Markt mit einer niedrigen Wachstumsrate. Erwartet wird hierbei,

---

[115] Vgl. SERVATIUS 1985, S. 238-241.

daß die Marktführerschaft und darauf aufbauend die Niedrigkostenposition zu überdurchschnittlichen Stückgewinnen führt und wegen der relativ geringen Erhaltungsinvestitionen einen Cash-Flow-Überschuß bewirkt.

- »*Fragezeichen*« sind SGE auf stark wachsenden Märkten, die nur über einen geringen relativen Marktanteil verfügen. Der hierbei generierte Cash Flow reicht nicht aus, um den Finanzmittelbedarf für Erweiterungsinvestitionen zu decken.
- »*Arme Hunde*« nennt man Geschäftseinheiten mit einem niedrigen Marktanteil und Marktwachstum. Wegen ihrer ungünstigen Kostenposition ist ihr Netto-Cash-Flow oft negativ, d. h. der Finanzmittelbedarf zum Erhalt der Marktposition ist größer als der freigesetzte Cash Flow.

Im Anschluß an die Positionierung der Geschäftseinheiten einer Unternehmung können sogenannte Normstrategien entwickelt werden. Ausschlaggebend dafür ist die Überlegung, daß die Geschäftseinheiten sich in einer jeweils unterschiedlichen strategischen Situation befinden und deswegen auch unterschiedlich gesteuert werden müssen. Außerdem soll das Gesamt-Portfolio daraufhin überprüft werden, ob ein finanzielles Gleichgewicht zwischen der Cash-Flow-Erzeugung und dem Cash-Flow-Bedarf besteht.[116] Nach HEDLEY erweist sich im Hinblick auf das Ziel eines finanziell ausbalancierten Portfolios folgende Strategie als zweckmäßig: Die insbesondere durch die »Cash-Kühe« sowie durch die liquidierten »Fragezeichen« und »Armen Hunde« gewonnenen Finanzmittel sind dazu einzusetzen, um die »Stars« und die ausgewählten »Fragezeichen« zu finanzieren.[117]
Für die Geschäftseinheiten in den vier Feldern der Matrix bieten sich folgende Normstrategien an:[118]

- für »Stars« Investitionsstrategien (Ziel: Marktführerschaft in einem stark wachsenden Markt),
- für »Fragezeichen« Investitions- oder Desinvestitionsstrategien,
- für »Cash-Kühe« Abschöpfungsstrategien und
- für »Arme Hunde« Desinvestitionsstrategien.

Es ist festzuhalten, daß sich die strategische Implikation dieses Konzepts im wesentlichen auf den Finanzmittelbedarf im Unternehmen bezieht. Damit beschränkt man sich aber auf einen, wenn auch wichtigen Teilaspekt. Das Marktwachstum-Marktanteil-Portfolio sollte deshalb lediglich als flankierendes Instrument zur Strategieentwicklung eingesetzt werden.

Das Marktattraktivität-Wettbewerbsvorteil-Portfolio

Das Marktattraktivität-Wettbewerbsvorteil-Portfolio (Branchenattraktivität-Geschäftsfeldstärken-Portfolio) entwickelte sich aus der Kritik an der re-

---

[116] Vgl. SCHREYÖGG 1984, S. 94-95.
[117] Vgl. HEDLEY 1977, S. 12; siehe dazu auch das ausführliche Beispiel bei DUNST 1983, S. 108-113.
[118] Vgl. SERVATIUS 1985, S. 239.

lativ einfachen und undifferenzierten Feldeinteilung und an den wenig aussagefähigen Beurteilungskriterien der Marktwachstum-Marktanteil-Matrix. Es wurde von dem amerikanischen Beratungsunternehmen McKinsey entwickelt und bei General Electric zuerst praktisch erprobt. Im Gegensatz zum Marktwachstum-Marktanteil-Portfolio liegt diesem Konzept keine inhaltliche Hypothese über den Zusammenhang zwischen bestimmten Variablen zugrunde Es existieren nur zwei grundlegende Gestaltungsregeln:[119]

(1) Trennung der analysierten Variablen in externe, weitgehend unternehmensunabhängige Faktoren (Umweltdimension: »Marktattraktivität«) und interne, unternehmensbezogene Faktoren (Unternehmensdimension: »Wettbewerbsvorteil«);

(2) Ableitung von Normstrategien auf der Basis der strategischen Positionierung der Geschäftseinheiten in der Matrix.

Dieser Ansatz wird durch eine weitgehende Unverbindlichkeit und Offenheit charakterisiert. Aus den jeweils vorgelegten umfangreichen Listen von Einflußfaktoren, mit Hilfe derer die beiden Dimensionen näher bestimmt werden, muß der Anwender einzelne Faktoren selektieren und anschließend zu einem Gesamturteil zusammenfassen. Die Stärke der Marktattraktivität (Branchenattraktivität) ist anhand folgender Dimensionen zu ermitteln:

- Marktwachstum und Marktgröße,
- Marktqualität,
- Energie- und Rohstoffversorgung,
- Umweltsituation.

Die Position eines Unternehmens im Markt (Wettbewerbsvorteil) hängt von

- der relativen Marktposition,
- dem relativen Produktionspotential,
- dem relativen Forschungs- und Entwicklungspotential sowie
- der relativen Qualifikation der Führungskräfte

ab. Beide Dimensionen können weiter untergliedert werden. HINTERHUBER liefert dazu eine detaillierte Übersicht.[120]

Aus der Verknüpfung der Marktattraktivität mit den relativen Wettbewerbsvorteilen ergibt sich wieder eine Matrix, wie sie in Abbildung 2.13 dargestellt ist.

Im Anschluß an die Positionierung der strategischen Geschäftseinheiten in der Matrix werden auch hier – abhängig von der jeweiligen Marktposition – allgemeine strategische Stoßrichtungen empfohlen. Hierzu gehören Investitions- und Wachstumsstrategien, Selektionsstrategien sowie Abschöpfungsstrategien. Nach der Ableitung der strategischen Stoßrichtungen auf SGE-Ebene können diese auf Unternehmensebene zu einem Ziel-Portfolio zusammengefaßt werden, das die angestrebte zukünftige Portfolio-Konstellation verdeutlicht.

---

[119] Vgl. EYBL 1984, S. 133-134.
[120] Vgl. HINTERHUBER 1992a, S. 115 und S. 117.

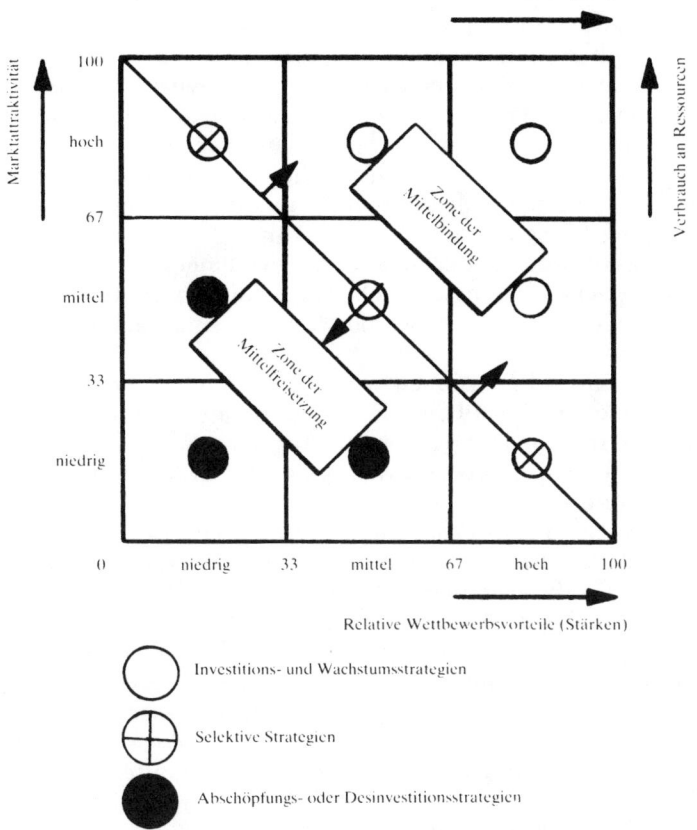

Wertschöpfung

Marktattraktivität

Verbrauch an Ressourcen

Zone der Mittelbindung

Zone der Mittelfreisetzung

100

hoch

67

mittel

33

niedrig

0   niedrig   33   mittel   67   hoch   100

Relative Wettbewerbsvorteile (Stärken)

○ Investitions- und Wachstumsstrategien

⊕ Selektive Strategien

● Abschöpfungs- oder Desinvestitionsstrategien

Abb. 2.13: Das Marktattraktivität-Wettbewerbsvorteil-Portfolio
Quelle: Hinterhuber 1996, S. 149
© Walter de Gruyter, Berlin/New York

Das Technologie-Portfolio

Die beiden zuvor beschriebenen Portfolio-Ansätze verharren in einer stati-schen Betrachtung von Wertgrößen. Unternehmen müssen sich jedoch zuse-hends mit Dynamik und Wandel auseinandersetzen; dies trifft in besonderem Maße die technologische Entwicklung. Das Technologie-Portfolio ist ein Konzept[121], das durch die Prognose von Zukunftstechnologien diesem Um-stand Rechnung trägt. Im Vergleich zu den oben besprochenen Portfolios ba-siert die Technologie-Portfolio- Methode auf der Technologie der hergestell-ten Produkte und Dienste.

---

[121] Siehe zu diesem Portfolio PFEIFFER/DÖGL 1992, S. 254-282.

Wiederum liegt eine zweidimensionale Matrix vor, deren Achsen zum einen die Technologieattraktivität und zum anderen die Ressourcenstärke abbilden. Eine Vielzahl an Indikatoren trägt dazu bei, diese beiden Bewertungsvariablen meßbar zu machen. Die Technologieattraktivität wird bspw. durch das Weiterentwicklungspotential, die Anwendungsbreite der Technologie und deren Kompatibilität mit anderen Technologien operationalisiert. Die Ressourcenstärke wird beeinflußt durch den Beherrschungsgrad, die dem Unternehmen zur Verfügung stehenden Potentiale und die Geschwindigkeit, mit der eine Weiterentwicklung betrieben werden kann.

Als grundsätzlich attraktiv werden solche Technologien eingestuft, die dynamisch sind und ständig neue Anwendungsgebiete erschließen. Reife Technologien, die nicht mehr weiterentwickelt werden können, sind dagegen unattraktiv.

Die Einschätzung der Matrixdimensionen wird i.d.R. durch Interviews mit Spezialisten vorgenommen. Ggf. sind die einzelnen Indikatoren anhand ihrer Bedeutung für das Unternehmen zu gewichten. Auf diese Weise lassen sich alle analysierten Technologien entweder direkt oder indirekt (über Produkte) im Portfolio positionieren.

Der Einsatz des Technologie-Portfolios beginnt mit einer Umfeldanalyse und setzt sich fort mit der Identifizierung relevanter Produkt- und Verfahrenstechnologien, d.h., daß für die einzelnen SGE ihnen zurechenbare Technologien identifiziert werden müssen. Dem Ist-Zustand eingesetzter Technologien ist die in Zukunft zu erwartende Technologiesituation gegenüberzustellen.

Mögliche Substitutions- oder Komplementärtechnologien können die Einschätzung der eigenen Ressourcenstärke und der Technologieattraktivität maßgeblich verändern, in dem bspw. die Know-how-Basis eines Unternehmens durch neue Technologien entwertet wird.Aus bestimmten Ausprägungskombinationen der Dimensionen lassen sich Normstrategien der Investition, Selektion und Desinvestition ableiten.

Neben diesen drei wichtigen Portfolio-Ansätzen ist in der Literatur eine große Anzahl weiterer Modelle entwickelt worden. Dazu gehören folgende Ansätze[122]

- Directional policy matrix,
- Marktanteils-Geschäftsschwung-Matrix
- Geschäftsfeld-Ressourcen-Portfolio
- Critical Mass-Portfolio
- Lebenszyklus-Wettbewerbsposition-Portfolio
- Portfolio-Analyse nach DERKINDEREN
- Portfolio-Analyse nach BALL und LORANGE
- Eintrittsbarrieren-Unternehmensposition-Portfolio

Schon an dieser nicht vollständigen Vielfalt läßt sich ablesen, daß kein Instrument der strategischen Unternehmensplanung so intensiv diskutiert wor-

---

[122] Eine kurze Darstellung sowie kritische Prüfung dieser Ansätze findet sich bei MAUTHE/ROVENTA 1982.

den ist wie die Portfolio-Analyse. Mißverstanden als Objekt und nicht als Instrument wurde die Portfolio-Analyse hypostasiert und strategische Planung lange Zeit mit der Verwendung der Portfolio-Analyse gleichgesetzt.[123]
In der betriebswirtschaftlichen Literatur gibt es eine Fülle von kritischen Diskussionsbeiträgen zur Portfolio-Analyse.[124] Methodologisch werden kritische Fragen gestellt, die sich mit

- der Abgrenzung des relevanten Marktes bzw. der SGE,
- der Auswahl und Gewichtung der Bewertungskriterien,
- der Lokalisierung der Trennlinie zwischen den Ausprägungen der Dimensionen sowie
- der Sensitivität der abgeleiteten Normstrategien gegenüber geringfügigen Änderungen des Dateninputs

befassen.[125]
Ferner werden Kritikpunkte angeführt, die sich mit der Konstruktion der Portfolio-Analyse beschäftigen. Hierzu gehören folgende Aspekte:[126]

- Die Portfolio-Analyse hat statischen Charakter und ist in erster Linie vergangenheitsorientiert. Dies schränkt ihre Eignung bei einem durch Diskontinuitäten geprägten Umfeld stark ein.
- Die der Portfolio-Analyse zugrundeliegende Denkweise spiegelt die Wachstumseuphorie der sechziger und frühen siebziger Jahre wider.
- Die Portfolio-Analyse bezieht sich nur auf die derzeitigen Aktivitäten des Unternehmens und unterstützt nicht die wichtige Suche nach neuen unternehmerischen Betätigungsfeldern.

Schließlich wurden auch die impliziten Prämissen kritisiert, die die Basis für die Positionierung der strategischen Geschäftseinheiten und die Ableitung von Normstrategien bilden. Dies sei am Beispiel der Marktwachstum-Marktanteil-Portfolios näher erläutert. Die diesem Ansatz zugrundeliegenden fünf wichtigsten Prämissen lauten:[127]

(1) Der Marktanteil hat einen direkten Einfluß auf die Profitabilität.
(2) Wachstumsmärkte sind am attraktivsten, da hier eine Marktanteilsausweitung am leichtesten und billigsten möglich ist.
(3) Es besteht ein systematischer Zusammenhang zwischen dem Netto-Cash-Flow einer Geschäftseinheit und ihrer Position bzw. Entwicklungsrichtung in der Matrix.
(4) Unternehmen lassen sich in voneinander unabhängige strategische Geschäftseinheiten zerlegen, die einzigen Interdependenzen sind finanzieller Natur.

---

[123] Siehe HOMBURG 1991, S. 117.
[124] Siehe dazu u. a. LANGE 1981, WENSLEY 1981, WENSLEY 1982, MAUTHE/ROVENTA 1982, KREIKEBAUM 1993.
[125] Vgl. HOMBURG 1991, S. 116.
[126] Vgl. HOMBURG 1991, S. 116-117.
[127] Siehe hierzu DAY 1986, S. 182-190.

(5) Ziel des Portfoliomanagements ist ein Finanzmittelausgleich zwischen den Geschäftseinheiten.

Zu diesen Prämissen lassen sich folgende Aussagen treffen.

zu (1) Die Beziehung zwischen Marktanteil und Rentabilität wurde in zahlreichen empirischen Untersuchungen getestet.[128] Zwar ergab sich in den meisten Untersuchungen ein positiver Zusammenhang zwischen Marktanteil und Rentabilität. Der Beitrag des Marktanteils zur Erklärung der Höhe der Rentabilität einer Geschäftseinheit ist allerdings so gering, daß auf der Basis der empirischen Evidenz hier nicht von einem »Haupterfolgsfaktor« gesprochen werden kann.

zu (2) Diese Hypothese wurde u. a. für Wachstumsmärkte dadurch begründet, daß Wettbewerber weniger aggressiv auf Marktanteilsverluste reagieren, solange ihr Umsatzwachstum (wegen der raschen Marktausweitung) zufriedenstellend verläuft.[129] Dies muß jedoch nicht unbedingt realistisch sein. Entscheidend sind hier die Erwartungen der Wettbewerber bezüglich der zukünftigen Umsätze, die ihre Investitionspolitik bestimmen. Wenn alle Wettbewerber auf der Basis dieser Hypothese handeln und in ein und denselben Wachstumsmarkt investieren, so sind mittelfristig Überkapazitäten und Preiskämpfe zu erwarten.

zu (3) Marktwachstum und Marktanteil scheinen maßgeblich für Cash-Flow-Erzeugung und -Verbrauch zu sein. Allerdings erklären diese beiden Variablen nur ca. 10 % der Cash-Flow-Varianz. Es existiert noch eine Vielzahl anderer Variablen, die insgesamt eine wesentlich größere Bedeutung besitzen.

zu (4) Produktions- und absatzmäßige Interdependenzen zwischen einzelnen Geschäftseinheiten werden zunehmend erkannt und diskutiert. Ohne derartige Abhängigkeiten ist die Zusammenfassung mehrerer Geschäftseinheiten zu einem Unternehmen auch nicht sinnvoll. PORTER bezeichnet deshalb die Entwicklung einer bereichsübergreifenden Horizontalstrategie zur Ausbeutung möglicher Synergien als Hauptaufgabe der strategischen Planung einer diversifizierten Unternehmung.[130]

zu (5) Die Forderung nach einem ausgeglichenen Cash Flow des Gesamtportfolios ist ein weiterer Kritikpunkt. Damit werde eine Abkopplung des Unternehmens von Geld- und Kapitalmärkten unterstellt, die es erforderlich machen würde, die zum Ausbau einer Geschäftseinheit benötigten finanziellen Ressourcen durch andere Geschäftseinheiten verdienen zu müssen. Diese Annahme erscheint unrealistisch.

Was erklärt vor dem Hintergrund einer so fundierten inhaltlichen Kritik die praktische Bedeutung der Portfolio-Methode? Die Portfolio-Methode ver-

---

[128] Vgl. dazu den Überblick bei VENOHR 1987, S. 127 f.
[129] Vgl. DAY 1986, S. 93.
[130] Vgl. PORTER 1989, S. 405-408.

dankt ihre weite Verbreitung in der Praxis vor allem einer kommunikationsfreundlichen und unmittelbar ansprechenden Darstellung der strategischen Situation einer diversifizierten Unternehmung. Die Lage der Gesamtunternehmung, die relative Stellung der einzelnen Bereiche und die Wechselbeziehungen zwischen den einzelnen Geschäftseinheiten und der Gesamtsituation werden in einer verständlichen Weise deutlich gemacht.

Insgesamt gesehen läßt sich festhalten, daß die Portfolio-Analyse ein flankierendes Instrument der Strategieformulierung darstellt, das u.a. durch Früherkennungssysteme und Kreativitätstechniken zu ergänzen ist. Die Normstrategien dürfen keinesfalls als zwingende Strategiealternativen interpretiert werden. Sie stellen vielmehr situativ zu modifizierende und im Einzelfall zu konkretisierende Denkanstöße dar. Eine unkritische Übernahme der Portfolio-Diversifikation in die strategische Unternehmensplanung kann ruinöse Folgen haben, wie das Beispiel der First Executive Life Corporation zeigt.[131] Notwendige Erweiterungen sind die Dynamisierung der Methode und die Integration computergestützter Unternehmensmodelle.[132] Eine weitere Ergänzung bzw. Verbesserung bietet eine an der Fuzzy-Logik orientierte Entwicklung von Strategien.

2.6.3.2 Fuzzy-Logik basierte Strategieentwicklung

Auf der Suche nach der Verbesserung der Aussagefähigkeit der Portfolio-Analyse stößt man insbesondere auf die folgenden Aspekte:

(1) *Wahl der Matrix-Dimensionen*
   Es ist offensichtlich, daß die Positionierung der strategischen Geschäftseinheiten in einem zweidimensionalen Raum Informationsverlust bedeutet und damit meist keine sachadäquate Abbildung des komplexen Inhalts bietet. Für eine realistische Abbildung müßte eine mehrdimensionale Darstellungsweise gewählt werden.

(2) *Erhebung und Aggregation der Ausprägungen*
   Die in der Portfolio-Matrix berücksichtigten Dimensionen bestehen aus einer Vielzahl von Subkriterien, die explizit einzeln erhoben und nach semantischen, nicht nach arithmetischen Kriterien zu einem Oberkriterium aggregiert werden müßten.

(3) *Formulierung von Strategiealternativen*
   Die aus der Portfolio-Matrix abgeleiteten Normstrategien können aufgrund der Datenkonstellation nur sehr grobe strategische Stoßrichtungen vorgeben. Diese Aussagen könnten genauer sein, wenn es gelänge, das Wissen über Einzelfälle und die Erfahrung der Unternehmensplaner mit im Portfolio abzubilden.

(4) *Modellierung und Umgang mit der Datenunschärfe*
   Gerade die Formulierung von Strategiealternativen ist durch schlechtstrukturierte Probleme, qualitative Informationen und subjektive Bewer-

---

[131] Vgl. JACOB 1993, S. 111-112.
[132] Vgl. KREIKEBAUM 1993, S. 162.

tungen gekennzeichnet. Ziel eines Strategieentwicklungsinstruments muß es deshalb sein, die Informationen genau so abzubilden und zu verarbeiten, wie sie vom jeweiligen Entscheidungsträger gesehen werden.

Zusammenfassend läßt sich feststellen, daß die Ereignisse und Zusammenhänge der strategischen Planung meist nur vage beschreibbar sind. Dies beginnt bereits bei den unternehmerischen Absichten (wie z. B. *» Wir wollen einen zufriedenstellenden Gewinn erwirtschaften«* oder *» Wir wollen einen hohen Marktanteil erringen«).* Häufig sind sogar mehrere unscharfe Anforderungen gleichzeitig zu erfüllen.

Die von ZADEH 1965 erstmals vorgeschlagene und seitdem ständig erweiterte Theorie unscharfer Mengen (Fuzzy-Set-Theorie) gestattet es nun, solche unscharfen Phänomene in formalen Modellen darzustellen und zu behandeln. Zur quantitativen Darstellung der unscharfen Informationen stehen reellwertige Zugehörigkeitsfunktionen, Fuzzy-Zahlen bzw. Fuzzy-Intervalle oder auch linguistische Variablen zur Verfügung.[133] Die Anwendung dieser Fuzzy-Konzepte beruht auf zwei Voraussetzungen:

(1) *Abbildung der unscharfen Informationen*

Das vorhandene Planungswissen und die Ergebnisse der strategischen Analyse müssen in genau der Art und Weise in Fuzzy-Konzepte abgebildet werden, wie es von den jeweiligen Entscheidungsträgern auch gesehen wird.[134]

(2) *Aggregation der unscharfen Informationen*

Um Aussagen über den Erreichungsgrad der unternehmerischen Absichten machen zu können, müssen die Ausprägungen der im ersten Schritt erfaßten unscharfen Zielkriterien miteinander aggregiert werden. Die hierarchische Aggregation ermöglicht in ihrem Ergebnis die Formulierung, den Vergleich und die Auswahl von Strategiealternativen.

Aufgrund der Datensituation in strategischen Entscheidungssituationen ist die Übertragung der Informationen in linguistische Variablen und deren regelbasierte Aggregation notwendig. Zur Verarbeitung dieses Wissens müssen die konventionellen Informationssystemen um (Fuzzy-) Expertensysteme erweitert werden, die das klassisch-logische Schlußfolgern durch die Zulassung unscharfer Mengen ergänzen. Solche Aussagen sehen dann beispielsweise wie folgt aus:

Implikation:	WENN der Marktanteil hoch ist, DANN sind die Stückkosten niedrig.
Faktum:	Der Marktanteil des Geschäftsfeldes A auf dem bearbeiteten Gesamtmarkt ist mittelgroß.
Schlußfolgerung:	Die Stückkosten müssen auf ein niedrigeres Niveau gebracht werden.

---

[133] Siehe hierzu ZADEH 1965. Zu Basisdefinitionen siehe ZIMMERMANN 1991, S. 11-16, und ROMMELFANGER 1994, S. 7-13.

[134] Siehe hierzu die Beispiele bei KEIL 1996, S. 176-178 und S. 183-186.

Bei dieser Form des unscharfen Schlußfolgerns können je nach Grad der Relaxierung der obigen Voraussetzungen drei Stufen unterschieden werden:[135]

(1) *Unscharfe Logik (Fuzzy-Logic)*

Die Wahrheitswerte der Elementaraussagen sind hierbei nicht mehr auf die Dualität *wahr* und *falsch* beschränkt, sondern werden als Terme der linguistischen Variablen »Wahrheit« behandelt. Die Elementaraussagen selbst bleiben jedoch scharf und deterministisch.

In dem obigen Beispiel sind nur die linguistisch ausgedrückten Ausprägungen der Elementaraussagen »Marktanteil« und »Stückkosten« unscharf. Was unter Marktanteil und Stückkosten zu verstehen ist, wird als deterministische Information interpretiert.

(2) *Approximatives Schließen (Approximate Reasoning)*

Zusätzlich zur unscharfen Logik können nun auch die Elementaraussagen unscharfe Komponenten enthalten, d. h. sie können als linguistische Variablen, unscharfe Relationen oder unscharfe Quantoren definiert sein. Daraus folgt, daß auch die Schlußfolgerungen als unscharfe Größen formuliert werden können. Die Forderung nach Identität zwischen der Prämisse der Implikation und dem beobachteten Faktum wird allerdings weiterhin beibehalten.

Für das Beispiel bedeutet das, zusätzlich zu den unscharfen Ausprägungen (hoch, mittelgroß, niedrig, ...) nun auch die Elementaraussagen »Marktanteil« und »Stückkosten« selbst als unscharfe Größen zu definieren und zu verarbeiten. In der strategischen Unternehmensplanung gibt es viele Begriffe, die durch informationale Unschärfe gekennzeichnet sind. Mit dem approximativen Schließen steht ein geeignetes Instrumentarium zu deren sachadäquater Erfassung und Verarbeitung zur Verfügung.

(3) *Plausibles Schließen (Plausible Reasoning)*

Das plausible Schließen ist die weitestgehende Relaxierung der dualen Logik, bei der sämtliche obigen Annahmen aufgehoben werden. Zusätzlich zur unscharfen Logik und zum approximativen Schließen wird hier die Identität zwischen Komponenten der Implikation und dem Faktum durch eine linguistische Variable »Ähnlichkeit« ersetzt. Die Terme dieser Variablen sind zwischen den Polen *identisch* und *gegensätzlich* zu definieren.

Bezogen auf das Beispiel bedeutet das, auch die Beziehung zwischen dem Marktanteil und den Stückkosten zu relaxieren (man spricht auch von »fuzzifizieren«). Diese Form des unscharfen Schließens entspricht dem menschlichen Denken am besten, stellt aber sehr hohe formale Anforderungen an die Formulierung der bearbeiteten Informationen.

Es sei ausdrücklich darauf hingewiesen, daß der Einsatz eines Fuzzy-Expertensystems, das eine der drei dargestellten Schlußfolgerungs-Mechanismen beherrscht, nur als Entscheidungsunterstützung betrachtet werden darf. Die eigentliche Strategieformulierung muß nach wie vor durch den Entschei-

---

[135] Vgl. ZIMMERMANN 1988, S. 184-186; ZIMMERMANN 1993, S. S. 31-32.

dungsträger vorgenommen werden. Dieser erhält durch die breitere Informationsbasis allerdings sehr viel einzelfall-spezifischere Entscheidungsvorlagen.[136]

Strategiealternativen lassen sich danach in dreifacher Weise entwicklen:[137]

(1) Direkte Strategieentwicklung

Der Vergleich der Ist-Werte der strategischen Analyse mit den angestrebten Soll-Werten läßt diejenigen Zielkriterien erkennen, deren Bewertung durch strategisches Handeln verbessert werden muß. Hieraus sind direkt und unmittelbar Strategiealternativen abzuleiten. Die Wissensbasis des Expertensystems enthält für jedes Zielkriterium Angaben über mögliche Strategien, deren Inhalt von der Höhe und dem Vorzeichen der beim Vergleich festgestellten Differenzen (z.B. zwischen der vom Kunden geforderten und tatsächlich erbrachten Produktqualität) abhängt.

(2) Abgeleitete Strategieentwicklung über Portfolio-Analysen

Eine zweite Möglichkeit der Formulierung von Strategiealternativen mit Hilfe des Expertensystems besteht in einer Verknüpfung mit der Portfolio-Analyse. Die beiden Dimensionen einer Portfolio-Matrix lassen sich als aggregierte Absichten-Bereiche eines Geschäftsbereichsleiters interpretieren, die sich aus vielen Subkriterien hierarchisch zusammensetzen. Elemente dieser Hierarchie können dann zur Bewertung der jeweils betrachteten Portfolio-Dimensionen herangezogen werden. Mit dieser Vorgehensweise kann die Positionierung von strategischen Geschäftseinheiten unter expliziter Berücksichtigung der Unschärfe verbessert werden. Damit sind auch differenziertere Aussagen über die resultierende strategische Stoßrichtung für die einzelnen SGE möglich. Daneben können aber auch detaillierte Strategiealternativen auf Basis der einzelnen Kriterienbewertungen formuliert werden.[138]

(3) Abgeleitete Strategieentwicklung über qualitative Ansätze

Neben den Strategieentwicklungsansätzen mit relativ fest vorgegebener Struktur, die sich an quantitativen Denkmustern orientieren, gibt es eine Reihe sogenannter »qualitativer Ansätze«, in deren Mittelpunkt die kreative Suche nach strategischen Schlüsselideen steht. Hierzu gehören unter anderem strategische Kataloge und Kreativitätstechniken.[139] Werden die in diesen Ansätzen generell enthaltenen Kriterien der strategischen Grundhaltung situati-

---

[136] Zur Ablaufstruktur der expertensystemgestützten Strategieformulierung siehe im einzelnen KEIL 1996, S. 218-221.

[137] Vgl. KEIL 1996, S. 222-224.

[138] Diese Form der Strategieentwicklung ist in den prototypischen Expertensystemen ESP und StraTeP bereits realisiert. Siehe dazu ZIMMERMANN 1989, S. 257-272, ZIMMERMANN 1991, S. 192-200, sowie WERNERS 1993, S. 323-332.

[139] Vgl. HOMBURG 1991, S. 126. Siehe hierzu auch SCHLICKSUPP 1989.

onsspezifischen Zielkriterienbewertungen gegenübergestellt, kann das Expertensystem daraus Differenzen erkennen, wie sie bei der direkten Strategieentwicklung angesprochen wurden.

Abschließend sei kritisch angemerkt, daß die skizzierten Wege der Fuzzy-Logik basierten Strategieentwicklung ein grundsätzliches Dilemma jeder Expertensystem-Entwicklung enthalten. Einerseits muß der Anwendungsbereich des Systems und damit das spezielle Fachwissen eng abgegrenzt werden, um aus den Fakten und Regeln sinnvolle Konsequenzen ziehen zu können. Andererseits verlangen diese Schlußfolgerungen aber auch, mit zusätzlich benötigtem Allgemeinwissen zu neuen Aussagen verknüpft zu werden.

2.6.4 Die Bewertung und Auswahl von Strategiealternativen

Nach der Entwicklung alternativer Strategien ist nun eine *geeignete* Strategie für das Unternehmen, den Geschäftsbereich bzw. die betrachtete betriebliche Funktion auszuwählen. Bewertet werden die Ergebnis des vorangegangenen Such- und Entwicklungsprozesses. Geeignete Bewertungskriterien sind die speziellen Absichten, die mit Hilfe der Strategien angestrebt werden sollen. Wegen der inhärenten Unsicherheiten des Entscheidungsprozesses sowie der Unschärfen der Informationen sind hier die Standardverfahren der Entscheidungstheorie im allgemeinen nicht anwendbar. Man greift deshalb auf die oben beschriebenen Proxy-Kriterien zurück. Als Bewertungsmaßstab dienen die Zielerreichungsgrade, die jede Strategiealternative mit Hilfe der sie begleitenden Maßnahmen zu erfüllen verspricht. Im Rahmen der Fuzzy-Logik basierten Strategieformulierung können diese Erreichungsgrade als quantitative Ausprägungen ermittelt werden.

Als Voraussetzung für eine sinnvolle Bewertung müssen die Strategiealternativen eine Reihe von Eigenschaften erfüllen:

(1) Strategien sollten in funktionaler Form, nicht in physischer Form dargestellt werden. Sie sind problembezogen und nicht produktbezogen in einfacher und kurzer Form verbal zu beschreiben.

(2) Die einzelnen Elemente jeder Strategie müssen vollständig beschrieben sein. Folglich sind die der Strategie zugrundeliegenden Maßnahmenprogramme hinsichtlich Meilensteinen, angesprochenen Organisationseinheiten im Unternehmen und Ressourcenbedarf detailliert zu dokumentieren.

(3) Es muß deutlich werden, in welcher Weise die Strategiealternativen zur Erreichung der zuvor formulierten Absichten beitragen. Hierzu ist es sinnvoll und notwendig, zunächst strategische Lücken zu identifizieren, die mit den Strategiealternativen geschlossen werden sollen.

(4) Die Strategiealternativen sollten so genau wie möglich formuliert sein. Dies ist notwendig, um formale Kriterien wie Realisierbarkeit, Vollständigkeit und Zielbezogenheit der Strategie zu überprüfen.

(5) Um Auswirkungen der Strategiealternativen auf den Unternehmenswert angeben zu können, müssen auch erste Vorstellungen über die mit der Strategie verbundenen Kosten, Umsätze und Investitionen formuliert werden.

D{\small AY} hat auf der Basis umfangreicher praktischer Erfahrungen einen Kriterienkatalog entworfen, mit dessen Hilfe Strategievorschläge kritisch überprüft werden können. Dieser Katalog verarbeitet vor allem die Erfahrungen einer ex post-Analyse strategischer Fehlschläge. Hauptursachen dieser Fehlschläge waren:[140]

(1) Unrealistische Planannahmen,
(2) Fehler in der Allokation der Ressourcen und
(3) mangelndes »Commitment« der Führungskräfte (Wille und Fähigkeit, die Strategie in die Tat umzusetzen).

Die von D{\small AY} formulierten sogenannten »Tough Questions« sollen dazu dienen, den »strategischen Dialog« zwischen Top-Management, den für das operative Geschäft zuständigen Linien-Führungskräften und den Planungsstäben zu verbessern. Sie lauten:

(1) Ermöglicht die Strategie den Aufbau eines nachhaltigen Wettbewerbsvorteils?
(2) Wie realistisch sind die zentralen Planannahmen?
(3) Ist die Umsetzbarkeit der Strategie sichergestellt in bezug auf die notwendigen Fähigkeiten und Ressourcen und das erforderliche »Commitment« mit dem Management?
(4) Ist die Strategie in sich konsistent (»interner Fit«)?
(5) Wie robust ist die Strategie gegenüber bestimmten Entwicklungen (Risikofaktoren)?
(6) Wie flexibel (anpassungsfähig) ist die Strategie?
(7) Führt die Strategie zu einer Erhöhung des ökonomischen Wertes der Unternehmung bzw. der Geschäftseinheit?

Ein weiteres, wichtiges Bewertungskriterium für die Bewertung von Strategiealternativen stellt deren Beitrag zur Steigerung des Unternehmenswertes dar. Insbesondere in Aktiengesellschaften haben die am Unternehmen beteiligten Gruppen ein starkes Interesse daran, Informationen über die Entwicklung des sogenannten Shareholder-Value zu erhalten. Mit Hilfe von Verfahren der Investitionsrechnung können auf SGE- oder Unternehmensebene solche Wertangaben ermittelt werden. S{\small IEGERT} spricht von dem Strategiebeitrag als demjenigen Kapitalwert, der über die geschäfts(feld)risikoadäquaten Kapitalkosten generiert wird.[141] Strategieentscheidungen, wie z.B. eine Wachstumsstrategie mittels Diversifikation, lassen sich in Wertsteigerungen ausdrücken. Es sind nicht mehr die klassischen Größen der Buchhaltung, nach denen der Erfolg von Strategien und Maßnahmen bewertet wird, es geht nunmehr um eine aktionärsvermögensorientierte Unternehmensplanung.[142] Der Shareholder-Value-Ansatz unterliegt allerdings insofern einer einschränkenden Gültigkeit, als er auf restriktiven Annahmen beruht und sich an Grö-

---

[140] Vgl. D{\small AY} 1986a, S. 60-63; siehe auch D{\small AY} 1986, S. 60-68.
[141] Vgl. S{\small IEGERT} 1995, S. 592.
[142] Vgl. z.B. B{\small ÜHNER} 1990, S. 111, der den Wechsel von Profit-Centern zu Value-Centern propagiert.

ßen orientiert, die nur näherungsweise zu bestimmen sind.[143] Die Unternehmenspraxis hat jedoch gezeigt, daß sich im Laufe des Bewertungsprozesses meist eine präferierte Strategiealternative herauskristallisiert.

2.7 Strategieimplementierung

Die Strategieimplementierung befaßt sich mit der Frage, wie der strategische Plan des Unternehmens, des Geschäftsbereichs oder des Funktionsbereichs in konkretes strategiegeleitetes Handeln der Mitarbeiter umgesetzt werden kann. Geht man bei der Strategieentwicklung der Frage nach *»Are we doing the right things?«*, so stellt sich bei der Strategieimplementierung das Problem *»Are we doing the things right?«*.[144] Viele Unternehmen investieren sehr viel Aufwand in die Entwicklung von Strategien, versäumen es aber dann, diese effizient und effektiv zu implementieren. Wird diesem zweiten Schritt zu wenig Aufmerksamkeit gewidmet, bleibt die strategische Planung wirkungslos und eine bloße »intellektuelle Spielerei«.[145]
Die Implementierung einer Strategie umfaßt neben ihrer Konkretisierung und der Ausrichtung sämtlicher Erfolgsfaktoren auf die Strategie auch die Bewältigung von Verhaltenswiderständen und die Vermittlung strategiebezogener Akzeptanz.[146] Damit sind die *Umsetzung* und die *Durchsetzung* strategischer Maßnahmenprogramme angesprochen. Diese Aspekte werden in den beiden folgenden Abschnitten untersucht.

2.7.1 Die Umsetzung strategischer Maßnahmenprogramme

Im Rahmen der *Konkretisierung* ist die Strategie stufenweise über Maßnahmenprogramme und Maßnahmengruppen in bereichs- oder abteilungsbezogene Einzelmaßnahmen zu transformieren. Hierzu kann es notwendig sein, die Strategie zunächst in Teilstrategien hinsichtlich einzelner Funktionen oder Themen zu zerlegen. Hinsichtlich der *Umsetzung der Strategie in die operative Planung* sind eine Reihe weiterer Erfolgsfaktoren in den angesprochenen Bereichen auf die Implementierungserfordernisse der Strategie hin auszurichten, die möglicherweise nicht unmittelbar Gegenstand der Strategie sind.[147] Dies können beispielsweise die querschnittsbezogenen Faktoren

---

[143] Vgl. hierzu BUCHNER 1994, S. 514 f.
[144] Vgl. THOMPSON/STRICKLAND 1986, S. 25.
[145] WELGE/AL LAHM 1992, S. 387.
[146] Vgl. KOLKS 1990, S. 85.
[147] Siehe hierzu auch WELGE/AL LAHAM 1992, S. 388.

»Qualifziertes Personal« und »Kultur«, aber auch vertriebsorientierte Fakto-ren wie »One-Stop-Shopping« oder »Time-to-market« sein.

Neben der Umsetzung in Form einer Spezifizierung der Strategie bezogen auf die Implementierungsebene kann auch von einer Durchsetzung der Strategie-programme gesprochen werden. Die Spezifizierung beinhaltet die Ableitung von Teilstrategien und konkreten Maßnahmenbündeln. Die eigentlichen Schwierigkeiten treten dann in der Phase der Durchsetzung auf, in der Wi-derstände und Konflikte der Betroffenen zu überwinden sind.[148]

Die Trennung in Umsetzung und Durchsetzung kann in praxi nicht trenn-scharf erfolgen und hat an dieser Stelle rein didaktische Gründe.

2.7.2 Die Durchsetzung strategischer Maßnahmenprogramme

Mit der Durchsetzung der Maßnahmen steigen zugleich die Schwierigkeiten der Implementierung. Dies liegt zum einen daran, daß die Entscheidungsträ-ger der einzelnen Ebenen und Bereiche in anderen Zusammenhängen denken und handeln, häufig aber auch an einer fehlenden Akzeptanz der Betroffenen für die gewählten Maßnahmen. Verhaltenswiderstände beruhen auf dem Wandlungscharakter, der einer neuen Strategie innewohnt. Die Hauptauf-gabe der Strategieimplemtierung liegt entsprechend in der

• Vermittlung der Strategie
• Einweisung und Schulung
• sowie in der Erzeugung eines strategiebezogenen Konsenses.[149]

Die Vermittlung der Strategie betrifft sowohl die Information der Führungs-kräfte als auch der übrigen Mitarbeiter. Die Form der Vermittlung konzen-triert sich auf Kommunikationsprozesse, weil nur in der Diskussion Fehlin-terpretationen und Unklarheiten ausgeräumt und Motivationswirkungen er-zielt werden können. Die Darstellung der Strategieinhalte unterstützt so den Aufbau einer strategieorientierten Akzeptanz und trägt zudem zur Identifika-tion von Durchsetzungsbarrieren bei. Problematisch bei der Strategievermitt-lung sind Aspekte der Geheimhaltung und das begrenzte Aufnahmevermö-gen der Beteiligten.

Der Innovationsgehalt der Strategieimplementierung kann zu einem zusätzli-chen Schulungsbedarf der betroffenen Mitarbeiter führen. Die Themenberei-che Schulung und Weiterbildung werden zunehmend unter dem Begriff der Personalentwicklung diskutiert. Lernprozesse verringern bestehende Unsi-cherheiten im Umgang mit der zu implementierenden Strategie. Darüber hin-aus werden Fähigkeiten aufgebaut, die die Umsetzung der Strategie ermögli-chen. Mit zunehmender Qualifikation steigt auch die Motivation, an der Strategiedurchsetzung mitzuwirken.

---

[148] Vgl. KOLKS 1990, S. 83-86.
[149] Vgl. hierzu und im folgenden KOLKS 1990, S. 114-127.

Die Schaffung eines strategiebezogenen Konsenses ist erforderlich, da während des gesamten Strategieumsetzungsprozesses Konflikte entstehen können. Solche Differenzen könne bereichsintern, aber auch zwischen verschiedenen Ebenen oder Bereichen auftreten. Entsprechend sind Ziel-, Verteilungs-, Kultur- und Durchsetzungskonflikte zu unterscheiden. Diesem Widerstandspotential ist durch gezielte Maßnahmen zu begegnen mit dem Ziel, eine strategiegerechte Übereinstimmung zu erzielen. Im Rahmen des Konfliktmanagements gibt es mehrere Ansätze, mit deren Hilfe Konflikte vermieden (Rückzug) oder ausgetragen (Kampf, Kompromiß, Problemlösung) werden können. Die Schwierigkeiten, die mit der Strategieumsetzung und -durchsetzung verbunden sind, zeigen, daß der Prozeß der strategischen Planung aktiv begleitet und überwacht werden muß. Neben den unternehmensintern zu überwindenden Barrieren kann sich auch das externe Umfeld wandeln. Der folgende Abschnitt setzt sich aus diesem Grund mit der strategischen Kontrolle auseinander.

2.8 Strategische Kontrolle

Komplexität und Unsicherheit der Umwelt führen dazu, daß strategische Entscheidungen sehr oft mit hohen Risiken verknüpft sind. Zur Kompensation dieser Risiken muß ein planungsbegleitender Kontrollprozeß explizit formuliert werden, der mit den ersten Selektionsschritten im Planungsverfahren einsetzt. Die strategische Kontrolle muß insbesondere verhindern, daß die wahrgenommenen Unsicherheiten und Unschärfen durch das Setzen von Annahmen einfach »vernichtet« werden.[150] Sie beinhaltet eine fortlaufende Überprüfung der strategischen Pläne im Hinblick auf ihre Tragfähigkeit und Realisierbarkeit. Das Ziel ist hierbei, Bedrohungen im weiteren Sinne (z. B. durch Gesetzesänderungen und Aktivitäten der Wettbewerber) frühzeitig zu erkennen, um so rechtzeitig Gegenmaßnahmen ergreifen zu können. Im Mittelpunkt der strategischen Kontrolle stehen also weder die klassische ex-post-Kontrolle noch die Sicherung der Umsetzung der strategischen Pläne in operative Maßnahmen.

2.8.1 Typen strategischer Kontrolle

Die strategische Kontrolle bildet ein Gegengewicht zur Selektivität der strategischen Planungsaktivitäten. Sie hat eine Kompensationsfunktion zu erfüllen, die von globaler und ungerichteter Natur ist. Innerhalb dieser Funktion

---

[150] Vgl. STEINMANN/SCHREYÖGG 1993, S. 219.

lassen sich jedoch Spezialisierungsvorteile erzielen, wenn verschiedene Typen der Kontrolle unterschieden werden. Dementsprechend lassen sich drei Kontrollaktivitäten unterscheiden (Abbildung 2.15 faßt diese drei strategischen Kontrolltypen überblicksartig zusammen):[151]

(1) Die strategische Überwachung als globale Kernfunktion,

(2) die strategische Prämissenkontrolle und

(3) die strategische Durchführungskontrolle als Spezialfunktion.

Die Kernfunktion stellt die strategische Überwachung dar. Sie zielt darauf ab, frühzeitig kritische Ereignisse zu erkennen, die u. U. den Bestand der Unternehmung gefährden können und bisher übersehen oder falsch eingeschätzt wurden. Um die komplexitätsreduzierende Wirkung strategischer Pläne zu kompensieren, ist das Umfeld so zweckfrei wie möglich zu explorieren. Oft sind es gerade unerwartete Ereignisse, die den Erfolg eines strategischen Plans gefährden können. Allerdings verläßt sich die Unternehmenspraxis bislang überwiegend auf Intuition und die strategische Sensibilität des Managements.[152]

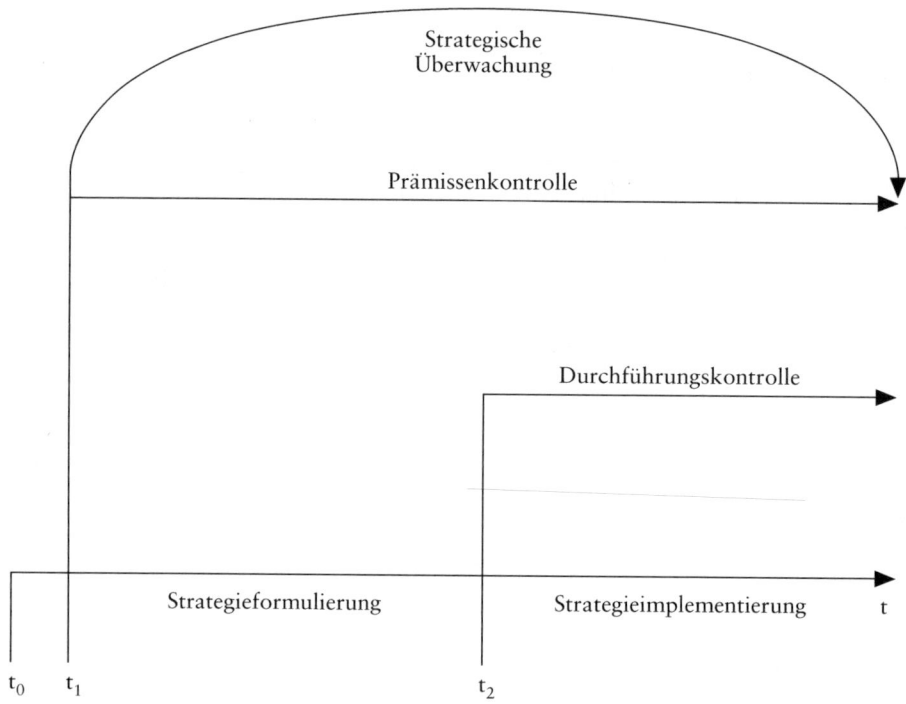

Abb. 2.14: Der strategische Kontrollprozeß
Quelle: Steinmann/Schreyögg 1993, S. 222

---

[151] Vgl. STEINMANN/SCHREYÖGG 1993, S. 221-224; HAHN 1992, S. 651-661; NUBER 1995, S. 118-120.

[152] Vgl. SCHREYÖGG/STEINMANN 1986, S. 46 – 47.

Ein weiteres Element der strategischen Kontrolle bildet die strategische Prämissenkontrolle. Sie beschäftigt sich mit der Frage, inwieweit die expliziten Planannahmen (z. B. über die Marktentwicklung) weiterhin gültig sind. Häufig sind für diese Kontrollart Indikatoren zu entwickeln, mit deren Hilfe die Prämissen konkretisiert werden können.

Das dritte Element der strategischen Kontrolle, die strategische Durchführungskontrolle, gibt Antworten auf die Frage, ob Probleme bei der Umsetzung und das Nichterreichen strategischer Ziele auf eine grundsätzliche Gefährdung des geplanten Kurses hindeuten. Ausgehend von einem Vergleich zwischen geplanter und erzielter Zwischenergebnisse sollen Aussagen über den weiteren Verlauf der Durchführung gewonnen werden.[153]

Insgesamt ist die strategische Kontrolle bisher in Theorie und Praxis vernachlässigt worden. Bei der inhaltlichen Konzeptionalisierung und organisatorischen Gestaltung eines strategischen Kontrollsystems gilt es, zwischen der erforderlichen flexiblen Anpassung an die Komplexität und Unsicherheit der Umwelt einerseits und der notwendigen Formalisierung von Indikatoren und Kontrollprozeduren andererseits einen Ausgleich zu schaffen.

Im Rahmen der strategischen Planung fallen sowohl systembezogene wie auch personenbezogene Kontrollaufgaben an, wobei zwischen beiden Funktionen Interdependenzen bestehen. Das Problem der Erfolgskontrolle resultiert aus der Notwendigkeit, strategische Planungsaufgaben an untergeordnete Entscheidungsträger zu delegieren und deren Erfüllungstätigkeit entsprechend zu überwachen. Besondere Schwierigkeiten ergeben sich in diesem Zusammenhang dadurch, daß bei mehrperiodigen Planungsentscheidungen neben den sachbezogenen auch intertemporale Interdependenzen auftreten, die eine Komplexitätsreduktion erzwingen. Aus diesem Grunde sind auch bei einer flexiblen Planung laufend Planrevisionen erforderlich.

2.8.2 Organisation der strategischen Kontrolle

Da die verschiedenen Typen der strategische Kontrolle unterschiedliche Kontrollobjekte verfolgen, sind sie auch unterschiedlich zu organisieren.

- Die strategische Überwachung läßt sich erst nach Identifizierung strategischer Bedrohungen sinnvoll strukturieren.
- Für die strategische Prämissen- bzw. Durchführungskontrolle lassen sich dagegen strukturierende Maßnahmen im Vorfeld festlegen.

Informationsaufnahme und Informationsverarbeitung lassen sich für beide Kontrollarten ansatzweise formalisieren. Dieser Umstand ergibt sich aus den relativ eindeutig feststehenden Kontrollobjekten sowohl für die Prämissen- als auch für die Durchführungskontrolle. Für die Durchführungskontrolle

---

[153] Vgl. zur Prämissen- und Durchführungskontrolle NUBER 1995, S. 120-145; HAHN 1992, S. 655-657 und S. 659-661.

Typen strategischer Kontrolle / Kontroll-charakteristika	Strategische Überwachung	Prämissen-kontrolle	Durchführungs-kontrolle
Ausmaß der Gerichtetheit	Gering	Mittel	Hoch
Kontrollobjekt	Umwelt/ Ressourcen	Planungs-prämissen	Zwischen-ziele

Abb. 2.15: Das System der strategischen Kontrolle
Quelle: Steinmann/Schreyögg 1993, S. 224

trifft diese Aussage in besonderem Maße zu, stehen hier doch i.d.R. zu errei-chende Meilensteine fest, so daß in diesem Fall die zu messenden Größen ex ante bekannt sind.

Die organisatorische Strukturierung der strategischen Kontrolle kann ledig-lich einen groben Handlungsspielraum vorgeben. Im Einzelfall hängt die Qua-lität der Kontrolle immer von dem verantwortlichen Aufgabenträger ab.[154]

Übungsfragen:

(1) Welchen Einfluß haben Unternehmensleitbilder auf die strategi-sche Planung?

(2) Skizzieren Sie kurz die unterschiedlichen Umweltarten einer Un-ternehmung.

(3) Stellen Sie bitte den Zusammenhang der Elemente der oben be-schriebenen Konzeption einer strategischen Unternehmenspla-nung dar.

(4) Geben Sie Beispiele für Kriterien, anhand derer Strategien formu-liert werden können?

(5) Erläutern Sie die Vorgehensweise der Portfolio-Analyse.

(6) Welche Voraussetzungen bzgl. der unscharfen Information müs-sen für die Anwendung von Fuzzy-Konzepten erfüllt sein?

(7) Diskutieren Sie die drei Stufen des unscharfen Schlußfolgerns.

(8) Welche Eigenschaften müssen Strategien erfüllen, um sinnvoll be-wertet werden zu können?

(9) Mit welchen Problemen hat sich die Strategieimplementierung auseinanderzusetzen?

(10) Welche Arten der Strategischen Kontrolle gibt es und wie wirken sie zusammen?

---

[154] Vgl. zur Organisation der strategischen Kontrolle z.B. STEINMANN/SCHREYÖGG 1993, S. 224-226; HAHN 1992, S. 661-662; NUBER 1995, S. 168-257.

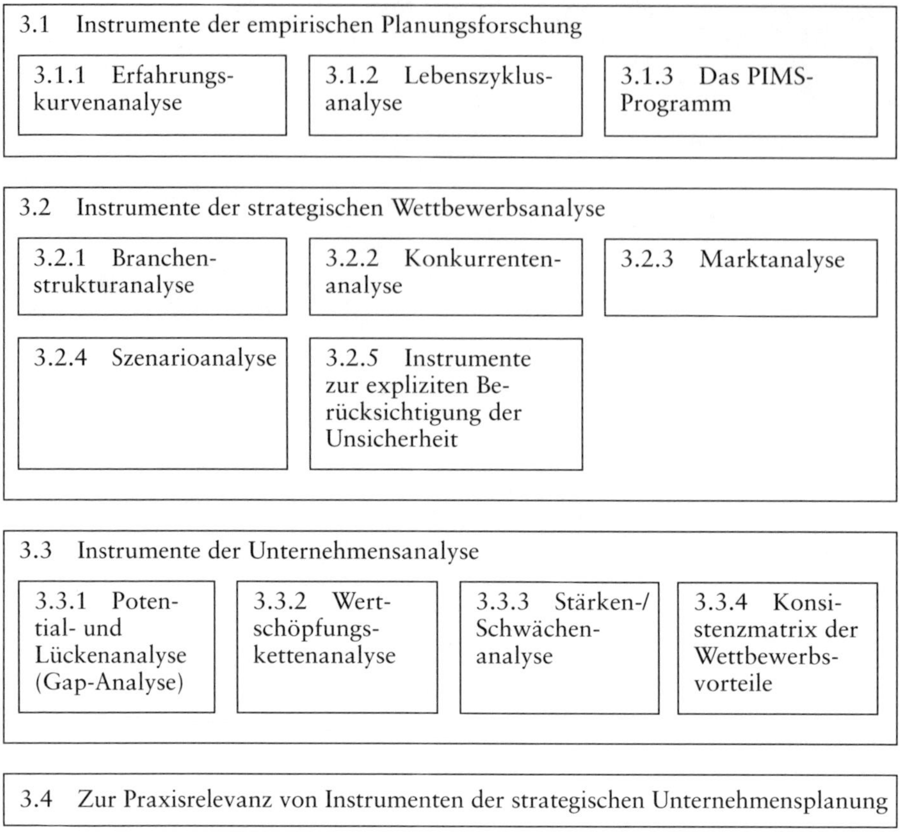

3.1   Instrumente der empirischen Planungsforschung

3.1.1 Erfahrungs-kurvenanalyse	3.1.2 Lebenszyklus-analyse	3.1.3 Das PIMS-Programm

3.2   Instrumente der strategischen Wettbewerbsanalyse

3.2.1 Branchen-strukturanalyse	3.2.2 Konkurrenten-analyse	3.2.3 Marktanalyse
3.2.4 Szenarioanalyse	3.2.5 Instrumente zur expliziten Be-rücksichtigung der Unsicherheit	

3.3   Instrumente der Unternehmensanalyse

3.3.1 Poten-tial- und Lückenanalyse (Gap-Analyse)	3.3.2 Wert-schöpfungs-kettenanalyse	3.3.3 Stärken-/ Schwächen-analyse	3.3.4 Konsi-stenzmatrix der Wettbewerbs-vorteile

3.4   Zur Praxisrelevanz von Instrumenten der strategischen Unternehmensplanung

Abb. 3.1: Aufbau des dritten Kapitels

3 Instrumente der strategischen Analyse und Prognose

Problemstellung

Analysiert man die Idealanforderungen an eine Führungskraft in der Wirtschaft, so stößt man im wesentlichen auf zwei Fähigkeitsarten. Zum einen ist die Fähigkeit des motivierenden und mitreißenden Handelns gefragt. Alle Erfahrungen sowohl in der Unternehmenspraxis als auch in der Forschung und Lehre deuten darauf hin, daß diese Fähigkeit nicht durch die Lektüre von Büchern erlernbar oder in Lehrveranstaltungen zu vermitteln ist. Die Fähigkeit zum unternehmerischen Denken und Handeln läßt sich erst auf dem Terrain der Unternehmenspraxis erwerben. Der zweite Bereich umfaßt die Fähigkeiten zur methodologischen Analyse von komplexen Problemen und zur Entwicklung erfolgversprechender Konzepte und Strategien. Die Vermittlung dieser Fähigkeiten im Bereich der Unternehmensplanung ist zentrales Anliegen dieses Lehrbuches. Insbesondere in diesem Kapitel sollen dem Leser Grundkenntnisse über die einzelnen Methoden und Instrumente der strategischen Planung vermittelt werden.

Zu Beginn muß allerdings betont werden, daß die strategische Planung nicht mit der Anwendung von Instrumenten gleichzusetzen ist. Bei unserer empirischen Untersuchung zur Einführung strategischer Planungssysteme zeigte sich immer wieder, daß viele Unternehmen die strategische Unternehmensplanung mit der Anwendung bestimmter Planungsinstrumente (z. B. Portfolio-Methode, Erfahrungskurvenanalyse) identifizierten. Dabei wird übersehen, daß strategische Unternehmensplanung mehr ist als ein Instrumentenkasten und eine Sammlung methodischer Hilfsmittel. Andererseits kommt eine strategische Unternehmensplanung zweifellos nicht ohne geeignete Methoden und Entscheidungshilfen aus. Die aufeinander abgestimmte Anwendung mehrerer Beurteilungsinstrumenten stellt eine fundierte Informationsbasis für Strategieentscheidungen sicher.[155]

Im folgenden sind diejenigen Instrumente und Entscheidungshilfen zu behandeln, die für die Praxis der strategischen Unternehmensplanung als wichtig angesehen werden. Es ist hervorzuheben, daß die Instrumente lediglich Hilfsmittel für eine sorgfältige strategische Analyse und Prognose darstellen. Es kann sich dabei im wesentlichen nur um Heuristiken handeln, auf die die ge-

---

[155] Vgl. BAUSCH 1996, S. 226 f.

nerelle Aussage von RUMELT zutrifft: »There cannot be a simple algorithm for creating wealth!«.[156]

Die Strategielehre unterscheidet hinsichtlich der Analyse und Prognose zwischen den Aufgabenbereichen der Umwelt- bzw. Wettbewerberanalyse sowie der Unternehmensanalyse. Beide Analysefelder schaffen die Informationsbasis für die Formulierung von strategischen Zielen und die Entwicklung von Strategien zur Erreichung dieser Ziele. Mit Hilfe der Umwelt- bzw. Wettbewerberanalyse werden die Erfolgsfaktoren des Unternehmens identifiziert, d. h. diejenigen Faktoren, aus denen Wettbewerbsvorteile zu generieren sind. Das Ergebnis kann in Chancen und Risiken des Umfeldes zusammgefaßt werden. Die Unternehmensanalyse untersucht, welche Kompetenzen das Unternehmen hinsichtlich der zuvor identifizierten Erfolgsfaktoren aufweist. Hier zeigen sich Stärken und Schwächen des Unternehmens.

Die folgenden Abschnitte sind nach einer einheitlichen Stuktur aufgebaut. Zunächst werden die Begriffe und Inhalte der Instrumente und Entscheidungshilfen erklärt. Es schließen sich Ausführungen zu ihrem Einsatz in der strategischen Unternehmensplanung an. Jeder Abschnitt wird mit einer kritischen Stellungsnahme abgeschlossen. Am Schluß des Kapitels folgen Ausführungen zur Praxisrelevanz der Instrumente.

3.1   Instrumente der empirischen Planungsforschung

Die Theorie der strategischen Unternehmensplanung kennt eine Reihe von Ansätzen zur Identifikation strategischer Erfolgsfaktoren, die branchen- und länderübergreifende Aussagen formulieren. Diese auch als »Erfolgstheorien« bezeichneten Instrumente sind dem Gebiet der empirischen Planungsforschung zuzuordnen.[157] Es handelt sich im einzelnen um die Erfahrungskurvenanalyse, die Analyse des Lebenszyklus und das sog. PIMS-Programm.

3.1.1   Erfahrungskurvenanalyse

Bei der Erfahrungskurve handelt es sich um eine Konzeption, die die Entwicklung der Kosten in Abhängigkeit von der produzierten Menge beschreibt. Es ist zu erwarten, daß Stückkosten im Zeitablauf nicht konstant bleiben. Die Erfahrungskurve beschreibt den Zusammenhang zwischen der insgesamt produzierten Menge eines Produktes (kumulierte Produktmenge) und den realen Stückkosten.

---

[156] RUMELT 1984, S. 568.
[157] Vgl. HAMMER 1992, S. 133.

Der Begriff der Erfahrungskurve wurde von der Boston-Consulting-Group im Jahre 1966 geprägt. Er umfaßte ursprünglich die Beschreibung der langfristigen Gesamtkostenentwicklung in den beratenen Unternehmen. In einem weiteren Schritt wurde die Abhängigkeit der Entwicklung der langfristigen Gesamtkostenkurve von der Entwicklung der Gesamtproduktionsmenge festgestellt.

Die grundlegende Aussage der Erfahrungskurve lautet: Mit jeder Verdoppelung der kumulierten Produktmenge gehen die auf die Wertschöpfung bezogenen, preisbereinigten Stückkosten tendenziell um einen konstanten Prozentsatz, z. B. 20 bis 30 %, zurück.[158] Der unterstellte konstante prozentuale Kostenrückgang bei jeder Verdoppelung der kumulierten Ausbringungsmenge impliziert, daß es sich bei der Erfahrungskurve um eine hyperbolische Funktion handelt, die wie folgt definiert wird.[159]

$$K_n = K_1 n^{-b}$$

mit

K_n Stückkosten der n-ten Produkteinheit
K_1 Stückkosten der ersten Produkteinheit
n kumulierte Produktionsmenge (= Erfahrung)
b Degressionsfaktor, der durch die Erfahrungsrate p (angegeben in [%]) bestimmt wird

Wenn die Rate des Erfahrungszuwachses p z. B. 20 % beträgt, so ergibt sich ein Stückkostenrückgang bei einer Verdoppelung der kumulierten Ausbringungsmenge (n → 2 n) von 20 %, d. h. $K_{2n} = 0,8\ K_n$ (80 %-Erfahrungskurve). Der Wert von b kann wie folgt berechnet werden:

(1) Die Stückkosten für die n-te Produktionseinheit (K_n) seien 100, die Stückkosten für die (2n)-te Einheit (K_{2n}) sind dann $(100 - p)$.

(2) $K_n = K_1 \cdot n^{-b}$
    $K_{2n} = K1 \cdot (2n)^{-b}$

(3) $\dfrac{K_n}{K_{2n}} = \dfrac{100}{100-p}$

(4) $\dfrac{100}{100-p} = \dfrac{K_1 n^{-b}}{K_1 (2n)^{-b}}$
    oder
    $\dfrac{100-p}{100} = \dfrac{K_1 (2n)^{-b}}{K_1 n^{-b}} = 2^{-b}$

---

[158] Siehe dazu HENDERSON 1986, S. 19, sowie GÄLWEILER 1986, S. 258.
[159] Vgl. dazu z. B. GRIMM 1983, S. 139-140.

Setzt man $\dfrac{100\text{-}p}{100} = q$ (q gibt das Verhältnis des Kostenrückgangs infolge einer Erfahrungsrate von p % an), so folgt

$(5)\ q=2^{-b}$
$\quad \log q = -\,b\log 2$
$\quad b = \dfrac{\log q}{\log 2}$

Der Erfahrungskurveneffekt stellt sich nicht automatisch ein, sondern beruht auf einem Kostensenkungspotential, das immer wieder durch bewußte Anstrengungen aktiviert werden muß.[160]
Die Erfahrungskurve als empirisch feststellbare Regelmäßigkeit bedarf einer theoretischen Begründung. Im einzelnen werden vier Ursachen einer kontinuierlichen Kostenabnahme hervorgehoben:[161]
(1) Die Theorie der Lernkurven
(2) Der Größendegressionseffekt (periodenbezogene statische Kostensenkung)
(3) Technischer Fortschritt
(4) Die Rationalisierung.

zu 1) Theorie der Lernkurven

Hinweise auf die Bedeutung der schon länger bekannten Lernkurve finden sich bereits bei Wright.[162] Die Lernkurve bringt in ihrer einfachsten Form zum Ausdruck, daß ein arbeitender Mensch während seiner Tätigkeit seine Fertigkeiten vervollkommnet und damit sogenannte Übungsgewinne realisiert.[163] In ihrer ursprünglichen Fassung bezog sich die Lernkurve nur auf die Hypothese, daß die Fertigungsstunden bzw. -löhne mit jeder Verdoppelung der kumulierten Menge um einen konstanten Prozentsatz abnehmen. Ob überhaupt derartige »Übungsgewinne« auftreten und welcher Kurvenverlauf im Einzelfall vorliegt, hängt von den jeweils gegebenen Arbeitsbedingungen ab und muß situationsspezifisch festgestellt werden.

zu 2) Größendegression

Unter Größendegressionseffekten wird der nachstehende Zusammenhang verstanden: Die gesamten Stückkosten sinken ceteris paribus (z. B. bei gegebenem Stand der Technik) mit einer Erhöhung der Betriebsgröße (Kapazität). Produktionstheoretisch gesehen liegen hier sogenannte economies of scale (steigende Skalenerträge) vor. Die Erhöhung der Inputs führt zu einer überproportionalen Erhöhung des Outputs. Im Unterschied zum eigentlichen Er-

---

[160] Vgl. HENDERSON 1986, S. 19.
[161] Vgl. zur Darstellung im einzelnen SEVER 1985, S. 113-152, GRIMM 1983, S. 97-117.
[162] Vgl. WRIGHT 1936.
[163] Vgl. die ausführlichen Darstellung bei HENFLING 1978, S. 55-99.

fahrungskurveneffekt bezieht sich der Größendegressionseffekt auf die Ausbringungsmenge eines Jahres und nicht auf die kumulierte Menge. Von der Größendegression ist der Effekt der Beschäftigungsdegression bzw. Fixkostendegression zu unterscheiden. Mit dem letzteren Begriff wird die Abnahme der auf das Stück bezogenen fixen Kosten bezeichnet, wenn bei konstanter Kapazität die Ausbringung zunimmt.

Das Vorliegen derartiger Größendegressionseffekte ist eine empirische Frage. Untersuchungen zeigen, daß die sogenannte »mindestoptimale Betriebsgröße« (Stückkostenminimum) bezogen auf die gesamte Branchengröße stark schwankt.[164]

zu 3) Technischer Fortschritt

Hierunter werden vor allem Produktinnovationen und Verfahrensinnovationen verstanden. Produktinnovationen sind in diesem Zusammenhang nur relevant, wenn sie eine wirtschaftlichere Herstellung ermöglichen. Hauptsächlich geht es um solche Verfahrensinnovationen, die dazu führen, daß sich die Produktionsfunktion und damit auch die Kostenfunktion im Zeitablauf nach unten verschiebt. Dazu zählen nicht nur neue Anlagen, sondern auch verbesserte Verfahren der Produktionssteuerung.

zu 4) Rationalisierungsmaßnahmen

Rationalisierungseffekte sind eng verknüpft mit den bisher diskutierten Einflußgrößen. Das Ziel ist hierbei immer, die Wirtschaftlichkeit betrieblicher Strukturen und Prozesse zu verbessern. Setzt man die übrigen Kosteneinflußgrößen konstant, so dienen Rationalisierungsmaßnahmen dazu, die schon vorhandenen Kostensenkungspotentiale auszuschöpfen.

Die Erfahrungskurve läßt sich graphisch in doppelter Weise abbilden. Als Beziehung zwischen Stückkosten und kumulierter Produktmenge ergibt sich erstens eine Kurve in Form einer fallenden Hyperbel in geglätteter Form. Zur Verdeutlichung des Erfahrungskurveneffekts hat sich zweitens eine doppelt logarithmische Abbildung als vorteilhaft erwiesen. Aus dieser Abbildung kann der Stückkostenrückgang aus dem Steigungsmaß der dann geradlinig verlaufenden Kurve unmittelbar abgelesen werden (siehe hierzu Abbildung 3.2).

Im Rahmen der empirischen Erhebung des Erfahrungskurveneffekts ergaben sich von Anfang an Schwierigkeiten bei der Erfassung der Kostengrößen. Um diesen Problemen aus dem Wege zu gehen, hat man sich des Hilfsmittels der Preise bedient, deren Entwicklung anstelle der Kosten dargestellt wurde. Man unterstellte dabei, daß sich die Preise ebenso wie die Kosten entwickeln. Ein idealtypischer Verlauf der Erfahrungskurve hat sich u.a. bei der Untersuchung der Preisentwicklung bei den integrierten Schaltkreisen im Zeitraum von 1964 bis 1972 gezeigt. Ein weiteres Beispiel stellt die Kosten- bzw. Preis-

---

[164] Vgl. dazu z. B. SCHWALBACH 1984.

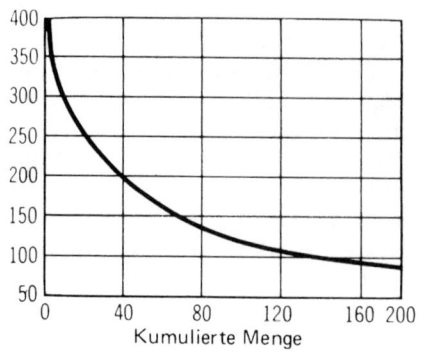 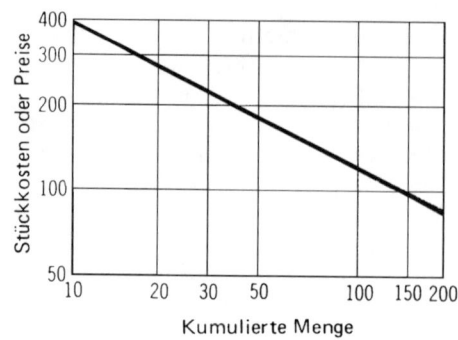

Abb. 3.2: Graphische Darstellung der Erfahrungskurve in exponentieller
und logarithmischer Form
Quelle: Henderson 1986, S. 21
© *Campus Verlag, Frankfurt/New York*

entwicklung bei PVC dar.[165] Die Erfahrungskurven für diese Beispiele sind in
Abbildung 3.3 in logarithmischer Form dargestellt.
Bevor eine empirische Untersuchung der Erfahrungskurveneffekte durchge-
führt werden kann, müssen die zentralen Größen operationalisiert werden.[166]

(1) Das Produkt

Die Basis für eine konkrete empirische Kurvenermittlung muß so gewählt werden, daß alle Untersuchungseinheiten im Zeitablauf möglichst identisch sind.

(2) Kosten

Die Erfahrungskurve bezieht sich auf die gesamten Wertschöpfungskosten.
Versteht man unter der Wertschöpfung die Differenz zwischen der Unterneh-
mensleistung und den Vorprodukten sowie den sonstigen Fremdleistungen,
so wären die Materialkosten vom Erfahrungskurveneffekt ausgeschlossen;
dies ist deshalb nicht sinnvoll, da hier auch beschaffungspolitisch ausnutz-
bare Erfahrungskurveneffekte auftreten können.

(3) Erfahrung

Erfahrung wird mit Hilfe der kumulierten Menge (die bis zu einem bestimmten Zeitpunkt insgesamt produzierte Menge) erfaßt. Entscheidend hierbei ist,
ob die Kosteneinflußfaktoren einen Bezug zur kumulierten Menge aufweisen,
was im Einzelfall geprüft werden muß.

---

[165] Vgl. dazu HENDERSON 1986, S. 114 und S. 124.
[166] Vgl. dazu vor allem SEVER 1985, S. 76-82.

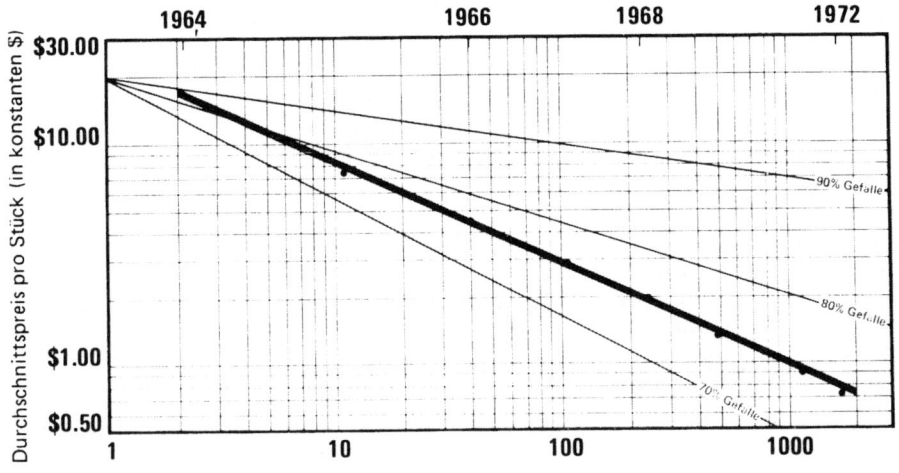

Preisentwicklung bei integrierten Schaltkreisen

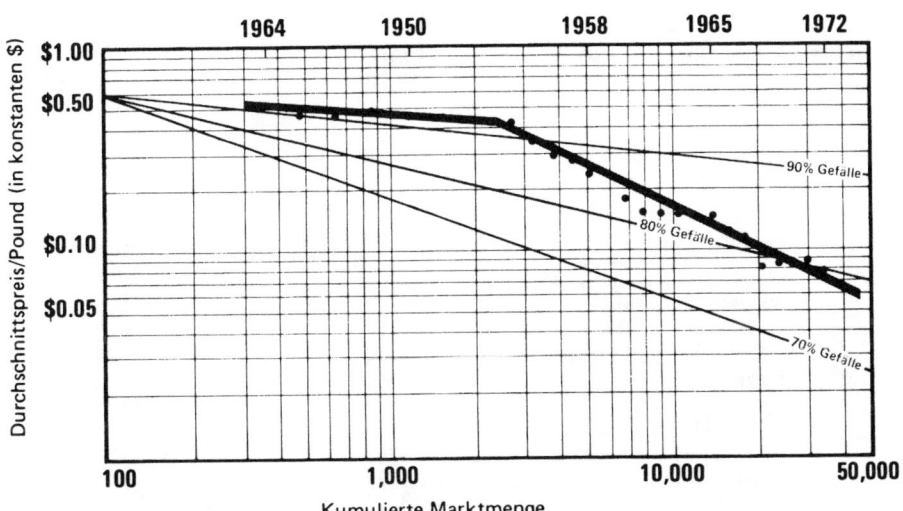

Preisentwicklung bei Polyvinylchlorid

Abb. 3.3: Preisentwicklung bei integrierten Schaltkreisen und Polyvinylchlorid
Quelle: Henderson 1986, S. 124
© *Campus Verlag, Frankfurt/New York.*

103

(4) Deflationierung der Daten

Die Erfahrungskurvenhypothese bezieht sich auf reale Kosten: Die beobacht-
baren Zahlen müssen deshalb inflationsbereinigt werden. Unter strengen
wissenschaftstheoretischen Kriterien ist die zu Beginn formulierte Erfahrungskurvenhypothese gar nicht empirisch prüfbar. Das Abstellen auf Kostensenkungspotentiale führt zu einer Immunisierung der Aussage gegenüber
Falsifizierungsversuchen. Bleiben Kostensenkungen aus, so kann man nie
feststellen, ob die Hypothese falsch war oder ob ein unfähiges Management
die vorliegenden Potentiale verwirtschaftet hat.[167]

In der Praxis wurden in den letzten 20 Jahren zahlreiche Erfahrungskurven
ermittelt, wie Abbildung 3.2 zeigt.

Die hier angeführten Untersuchungsergebnisse sowie die meisten anderen
empirischen Untersuchungen beziehen sich aber in der Regel aus Praktikabi-
litätsgründen auf Preisdaten (Branchenpreisentwicklung) und nicht auf Kostendaten. Faßt man die Untersuchungsergebnisse zusammen, so kann man
sagen, daß industrielle Vor- und Zwischenprodukte höhere Erfahrungsraten
aufzuweisen scheinen als Konsum- bzw. Gebrauchsgüter.[168] Die Erfahrungskurve stellt bestenfalls ein »statistisches Gesetz« dar, eine empirisch feststellbare Regelmäßigkeit. Auf der Basis von tatsächlichen Mengen- und Preis-
bzw. Stückkostendaten wird eine Regressionsfunktion geschätzt, die die vorliegenden Datenpunkte möglichst gut erklärt.[169]

Tab. 3.1: Erfahrungskurveneffekte bei unterschiedlichen Produktgruppen
    Quelle: Simon 1982, S. 199

Nr.	Produktgruppe	Degressionsfaktor b	Erfahrungsrate p
1	Germanium-Transistoren	− 0,3728	0,228
2	Silizium-Transistoren	− 0,4699	0,278
3	Integrierte Schaltkreise	− 0,4706	0,278
4	Niederdruck-Polyäthylen	− 0,3473	0,214
5	Polypropylen	− 0,2296	0,147
6	Gas-Herde	− 0,2726	0,172
7	Elektro-Herde	− 0,1799	0,117
8	Viskose Rayon	− 0,5353	0,310
9	Ferngesprächstarife	− 0,4739	0,280
10	Großklimaanlagen	− 0,3219	0,200
11	Elektrorasierer	− 0,3771	0,230
12	Kühlschränke	− 0,0987	0,066
13	Heimklimaanlagen	− 0,1897	0,123
14	Spülmaschinen	− 0,1832	0,119
15	Schwarzweiß-Fernsehgeräte	− 0,3641	0,223
16	Wäschetrockner	− 0,1930	0,125
17	Farbfernseher	− 0,0972	0,065

---

[167] Vgl. dazu Sever 1985, S. 82-86.
[168] Vgl. dazu z. B. Simon 1982, S. 199-200, und Sever 1985, S. 90-93.
[169] Vgl. Sever 1985, S. 152-155.

Hinsichtlich der Anwendung der Erfahrungskurve in der strategischen Unternehmensplanung muß zunächst der Zusammenhang zwischen Marktanteil, Kostenposition und Gewinnspanne untersucht werden. Unter bestimmten Bedingungen kann das Erfahrungskurvenkonzept zur Begründung niedriger Kosten (und ceteris paribus höherer Gewinnspannen) bei höheren Marktanteilen herangezogen werden.[170] Dies sei an folgendem Beispiel verdeutlicht. Wir gehen von vier Wettbewerbern aus, die unterschiedliche Marktanteile aufweisen. Aus Abbildung 3.4 lassen sich die Auswirkungen verschieden hoher kumulierter Mengen (Marktanteile) auf die Kostenposition und damit die Wettbewerbsposition unter bestimmten Voraussetzungen ableiten.

Drei Voraussetzungen sind hier hervorzuheben:

(1) Entsprechung von Marktanteilen und kumulierten Mengen

Die Verwendung der Größe »Marktanteil« ist in vielen praktischen Fällen notwendig, da die theoretisch exaktere Maßgröße »kumulierte Menge« für jeden Wettbewerber nicht hinreichend genau bestimmt werden kann. Benutzt man aber die Maßgröße »Marktanteil«, so wird damit unterstellt, daß sich im Betrachtungszeitpunkt die Marktanteile wie die kumulierten Mengen verhalten. Die Größe »Marktanteil« bezieht sich auf eine bestimmte Periode, während sich die »kumulierte Menge« auf alle bisherigen Perioden erstreckt. Die Genauigkeit der Approximation hängt vor allem von den Eintrittszeitpunkten der Wettbewerber und den von ihnen in den einzelnen Perioden gehaltenen Marktanteilen ab. Die von den Unternehmen kumulierte Menge

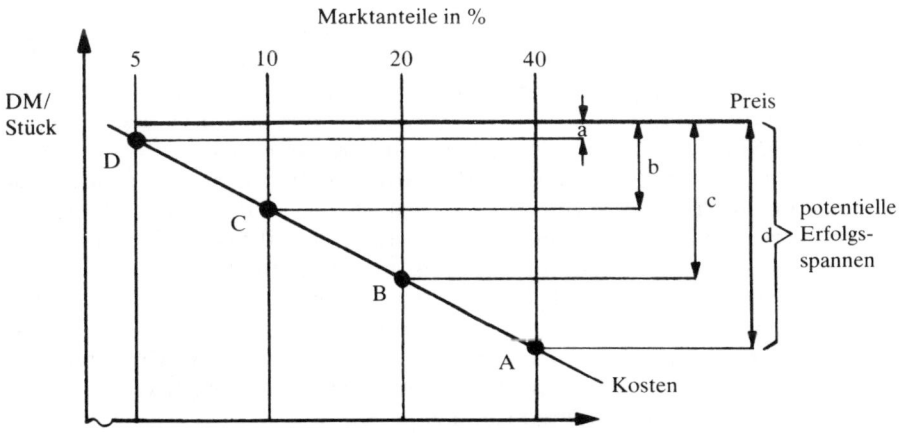

Abb. 3.4: Beziehung zwischen Marktanteilen und Erfolgspotentialen der Konkurrenten A, B, C und D
Quelle: Gälweiler 1976, S. 70

[170] Siehe hierzu KREMER 1986 5. 159-168, sowie SEVER 1985, S. 97.

verhält sich annähernd wie ihre Marktanteile, wenn diese zur annähernd gleichen Zeit in den Markt eingetreten und wie der Markt gewachsen sind.

(2) Homogenität der Problemlösungen

In dem vorliegenden Beispiel wird ein einheitlicher Marktpreis unterstellt. Weil die Erfahrungskurve auf Mengengrößen abstellt, ist es erforderlich, daß die Produkt-und Problemlösungen der Anbieter weitgehend homogen sind. Erfordern bestimmte Segmente unterschiedliche Produktions- und/oder Absatzleistungen, so entstehen unter Umständen neue segmentspezifische Erfahrungskurven.

(3) Gleiche Erfahrungskurven der Wettbewerber

Diese Prämisse bezieht sich auf die beiden Parameter »Kosten der ersten Einheit« (Ursprung der Erfahrungskurve auf der Ordinate) und »Elastizität der Stückkosten« (Steigung der Erfahrungskurve). Die Erfahrungskurven verschiedener Wettbewerber können sich deshalb grundsätzlich in einer oder auch in beiden Komponenten unterscheiden. Die unserem Beispiel zugrundeliegende Konkurrenten-Erfahrungskurve (Cross sectional experience-curve) basiert auf der Prämisse der Gleichheit (alle Konkurrenten liegen auf einer linearen Erfahrungskurve). Sind die Wettbewerber jedoch zu unterschiedlichen Zeitpunkten in einen Markt eingetreten, so waren im allgemeinen auch die Kosten der ersten Einheit unterschiedlich hoch, da die jeweiligen Eintrittsbedingungen sehr verschieden sein können. So kann der Imitator niedrigere Startkosten haben, indem er auf das Know-how des Pioniers zurückgreift. Maßnahmen sind hier beispielsweise die Abwerbung von Personal oder das »reverse engineering« (Analyse der Konstruktion von Wettbewerbsprodukten).
Weiterhin können sich die Erfahrungsraten (p) bzw. Kostenelastizitäten (b) unterscheiden. Auch in dieser Situation wird die Kosten- und Gewinnsituation durch das Verhältnis der Marktanteile falsch wiedergegeben, selbst wenn alle anderen Voraussetzungen erfüllt sind. Das Unternehmen, das eine höhere Erfahrungsrate erzielt (z. B. 70%ige Erfahrungskurve gegenüber einer 80%igen Erfahrungskurve), erlangt einen Kostenvorteil.
Das Erfahrungskurvenkonzeptes kann auch für die Bestimmung der Preise für ein neues Produkt verwendet werden.[171] Ziel der Preispolitik ist eine marktgerechte Gestaltung des Preis- Leistungsverhältnisses. Gewählt wird ein möglichst niedriger Einführungspreis, um ein schnelles Absatzwachstum zu erreichen und potentielle Konkurrenten von einem Markteintritt abzuhalten. Wichtige Voraussetzungen für die Optimalität dieser Strategie sind eine hohe kurzfristige Preiselastizität (niedriger Preis, schnelles Absatzmengenwachstum) und eine hohe Erfahrungsrate, da das Mengenwachstum die Stückkosten schnell nach unten treibt.

---

[171] Vgl. dazu z. B. HENDERSON 1986, S. 61-63, und SIMON 1982 S. 257.

Mit einer derartigen aggressiven Strategie sind allerdings auch Risiken verbunden:
(1) Niedrige Preise haben keine abschreckende Wirkung auf potentielle Konkurrenten.
(2) Geplante Erfahrungsraten müssen auch realisiert werden.
(3) Später eintretende Wettbewerber haben niedrigere Stückkosten.

Kritische Stellungsnahme

(a) Meß- und datentechnische Probleme

Bei dem Versuch, Erfahrungskurven empirisch zu ermitteln, treten zahlreiche
Probleme auf, vor allem bei der Ermittlung der Kosten und der Abgrenzung
des Produktes.[172]

- Bezugsgröße der Erfahrungskurve sind die Kosten der Wertschöpfung
  (Wertschöpfung = Gesamtkosten ./. Kosten für Vor- und Fremdleistun-
  gen). Unberücksichtigt bleibt dabei, daß auch Vor- und Fremdleistungen
  grundsätzlich Erfahrungskurveneffekten unterliegen können und hier
  ebenfalls ein ausnutzbares Kostensenkungspotential vorliegt.
- Die Ermittlung der Stückkosten stößt auf die bekannten Probleme der
  Zurechnung von Fix- und Gemeinkosten.
- Ferner müssen durch die Wahl eines geeigneten Deflators die nominalen
  Kostendaten in reale Kosten umgewandelt werden.
- Das Konzept der Erfahrungskurve basiert auf einer Gleichheit der untersuchten Produkte über einen längeren Zeitraum hinweg. Da die meisten Produkte in physischer Hinsicht zahlreichen Veränderungen unterliegen, greift man meist auf den Verwendungszweck aus Kundensicht
  zurück.
- Weiterhin ist der sogenannte »Shared-experience-Effekt« zu beachten.
  Die Existenz von Angebotsverbunden (bestimmte Ressourcen werden auf
  mehrere Produkte verteilt bzw. von mehreren Produkten genutzt) führt
  dazu, daß die kumulierte Menge eines Produktes kein geeigneter Indikator für die Produkterfahrung und für die Prognose des Erfahrungseffektes
  ist, wenn die verwendeten Teile und Prozesse auch in andere Produkte
  eingehen.[173]
- Die meisten in der Literatur angeführten Schätzversuche von Erfahrungskurven beruhen auf Preis- und nicht auf Kostendaten. Die so geschätzten
  Erfahrungsdaten sind nur dann valide Maße für die Kostendegression,
  wenn sich Preise und Stückkosten parallel entwickeln. SIMON zeigt an einem Beispiel, daß sich die beobachtete Preisentwicklung im Lebenszyklus
  durch völlig verschiedene Hypothesen (Anzahl der Konkurrenten, kumulierte Menge) jeweils überzeugend erklären läßt. Es ist deshalb bedenk-
  lich, die Preisentwicklung als das Ergebnis vieler Einflußfaktoren (Nachfrage, Wettbewerbssituation, Kostenstrukturen) monokausal auf das Er-

---

[172] Vgl. dazu u. a. LANGE 1984, S. 231-237, und DAY/MONTGOMERY 1983, S. 52-56.
[173] Vgl. dazu KREMER 1986, S. 90-95.

fahrungskurvenkonzept (kumulierte Absatzmenge) zurückzuführen; die Erfahrungsrate wird dabei überschätzt.[174]

(b) Theoretische Fundierung

Die kumulierte Produktionsmenge als die erklärende Variable kann aus theoretischer Sicht nicht befriedigen.[175] In den wenigsten empirischen Untersuchungen wird allerdings versucht, die zu Beginn genannten vermuteten Kausalfaktoren zu berücksichtigen und die beobachteten Kostensenkungseffekte den verschiedenen Einflußfaktoren zuzurechnen.[176] Die Trennung der einzelnen Einflüsse ist grundsätzlich sehr schwierig, da Betriebsgrößen- und Lernkurveneffekte eng miteinander verknüpft sind (Problem der Multikollinearität) und sich gleichgerichtet entwickeln. Diese Trennung der verschiedenen Einflußfaktoren ist vor allem auch unter Anwendungsgesichtspunkten wichtig, da je nach Bedeutung der einzelnen Einflußfaktoren unterschiedliche Maßnahmen erforderlich sind.[177]

(c) Anwendung der Erfahrungskurve zur Strategieentwicklung

Ausschlaggebend für ein erfolgreiches Arbeiten mit der Erfahrungskurve ist das Verständnis ihrer »inneren Logik« und der spezifischen Wettbewerbssituation, bei der eine Strategie auf der Basis von Erfahrungskurveneffekten erfolgversprechend ist.[178]

- Die Höhe der Erfahrungsrate ist produkt- bzw. prozeßspezifisch. Bei einigen Produkten kann sie 60 % betragen, bei anderen ist sie gar nicht zu beobachten. Die Erfahrung zeigt, daß in der Fertigung steilere Erfahrungskurven auftreten als in den Bereichen Einkauf oder Vertrieb. Besonders große Erfahrungskurveneffekte zeigen sich in Branchen mit standardisierten Produkten und mit komplexen, arbeitsintensiven Produktionsprozessen (z. B. Flugzeugmontage). Eine sinnvolle und akzeptable Kostenprognose beruht deswegen nur auf einer einzelfallspezifischen Analyse der Kostenstruktur (-entwicklung).
- Selbst wenn sich Kostendegressionseffekte in Abhängigkeit von der kumulierten Menge beobachten lassen, sollte versucht werden, durch eine sorgfältige Kausalanalyse die dafür verantwortlichen Einflußfaktoren zu identifizieren. Basieren Kostendegressionseffekte auf allgemein zugänglichem technischem Wissen, so erscheint eine andere strategische Stoßrichtung erforderlich als in einer Situation, in der unternehmensspezifische Lerneffekte dominieren. Im ersten Fall erweist sich eine aggressive Men-

---

[174] Vgl. SIMON 1982, S. 204-205; zu den Bedingungen für die Gültigkeit dieser Annahme siehe SEVER 1985, S. 87-89.
[175] Vgl. dazu LANGE 1984, S. 238, und DAY/MONTGOMERY 1983, S. 46-48.
[176] Vgl. zu einer Ausnahme LIEBERMAN 1984, der versucht hat, verschiedene Einflußfaktoren auf Lernkurven in der chemischen Industrie zu schätzen.
[177] Vgl. z. B. GHEMAWAT 1985, S. 35-36
[178] Vgl. dazu vor allem GHEMAWAT 1985, S. 33-39.

genstrategie als sehr gefährlich, da z. B. keine unternehmensspezifischen Kostenvorteile existieren. Im zweiten Fall ist eine aggressive Strategie zur Erhöhung der Marktanteile weniger riskant, vor allem wenn die Lerneffekt geschützt werden können. Trotzdem kann es auch hier zu einem Kapazitätswettkampf kommen, wenn mehrere Wettbewerber eine derartige Strategie verfolgen. Entscheidend für den Erfolg sind nichtimitierbare Kostenvorteile.

- Als wichtige Rahmenbedingungen gelten das jeweilige Produktlebenszyklusstadium und die Preiselastizität der Nachfrage. Besonders wirksam können auf der Erfahrungskurve aufbauende Strategien in den frühen Stadien des Produktlebenszyklus sein. »Je größer das periodenbezogene Mengenwachstum ist, desto schneller verdoppeln sich die kumulierten Mengen. Dementsprechend sind spürbare Kostenreduktionen in kurzer Zeit realisierbar. «[179]
- Wichtig erscheint auch die Preiselastizität der Nachfrage. Nur wenn Preissenkungen zu erheblichen Nachfragesteigerungen führen, läßt sich der Absatz und damit im Zeitablauf die kumulierte Produktionsmenge schnell steigern.
- Verlangt die Ausnutzung von Erfahrungskurveneffekten den Aufbau großer und spezialisierter Produktionsanlagen, so bildet die damit verbundene Inflexibilität einen erheblichen Risikofaktor. Konkurrenzreaktionen auf preispolitische Maßnahmen sind ohne time-lag denkbar. Mögliche Reaktionen der Wettbewerber auf preispolitische Maßnahmen mit dem Ziel der Ausweitung der kumulierten Menge müssen deshalb sorgfältig analysiert werden.[180]

3.1.2 Lebenszyklusanalyse

Das Konzept des Produktlebenszyklus stellt auf der einen Seite eine Voraussetzung für die Durchführung der Potential- und der Lückenanalyse dar, auf der anderen Seite ist es aber auch ein eigenständiges Instrument zur Formulierung von Strategien.
Es kann zwischen einem weiten und einem engen Begriff des Produktlebenszyklus unterscheiden werden. Während der enge Begriff des Produktlebenszyklus mit dem Marktzyklus gleichgesetzt wird, soll hier im folgenden unter Produktlebenszyklus der Zeitraum von der Entstehung der Produktidee bis zum Ausscheiden des Produktes aus dem Markt verstanden werden. In diesem Sinne besteht der Produktlebenszyklus aus dem Entstehungszyklus und dem Marktzyklus.[181]

---

[179] GRIMM 1983, S. 152.
[180] Vgl. SIMON 1982, S. 5-6.
[181] Zu den Begriffen vgl. PFEIFFER/BISCHOF 1974, S. 49.

- Als **Entstehungszyklus** wird derjenige Zeitraum bezeichnet, der die einzelnen Phasen des betrieblichen Forschungs- und Entwicklungsprozesses sowie die Produktions- und Absatzvorbereitungen umfaßt, die einen reibungslosen Markteintritt und eine rasche Verbreitung des Produktes gewährleisten sollen.
- Als **Marktzyklus** gilt derjenige Zeitraum, in welchem das Produkt angeboten oder nachgefragt oder aber angeboten und nachgefragt wird; er besteht also aus dem Angebots- und dem Nachfragezyklus.

Mit dem erstmaligen Anbieten eines Produktes am Markt beginnt die Angebotsperiode (Angebotszyklus). Nach einer gewissen Reaktionsperiode des Nachfragers steht diesem Angebot die zunächst noch geringe Nachfrage nach dem Produkt gegenüber (es beginnt die Nachfrageperiode bzw. der Nachfragezyklus). Der Zeitraum, in dem das Produkt gleichzeitig Gegenstand von Angebot und Nachfrage ist, wird von ELLINGER als Marktperiode bezeichnet.[182]

In der Literatur existiert eine Vielzahl von Einteilungsmöglichkeiten des Produktlebenszyklus. Dies gilt insbesondere für den Marktzyklus, auf den sich die Ausführungen im weiteren beschränken. Im allgemeinen wird dabei zwischen vier oder fünf Phasen unterschieden. Der Unterschied zwischen diesen beiden Marktzyklusdarstellungen besteht darin, daß im Vier-Phasen-Zyklus die zweite Phase als »Marktdurchdringung« bezeichnet wird, während sie im Fünf-Phasen-Zyklus unterschieden wird in eine Phase des »Wachstums« und der »Reife«.

In idealtypischer Darstellung durchläuft ein Produkt folgende Phasen von der Einführung bis zur Liquidierung (vgl. auch Abbildung 3.5):[183]

(1) Einführung
(2) Wachstum
(3) Reife
(4) Sättigung
(5) Degeneration

Nach der in der Literatur vertretenen Auffassung ist das Produktlebenszykluskonzept als ein wichtiges Instrument im Rahmen der strategischen Unternehmensplanung anzusehen.[184] Die Anwendungsbereiche liegen vor allem

- in der Prognose der künftigen Absatzentwicklung eines Produktes,
- im Einsatz des absatzpolitischen Instrumentariums,
- in der Beurteilung der Erfolgsträchtigkeit eines Produktes,
- in der langfristigen Produktplanung (Einführung neuer Produkte/Vornahme von Produktergänzungen),
- in der Ableitung von F & E-Aktivitäten sowie
- in der Produktionsprogrammplanung (Vornahme von Programmbereinigungen, Durchführung von Markterweiterungen, Diversifikationsstrategien).

---

[182] Vgl. ELLINGER 1974, Sp. 1396.
[183] Siehe dazu KOWALSKI 1980, S. 60.
[184] Z.B. KARLÖF 1991, S. 110.

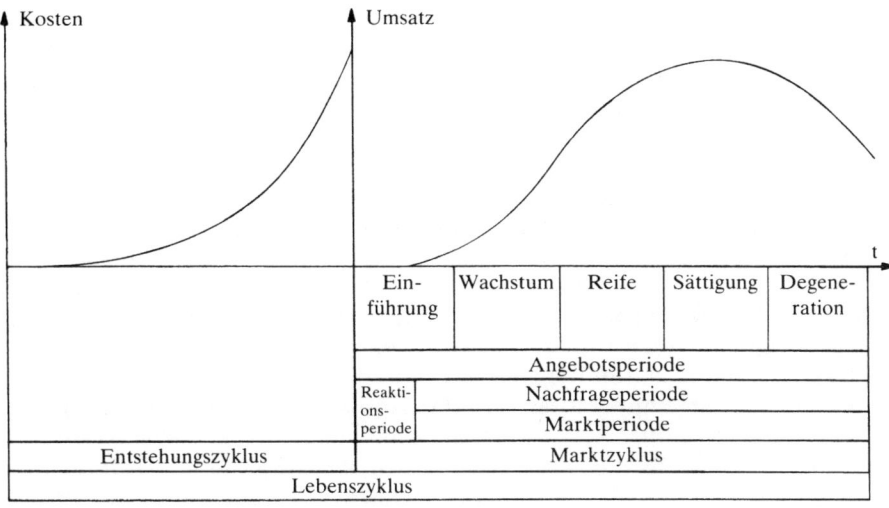

Abb. 3.5: Der Produktlebenszyklus
Quelle: in Anlehnung an Kowalski 1980, S. 63

Kritische Stellungnahme

Zunächst ist darauf hinzuweisen, daß das Produktlebenszykluskonzept keine normative Aussagekraft besitzt, sondern lediglich ein beschreibendes Instrument darstellt. Insbesondere ist der Verlauf des Produktlebenszyklus nicht unveränderlich vorgegeben, sondern kann durch Marketingaktivitäten beeinflußt werden.
Die Hypothese des idealtypisch S-förmigen Verlaufs kann als falsifiziert gelten. Es gibt keine allgemeingültige, gleichsam »naturgesetzliche« Verlaufsform. Ein spezieller Produktlebenszyklus für ein bestimmtes Produkt wird bedingt durch die einzelfallspezifische Konstellation der Kausalfaktoren (individuelle Innovationsbereitschaft, technischer Wandel, Modeschwankungen). So existieren ganz verschiedenartige Zyklustypen.[185]
In diesem Rahmen kann das Konzept Anregungen liefern, um Entscheidungen, die während des Lebenszyklus eines Produktes zu treffen sind, zu unterstützen und zu verbessern.
Hierbei ergibt sich aber eine doppelte Problematik, und zwar hinsichtlich der Bezugsbasen und im Hinblick auf die Meßgrößen.
Die Problematik der Bezugsbasis entsteht aus der begrifflichen Abgrenzung des Produktes bzw. des »neuen« Produktes. Die Konzeption des Produktlebenszyklus sagt nicht deutlich genug aus, was unter einem Produkt verstanden werden soll. Nicht selten werden selbst graduelle Produktvariationen als

---

[185] Siehe dazu z. B. SIMON 1982, S. 185-191, sowie eine Zusammenfassung der in empirischen Studien beobachteten Lebenszyklusverläufe bei RINK/SWAN 1979.

ein neues Produkt bezeichnet. Im anderen Extremfall kann sich die Betrachtung auf ganze Wirtschafts- und Industriezweige beziehen, z. B. auf den Produktlebenszyklus von Fernsehgeräten in der Elektroindustrie.

Damit der Begriff für einzelwirtschaftliche Zwecke geeignet ist, empfiehlt es sich, den Produktlebenszyklus für ein bestimmtes Produkt eines bestimmten Herstellers zu ermitteln. Erforderlich ist also eine differenzierte Betrachtungsweise. In diesem Sinne schlägt auch KOTLER vor, als Bezugsbasen entweder die Produktklasse, die Produktform oder die Marke zu wählen.[186]

Bei dieser differenzierten Betrachtungsweise ist dann zu fragen, ob ein geändertes Produkt (z. B. Produktdifferenzierung durch farbliche Änderung) den bisherigen Produktlebenszyklus beendet und einen neuen begründet, oder aber den alten lediglich fortsetzt. Bei Produkten mit einem sehr kurzen Lebenszyklus ist der kontinuierliche Nachschub an neuen Produkten ständig ein Problem. Hier empfiehlt es sich, das Konzept des Produktlebenszyklus durch andere Instrumente (z. B. Portfoliomethoden) zu ergänzen. Im Hinblick auf die Maßgrößen ist kritisch zu fragen, welche Kriterien als Indikator zu wählen sind und welche Nachteile diese aufweisen. Legt man Umsätze zugrunde, so sind die eintretenden Preisveränderungen zu berücksichtigen, zumindest in langfristiger Hinsicht. Wählt man als Maßgröße die Kosten, so ergibt sich das Problem der Zurechnung und Verteilung. Die Probleme verstärken sich, wenn der Gewinn als Differenz zwischen Umsatz und Kosten zur Bezugsgrundlage gemacht wird. Es wird deshalb auch vorgeschlagen, den Deckungsbeitrag als Maßgröße zu verwenden. Weitere Möglichkeiten bestehen darin, den Grenzumsatz oder den Grenzgewinn sowie Quotienten aus den genannten Bezugsbasen zu wählen.

Zu welcher Maßgröße man sich auch immer entschließt, der Produktlebenszyklus muß durch eine Analyse anderer Elemente wie Kaufhäufigkeit, Konsumentenbedürfnisse und Rate des technischen Fortschritts konkretisiert werden.

Bei Produkten mit einem sehr langen Produktlebenszyklus kann das Unternehmen unter Umständen durch plötzliche Veränderungen überrascht werden. Hierbei entsteht jedoch das Problem, daß ein Unternehmen nur schwer feststellen kann, in welcher Phase des Lebenszyklus es sich genau befindet und wie lange der Lebenszyklus dauert. Somit wird es schwierig, langfristige Abwärtstendenzen von konjunkturellen Schwankungen zu unterscheiden. Deshalb erscheint es auch hier notwendig, die Umweltrisiken systematisch zu analysieren und geeignete Frühwarnindikatoren zu identifizieren. Einen methodischen Ansatz zur Verknüpfung der Phasen des Produktlebenszyklus mit der Marktattraktivität stellt das sogenannte Markt-Produktlebenszyklus-Portfolio dar.[187]

---

[186] Siehe hierzu KOTLER 1992, S. 543.
[187] Siehe dazu ALBACH 1978, S.708 f.

3.1.3 Das PIMS-Programm

PIMS ist die Abkürzung für »profit impact of market strategy«. Ziel des Programms ist die Ermittlung von Marktgesetzen, die die Höhe der Unternehmensergebnisse bestimmen. Das PIMS-Konzept wurde bei General Electric entwickelt.

1972 wurde das PIMS-Programm aus General Electric herausgelöst und in dem der Harvard Business School angegliederten Marketing Science Institute verselbständigt. Gleichzeitig wurde es auch für andere Unternehmen zugänglich gemacht.[188] Zu Beginn des Jahres 1975 wurde das PIMS-Programm schließlich in Form des gemeinnützigen und unabhängigen Strategic Planning Institute (SPI) institutionalisiert.

Hinter dem PIMS-Programm steht ein freiwilliger Zusammenschluß von Unternehmen, die durch ihre Beiträge das SPI finanzieren und sich gleichzeitig verpflichten, Daten über ihre Geschäftseinheiten zur Verfügung zu stellen. Das SPI bietet den Mitgliedsunternehmen folgende Leistungen an:[189]

- Allgemeine Informationen über Grundfragen der Unternehmensstrategie (Publikationen, Seminare, Konferenzen).
- Spezielle Analysen für die einzelnen Geschäftseinheiten der Mitglieder.
- Einen direkten Zugang zu den Analysemodellen des SPI und zur Datenbank.

Das »Herzstück« des PIMS-Programms bilden die verschiedenen, nach Themenstellung unterteilten Datenbanken, in denen die »Erfahrungen« der Mitgliedsunternehmen gespeichert werden. Neben einer Start-up-Datenbank, die Erfahrungen von mehr als 100 Geschäftseinheiten in der Markteintrittsphase bereithält, existieren die OASIS-Datenbank, die sich mit sogenannten »soft factors« beschäftigt, eine Global-Strategy-Datenbank und neuerdings eine Mikrobenchmark-Datenbank, die operativ ausgerichtet ist und Prozesse abbildet.[190] Grundeinheit der Datenerfassung durch das Strategic Planning Institute (SPI) sind die Geschäftseinheiten (SGE) der Mitgliedsunternehmen. Bei Eintritt einer Geschäftseinheit in die Datenbank werden mittels standardisierter Fragebögen je SGE ca. 500 Einzelinformationen erhoben, die z. T. jährlich aktualisiert werden. Sie umfassen

(1) eine Beschreibung der SGE (Produktangebot, Kundenmerkmale etc.),
(2) finanzielle Daten aus Bilanz und GuV
(3) Angaben über den von der SGE »bedienten Markt«,
(4) Informationen über Wettbewerber,
(5) Schätzungen über die Entwicklung bestimmter Variablen (z. B. Inflationsrate).

---

[188] Zur Geschichte von PIMS siehe SCHOEFFLER/BUZZELL/HEANY 1974 sowie VENOHR 1987, S. 47 f.
[189] Siehe dazu LUCHS/MÜLLER 1985, S. 91.
[190] Vgl. HEYDER/WERTHER 1996, S. 7.

Nach einer Verschlüsselung (Sicherung der Anonymität) und einer ersten Kontrolle der Datenqualität bilden diese Angaben das »Rohmaterial« für nachfolgende empirische Untersuchungen. Zentral ist hierbei die Annahme, daß es »Marktgesetze« gebe, die bestimmen, »what business strategy, in what kind of competitive environment, produces what profit results«.[191] Zwar wird der Begriff »Marktgesetz« nirgendwo präzise definiert, aus dem Verwendungszusammenhang kann man aber schließen, daß er sich auf die Ergebnisse von statistischen Zusammenhangsanalysen bezieht.

Typische Formen der Ergebnisdarstellung sind Stabdiagramme bzw. zweidimensionale Kontingenztabellen (siehe hierzu Abbildung 3.6 und 3.7). Genaue quantitative Ergebnisse – z. B. Angaben zur Höhe der Korrelations- und Regressionskoeffizienten – fehlen in den meisten SPI-Veröffentlichungen. Übereinstimmend wird von ca. 30 sogenannten »strategischen Schlüsselfaktoren« ausgegangen, die gemeinsam ca. 70 % der ROI-Varianz erklären.[192] Der Return on Investment ist definiert als die Division des Betriebsergebnisse vor Zinsen und Steuern aber nach Abzug von Konzernumlagen durch die Summe aus dem durchschnittlich in der SGE gebundenen Anlagevermögen zuzüglich des korrespondierenden »working capital«.

Als wichtige Determinanten des ROI gelten:

- der relative Marktanteil,
- die relative Produktqualität sowie
- die Kapitalintensität.

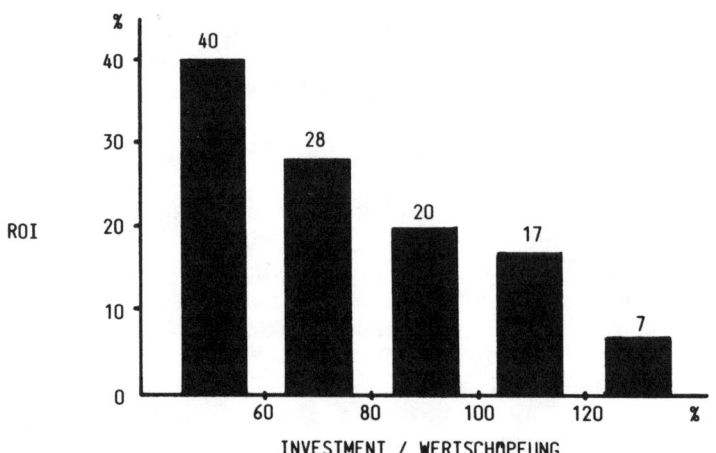

Abb. 3.6: Der Einfluß der Kapitalintensität auf den ROI
Quelle: Luchs/Müller 1985, S. 97

---

[191] Schoeffler 1983, S. 23-31.
[192] Vgl. dazu z. B. Luchs/Müller 1985, S. 83.

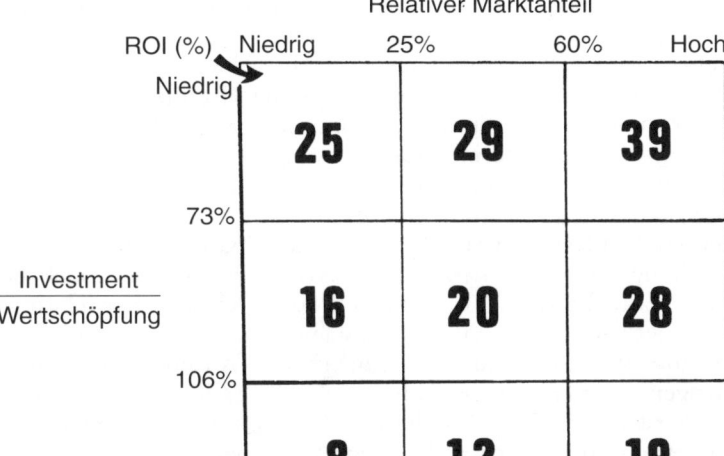

Abb. 3.7: Der Einfluß des Marktanteils und der Kapitalintensität auf den ROI
Quelle: Luchs/Müller 1985, S. 93

Während die ersten beiden Variablen stark positiv mit dem ROI korrelieren, ist die Kapitalintensität negativ korreliert.
Neben der Ermittlung und Veröffentlichung von grundlegenden Zusammenhängen (»Marktgesetze«) ist die Hauptaufgabe des SPI die Entwicklung von Modellen, die von den Mitgliedsfirmen unmittelbar für Zwecke der Analyse und Projektion ihrer Geschäftsaktivitäten verwendet werden können. Auf

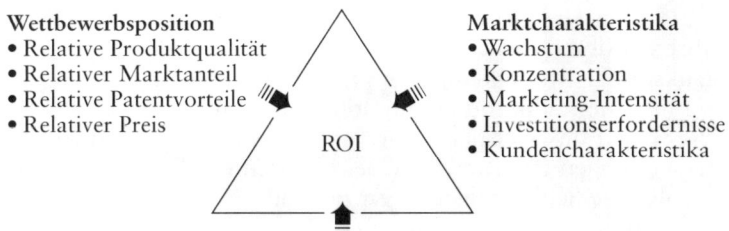

Wettbewerbsposition
• Relative Produktqualität
• Relativer Marktanteil
• Relative Patentvorteile
• Relativer Preis

ROI

Marktcharakteristika
• Wachstum
• Konzentration
• Marketing-Intensität
• Investitionserfordernisse
• Kundencharakteristika

Kapital- und Produktionsstruktur
• Investmentintensität
• Zusammensetzung des Investments
• Wirksamkeit der Investment-Nutzung
• Produktivität
• Wertschöpfungstiefe

Abb. 3.8: Die wichtigsten Bestimmungsfaktoren des ROI
Quelle: Luchs/Müller 1985, S. 85

115

der Grundlage der übermittelten Daten gehen den Mitgliedsunternehmen folgende Berichte zu.[193]

- »PAR«-Report (»PAR«-Bericht),
- Strategy Analysis Report (Bericht über strategische Alterativen),
- Optimum Strategy Report (Bericht über optimale Strategien)
- Report on »Look-Alikes« (Bericht über strategisch ähnliche Geschäftseinheiten).

Im Mittelpunkt des PAR-Reports steht eine multiple Regressionsgleichung mit ca. 30 unabhängigen Variablen, die z. T. zu Interaktionstermen verknüpft sind. Die SGE-spezifischen Werte jeder dieser Variablen werden dann in die PAR-ROI-Gleichung eingesetzt, und es wird der sogenannte PAR-ROI ermittelt. Dieser gibt an, welchen durchschnittlichen ROI Geschäftseinheiten mit einem derartigen »strategischen Profil« erzielen. Er wird deshalb als Renditeziel-Vorgabe verwendet. Weiterhin werden die einzelnen Variablen (z. B. Marktanteil und Produktqualität) im Hinblick auf ihren Beitrag zur Erklärung der Höhe des ROIs untersucht.[194]

Eine Weiterentwicklung hat das PIMS-Programm durch die Benchmarking-Diskussion erfahren. PIMS kann als ein Vorreiter von Benchmarking gelten und wird in zunehmenden Maße für den Vergleich mit »best practice« herangezogen. Das vorliegende empirische Datenmaterial erlaubt die Identifikation strukturell vergleichbarer Geschäfte, mit denen ein Unternehmen seine Prozesse benchmarken kann.

Kritische Stellungnahme

Die Bedeutung des PIMS-Programms für Theorie und Praxis der strategischen Planung ist erheblich. In der Forschungsdatenbank sind derzeit Informationen über ca. 3.000 strategische Geschäftseinheiten von mehr als 200 beteiligten Unternehmen enthalten.[195] Die Kennzahlen werden für jede Geschäftseinheit jeweils über mindestens vier Jahre erhoben. Weit mehr als 100 wissenschaftlich orientierte empirische Untersuchungen sind sowohl von SPI-Mitarbeitern als auch von externen Forschern auf der Basis der PIMS-Daten durchgeführt worden.

Da die genaue Struktur der Modelle und die präzisen Ergebnisse nicht veröffentlicht werden, fällt eine sachkundige inhaltliche Einschätzung der PIMS-Konzeption sehr schwer. Eine wichtige Informationsquelle stellen jedoch die empirischen Untersuchungen externer Forscher dar. Auf der Basis dieser Arbeiten lassen sich folgende Schlußfolgerungen ziehen:[196]

(1) »Marktgesetze« im Sinne von quantitativen, deterministischen und ausnahmslos allgemeingültigen »Immer-und-überall-wenn-dann«-Aussagen scheinen nicht zu existieren. Am Beispiel des Zusammenhangs zwischen

---

[193] Siehe dazu den Kurzüberblick bei LUCHS/MÜLLER 1985, S. 95-97.
[194] Zur Modelldarstellung und Kritik siehe VENOHR 1987, S. 76 f.
[195] Vgl. HEYDER/WERTHER 1996, S. 4 f.
[196] Siehe dazu VENOHR 1987, S. 138 f.

Marktanteil und ROI kann man zeigen, daß in der Mehrzahl der Fälle zwar ein positiver Zusammenhang zwischen diesen Variablen besteht, daß die Höhe dieses Zusammenhangs aber stark schwankt.

(2) Weitgehend unklar erscheinen die hinter den Korrelationen stehenden Kausalzusammenhänge, z. B. lassen sich die typischerweise genannten Ursachen für die Korrelation zwischen Marktanteil und ROI (Betriebsgrößenvorteile, Erfahrungskurveneffekt, Marktmacht und Managementqualität) auf der Basis der PIMS-Datenbank nur sehr schwer untersuchen.

(3) Da selbst die am stärksten mit dem ROI korrelierenden Faktoren Marktanteil, Produktqualität und Kapitalintensität nur jeweils maximal ca. 10 bis 12 % der Varianz des ROI erklären, sollten diese Variablen nicht als »strategische Schlüsselfaktoren« oder Haupterfolgsfaktoren bezeichnet werden, da sie jeweils ca. 90 % der ROI-Varianz nicht erklären.

Ungeachtet dieser kritischen Vorbehalte gegenüber den Prämissen und Aussagen des PIMS-Programms ermöglicht es die PIMS-Datenbank, die empirischen Zusammenhänge zwischen zahlreichen Variablen zu untersuchen (z. B. die Frage, welche Cash-Flow-Konsequenzen eine Strategie der Marktanteilssteigerung auf einem schnell wachsenden Markt hatte). Offen bleibt allerdings, welche Relevanz diese Durchschnittsergebnisse der Vergangenheit für die zukünftigen Marktanteilsziele einer bestimmten Geschäftseinheit besitzen. Wenn es keine »Gesetze« im engeren Sinne gibt, die immer wieder dafür sorgen, daß sich bestimmte Zusammenhänge einstellen, so existiert auch kein zwingender Grund dafür, daß Vergangenheitszusammenhänge für zukünftige strategische Entscheidungen bestimmend sind.

Insgesamt gesehen wird man feststellen können, daß sich die PIMS-Datenbank aus Unternehmenssicht wohl am besten für eine »strategische Bestandsaufnahme« eignet. Man kann die Vergangenheitsentwicklung einer bestimmten Geschäftseinheit mit den in der Datenbank gespeicherten »Erfahrungen« anderer Geschäftseinheiten vergleichen und Abweichungen von Durchschnittswerten ermitteln. Die ex-ante-Prognose der Ergebnisauswirkungen bestimmter Strategien ist wegen der oben aufgezeigten grundsätzlichen Probleme jedoch sehr schwierig.

3.2 Instrumente der strategischen Wettbewerbsanalyse

Wie im ersten Kapitel dieses Buches bereits angedeutet wurde, ist die Umweltbezogenheit ein konstituierendes Merkmal der strategischen Planung. Ziel ist es, mit Hilfe einer geeigneten Strategie eine möglichst weitreichende Anpassung des Unternehmens an die Umwelt zu ermöglichen oder aber relevante Umweltsegmente im Sinne der Unternehmensabsichten und -ziele zu beeinflussen. Um diese Aufgabe bewältigen zu können, müssen im Rahmen der Umweltanalyse möglichst vollständige, sichere und genaue Informationen über das betriebliche Umfeld im Rahmen einer Wettbewerbsanalyse gesammelt und systematisch ausgewertet werden. Sie umfaßt insbesondere die Anlayse der Struktrumerkmale einer Branche, der Konkurrenten und der Märkte.

3.2.1 Branchenstrukturanalyse

Aufbauend auf Erkenntnissen der Industrieökonomik hat PORTER ein Modell zur Strukturanalyse von Branchen entwickelt. Ziel dieses Modells ist es, ausgehend von den strukturellen Merkmalen einer Branche die Wettbewerbssituation und darauf aufbauend das Gewinnpotential einzuschätzen. PORTER definiert hierzu eine Branche als »Gruppe von Unternehmen, die Produkte herstellen, die sich gegenseitig nahezu ersetzen können«.[197] Dank der weiten Definition des »Wettbewerbs« (nicht nur bestehende, sondern auch potentielle Konkurrenten sowie Abnehmer und Lieferanten) werden unproduktive semantische Auseinandersetzungen um die richtige Branchenabgrenzung vermieden.

Die Wettbewerbssituation jeder Branche läßt sich auf das Zusammenwirken von fünf Bestimmungsfaktoren (Wettbewerbskräften) zurückführen, die wiederum bestimmt werden von der zugrundeliegenden Branchenstruktur (technologische und ökonomische Merkmale einer Branche). Jede Branche setzt sich wiederum aus mehreren strategischen Gruppen zusammen, d. h. Unternehmen, die Ähnlichkeiten in bezug auf zentrale unternehmenspolitische Variablen wie z. B. Kostenposition, Preis- und Qualitätspolitik aufweisen.[198] Im Gegensatz zur Industrieökonomik, die das Verhalten der Unternehmen überwiegend als Reflex der Branchenstruktur betrachtet, betont PORTER die Gestaltungsmöglichkeiten der Unternehmen auf der Basis einer effektiven Wettbewerbsstrategie.[199]

In jeder Branche wirken die folgenden fünf Wettbewerbskäfte zusammen und determinieren deren Gewinnpotential:[200]

(1) Rivalität unter den bestehenden Wettbewerbern
(2) Bedrohung durch Ersatzprodukte oder -dienste
(3) Bedrohung durch neue Konkurrenten
(4) Verhandlungsstärke der Lieferanten
(5) Verhandlungsstärke der Abnehmer.

---

[197] PORTER 1995, S. 27.
[198] Vgl. PORTER 1995, S. 173-207.
[199] Vgl. PORTER 1995, S. 57 f.
[200] Vgl. PORTER 1995, S. 25-56.

118

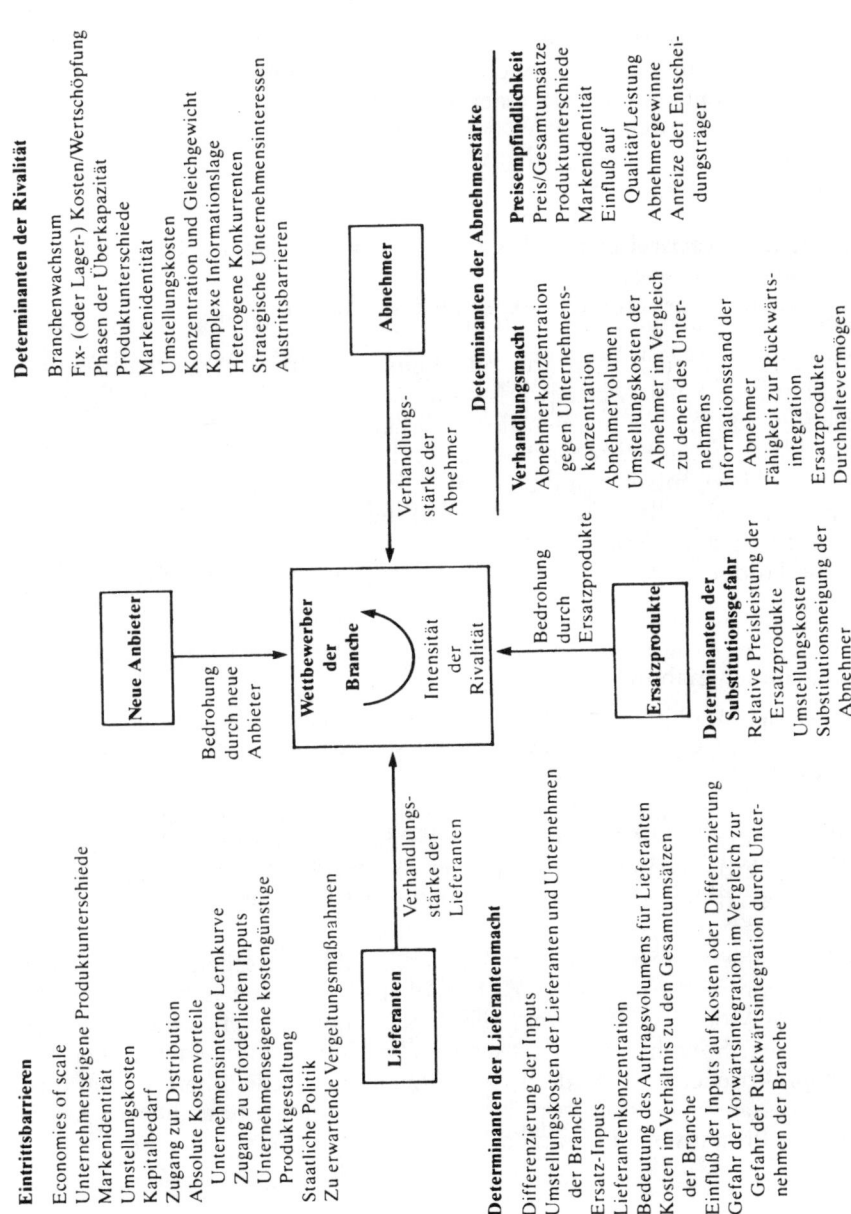

Abb. 3.9: Elemente der Branchenstruktur
  Quelle: Porter 1989, S. 26
  © *Campus Verlag, Frankfurt/New York*

Die Stärke jeder dieser fünf Kräfte ist wiederum eine Funktion der Branchenstruktur. So ist z. B. die Rivalität zwischen bestehenden Konkurrenten sehr groß, wenn die folgenden Bedingungen gelten:[201]

- zahlreiche und gleich große Wettbewerber,
- reife Märkte (geringes Branchenwachstum),
- hohe Fix- und Lagerkosten,
- Produkte sind nicht differenziert,
- Kapazitätserweiterungen sind nur in großem Umfang möglich,
- heterogene Wettbewerber,
- hohe Austrittsbarrieren (z. B. spezialisierte Aktiva).

Die Analyse der Branchenstruktur bildet eine wesentliche Voraussetzung für die Bestimmung einer Wettbewerbsstrategie. Unternehmen sind allerdings »in der Regel keine Gefangenen ihrer Branchenstruktur«[202] Sie können zumindest teilweise die Branchenstruktur und die fünf Wettbewerbskräfte beeinflussen und vor allem durch die Wahl einer effektiven Strategie ihre Position innerhalb einer Branche verbessern. Eine sorgfältige Analyse der Branchenstruktur ermöglicht eine Einschätzung des Gewinnpotentials einer Branche und erlaubt eine begründete Prognose der zu erwartenden Branchenentwicklung.

Kritische Stellungnahme

Das Konzept von PORTER hat Theorie und Praxis der strategischen Unternehmensplanung stark beeinflußt. Der aus den fünf Wettbewerbskräften entwickelte und flexibel ausgestaltete Bezugsrahmen ermöglicht eine strukturelle Analyse und Erklärung der Wettbewerbssituation und damit des Gewinnpotentials einer Branche. Gleichzeitig werden die Hebelpunkte für eine Verbesserung der Wettbewerbssituation einsichtig. Die inhaltlich orientierte Strategieforschung hat durch das Analysemodell von PORTER wertvolle Impulse erhalten.

Kritisch anzumerken ist, daß zahlreiche inhaltliche Aussagen höchstens den Charakter von mehr oder minder plausiblen Hypothesen haben, die weder schlüssig aus Modellen abgeleitet noch durch empirische Untersuchungen gestützt werden. Sowohl für wissenschaftliche Untersuchungen als auch zur Analyse praktischer Entscheidungssituationen müssen die überwiegend qualitativen Aussagen von PORTER präzisiert werden, um zu brauchbaren Erklärungen und Prognosen zu kommen.

---

[201] Vgl. PORTER 1995, S. 42-46.
[202] PORTER 1989, S. 25.

3.2.2 Konkurrentenanalyse

Bei der Konkurrentenanalyse handelt es sich um ein Instrument, das als eine der Voraussetzungen der Stärken-/Schwächenanalyse angesehen werden kann, da bei letzterer die eigenen Potentiale unter anderem an den Daten der Konkurrenten gemessen werden. Die Konkurrentenanalyse stellt ein Verfahren zur Untersuchung der externen Umweltbedingungen dar. Sie spezifiziert die Umweltanalyse im Hinblick auf die wichtigsten Konkurrenten des Unternehmens. Trotz der engen Verknüpfung mit der Stärken-/Schwächenanalyse verdient die Konkurrentenanalyse wegen ihrer Bedeutung für die strategische Unternehmensplanung insgesamt eine gesonderte Behandlung.

Als Konkurrentenanalyse wird die Analyse aller Daten der Konkurrenzunternehmen bezeichnet, die für eigene Entscheidungen im Rahmen der strategischen Unternehmensplanung von Bedeutung sind. Voraussetzung für die Durchführbarkeit der Konkurrentenanalyse ist die Beschaffung der gewünschten Informationen. Während in früheren Zeiten jedes Unternehmen bestrebt war, möglichst wenige Angaben über die eigene Position und die angestrebten Aktivitäten zu machen, hat sich hier inzwischen ein gewisser Wandel vollzogen. Bedingt durch rechtliche Verpflichtungen, aber auch hervorgerufen durch Überlegungen zum Ruf und Image des Unternehmens, tendieren die meisten Firmen heute zu größerer Publizitätsfreudigkeit. Generell kann man annehmen, daß der Großteil aller wünschenswerten Informationen über die Konkurrenz in der einen oder der anderen Form zur Verfügung steht. Der verbleibende Rest kann größtenteils über Printmedien, Veranstaltungen oder elektronische Medien (z. B. Internet) erhoben werden, wenn dazu auch unter Umständen besondere Anstrengungen notwendig sind (z. B. eine Verpflichtung des Außendienstes zur Erhebung von Konkurrenzdaten beim besuchten Kunden und zur Dokumentation dieser Auskünfte). Die Voraussetzungen für die Gewinnung von Daten über die Konkurrenzunternehmen sind damit heute aufgrund der immer weiter voranschreitenden Telekommunikationsmöglichkeiten insgesamt gesehen als günstig zu bezeichnen.

Diese Situation wird noch durch das Bilanzrichtliniengesetz und die Novellierung des Aktiengesetzes verbessert. Hiernach werden die Publizitätspflichten der Unternehmen wesentlich erweitert (Offenlegung der Vermögens- und Ertragslage auch für Gesellschaften mit beschränkter Haftung, Informationen mit mutmaßlicher Auswirkung auf den Aktienkurs müssen der Börse frühzeitig mitgeteilt werden). Durch die Speicherung dieser Informationen in Datenbanken und regional übergreifenden Netzen und die so aufgebauten vielfältigen Zugriffsmöglichkeiten wird die Transparenz zahlreicher Märkte stark verbessert. Einige Unternehmensberatungsgesellschaften haben sich darauf spezialisiert, sogenannte »Datawarehouses« aufzubauen und weltweite Wettbewerberanalysen als Serviceleitung für Unternehmen durchzuführen.

Ein wettbewerblich orientiertes Wirtschaftssystem lebt davon, daß komparative Leistungsvorteile ermöglicht und ausgenutzt werden. Die Konkurrentenanalyse ist notwendig, um das Leistungsangebot und die geschäftlichen Aktivitäten der Wettbewerber kennenzulernen. Nur so kann eine Fehlallokation der eigenen Ressourcen wirksam verhindert werden. Die Analyse sollte jedoch nicht dazu dienen, angesichts der vermeintlichen Übermacht der Konkurrenz resignierend und voreilig auf eigene Aktivitäten in dem betreffenden Produktmarkt zu verzichten.

In der Konkurrentenanalyse werden prinzipiell diejenigen Daten über die Wettbewerber erhoben, die auch Gegenstand der Potentialanalyse oder der Stärken-/Schwächenanalyse innerhalb des eigenen Unternehmens sind (siehe dazu Abschnitt 3.3.2). Dabei ist jedoch zu bedenken, daß die Kenntnis dieser Daten hier wie dort nur in der Verknüpfung mit den Inhalten der strategischen Unternehmensplanung sinnvoll ist. Es erscheint somit zweckmäßig und erforderlich, über die Bestandsaufnahme der vorhandenen Ressourcen der Konkurrenten hinaus auch Angaben zu erhalten über die von ihnen verfolgten Absichten, die bisherigen und zukünftigen Unternehmensstrategien sowie die angestrebten Unternehmensziele.

Gegenstand der Konkurrentenanalyse kann auch die Gewinnung von Erkenntnissen über ein möglicherweise vorhandenes strategisches Planungssystem der Konkurrenten und deren bisherige Erfahrungen mit der strategischen Unternehmensplanung sein (z. B. speziell im Hinblick auf die angewandten Methoden).

Kritische Stellungnahme

In der Praxis werden häufig nur die jeweils größten Wettbewerber in die Konkurrentenanalyse einbezogen. Dabei wird jedoch die Tatsache außer acht gelassen, daß kleinere Unternehmen häufig eine größere Wachstumsdynamik aufweisen als die etablierten Unternehmen und insbesondere in Marktnischen als »hidden champions« Weltmarktführer sein können.[203] Gerade bei der Verfolgung einer Politik der Marktnischenausnutzung erscheint es deshalb sinnvoll, bei der Auswahl der in die Konkurrentenanalyse einzubeziehenden Unternehmen selektiv vorzugehen und die erfolgreichen Klein- oder Kleinstunternehmen nicht zu vernachlässigen.

Es geht also bei der Auswahl der zu berücksichtigenden Konkurrenzunternehmen um die Höhe des Marktanteils, den diese in dem zu untersuchenden Marktsegment innehaben, und nicht um die absolute Größe der Unternehmungen.

Wettbewerbsinformationen sind vor allem in dynamischen und wettbewerbsintensiven Märkten von besonderer Bedeutung. Obwohl in der Regel zahlreiche Möglichkeiten vorhanden sind, Informationen über die Konkurrenz zu erhalten, bestehen im Einzelfall oft bedenkliche Wissenslücken.[204] Insgesamt wurde bisher in Wissenschaft und Praxis die Kundenforschung (»klassische« Marktforschung) wesentlich stärker betrieben als die Erforschung der Wettbewerber, so daß hier bis heute ein Nachholbedarf besteht. Besondere Aufmerksamkeit sollte dabei den von den Wettbewerbern erzielten Erfüllungs-

---

[203] Siehe dazu die empirische Untersuchung von SIMON 1996.
[204] Vgl. SIMON 1986, S. 210.

graden der Erfolgsfaktoren gewidmet werden. Erst die Gegenüberstellung der Kundenanforderungen je Erfolgsfaktor mit den Faktor-Erfüllungsgraden der Wettbewerber und des eigenen Unternehmens zeigt, ob ein Wettbewerber als ernstzunehmender Konkurrent einzustufen ist oder nicht.

3.2.3 Marktanalyse

Ebenso wie die Konkurrentenanalyse stellt auch die Marktanalyse ein Instrument dar, das der Erhebung externer Umweltbedingungen dient. Verknüpfungen ergeben sich sowohl mit der oben behandelten Konkurrentenanalyse als auch mit der später noch zu behandelnden Stärken- und Schwächenanalyse. Unter Marktanalyse wird die Untersuchung der Eigenschaften abgegrenzter Märkte, Teilmärkte oder Marktsegmente verstanden. Die Marktanalyse verbindet die Nachfrageseite mit dem eigenen Leistungsangebot und dem der Wettbewerber. Unter der Marktanalyse wird im folgenden also eine Analyse des Absatzmarktes verstanden. Sie zählt gemeinsam mit der laufenden Marktbeobachtung zu den Methoden der Marktforschung.
Der Begriff des Marktsegments bezeichnet eine homogene Gruppe von Kunden bzw. Käufern. Die Marktsegmentierung kann z. B. nach der Höhe des Einkommens nach Altersgruppen, nach regionalen Gesichtspunkten oder nach unterschiedlichen Absatzkanälen erfolgen. Die genannten Kriterien können selbstverständlich auch miteinander kombiniert werden.[205]
Mit Hilfe der Marktanalyse sollen Informationen über Struktur und Veränderungen der Teilmärkte bzw. Marktsegmente gewonnen werden. Sie zielt deshalb insbesondere auf die Erfassung folgender Elemente ab:[206]:
- Marktvolumen (Marktpotential),
- Marktwachstum (durchschnittliche Entwicklung während der vergangenen drei oder fünf Jahre und im Planungszeitraum erwartetes Marktwachstum),
- eigener Marktanteil (durchschnittliche Entwicklung während der vergangenen drei oder fünf Jahre und im Planungszeitraum erwartete Veränderung des eigenen Marktanteils),
- fremde Marktanteile (der wichtigsten Anbieter),
- bisherige und erwartete Preisentwicklung,
- die Ausgestaltung der weiteren Marketinginstrumente.

Insbesondere GÄLWEILER hat immer wieder auf den allgemeinen Zusammenhang zwischen dem Marktanteil, dem Marktwachstum und dem Geschäftswachstum hingewiesen.

---

[205] Zum Begriff des Marktsegments siehe NIESCHLAG/DICHTL/HÖRSCHGEN 1991, S. 835-838. Zu den Kriterien der Marktsegmentierung siehe KOTLER 1982, S. 201-214.
[206] Vgl. dazu GÄLWEILER 1986, S. 375.

Unter dem Marktvolumen wird die gesamte tatsächlich realisierte Absatzmenge auf einem bestimmten Markt verstanden, während der Marktanteil den Anteil eines Unternehmens am gesamten Marktvolumen (in %) angibt. Beide Größen können in Mengen- oder Wertgrößen ausgedrückt werden und sind jeweils auf eine bestimmte Periode bezogen. Unterschieden werden absolute und relative Marktanteile. Der relative Marktanteil eines Unternehmens bezieht sich auf den Marktanteil des größten Wettbewerbers bzw. die Summe der Marktanteile der drei größten Konkurrenten.

GÄLWEILER hat den folgenden arithmetischen Zusammenhang zwischen Marktwachstum, Marktanteilsveränderungen und dem Unternehmenswachstum (in Mengen) als »Grundformel der Unternehmensstrategie« bezeichnet:[207]

$$\Delta MV \times \Delta MA = \Delta UW$$

mit:

ΔMV = Marktvolumensveränderung (in Mengen)
ΔMA = Marktanteilsveränderung (Ausgangsmarktanteil: 1,0; in Mengen)
ΔUW = Unternehmenswachstumsfaktor (in Mengen)

Im folgenden soll die Veränderung einer bestimmten Größe durch einen Veränderungsfaktor (D), der =, ((kleinerzeichen)) oder ((groesserzeichen)) 1,0 sein kann, zum Ausdruck gebracht werden. Der Wert 1,0 stellt die Ausgangsmenge dar. So entspricht z. B. ein Marktwachstum von 10 % einem Marktvolumensveränderungsfaktor von 1,1.

Beispiel: Das Marktwachstum beträgt 10 %. Der Marktanteil soll von 5 % auf 6 % gesteigert werden. Das dafür notwendige Unternehmenswachstum wird wie folgt ermittelt:

$$\Delta MV \times \Delta Ma = \Delta UW$$
$$1,1 \times 1,2 = 1,32$$

Das bei diesem Marktwachstum und Marktanteilsziel erforderliche Unternehmenswachstum (jeweils in Mengengrößen) beträgt 32 %.

Die Grundformel der Unternehmensstrategie macht Art und Umfang der für die Realisierung der strategischen Ziele notwendigen Unternehmenspotentiale (Kapazitäten, Investitionen etc.) deutlich. Die Formel zeigt darüber hinaus, daß Marktanteilsveränderungen auf dem Unterschied zwischen Marktwachstum und Unternehmenswachstum basieren. In der Formel ausgedrückt heißt das:

$$\Delta MV = \frac{\Delta UW}{\Delta MV}$$

Daraus folgt:

$$\Delta MV = \begin{cases} < 1, \text{ wenn } \Delta UW < \Delta MV \\ = 1, \text{ wenn } \Delta UW = \Delta MV \\ > 1, \text{ wenn } \Delta UW > \Delta MV \end{cases}$$

---

[207] Vgl. GÄLWEILER 1983, S. 263.

Diese Analysen sind je nach Bedarf weiter zu verfeinern, so können z. B. die Marktanteile getrennt nach alten und nach neuen Produkten analysiert werden. Ferner ist es möglich, die verschiedenen Käufergruppen weiter nach bestimmten soziographischen oder soziokulturellen Gesichtspunkten zu differenzieren. Abbildung 3.10 zeigt eine mögliche Zusammenstellung von Kriterien zur Durchführung der Marktanalyse.

Ergänzend kann auch eine Marktanalyse des Gesamtmarktes vorgenommen werden, um die künftige Entwicklung des gesamten Bedarfsvolumens sowie die Struktur des Gesamtmarktes kennenzulernen. Dabei wird unter dem Gesamtmarkt der Markt für eine gesamte Produktgattung (z. B. »Flurförderzeuge«) verstanden, gegenüber dem eine bestimmte Produktgruppe (z. B. »Gabelstapler«) umfassenden Teilmarkt.

Bei der Gewinnung der für die Marktanalyse notwendigen Daten kann man sich primärstatistischer oder sekundärstatistischer Verfahren bedienen:

Zu vergleichendes Produkt/Produktgruppe ————————————————

Teilmarkt/Marktsegment ————————————————

Untersuchungsobjekte	eigenes Unternehmen	Wettbewerber		
		Unternehmen A	Unternehmen B	Unternehmen C
Marktvolumen				
Marktwachstum				
Marktanteil				
erwartete Veränderung des Marktanteils (in den nächsten 3 Jahren)				
Preis				
erwartete Preisentwicklung (in den nächsten 3 Jahren)				
weitere Marketinginstrumente: – Produktqualität – Verpackung – Werbung – Service – Lieferzeit – Vertriebswege – Lieferbedingungen				

Abb. 3.10: Kriterien zur Durchführung der Marktanalyse

- Zu den primärstatistischen Verfahren zählen Befragungen aller Art. Sofern es sich dabei um eine Stichprobenerhebung handelt, kann die Auswahl der zu befragenden Personen entweder bewußt vorgenommen werden (im allgemeinen nach dem sogenannten Quotenverfahren) oder nach einem zufallsgesteuerten Stichprobenverfahren.[208]
- Im Zusammenhang mit der Auswertung des vorhandenen Materials spricht man von sekundärstatistischen Methoden. Die systematische (primärstatistische) Erhebung dieser Daten durch beauftragte Marktforschungsinstitute ist nur in begrenztem Umfang möglich. Man ist daher auch auf andere Quellen angewiesen. Insbesondere wäre hier der eigene Außendienst ein geeigneter Informationslieferant.

Bei der Vorausschau der für die Marktanalyse benötigten Bedarfsentwicklung kann man sich unterschiedlicher Prognoseverfahren bedienen. Diese lassen sich in Prognoseverfahren ohne explizite Angabe der unabhängigen Variablen und in Prognoseverfahren mit expliziter Information über die unabhängigen Variablen unterteilen. Zu ersteren zählen aus Repräsentativbefragungen und aus Expertenbefragungen (z. B. der Delphi-Methode) gewonnene Prognosen. Bei den Prognoseverfahren mit expliziter Information über die unabhängigen Variablen lassen sich nicht-ökonometrische Ansätze (Indikatorenmodelle, Zeitreihenanalysen sowie zeitabhängige Sättigungsmodelle) und ökonometrische Ansätze voneinander unterscheiden.
Die Frage der Abgrenzung des Marktes aus der Sicht eines bestimmten unternehmensrelevanten Marktes wurde bisher als unproblematisch vorausgesetzt. In Theorie und Praxis führt diese Aufgabe jedoch zu Schwierigkeiten.[209] ABELL hat zur Bestimmung des aus unternehmensindividueller Sicht relevanten Marktes bzw. Tätigkeitsbereichs (»business«) ein dreidimensionales Beschreibungsschema entwickelt. Unterschieden werden die folgenden drei Betrachtungsebenen:[210]

(1) Kundenproblem

Ein Produkt kann als Leistungsbündel definiert werden, das bestimmte Eigenschaften aufweist, um bestimmte Probleme zu lösen bzw. bestimmte Bedürfnisse zu befriedigen. Wichtig hierbei ist, daß die Produktfunktionen und die Eigenschaften aus der Sicht der Anwender bzw. Kunden definiert werden.

(2) Technologie

Hier geht es um die Frage, welche Technologien (im weitesten Sinne) eingesetzt werden, um die Kundenprobleme zu lösen. Zum Beispiel lösen U-Bahn

---

[208] Siehe dazu beispielsweise GUTENBERG 1984, S. 92-99.
[209] Zu grundsätzlichen theoretischen Überlegungen siehe z. B. SCHNEIDER 1985, S. 278-282.
[210] Vgl. ABELL 1980; siehe auch KREMER 1986, S. 43-53.

und Bus das gleiche Problem des Personentransports auf der Basis sehr unterschiedlicher technologischer Grundlagen.

(3) Kundengruppe

Die dreidimensionale Betrachtungsweise des Tätigkeitsbereichs in einer Unternehmung bzw. Geschäftseinheit wird durch die Beschreibung der Kundengruppe(n) abgeschlossen. Zur Bestimmung der Beschreibungskriterien ist auf Erkenntnisse der Marktforschungsliteratur zurückzugreifen.[211]
Die Marktanalyse verfolgt insbesondere den Zweck, Unterlagen für die Gestaltung und Formulierung von Strategien im Absatzbereich zu gewinnen. Die Aufteilung des Gesamtmarktes in bestimmte Marktsegmente kann u. a. dazu beitragen, durch geeignete Strategien gezielt auf die Wünsche bestimmter Kundengruppen eingehen zu können. Dazu gehören Strategien und Maßnahmen der Werbung, der Preispolitik, der Produktgestaltung sowie des gesamten Marketing-Mix, kurz, alle Aktivitäten, die dem Prinzip der differenzierten Marktbearbeitung entsprechen.[212]

Kritische Stellungnahme

Bei der Marktsegmentierung tritt ein Abgrenzungsproblem auf, das uns später noch im Zusammenhang mit der Festlegung strategischer Geschäftsfelder beschäftigen wird: die zweckmäßige Bestimmung von Produkt-/Marktkombinationen. Wird diese nach einem relativ groben Raster vorgenommen, fehlen unter Umständen Angaben für eine differenzierte Strategienformulierung. Zur Erfassung spezifischer Eigenschaften von Käufergruppen wäre eine weitgehende Differenzierung wünschenswert. Bei dieser ergibt sich jedoch das Problem einer möglichen Überschneidung der angewandten Segmentierungskriterien.

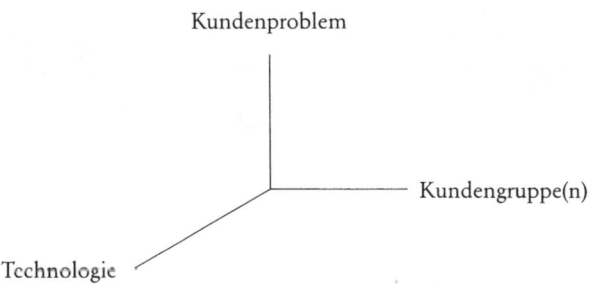

Abb. 3.11: Marktmodell zur Bestimmung des Geschäftsfeldes eines Unternehmens (nach ABELL)

---

[211] Siehe z. B. KOTLER 1992, S. 55-56 und S. 411-435.
[212] Vgl. MEFFERT 1988, S. 243-258.

Eine Marktanalyse kann sowohl für eine operative als auch für eine strategische Unternehmensplanung eingesetzt werden. Unklar ist dabei, ob diese Anwendungsfälle den Einsatz einheitlicher oder unterschiedlicher Segmentierungskriterien bedingen.[213]

3.2.4 Szenarioanalyse

Grundlegende Änderungen im Umfeld des Unternehmens, z. B. hervorgerufen durch technischen Wandel oder das Eintreten neuer Wettbewerber, können meist nicht prognostiziert werden. Die meisten quantitativen Prognose- und Planungsverfahren basieren aber auf der Prämisse der »Zeitstabilität«: Die auf der Basis der Vergangenheitsdaten festgestellten Zusammenhänge gelten auch für die Zukunft.[214] Zunehmende Berücksichtigung fand deshalb besonders nach der Ölkrise 1973 ein grundsätzlich anderer Ansatz zur Prognose der Zukunft: die Szenario-Analyse.

Unter einem Szenario versteht man allgemein die Beschreibung der zukünftigen Entwicklung eines Prognosegegenstandes bei alternativen Rahmenbedingungen.[215] In Abgrenzung zu vielen quantitativen Trendextrapolationsverfahren wird die Zukunft bei der Szenario-Analyse nicht mehr als eine einzige zu prognostizierende Zustandsgröße betrachtet, sondern es werden verschiedene mögliche, plausible und in sich stimmige (konsistente) Zukunftsbilder entworfen und Entwicklungspfade aufgezeigt, die zu diesen Zukunftsbildern hinführen. Es werden dabei auch ganz bewußt weniger wahrscheinlich anzunehmende Szenarien entworfen oder Störereignisse (plötzlich auftretende, vorher trendmäßig nicht erkennbare Ereignisse) in den Erstellungsprozeß einbezogen.[216]

Obwohl qualitative Daten und Vorgehensweisen überwiegen, setzt man auch in Teilbereichen quantitative Prognosemodelle ein. Im Rahmen der strategischen Unternehmensplanung kann die Szenario-Analyse z. B. bei einer Umweltanalyse benutzt werden oder um die Konsequenzen bestimmter Strategien zu ermitteln. Die Einsatzmöglichkeiten der Szenario-Analyse im Rahmen der strategischen Planung werden insbesondere von GÖTZE anschaulich diskutiert.[217]

Die Entwicklung von Szenarien erfolgt in mehreren Schritten. Typischerweise werden acht Schritte unterschieden:[218]

---

[213] Letztere Meinung vertritt GÄLWEILER 1986, S. 374.
[214] Vgl. HANSMANN 1983, S. 11-12.
[215] Vgl. z. B. HANSMANN 1983, S. 18.
[216] Vgl. ANGERMEYER-NAUMANN 1985, S. 118, v. REIBNITZ 1986, S. 6
[217] Vgl. GÖTZE 1993, S. 257-357.
[218] Vgl. dazu im einzelnen v. REIBNITZ/GESCHKA/SEIBERT 1982; eine Klassifizierung von Methoden der Szenario-Erstellung findet sich bei MEYER-SCHÖNHERR 1992, S. 23 und S. 33-62.

(1) Strukturierung und Definition des Untersuchungsfeldes (Festlegung der Aufgabenstellung mit Hilfe von Experten)
(2) Identifizierung und Strukturierung der wichtigsten Einflußgrößen (Umfeldanalyse)
(3) Bestimmung von kritischen Deskriptoren für die Umfelder und Ermittlung von Entwicklungstendenzen (Trendprojektionen unter Berücksichtigung alternativer Entwicklungen)
(4) Bildung und Auswahl alternativer, konsistenter Annahmebündel (Annahmebündelung unter Berücksichtigung von Interdependenzen)
(5) Interpretation der ausgewählten Umfeldszenarien (Szenarieninterpretation in verbaler Form)
(6) Einführung und Auswirkungsanalyse signifikanter Störereignisse (Störfallanalyse)
(7) Ausarbeitung der Szenarien (Ableiten von Konsequenzen aus der Auswirkungsanalyse)
(8) Konzipieren von Maßnahmen.

Kritische Stellungnahme

Unsicherheiten bezüglich der zukünftigen Entwicklungen werden durch die Szenario-Analyse nicht unterdrückt, sondern explizit noch einmal im Bewußtsein der Entscheidungsträger verankert, vor allem durch die Bestimmung alternativer möglicher Zukünfte.

Für das Erstellen von Szenarien gibt es nur sehr allgemeine Prinzipien, die den Teilnehmern einen Rahmen vorgeben und somit die Voraussetzungen für den Entwicklungsprozeß schaffen. Die inhaltliche Arbeit bleibt jedoch den Szenario-Erstellern selbst überlassen, und damit werden die Qualität und der Erfolg der Szenario-Analyse wesentlich von deren Sorgfalt beeinflußt. Somit sind die fachliche Kompetenz, die Informationsbasis und die Vorstellungskraft der Teilnehmer für das Erkennen von Unsicherheiten und deren Wechselbeziehungen bedeutsam. Ausschlaggebend für die spätere Akzeptanz ist vor allem die Beteiligung der Entscheidungsträger.

Die Aufgabe, relevante Einflüsse und deren Unsicherheiten zu erfassen und die Interdependenzen zu analysieren, wird um so schwieriger, je komplexer und dynamischer sich die Umweltsituation darstellt. Die Gefahren bestehen hier in der Nicht-Berücksichtigung von Einflußfaktoren, die bereits heute auf das Unternehmen einwirken, aber unerkannt bleiben, oder für die sich aus heutiger Sicht keine Trends abzeichnen.

Durch die Analyse und Bewertung von Wirkungszusammenhängen verhilft die Szenario-Technik dem Planungsträger zu einem verbesserten Systemverständnis, das wiederum die Flexibilität der Planung erhöht. Daneben fördert der interdisziplinäre Charakter der Szenario-Analyse die interorganisationale Kommunikation und trägt somit zu einer größeren Akzeptanz der Planung im Unternehmen bei.[219]

---

[219] Vgl. MEYER-SCHÖNHERR 1992, S. 84.

3.2.5 Instrumente zur expliziten Berücksichtigung der Unsicherheit

In diesem Abschnitt werden die Sensitivitätsanalyse, die Risikoanalyse und die Entscheidungsbaumanalyse behandelt. Diese Verfahren erfassen keine Inhalte der Wettbewerbsumwelt, sondern versuchen, die mit den Informationen verbundene Ungewißheit explizit abzuschätzen und »rechenbar« zu machen. Es handelt sich um solche Instrumente der strategischen Unternehmensplanung, deren Einsatz sinnvollerweise nur unter Zuhilfenahme von EDV-Anlagen bewerkstelligt werden kann. Alle Verfahren sind bisher überwiegend für die Stützung von Investitionsentscheidungen eingesetzt worden. Da es sich aber um allgemeine Verfahren zur Berücksichtigung der Unsicherheit bei Entscheidungen handelt, können sie auch für Zwecke der strategischen Unternehmensplanung verwandt werden.

1. Sensitivitätsanalysen

Sensitivitätsanalysen oder auch Sensibilitätsanalysen beziehen die jeder Entscheidungssituation inhärente Unsicherheit dadurch ein, daß sie vorher als sicher unterstellte Einflußgrößen variieren und die Auswirkungen dieser Änderung auf die Ergebnisgrößen prüfen.

Damit ersetzt man also die übliche einwertige durch eine situationsgebundene mehrwertige Rechnung. Dies kann erstens in der Weise geschehen, daß für einzelne Parameter kritische Werte bestimmt werden, bei denen das Entscheidungskriterium eine vorgegebene Ergebnisgröße gerade erreicht. Zweitens kann untersucht werden, wie das Entscheidungskriterium (die Ergebnisgröße) auf eine Änderung der Parameter um einen bestimmten Prozentsatz reagiert. Die Bandbreite der Schwankung des Entscheidungskriteriums wird dann durch eine optimistische und durch eine pessimistische Beurteilung der Parameter gefunden. Mit Hilfe von Sensitivitätsanalysen lassen sich auf diese Weise die Auswirkungen z. B. einer Preissenkung um 8 % auf den Marktanteil ermitteln.

Die Bedeutung der Sensitivitätsanalysen liegt insbesondere in der Ermittlung derjenigen strategischen Variablen (Parameter), deren Auswirkungen auf die Entscheidung als besonders gravierend anzusehen sind (»crucial variables«). Wenn die Zielgröße stark auf die Veränderung der Eingangsvariablen reagiert, ist es sinnvoll, über die Eingangsgrößen weitere Informationen einzuholen.

Wenn mehr als zwei Größen einbezogen werden, so wird das Verfahren unübersichtlich. Es können dann nur noch in Extremfällen Aussagen über die Anfälligkeit der untersuchten Variablen gemacht werden. Diesen Nachteil versucht die Risikoanalyse zu überwinden.

2. Risikoanalysen

Als Risikoanalysen können alle Methoden bezeichnet werden, bei denen die Wahrscheinlichkeitsverteilung über alle Merkmalsausprägungen des Entscheidungskriteriums auf der Grundlage der Wahrscheinlichkeitsverteilungen der Eingangsgrößen ermittelt wird. Zur Durchführung der Risikoanalyse sind folgende Schritte notwendig:

(1) Es ist ein Modell zu konstruieren, das den Zusammenhang zwischen den Eingangsgrößen und dem Entscheidungskriterium wiedergibt.
(2) Es sind Wahrscheinlichkeitsverteilungen der Input-Größen zu ermitteln.
(3) Es sind Wahrscheinlichkeitsverteilungen des Entscheidungskriteriums aus den Verteilungen der Eingangsgrößen zu berechnen.
(4) Anschließend sind diese Ergebnisse zu interpretieren.

Im Bereich der strategischen Unternehmensplanung können Anwendungsmöglichkeiten insbesondere bei Umsatzprognosen, bei Innovationsentscheidungen und bei preispolitischen Entscheidungen gesehen werden. KOCH schlägt darüber hinaus eine kennzifferorientierte Risikoanalyse zur Bildung von Sicherheitskriterien für die strategische Programmplanung vor.[220] Kritisch läßt sich darauf hinweisen, daß das Verfahren der Risikoanalyse üblicherweise nur Wahrscheinlichkeitsverteilungen über die Eingangsgrößen enthält und nicht deren Bestimmungsfaktoren untersucht. Risikoanalysen sind auch nicht in der Lage, den Gesichtspunkt der Mehrstufigkeit zu erfassen, der sich z. B. zwischen Strategien und Maßnahmen über mehrere Perioden hinweg ergibt. Wenn alternative Entscheidungen der Konkurrenten oder der Käufer zu berücksichtigen sind, so schlagen diese sich in der Risikoanalyse nur in Wahrscheinlichkeitsverteilungen nieder. Bei den Entscheidungsbaumverfahren werden sie dagegen explizite berücksichtigt.

3. Entscheidungsbaumanalysen

Mittelpunkt der Entscheidungsbaumanalyse ist der aus Knoten und Kanten bestehende Entscheidungsbaum. Knoten beschreiben einerseits die Situationen, in denen z. B. Konkurrenten und Käufer (Umwelt) Entscheidungen treffen (Ereignisknoten), und andererseits diejenigen Situationen, in denen das Unternehmen Entscheidungen fällt (Entscheidungsknoten). Die Knoten sind durch Kanten verbunden. Dabei werden die Verbindungen zwischen Ereignisknoten und nachfolgenden Entscheidungsknoten mit den Eintrittswahrscheinlichkeiten dieser Umweltzustände versehen.
Entscheidungsbaumanalysen dienen dazu, optimale Strategien im Sinne der flexiblen Planung zu ermitteln. Zu diesem Zweck wird das gesamte Entscheidungsproblem in Teilprobleme aufgefächert, die sukzessiv gelöst werden. Es sind verschiedene Verfahren denkbar, mit denen man zu einem Ergebnis kommen kann (z. B. das Rollingback-Verfahren). Nach dem Entscheidungsbaumverfahren wird diejenige Alternative gewählt, die den höchsten Erwartungswert des Zielkriteriums aufweist.[221] In der Praxis hat es sich empfohlen,

---

[220] Vgl. KOCH 1979, S. 778.
[221] Siehe dazu die ausführlichen Darstellungen bei LAUX 1971, S. 39-44, LAUX 1995 sowie bei HAX 1985, S. 165-187.

mit einfach strukturierten Entscheidungsbäumen zu arbeiten, da sonst der Rechenaufwand schnell sehr hoch wird. Der Einsatz von einfach strukturierten Entscheidungsbäumen ist in komplexen Situationen sinnvoller als ein vollständiger Verzicht auf den Einsatz dieses Instruments.

Kritische Stellungnahme

Die dargestellten Verfahren zählen im weiteren Sinne zu den Entscheidungsmodellen unter Ungewißheit. Diese Modelle unterstellen eine »vollständige Gewißheit über die Ungewißheit«.[222] Sie gehen davon aus, daß eine im Augenblick noch nicht bekannte aus der geplanten Menge an Zukunftslagen eintreten wird. Fraglich ist, ob die so erreichte Quantifizierung der Risiken nicht eher eine Scheinsicherheit vortäuscht, während in Wirklichkeit »uncertainty of uncertainty« dominiert? Dies würde auch erklären, warum Top-Manager den Einsatz quantitativanalytischer Entscheidungshilfen häufig mit erheblicher Skepsis betrachten.

Im Rahmen einer sinnvollen Methodenkombination lassen sich die beschriebenen Elemente jedoch unter Beachtung der genannten Einschränkungen mit Erfolg zur Lösung strategischer Probleme einsetzen.

3.3 Instrumente der Unternehmensanalyse

Die Unternehmensanalyse stellt den zweiten Aufgabenbereich der strategischen Analyse dar. Ihr Ziel ist es, ein möglichst objektives Bild der Kompetenzen des Unternehmens aufzuzeigen und die Hintergründe von Leistungsdifferenzen gegenüber den Wettbewerbern zu identifizieren. Die Bewertung der eigenen Ressourcen darf sich aber nicht allein an den Wettbewerbern orientieren. Kennzeichen eines nachhaltigen strategischen Wettbewerbsvorteils ist ja gerade, daß andere Unternehmen mit ihren spezifischen Ressourcen und Fähigkeiten eine entsprechende Leistung nicht erbringen können. Insofern beruhen bestimmte Potentiale auf ihrer Einmaligkeit und lassen sich daher nicht im Vergleich mit der Konkurrenz bestimmen. Dazu bedarf es vielmehr gesonderter Kriterien, die eine Abschätzung der Erfolgsträchtigkeit erlauben. Die neuere Strategieliteratur hat hierzu – aufbauend auf der ressourcenbasierten Unternehmenstheorie – mehrere leicht variierende Kriterienkataloge unter dem Stichwort »strategische Ressourcen« ausgearbeitet.[223] Danach müssen im wesentlichen folgende vier Bedingungen erfüllt sein, damit Res-

---

[222] SCHNEIDER 1985, S. 229.
[223] Vgl. BARNEY 1991, PETERAF 1993. Einen Überblick über den Ressourcenansatz und seine Bedeutung für die strategische Unternehmensführung geben BAMBERGER/WRONA 1996.

sourcen und Fähigkeiten die Basis eines strategischen Wettbewerbsvorteils bilden können:

(1) Einmaligkeit

Ressourcen und Fähigkeiten, die viele Unternehmen besitzen, können nicht Grundlage von Wettbewerbsvorteilen werden, wie gut sie auch im einzelnen ausgeprägt sein mögen. Strategisches Denken und Handeln heißt, nach der Differenz zu suchen und sich auf einmalige Ressourcen zu konzentrieren.

(2) Eingeschränkte Imitierbarkeit

Eine sehr spezifische Ressourcenausstattung ist nur erfolgversprechend, wenn sie nicht imitiert werden kann. Die Imitierbarkeit ist immer dann gering, wenn die betreffende Ressourcen kausal unverstanden, historisch gewachsen oder sozial komplex sind. Das heißt zugleich, daß diese Ressourcen nicht verkäuflich sind. Sie entziehen sich einer vollständigen Beschreibung und Durchdringung – und damit einer schnellen Imitation.

(3) Fehlende Substituierbarkeit

Neben der Imitierbarkeit muß auch gewährleistet sein, daß die Ressourcen nur schwer ersetzbar sind. Lassen sich bestimmte Leistungen durch andere, nicht so seltene oder nicht so teure Ressourcen substituieren, gehen die Wettbewerbsvorteile des Unternehmens schnell verloren.

(4) Strategischer Wert

Die strategisch wichtigen Ressourcen müssen wertvoll in dem Sinne sein, daß sie der Unternehmung auch tatsächlich die Entwicklung und Umsetzung einer effektivitätssteigernden Strategie ermöglichen. Es gibt zahlreiche spezielle, schwer imitierbare und nicht substituierbare Ressourcen, die aber keinen strategischen Wert besitzen.

Die im folgenden beschriebenen Instrumente der Unternehmensanalyse beziehen diesen ressourcenbezogenen Ansatz implizit in ihre Überlegungen mit ein. In der Stärken-/Schwächenanalyse, einem seit langem bewährten Instrument der strategischen Planung, wird der Ressourcenansatzes unmittelbar aufgenommen.

3.3.1 Potential- und Lückenanalyse (Gap-Analyse)

Die Lückenanalyse wird von ROVENTA als das klassische Instrument der strategischen Planung bezeichnet.[224] Sie dient dazu, strategische Probleme rechtzeitig zu erkennen bzw. die Aufmerksamkeit auf zukünftige Probleme zu lenken. Das Prinzip der Potential- und Lückenanalyse beruht auf zwei Zukunftsprojektionen. Zum einen werden die Unternehmensziele in ihrer gewünschten anzustrebenden Entwicklung abgeschätzt(Soll-Größen). Zum anderen werden aufgrund einer Extrapolation der Vergangenheitswerte jene

---

[224] Siehe z. B. ROVENTA 1981, S. 77.

Zielerreichungsgrade prognostiziert, die sich ergeben, wenn keine zusätzlichen Unternehmensaktivitäten initiiert würden (Ist-Größen). Als Differenz dieser beiden Entwicklungen ergibt sich dann die strategische Lücke. Diesen grundlegenden Zusammenhang zeigt Abbildung 3.12.

Als »Basisgeschäft« wird der Umsatz mit den bestehenden Produkten auf den vorhandenen Märkten bezeichnet unter der Voraussetzung, daß keine größeren Veränderungen im Unternehmen vorgenommen werden. Durch den Einsatz unterstützender Maßnahmen wie z. B. Rationalisierung, intensitätsmäßige Anpassung oder Motivation der Mitarbeiter kann das Basisgeschäft um das »potentielle Basisgeschäft« erweitert werden. Zu analysieren sind also sowohl das vorhandene Potential als auch die Lücken zwischen dem Basisgeschäft und der Entwicklungsgrenze.

(1) Die Potentialanalyse

Unter der Potentialanalyse verstehen wir die Analyse der Ressourcen eines Unternehmens unter dem Gesichtspunkt ihrer Verfügbarkeit für strategische Entscheidungen. Der Begriff Potential bezieht sich auf die raum- und zeitabhängigen Möglichkeiten einer Unternehmung, die aktiviert werden müssen.[225]

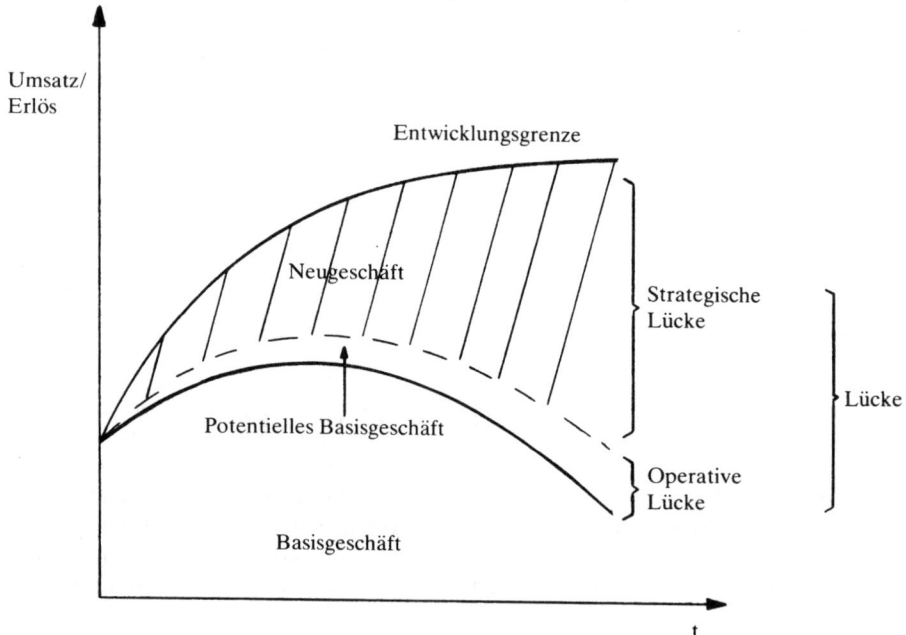

Abb. 3.12: Die Lücke zwischen dem Basisgeschäft und der Entwicklungsgrenze

---

[225] Vgl. dazu z. B. Servatius 1985, S. 30.

Die Potentialanalyse ist erforderlich, um Möglichkeiten des Ausbaus des Basisgeschäfts unter Einsatz der untersuchten Potentiale bis hin zur Entwicklungsgrenze zu erkennen. Neben den bereits vorhandenen Potentialen müssen auch alle alternativ und zusätzlich verfügbaren sowie die in naher Zukunft verfügbaren (im eigenen Unternehmen – noch – nicht eingesetzten) Potentiale in die Analyse mit einbezogen werden. Die Berücksichtigung dieser möglichen Potentiale führt zur Bestimmung der »Entwicklungsgrenze«. Wie der Begriff vermuten läßt, kann diese Grenze unter der Annahme dynamischer Marktprozesse kaum jemals erreicht werden. Mit Hilfe eines kreativen und innovativen »Neugeschäfts« wird versucht, so nahe wie möglich an diese Entwicklungsgrenze heranzukommen. Es handelt sich bei der Potentialanalyse also im wesentlichen um eine Bestandsaufnahme der elementaren und dispositiven Faktoren eines Unternehmens.[226]
Der Gegenstand der Potentialanalyse wird üblicherweise funktionsbezogen definiert und umfaßt die wichtigsten Kompetenzbereiche des Unternehmens. Im Produktionsbereich sind z.B. die Anlagenstruktur, der Grad der Modernisierung und die Qualität der Fertigungsplanung und -steuerung zu erfassen. In die Potentialanalyse können noch weitere Funktionsbereiche, z. B. die Bereiche Organisation und Unternehmensplanung, einbezogen werden. Darüber hinaus ist auch das strategische Potential der Informations- und Kommunikationstechnik zu untersuchen.[227]
Über die funktionale Differenzierung hinaus sind auch andere Kriterien denkbar, nach denen die Analyse des Potentials vorgenommen werden kann (z. B. materielle und immaterielle Potentialelemente).
Einen Schwerpunkt der Potentialanalyse bildet die Analyse des finanziellen Potentials, mit deren Hilfe der Rahmen für den möglichen Einsatz der Produktionsfaktoren abgesteckt wird.[228]

(2) Die Lückenanalyse

Allgemein bezeichnet eine »Lücke« die Differenz zwischen einem angestrebten und einem bereits erreichten Zustand. Unter der Lückenanalyse wird hier die Analyse des Abstands zwischen der Entwicklungsgrenze und der Kurve des Basisgeschäfts des Unternehmens verstanden. Dieser Abstand kann mit Hilfe verschiedener Maßkriterien gemessen werden (z. B. anhand des Umsatzes, des Gewinns oder der Leistung allgemein). Dementsprechend kann von einer Umsatzlücke, einer Gewinnlücke oder einer Leistungslücke gesprochen werden. Gegenstand der Lückenanalyse ist die Untersuchung des Abstands zwischen der unteren und der oberen Begrenzung der Lücke. Die untere Begrenzung ergibt sich aus dem Verlauf des Basisgeschäfts. Zur genaueren Ermittlung des Basisgeschäfts sind unter Umständen weitere Analysen notwendig (z. B. die Analyse des Produktlebenszyklus). Die obere Begrenzung der Lücke wurde

---

[226] Vgl. GUTENBERG 1983, S. 2-8.
[227] Vgl. KREIKEBAUM 1985a, MERTENS/PLATTFAUT 1985, KEIL 1996.
[228] Siehe dazu KREIKEBAUM 1971, S. 263-268.

als Entwicklungsgrenze bezeichnet. Die Lücke ist um so kleiner, je intensiver das bisherige Potential bereits ausgenutzt wurde. Mit Hilfe der Lückenanalyse kann aber auch geprüft werden, welche Möglichkeiten sich anbieten, um die festgestellte Lücke zu schließen (Produktideen und sonstige Planungsbeiträge).[229] Hierbei ist zwischen der operativen und der strategischen Lücke zu unterscheiden. Während die operative Lücke unter Beibehaltung alter Produkte und alter Märkte durch die oben genannten Maßnahmen geschlossen werden kann, sind zum Ausfüllen der strategischen Lücke neue Produkte und/oder neue Märkte notwendig. Die dabei möglichen Strategien ergeben sich aus der Gegenüberstellung von neuen und alten Produkten bzw. Märkten als Produktentwicklungs-, Marktentwicklungs- und Diversifikationsstrategie.[230]

(3) Der Zusammenhang zwischen Potentialanalyse und Lückenanalyse

Die Potentialanalyse bildet eine Voraussetzung für die nachfolgende Lückenanalyse. Der wichtigste Beitrag der Potentialanalyse besteht in der genaueren Untersuchung der vorhandenen Potentiale. Auf dieser Grundlage aufbauend verfolgt die Lückenanalyse den Zweck, die Lücke zwischen Basisgeschäft und Entwicklungsgrenze (operative und strategische Lücke) zu untersuchen und Möglichkeiten der Schließung aufzuzeigen.

Insgesamt läßt sich feststellen, daß die Potentialanalyse zunächst nur einen allgemeinen Rahmen schafft und die Grundlage für nachfolgende weitere Analysen bildet.

Dabei bleibt das gesamte Bewertungsproblem praktisch ausgeklammert. Es fehlen somit Angaben zu Indikatoren, mit deren Hilfe der Beitrag der einzelnen Potentialfaktoren beispielsweise zur Formulierung unternehmerischer Strategien gemessen werden kann (z. B. Waren- und Gütezeichen als Indikator für die Produktqualität oder das Verhältnis von Einzweck- zu Mehrzweckanlagen als Maßstab für die Ermittlung der Elastizität der Produktion). Die Lückenanalyse ist ein relativ grobes Instrument und muß durch weitere Analysen und Prognosen ergänzt werden. Hier bieten sich die Wertschöpfungskettenanalyse, die Stärken-/Schwächen-Analyse sowie die Konsistenzmatrix der Wettbewerbsvorteile an.

3.3.2 Wertschöpfungskettenanalyse

Ein Unternehmen kann nur dann langfristig im Markt überleben, wenn der hervorgebrachte Wert die Kosten der Erzeugung dieses Wertes übersteigt.[231] Der Wert, den ein Unternehmen schafft, wird an dem Preis gemessen, den

---

[229] Vgl. dazu im einzelnen KREIKEBAUM 1973, S. 20-23.

[230] Diese und weitere Möglichkeiten, die operativen und strategischen Lücken zu schließen, werden bei TÜRCK 1996, S. 277-279 dargestellt.

[231] Vgl. PORTER 1989, S. 59-92.

Kunden für eine bestimmte »Problemlösung« (Produkt und/oder Dienstleistung) zu zahlen bereit sind.

Ein Unternehmen kann in strategisch relevante Funktionsbereiche bzw. Aktivitäten unterteilt werden (»Wertschöpfungsaktivitäten«). Um einen Wettbewerbsvorteil zu erlangen, muß ein Unternehmen diese Wertschöpfungsaktivitäten entweder zu geringeren Kosten ausführen oder sie so gestalten, daß sie zu einer Produktdifferenzierung bzw. zu größerem Kundennutzen führen. Zur systematischen Durchleuchtung einer Unternehmung bzw. einer strategischen Geschäftseinheit hat PORTER das Diagnoseinstrument der Wertschöpfungskette (»value chain«) entwickelt.

Ausgehend vom Gesamtwert (Marktpreis) stellt die Wertschöpfungskette das Unternehmen als eine Kette von wertsteigernden Aktivitäten dar. Die Differenz zwischen den Kosten der Wertschöpfungsaktivitäten und dem am Marktpreis gemessenen Kundennutzen bildet die vom Unternehmen erzielte Gewinnspanne.

Die Wertschöpfungskette einer Unternehmung deckt sich nicht mit den Standardkategorien der Kostenartenrechnung und auch nicht mit der üblicherweise verwendeten Einteilung der Unternehmung in Funktionsbereiche. Der Zweck dieses Analyseinstruments ist eine wettbewerbs- und kundennutzenorientierte Unternehmensanalyse: Alle Unternehmensaktivitäten werden im Hinblick auf ihren Beitrag zur Befriedigung der Kundenbedürfnisse untersucht. Diese Analyse soll Gestaltungsmöglichkeiten aufzeigen, um gegenüber den Konkurrenten Wettbewerbsvorteile zu erlangen. Wettbewerbsvorteile basieren grundsätzlich darauf, daß »ein Unternehmen diese strategisch wichtigen Aktivitäten billiger oder besser als seine Konkurrenten erledigt«.[232] Zur Veranschaulichung der Wertschöpfungskette dient Abbildung 3.13.

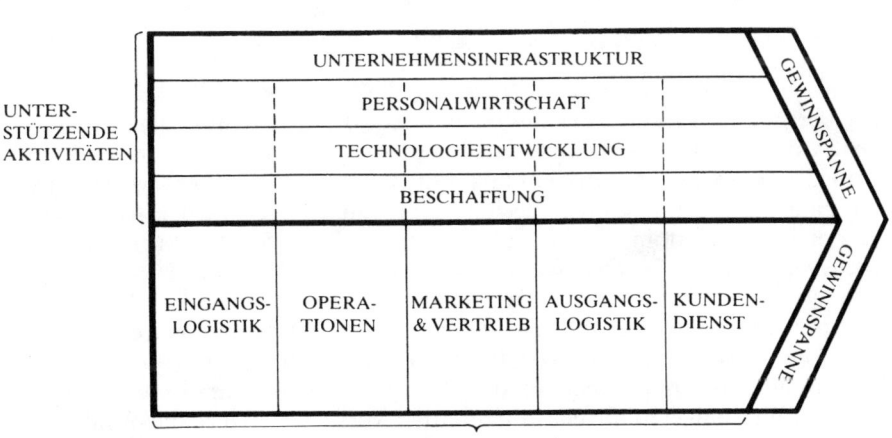

Abb. 3.13: Modell einer Wertschöpfungskette
  Quelle: Porter 1989, S. 62
  © Campus Verlag, Frankfurt/New York

---

[232] PORTER 1989, S. 59.

Die Wertschöpfungsaktivitäten lassen sich grundsätzlich in primäre und unterstützende Kategorien unterteilen.[233] Zu den primären Aktivitäten zählen:
- die Eingangs- oder Beschaffungslogistik,
- die Produktion,
- das Marketing und der Vertrieb,
- die Ausgangs- oder Absatzlogistik und
- der Kundendienst.

PORTER unterteilt die unterstützenden Aktivitäten in:
- die Beschaffung,
- die Technologieentwicklung,
- die Personalwirtschaft und
- die Unternehmensinfrastruktur.

Innerhalb jeder der neun Kategorien fallen wiederum unterschiedliche Aktivitäten an, die stark von den einzelfallspezifischen Gegebenheiten abhängen. Zur Kategorie Marketing/Vertrieb gehören z. B. Public Relations, Verkaufsförderung und Außendienst.
Die einzelnen Wertschöpfungsaktivitäten sind die »Bausteine von Wettbewerbsvorteilen«.[234] Die Art und Weise, wie eine bestimmte Aktivität ausgeführt wird, beeinflußt Kosten und Effektivität anderer Wertschöpfungsaktivitäten. Weiterhin bestehen enge Verknüpfungen zwischen den Wertschöpfungsketten der Lieferanten, den Vertriebskanälen und den Kunden. Ein gutes Beispiel dafür, wie derartige Verknüpfungen in Wettbewerbsvorteile transformiert werden können, ist das japanische KANBAN-System, das nur bei enger Abstimmung der Wertschöpfungsketten des Unternehmens und seiner Zulieferer realisiert werden kann.

Kritische Stellungnahme

Mit der Wertschöpfungskette wird ein relativ ausgefeiltes Diagnoseinstrument vorgelegt, das es erlaubt, den Innenbereich einer Unternehmung unter strategischen Gesichtspunkten (als Quelle von Wettbewerbsvorteilen) zu durchleuchten. Dies schließt deshalb eine Lücke, weil in der strategischen Unternehmensplanung bisher überwiegend Produkt-/Marktprobleme im Mittelpunkt standen. Der Weg zu einer empirisch fundierten Theorie der strategischen Unternehmensführung auf der Grundlage der dargestellten ökonomischen Theorie ist allerdings noch weit. Dazu müssen die überwiegend qualitativen Aussagen von PORTER zunächst präzisiert und dann einem empirischen Test unterzogen werden. Für den Praktiker, der in seinem Unternehmen Wettbewerbsvorteile aufzubauen versucht, liefert die Analyse der Wertschöpfungskette wertvolle Anregungen zur Offenlegung der strategischen Hebelpunkte.

---

[233] Vgl. PORTER 1989, S. 65-72.
[234] PORTER 1989, S. 76.

3.3.3 Stärken-/Schwächenanalyse

Unter einer Stärken-/Schwächenanalyse wird die Analyse und Bewertung der Ressourcen eines Unternehmens z. B. im Vergleich zu den wichtigsten Konkurrenten verstanden. Die Vorteile (Stärken) und Nachteile (Schwächen) werden für die gegenwärtige und insbesondere für die zukünftige Situation ermittelt. Die Analyse der Stärken und Schwächen erfordert eine langfristige Sichtweise. Strenggenommen ist die Stärken-/Schwächenanalyse nur eine auf die Gegenwart bezogene Betrachtung. In der Praxis der strategischen Planung hat es sich jedoch als zweckmäßig erwiesen, auch dann von einer Stärken- und Schwächenanalyse zu sprechen, wenn die Chancen und Risiken im Hinblick auf zukünftige Umweltentwicklungen mit einbezogen werden.

Dies soll an folgendem Beispiel verdeutlicht werden: Die Konzentration auf eine sehr enge Produktpalette kann in der Gegenwart eine Stärke bedeuten, die bei entsprechender Umweltentwicklung zu einer Chance wird. Infolge von Nachfrageverschiebungen kann diese gegenwärtige Stärke aber auch zu einer künftigen Bedrohung werden. Aus dem Zusammenspiel von gegenwärtigen Stärken und Schwächen und zukünftigen Umweltentwicklungen ergeben sich also zukünftige Chancen und Risiken.

Ebenso wie bei der Potentialanalyse hat es sich bei der Analyse der Stärken und Schwächen in der Praxis als zweckmäßig erwiesen, funktionsbezogen vorzugehen. Die Untersuchung der Stärken und Schwächen nach unterschiedlichen Funktionsbereichen bietet den Vorteil, innerhalb eines Funktionsbereichs beliebig differenzieren zu können (innerhalb des Funktionsbereichs Vertrieb z. B. nach Produktlinien, nach geographischen Gesichtspunkten oder nach Kundengruppen).

Die Merkmalsausprägungen der Potentialelemente werden erst durch den Vergleich (z. B. mit den Konkurrentenmerkmalen) zu Stärken und Schwächen. So kann beispielsweise ein Marktanteil von 5 % in der einen Situation als Stärke und in einer anderen Situation als Schwäche interpretiert werden, je nach Marktanteil der stärksten Mitbewerber.

Die Ermittlung der Stärken und Schwächen kann prinzipiell dem subjektiven, mehr intuitiven Ermessen der Planungs- und Entscheidungsträger überlassen oder anhand nachprüfbarer Werte vorgenommen werden. Beide Formen haben Vor- und Nachteile. Um die Nachteile der beiden Bewertungsarten möglichst auszuschließen, empfiehlt sich ein kombiniertes, sukzessives Vorgehen:

In einem ersten Schritt nehmen die verantwortlichen Stellen ihre persönliche Einschätzung der vorhandenen und der zukünftigen Potentiale vor. In einem zweiten Schritt sind diese subjektiven Urteile dann nach objektiven Gesichtspunkten zu bewerten. Dabei sind nach Möglichkeit die qualitativen Aussagen der Befragten um quantitative Angaben zu ergänzen. Eine solche objektive Bewertung kann folgendermaßen vorgenommen werden:

- als Vergleich mit der Branchenentwicklung bzw. mit der Entwicklung der wichtigsten Konkurrenten
- als Vergleich der Unternehmensdaten mit betriebswirtschaftlichen Standards

- als Überprüfung der festgestellten Stärken/Schwächen am Anspruchsniveau der Unternehmensziele.

Für die praktische Erstellung eines Stärken-Schwächen-Profils kann ein
Punktwert-Verfahren herangezogen werden. Die Ausprägungen der einzelnen Indikatoren werden in Punktwerte transformiert und durch Addition zu
einem Gesamtwert zusammengefügt. Aus der Ausprägung der Gesamtwerte
der Indikatoren ergibt sich das strategische Stärken-Schwächen-Profil. Es liefert den Entscheidungsträgern Informationen über:[235]
(1) Strategische Stärken
    Diese Faktoren begründen einen Wettbewerbsvorteil des Unternehmens
    und stellen die Schlüsselkompetenzen (»distinctive competencies«) dar, an
    denen die Entwicklung von Strategien der Marktbearbeitung ansetzt.
(2) Strategische Schwächen
    In diesen Bereichen fehlen dem Unternehmen die notwendigen Ressour-
    cen und Fähigkeiten. Dies kann sich z. B. auch in mangelndem Know-
    how ausdrücken. Hier ist es die Aufgabe, Strategien zur Beseitigung der
    Schwächen zu formulieren.
(3) Basisanforderungen
    Potentiale und Ressourcen, die sich weder durch hohe oder niedrige Aus-
    prägungen auszeichnen noch in besonderer Weise vom Kunden nachge-
    fragt werden, erfüllen die Basisanforderungen des Geschäfts. Hier muß
    die Entwicklungsrichtung genau untersucht werden, da diese Faktoren
    durch eine geeignete Strategie zu einer Quelle für Wettbewerbsvorteile
    entwickelt werden können.

3.3.4 Konsistenzmatrix der Wettbewerbsvorteile

Abschließend soll ein Instrument vorgestellt werden, das bei der Untersuchung der eigenen Wettbewerbsposition zur Visualisierung herangezogen
werden kann. Die Konsistenzmatrix folgt dem Konsistenzprinzip, nach dem
Wettbewerbsvorteile vorzugsweise bei den für den Kunden wichtigen Para-
metern (das sind die zentralen bzw. kritischen Erfolgsfaktoren) geschaffen
werden sollten, während bei weniger wichtigen Faktoren Nachteile in Kauf
genommen werden können.[236]
Auf der vertikalen Achse der Konsistenzmatrix wird die Bedeutung der einzelnen Erfolgsfaktoren aus Marktsicht angegeben. Die Ausprägungen der
Wichtigkeit kann von »unwichtig« bis »sehr wichtig« verlaufen. Dieser Kundensicht wird auf der horizontalen Achse die eigene Position bezüglich der
Erfolgsfaktoren gegenübergestellt. Die Skala der vertikalen Achse ist so zu fixieren, daß die in der Analyse berücksichtigten Erfolgsfaktoren sich zu etwa

---

[235] Vgl. WELGE/AL LAHAM 1992, S. 128.
[236] Vgl. SIMON 1988, S. 471.

gleichen Teilen oberhalb und unterhalb der horizontalen Achse verteilen. Die horizontale Achse wiederum ist so zu skalieren, daß das Wettbewerbsniveau (ausgedrückt z. B. durch den durchschnittlichen Preis oder die durchschnittliche Produktqualität) etwa in der Mitte liegt. Abbildung 3.14 zeigt den Aufbau der Konsistenzmatrix.

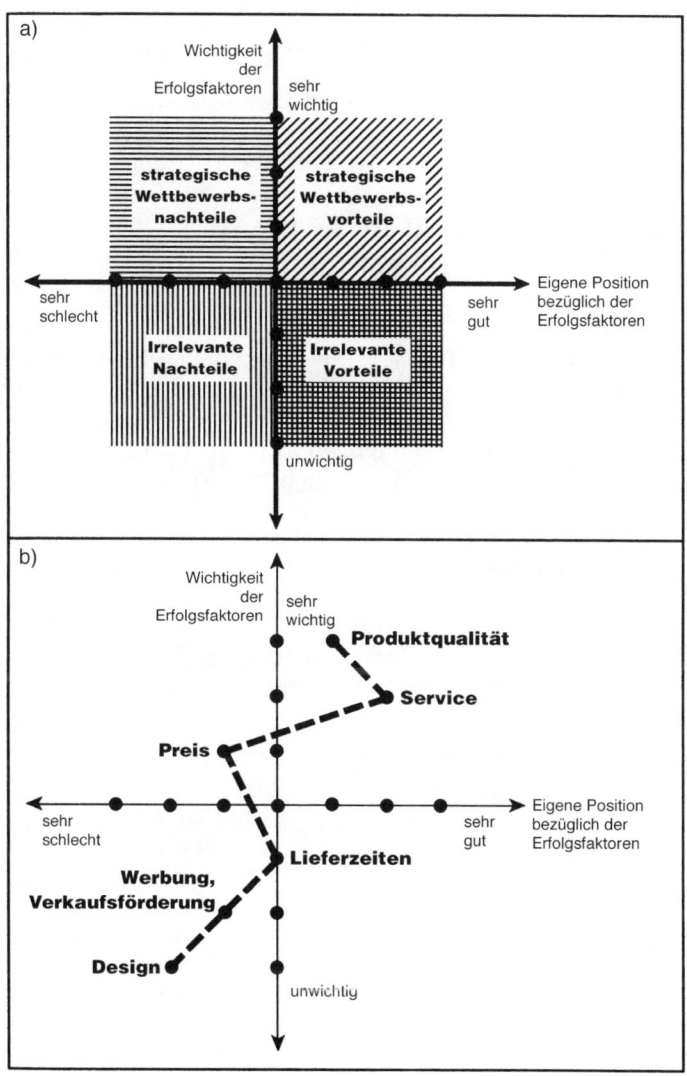

Abb. 3.14: Konsistenzmatrix der Wettbewerbsvorteile
   Quelle: Homburg 1991, S. 99
   © *Gabler Verlag, Wiesbaden*

Fähigkeiten des Unternehmens, die rechts von der vertikalen Achse positioniert sind, geben überdurchschnittliche Bewertungen an. Demgegenüber geben Positionierungen im linken Halbfeld an, in welchen Bereichen das Unternehmen unter dem Durchschnitt der Wettbewerber liegt.

Die Konsistenzmatrix kann problemlos mit der Stärken-/Schwächenanalyse gekoppelt werden. Geht man davon aus, daß ein Unternehmen sich nicht ausschließlich durch Stärken auszeichnen kann, sondern immer auch gewisse Schwächen aufweist, so kann – trägt man die Stärken und Schwächen in die Konsistenzmatrix ein – die Verbindungslinie der Stärken und Schwächen wichtige Hinweise für die strategische Stoßrichtung des Unternehmens bzw. der Geschäftseinheit geben.[237]

3.4 Zur Praxisrelevanz von Instrumenten der strategischen Unternehmensplanung

Alle genannten Instrumente der strategischen Planung haben Eingang in die unternehmerische Praxis gefunden. Einzelne Methoden sind so stark modifiziert worden, daß sich der potentielle Anwender einer schwer zu überschauenden Anzahl von methodischen Empfehlungen gegenübersieht.[238] Der Einsatz der Instrumente richtet sich in der Regel nach dem Verlauf des strategischen Planungsprozesses.

Eine empirische Untersuchung innerhalb der Unternehmensberatungsbranche hat ergeben, daß bei den quantitativen Instrumenten neben der Trendextrapolation die Markanteils-Marktwachstums-Matrix am häufigsten eingesetzt wird. Im Rahmen der qualitativen Strategieformulierung findet die Methode des Brainstormings am meisten Berücksichtigung.[239] Diese Aussagen sind jedoch nur tendenziell gültig und durch weitere Untersuchungen empirisch zu überprüfen.

---

[237] Vgl. HOMBURG 1991, S. 98.
[238] Vgl. MEYER-SCHÖNHERR 1992, S. 249.
[239] Vgl. KEIL/SCHEIDER 1994, S. 39-43.

142

Übungsfragen:

(1) Was ist der sogenannte Erfahrungskurveneffekt? Warum ergibt sich hieraus die Vorteilhaftigkeit hoher Marktanteile?

(2) Arbeiten Sie Zusammenhänge und Unterschiede zwischen der Theorie der Erfahrungskurve, der Theorie der Lernkurve und der Theorie der Größendegression heraus.

(3) Stellen Sie zeichnerisch die Beziehung zwischen Produktlebenszyklus, Entstehungszyklus, Marktzyklus, Angebotszyklus, Nachfragezyklus und Marktperiode dar. Achten Sie besonders auf den Unterschied zwischen dem Marktzyklus und der Marktperiode.

(4) Das Lebenszykluskonzept läßt sich nicht nur auf Produkte anwenden. Welche anderen Objekte oder Systeme unterliegen einem Lebenszyklus?

(5) Welche Intention verbirgt sich hinter dem PIMS-Programm und welche Ergebnisse wurden mit Hilfe der empirischen Daten erzielt?

(6) Welche Faktoren führen zu einem hohen ROI?

(7) Welche Bedeutung hat die Konkurrentenanalyse für die Stärken-/Schwächenanalyse?

(8) Wie ist die Möglichkeit der Datenbeschaffung für die Konkurrentenanalyse zu beurteilen?

(9) Nach welchen Kriterien kann man im Rahmen der Marktanalyse Marktsegmente bilden? Warum ist die Analyse von Segmenten oft wichtiger als die des Gesamtmarktes?

(10) Was versteht man unter einem Szenario?

(11) Wie geht man bei der Aufstellung von Szenarien im einzelnen vor?

(12) Welche Gemeinsamkeiten haben die Instrumente Sensitivitätsanalyse, Risikoanalyse und Entscheidungsbaumverfahren? Inwieweit erfolgt beim Übergang von einer Methode zur nächsten eine Erweiterung der Betrachtungsweise?

(13) Was hat die Intensität der Informationsbeschaffung mit dem Ergebnis der Sensitivitätsanalyse zu tun?

(14) Welchen Zweck verfolgt die Wertschöpfungskette?

(15) Beschreiben Sie die verschiedenen Arten von Wertschöpfungsketten.

4.1 Unterschiedliche Interessen und Wertvorstellungen			
4.1.1 Das Unternehmen als Träger unterschiedlicher Interessen	4.1.2 Übernahme gesellschaftlicher Verantwortung	4.1.3 Ökologische Anforderungen	4.1.4 Kriterien für die Gestaltung der strategischen Unternehmensplanung

4.2 Die Berücksichtigung von Interessen und Wertvorstellungen in den Elementen der Strategischen Unternehmensplanung			
4.2.1 Neuorientierung der unternehmerischen Absichten	4.2.2 Konzeptionelle Zusammenhänge zwischen strategischer Planung und ethischer Reflexion	4.2.3 Strategieentwicklung und Planung von Maßnahmen unter Beachtung ihrer ökologischen Auswirkungen	4.2.4 Auswirkungen auf die Unternehmensziele

Abb. 4.1: Aufbau des vierten Kapitels

144

4 Anforderungen an die Gestaltung der strategischen Unternehmensplanung

Problemstellung

Bei der Konzipierung und der Anwendung eines strategischen Planungssystems ist zu fragen, welche Interessenträger und Interessen die Unternehmensleitung zu berücksichtigen hat und wie diese in den Planungsprozeß Eingang finden können. Im folgenden sollen daher relevante Anspruchsgruppen von Unternehmen identifiziert und grundlegende Kriterien für die inhaltliche Neugestaltung der strategischen Unternehmensplanung formuliert werden. Die Kriterien und die unterschiedlichen Interessen müssen in die Teilschritte der oben vorgestellten Konzeption der strategischen Planung integriert werden. Die Konsequenz daraus kann nur lauten, daß von den generellen Absichten bis zu den quantitativen Zielen eine entsprechende Neuorientierung hin zu einer gesellschaftlichen und ökologischen Verantwortung zu erfolgen hat.

4.1 Unterschiedliche Interessen und Wertvorstellungen

Die strategische Unternehmensplanung hat sich auch bisher schon in Form von Analysen (Diagnosen) und Prognosen mit den Umweltbedingungen des Unternehmens beschäftigt. Dabei wurde aber das Schwergewicht häufig auf eine detaillierte Untersuchung spezieller Daten gelegt, ohne gleichzeitig stärker eine konsequente Verbindung zur Formulierung unternehmerischer Absichten und Strategien zu suchen. Ferner wurde häufig versäumt, die vielfältigen Ansprüche der Interessenträger außerhalb des Managements und der Kapitalgeber zu berücksichtigen. Schließlich hat sich bisher nur in Ansätzen die Erkenntnis durchgesetzt, daß das Unternehmen nicht nur in einem ökonomischen Umfeld agiert, sondern auch in seinen Interdependenzen mit dem gesellschaftlichen und ökologischen Umfeld gesehen werden muß, auch wenn dies meistens nur indirekt über die ökonomische Umwelt (die Absatz- und die Beschaffungsmärkte) auf das Unternehmen einwirkt.

4.1.1 Das Unternehmen als Träger unterschiedlicher Interessen

Die Analyse der Umweltbedingungen war bislang vorwiegend auf die Erfassung der ökonomischen und technologischen Daten im Rahmen der Interessen der Kapitalgeber ausgerichtet. Ein erster Ansatz zur Erfassung der Ziele weiterer Interessengruppen in Verbindung mit der Unternehmensplanung ist im Rahmen der Interessenanalyse des Stanford Research Institute (SRI) unternommen worden[240]. Als Interessenträger werden bezeichnet: Eigentümer und Kapitalgeber (Aktionäre und Fremdkapitalgeber), Kunden, Mitarbeiter, Lieferanten und die öffentliche Hand (z. B. die Kommune). Ergänzend wird auch die Gruppe der Wettbewerber angeführt.

In der Forderung nach Einbeziehung der verschiedenen Interessenträger in den Prozeß der strategischen Planung kommt insbesondere das Kriterium einer kooperativen Willensbildung zum Ausdruck.

In jüngerer Zeit ist die Diskussion über die unterschiedlichen Interessengruppen des Unternehmens im Rahmen der »gesellschaftlichen Verantwortung des Unternehmens« aufgegriffen und weitergeführt worden.[241]

Im St. Gallener Management-Konzept wird das Unternehmen aus einer Systemperspektive betrachtet. Das Unternehmen als offenes soziales System steht in einem Geflecht vielfältiger und intensiver Umweltbeziehungen. Der Ansatz ist gekennzeichnet durch die Ganzheitlichkeit der Betrachtung und die Integration aller Umwelteinflüsse in ein Netzwerk. Auf der Suche nach differenzierten Lösungen für die gestiegene Komplexität und Dynamik wird ein Denkmuster für den Umgang mit Systemen, das »ganzheitliche Denken und Handeln«, bereitgestellt. Im Sinne eines integrierten Managements geht es um die gegenseitigen Durchdringungen aller Wirkungen.[242]

Von einer mehr grundsätzlichen Warte aus betrachtet kann man die Frage stellen, ob der Interessenbegriff überhaupt in die betriebswirtschaftliche Forschung einzubeziehen sei.[243] Da aber unserer Meinung nach kein Zweifel an der praktischen Relevanz der Interessendiskussion bestehen kann, weil das Verhalten der Interessenten Auswirkungen auf das Erreichen von Absichten und Zielen hat und letztere Gegenstand der betriebswirtschaftlichen Forschung sind, sei dieses Problem hier ausgeklammert zugunsten einer Erläuterung konkreter Interessen der beteiligten und betroffenen Personengruppen.[244]

---

[240] Vgl. McPherson/Dawson 1972; dieselben 1972 a; MacPherson 1972; vgl. auch Albach 1977/78, S. 118-131.

[241] *Siehe dazu die Ausführungen im Abschnitt 4.1.2.*

[242] Z.B. Ulrich/Probst 1988; Bleicher 1995, S. 55-57.

[243] So Röber 1977, S. 43 f.

[244] Siehe dazu u.a. Böhm 1979, S. 62-66; Faltlhauser 1978, S. 204 f.; Ulrich 1990, S. 67, Störck 1986; sowie Dyllick 1989; S. 42-53.

(a) Eigentümer und Kapitalgeber

Die Aktionäre stellen einem Unternehmen ihr Geld zur Verfügung, damit das Unternehmen den Statuten (dem Unternehmenszweck) gemäß bestimmte Produkte und Dienstleistungen am Markt verwertet und dadurch einen Gewinn erzielt. Sie erwarten eine Gewinnausschüttung, die, auf das eingesetzte Kapital bezogen, zumindest dem Niveau des Marktzinses entspricht. Die Aktionäre (insbesondere die Kleinaktionäre) sind im allgemeinen weniger an der Ausübung von Kontrollfunktionen und an Einflußnahme als am Steigen der Aktienkurse und vor allem der Dividendenausschüttung interessiert. Von daher ergeben sich mögliche Zielkonflikte gegenüber der Verfolgung sozialer Interessen seitens der Unternehmensleitung, sofern diese zu einer Reduzierung des ausschüttbaren Gewinns führen.

Sofern es sich um Fremdkapitalgeber handelt (z. B. Banken), kommen zusätzliche Sicherheitsinteressen hinzu. Der Wunsch nach einer gesicherten Verzinsung und Schuldentilgung steht im Einklang mit dem Interesse an einer rentablen Anlage des zur Verfügung gestellten Kapitals (Investitionsrendite).

(b) Kunden

Zu den Kunden i.w.S. zählen neben den Endverbrauchern (Konsumenten) auch der Groß- und Einzelhandel sowie die industriellen Abnehmer (Zwischenverbraucher), die Zusammensetzung dieser Gruppe ist also sehr heterogen. Das Interessensspektrum der Kunden ist deshalb differenzierter zu sehen, als es unter dem allgemeinen Gesichtspunkt des Konsumenten üblicherweise in der Literatur geschieht; es ist also zu fragen, ob man überhaupt von einheitlichen Kundeninteressen sprechen kann.

Verallgemeinernd wird man aber feststellen können, daß alle Kunden an einer maßvollen Preisgestaltung ihrer Lieferanten interessiert sind. Die Kunden artikulieren ihre Wünsche vor allem in Form von Kaufentscheidungen. Sie wirken direkt oder indirekt mit bei der Produktgestaltung, bei der Festlegung des Produktionsprogramms nach Breite und Tiefe sowie bei der Entscheidung über die Entwicklung oder Schließung von bestimmten Märkten.[245]

Konfligierende Interessen mit den Zielen der Unternehmensleitung sind bislang vornehmlich unter dem Gesichtspunkt des Konsumentenschutzes beschrieben worden. Die Notwendigkeit einer Berücksichtigung der Verbraucherinteressen schließt allerdings nicht aus, daß diese mit anderen Interessen abgestimmt werden.

Eine gesellschaftlich verantwortlich handelnde Unternehmensleitung wird nicht außer acht lassen können, daß in den entwickelten Ländern eine gewisse »Hypertrophie des Bedarfs« in Gestalt einer »Hypertrophie der Sachgüterproduktion« vorhanden ist.[246] SCHERHORN versteht darunter, daß die Versorgung mit Gütern, deren dringendster Bedarf bereits gedeckt ist, weiterhin so stark zunimmt, daß die Versorgung mit anderen privaten oder öffent-

---

[245] Vgl. SPECHT 1979, S. 100-107.
[246] Vgl. SCHERHORN 1975, S. 21-24.

lichen Gütern behindert wird, »die in der gesellschaftlichen Rangskala ebenso hoch oder höher stehen«[247]. In diesem Sinne liegt in der Tat eine tendenzielle Entwicklung in Richtung auf eine »Gesellschaft der falschen Bedürfnisse«[248] vor. Zu fragen bleibt jedoch, was »richtige« und was »falsche« Bedürfnisse sind und ob diese Frage objektiv beantwortet werden kann.

(c) Mitarbeiter

Kernpunkt einer gesellschaftlich verantwortlichen Unternehmensführung ist zweifellos das Verhältnis des Unternehmens zu seinen Mitarbeitern. Hier zeigen sich auch am deutlichsten die bestehenden Zielkonflikte. Sie resultieren daraus, daß das Arbeitseinkommen sowohl Grundlage des Konsums der Mitarbeiter ist als auch Kostencharakter für das Unternehmen trägt. Dieser Konflikt wird noch dadurch verschärft, daß die unterschiedlichen Ziele bei dem in der Bundesrepublik Deutschland vorherrschenden System der Arbeitgeber-/Arbeitnehmerbeziehungen zum großen Teil nicht direkt im Unternehmen, sondern von Arbeitgeberverbänden und Gewerkschaften vertreten werden, die die betriebsindividuellen Verhältnisse nicht berücksichtigen können. Eine weitere Schwierigkeit entsteht dadurch, daß steigende Lohnkosten insbesondere bei mangelnder Produktivitätssteigerung inflationäre Preissteigerungen auslösen können, die einen Verlust an Kaufkraft nach sich ziehen und damit Verbraucherinteressen treffen. Dieser immer wieder auftretende Konflikt zwingt die Arbeitgeber dazu, die Auswirkungen der gegenwärtigen Preispolitik auf die künftigen Absatzmöglichkeiten zu beachten. Aus der Schutzpflicht des Managements kann u.U. eine harte Haltung gegenüber materiellen Forderungen der Arbeitnehmer bzw. deren Interessenvertreter erwachsen. Diese Haltung kann auch dadurch entstehen, daß hohe Lohnsteigerungen möglicherweise die internationale Wettbewerbsfähigkeit verschlechtern und damit Arbeitsplätze gefährden.
Eine gesellschaftlich verantwortliche Unternehmensleitung hat darüber hinaus auch die immateriellen Interessen der Mitarbeiter zu berücksichtigen, zum Beispiel den Wunsch nach Arbeitsplatzsicherheit, sozialer Anerkennung, betrieblichem Aufstieg und Selbstentfaltung. Sie sollte dabei von der Grundhaltung eines pfleglichen und schonenden Umgangs mit den vorhandenen personellen Ressourcen ausgehen, im Sinne einer »Gärtnerhaltung«.

(d) Lieferanten

Lieferanten erheben grundsätzlich den Anspruch auf gewinnbringende Preise sowie auf rasche und sichere Zahlung. Die gesellschaftliche Verantwortung des Unternehmens gegenüber den Zulieferern ist in Abhängigkeit von der Größe und dem Grad der Unabhängigkeit des Lieferanten zu beurteilen. Sie sollte am ausgeprägtesten vorhanden sein, wenn das Unternehmen von einer

---

[247] SCHERHORN 1975, S. 21, als Beispiel nennt er das Auto.
[248] Vgl. SCHMIDTCHEN 1978, S. 153-167.

Vielzahl kleinerer Firmen beliefert wird, die zu dem Kundenunternehmen faktisch in einer Art Ausschließlichkeitsbeziehung stehen. Das belieferte Unternehmen könnte eine solche Situation dazu ausnutzen, sogenannte Knebelverträge abzuschließen, d.h. seine Stellung zur Durchsetzung besonders vorteilhafter Bedingungen (Preise, Zahlungsbedingungen) zu verwenden. Abgesehen von ethischen Überlegungen erscheint diese Verhaltensweise auch bei einer langfristigen ökonomischen Betrachtung als unangemessen, da z. B. der Gesichtspunkt einer sich bildenden Marktgegenmacht unberücksichtigt bleibt.

(e) Kommune und Gesellschaft

Mit diesen beiden Interessenträgern werden abschließend die Pole eines breiten Spektrums angesprochen, das auch die Beziehungen zum Gesetzgeber auf Landes- und Bundesebene sowie das Verhältnis zu den verschiedenen Verbänden, Parteien, Kirchen und sonstigen gesellschaftlichen Gruppierungen (z. B. Bürgerinitiativen) umfaßt. Interessen der Kommune (vor allem in bezug auf Abgaben und Steuern) werden bei jeder Standortentscheidung, aber auch bei betrieblichen Sozialleistungen (z. B. Wohnungsbauförderung, Sportförderung), bei kulturellen Leistungen und im Umweltschutzbereich berührt. Betriebsum- und -ausgliederungen, arbeitsplatzvernichtende Rationalisierungsmaßnahmen und sonstige Sparprogramme betreffen die Bürger ebenfalls in direkter Weise.

Strategische Entscheidungen tangieren in der Regel eine Vielzahl von Interessen. Eine Strategie der Standortverlagerung berührt z. B. die Interessen der bisherigen und der neuen Kommune, der Arbeitnehmer, der Kunden und der Lieferanten. Alle diese Interessen sind in die strategischen Überlegungen einzubeziehen und entsprechend zu würdigen.[249] Die Erfassung der möglichen Bezugsgruppen und deren Interessenartikulierung stellt eine Voraussetzung für das Verständnis des im folgenden näher zu behandelnden Problems der gesellschaftlichen Verantwortung dar.

4.1.2 Übernahme gesellschaftlicher Verantwortung

Es kann kein Zweifel daran bestehen, daß die Idee der »gesellschaftlichen Verantwortung des Unternehmens« heute zumindest in der Literatur vielfach als eine selbstverständliche Forderung empfunden wird. Auf der anderen Seite besteht jedoch eine beträchtliche Diskrepanz zwischen dem in der theoretisch-wissenschaftlichen Diskussion vertretenen Anspruch und dem praktischen Vollzug dieser Forderung; darüber können auch die sicherlich ernstgemeinten, aber in der Regel kaum operationalen Formulierungen in den »Führungsgrundsätzen« oder »Unternehmensphilosophien« mancher Unternehmen nicht hinwegtäuschen.

---

[249] Siehe dazu das Beispiel aus der Automobilbranche bei VACANO 1979, S. 159 f.

Die Überschrift zu diesem Abschnitt ist deshalb normativ aufzufassen. Gleichzeitig soll aber gezeigt werden, in welcher Weise die dem globalen Rahmen der Unternehmenstätigkeit zuzurechnende Forderung in einen einzelwirtschaftlichen Vollzug gebracht werden kann. Die dazu notwendigen Voraussetzungen sind ebenso zu erläutern wie die Schwierigkeiten bei der praktischen Verwirklichung dieses Anspruchs. In der Forderung nach Übernahme gesellschaftlicher Verantwortung durch das Unternehmen kommt das Kriterium der Gesamtverantwortung zum Ausdruck (siehe Abschnitt 4.1.4).

Begriff und Notwendigkeit der gesellschaftlichen Verantwortung des Unternehmens

(a) Begriffliche Vorbemerkung

Dem Begriff der gesellschaftlichen Verantwortung (sozialer Verantwortung) des Unternehmens werden in der Literatur drei inhaltliche Schwerpunkte zugeordnet[250]:
(1) Die Beachtung der Interessen aller Bezugsgruppen des Unternehmens bei den unternehmerischen Entscheidungen;
(2) der Ausgleich widerstreitender Interessen durch das Management;
(3) die Erwirtschaftung eines ausreichenden Gewinns als Voraussetzung für die zusätzliche Ausübung von sozialen Aktivitäten.

Mit Recht hat PICOT darauf hingewiesen, daß diese Begriffskomponenten nicht operational formuliert sind und nicht angeben, was z. B. unter einem »ausreichenden Gewinn« zu verstehen ist oder in welcher Weise konfligierende Interessen zum Ausgleich gebracht werden können[251]. »Gesellschaftliche Verantwortung des Unternehmens« ist als reines Schlagwort anfällig für eine ideologische Verwendung und droht zu einer Leerformel zu werden. PICOTS Gegenvorschlag lautet: »Unter sozial-verantwortlichem Handeln werden alle freiwilligen Verhaltensweisen einer Unternehmung zusammengefaßt, die auf die Beseitigung von gesellschaftlich als bedeutsam angesehenen Problemen (z. B. Erhaltung der natürlichen Umwelt und Lebensgrundlagen) gerichtet sind und die innerhalb des Planungshorizonts nicht der Unterstützung des einzelwirtschaftlichen Rentabilitätsstrebens dienen, sondern die einen Verzicht auf mittel- und langfristige Rentabilitätsaussichten bedeuten.«[252] PICOTS Definition ist ebenfalls nicht operational (was sind »gesellschaftlich als bedeutsam angesehene Probleme«?) und außerdem an zwei Stellen erweiterungs- bzw. korrekturbedürftig. Erstens kann ein sozialverantwortliches Handeln auch durch Gesetze erzwungen werden. Zweitens kann nicht vom Begriff her bereits angenommen werden, daß z. B. der Verzicht auf die Herstellung und den Vertrieb umweltschädlicher Produkte von vornherein mit

---

[250] Siehe STEINMANN 1973, S. 467 f.
[251] Vgl. PICOT 1977, S. 23 f.
[252] PICOT 1977, S. 27.

einer Gewinneinbuße identisch ist. BOWMANS Analysen der Geschäftsberichte von 82 Unternehmen der Nahrungsmittelindustrie haben z. B. ergeben, daß gesellschaftlich verantwortlich geführte Unternehmen teilweise höhere Rentabilitätswerte als andere Betriebe erzielten.[253] BOWMAN schloß hierbei von Aussagen im Jahresabschluß über geplante und durchgeführte Aktionen und von entsprechenden Ausgaben auf ein sozial verantwortliches Handeln. Nach BÖHM liegen die Ursachen für eine positive Korrelation zwischen sozial verantwortlicher Unternehmensführung und Gewinnerzielung darin, daß qualifizierte Manager sich entweder aufgrund ihres individuellen Wertesystems oder unter Druck von außen bewußt gesellschaftlich verantwortlich verhalten und die Bezugsgruppen dieses Handeln in entsprechender Weise honorieren[254]. Das Praktizieren sozialer Verantwortung dürfte also – zumindest langfristig betrachtet – im wohlverstandenen Eigeninteresse des Unternehmens liegen.[255] BOWMAN[256] stellt allerdings fest, daß die Rentabilität bei einem mittleren Ausmaß an sozialer Verantwortung maximal ist. Außerdem muß man bedenken, daß Rentabilität das Ergebnis auch zahlreicher anderer Einflußfaktoren außer der sozialen Verantwortung ist.[257] Die Schwierigkeiten, soziale Verantwortung und ihren Einfluß im Unternehmen zu messen, betont auch ALBACH.[258]

Diese Ausführungen sollen aber nicht verwischen, daß der beschriebene Konfliktfall zwischen den unterschiedlichen Interessen (z. B. der Aktionäre und der Mitarbeiter) eintreten kann. Dies hat wohl auch BÖHM im Auge, wenn er die Idee der gesellschaftlich verantwortlichen Unternehmensführung wie folgt definiert: »Das Top-Management von Großunternehmen soll sich darüber klar werden, welche Interessen welcher verschiedenen Bezugsgruppen durch seine Führungsentscheidungen in welcher Weise tangiert werden. Es soll nach Möglichkeit alles unterlassen werden, was die Interessen dieser Gruppen verletzen könnte. Bei konfligierenden Interessen soll es Aufgabe des Managements sein, schiedsrichterlich einen gerechten Ausgleich herbeizuführen.«[259] Kritisch anzumerken ist, daß BÖHM die soziale Verantwortung auf Großunternehmen beschränkt.

Auf BÖHMS Begriffsbestimmung trifft zwar die oben geäußerte Kritik der Nichtoperationalität prinzipiell ebenfalls zu. (Was soll unter einem »gerechten Ausgleich« verstanden werden? Worin besteht die Beeinträchtigung der Interessen? Wie werden diese ermittelt?) Dennoch stellt sie eine brauchbare Grundlage für Handlungsempfehlungen dar, zumal auch die mögliche Verträglichkeit ökonomischer und ökologischer Interessen nicht ex definitione ausgeschlossen wird. Diese Definition soll deshalb auch den weiteren Überlegungen zugrunde gelegt werden.

---

[253] Vgl. BOWMAN 1974, S. 26.
[254] Vgl. BÖHM 1979, S. 89 f.
[255] So auch ULRICH 1990, S. 154 f.
[256] Vgl. BOWMAN 1974, S. 26 und 28 f.
[257] Vgl. BOWMAN 1974, S. 29.
[258] Vgl. ALBACH 1976 a, S. 742.
[259] BÖHM 1979, S. 61.

Als Abschluß dieser Überlegungen sei auf ein konkretes Beispiel für den zu fordernden Inhalt von sozialer bzw. moralischer Verantwortung des Unternehmens gegenüber Mitarbeitern und speziell gegenüber Kunden verwiesen, nämlich auf die Pharmaindustrie.[260] So wird z. B. die Forderung erhoben, daß der Patient bei klinischen Versuchen so wenig Schaden wie möglich nehmen und frei entscheiden solle[261]; die auf den Markt gebrachten Produkte sollten so sicher wie möglich sein[262]; auch gesellschaftliche Wirkungen sollten berücksichtigt werden.[263] Weiter wird ein verantwortliches Handeln auch gegenüber anderen Interessenten gefordert.[264]

Von RAFFÉE stammt der Vorschlag, das Lösungspotential des Marketings für die Bewältigung der prinzipiellen Herausforderung der achtziger Jahre einzusetzen. Er fordert in diesem Zusammenhang ein »Marketing in Verantwortung«, das die Bindung an eine einseitig gewinngesteuerte Unternehmensphilosophie aufgibt und den »Defiziten und Deformationen der Konsumgesellschaft« entgegenwirkt. Als Kernpunkt einer solchen Konzeption wird ein »Lernen des Loslassens« bezeichnet, im Sinne der Vertauschung des »Haben-Modus« mit dem »Seins-Modus« von E. FROMM.[265]

(b) Notwendigkeit

Die Wahrnehmung gesellschaftlicher Verantwortung durch das Unternehmen[266] wird hier für notwendig gehalten. Bevor auf die Pro-Argumente einzugehen ist, sollen die Argumente gegen eine solche Verpflichtung zusammengefaßt dargestellt werden.

Es kann nicht unerwähnt bleiben, daß die Forderung nach sozialer Verantwortung erbitterte Gegner hat, wenn dieses Postulat auch vielfach den Rang einer herrschenden Meinung beansprucht.[267] MILTON FRIEDMAN, ein prominenter Kritiker, vertritt die Position, daß die zusätzliche Ausübung gesellschaftlich relevanter Verpflichtungen die Gefahr einer Vernachlässigung der eigentlichen markt- und gewinnbezogenen unternehmerischen Aufgaben beinhalte und letztlich zur Auflösung des freiheitlich-marktwirtschaftlichen Systems führe.[268]

Eine – schwächere – Kritik richtet sich gegen die leerformelhafte Verwässerung der Konzeption. Sie ist zweifellos berechtigt, hebt aber die Notwendigkeit der gesellschaftlichen Verantwortung nicht auf. Auf die aus der

---

[260] Vgl. BÖCKLE 1976, S. 94-98; HANNSE 1976, S. 99-103; ALBACH 1976 b, S. 109-113.

[261] Vgl. BÖCKLE 1976, S. 95.

[262] Vgl. HANNSE 1976, S. 102.

[263] Vgl. BÖCKLE 1976, S. 97.

[264] Z.B. gegenüber Mitarbeitern durch Ermöglichung von Aus- und Weiterbildung vgl. HANNSE 1976, S. 101.

[265] Siehe RAFFÉE 1982, S. 88.

[266] Zu den Motiven vgl. MIETTINEN 1980, S. 81-84.

[267] Vgl. die Zusammenfassung zur ideologischen, praxeologischen, ökonomischen, politologischen und juristischen Kritik bei ULRICH 1977, S. 217-222.

[268] Vgl. FRIEDMAN 1971.

mangelnden Operationalität entspringende Rechtsunsicherheit sowie auf das mögliche Versagen des Gesetzgebers bei divergierenden einzelwirtschaftlichen und gesellschaftlichen Interessen verweist z. B. STEINMANN.[269] Außerdem ist es fraglich, ob ein Unternehmen überhaupt beurteilen kann, inwieweit seine Produkte gesellschaftlich notwendig sind oder nicht. Der Gegenvorschlag der Kritiker lautet deshalb auch, die legitimierten öffentlichen Instanzen mit der Bewältigung der sozialen Probleme zu beauftragen und so einen demokratischen Abstimmungsprozeß an die Stelle einer unkontrollierten Aufgabenerfüllung durch das Management eines Unternehmens treten zu lassen.[270] Konkret werden an Unternehmen vorrangig drei sozio-ökonomische Verpflichtungen herangetragen. Zunächst geht es um die Bereitstellung von Arbeitsplätzen als Existenzvoraussetzung der erwerbstätigen Bevölkerung. Die weiteren Forderungen liegen in der Beseitigung negativer externer Effekte und zuletzt in der Einschränkung von Machtmißbrauch.[271]

Die Notwendigkeit einer besonderen gesellschaftlichen Verpflichtung gegenüber den übrigen Bezugsgruppen läßt sich auch dem »ehernen Gesetz der Verantwortung« entnehmen. Wie DAVIS/BLOMSTROM nachgewiesen haben, verliert auf die Dauer jede Institution ihre Macht, wenn sie diese nicht verantwortungsvoll einsetzt.[272] Zahlreiche Beispiele aus der Wirtschafts- und Sozialgeschichte belegen die Gültigkeit dieser im politischen Bereich entwikkelten These für das Unternehmen.[273] Auch ULRICH[274] plädiert für die Berücksichtigung gesellschaftlicher Ansprüche durch die Unternehmung, um nicht durch passives Verhalten dem Staat die Problemlösungen zu überlassen. Die weitgehende gesetzliche Regelung des Umweltschutzes unterstreicht nachdrücklich die von DAVIS/BLOMSTROM aufgestellte These. Durch seine Gesetzgebung reagiert der Staat auf fehlerhaftes Verhalten von Unternehmungen und schränkt deren Handlungsspielraum ein. Der Staat sorgt auf diese Weise auch dafür, daß die Möglichkeiten der »free rider« eingedämmt und alle Unternehmen z. B. durch einheitliche Bedingungskonstellationen gleichmäßig zur sozialen Verantwortung herangezogen werden. Diese Forderung spielt auch in der ethischen Diskussion eine wichtige Rolle.[275]

Voraussetzungen und Grenzen der praktischen Durchsetzung

Neben der bereits genannten begrifflich-operationalen Kennzeichnung gesellschaftlich-verantwortlichen Handelns ist eine weitere wichtige Voraussetzung für die praktische Umsetzung der Forderung in der Bereitschaft des Managements zu sehen, einen Prozeß der Bewußtseinsbildung zu durchlaufen

---

[269] Vgl. STEINMANN 1973, S. 469.
[270] Vgl. ULRICH 1977, S. 222 f.
[271] Vgl. ABELS 1985, S. 98.
[272] Vgl. DAVIS/BLOMSTROM 1971, S. 94 f.
[273] Vgl. dazu STEINER/STEINER 1977, S. 4-75.
[274] Vgl. ULRICH 1990, S. 26.
[275] Siehe dazu im einzelnen KREIKEBAUM 1996.

und für die ökologischen Auswirkungen ökonomischer Entscheidungen sensitiv zu werden.

Dieser Prozeß beginnt mit einer Verdeutlichung des vom Manager geforderten professionellen Berufsethos. Dies wird konkretisiert durch eine unterstützende Haltung gegenüber dem staatlichen Gesetzgeber und seinen Organen.[276] Ebenso wie das Management haben auch die übrigen Interessengruppen ein Stück sozialer Verpflichtung für das Unternehmen und die Gesellschaft zu tragen. Dieser Gesichtspunkt wird leicht übersehen, wenn man wie CARL AMÉRY für einen Vorrang ökologischer gegenüber ökonomischer Zielsetzungen plädiert.[277] Gefordert ist ein »neuer Lebensstil« im Sinne einer grundlegenden persönlichen Umorientierung auch der Unternehmensleitung. Werte wie Naturbeherrschung, Materialismus und Egoismus haben zugunsten korrigierender Werte wie Bescheidenheit und Solidarität, Spontaneität und Naturgemäßheit zurückzutreten.[278] Nicht selten wird die Bedeutung einer solchen Neuorientierung verkannt und es fehlen die entsprechenden Fähigkeiten, mit sozialen Verpflichtungen unzugehen. Es bedarf folglich neben der Bewußtseinshaltung auch der Entwicklung einer »societal response capability«[279].

Die Grenzen der Durchsetzung solcher Bewußtseinshaltungen und Grundeinstellungen liegen auf der Hand. Es handelt sich um eine Art moralischer Selbstverpflichtung insbesondere des Managements, die nicht durch politische Appelle entwickelt werden kann, sondern nur durch einen Akt individueller Selbstbesinnung und Umkehr (metanoia). Allgemein ist zu beobachten, daß die Unternehmen vorhandene Signale verstanden haben und sich einer Forderung nach einer gesellschaftlichen Verantwortung zumindest teilweise aufgeschlossen gegenüber verhalten.[280] Die Unternehmen beginnen generell, Ansprüchen und Gesellschaft gegenüber sensitiv zu werden. Das Unternehmen versteht sich zunehmend als eine quasipolitische Institution und reagiert seismographisch auf Veränderungen der Umwelt.

Wenn man sich gegenüber der Forderung nach gesellschaftlicher Verantwortung in der Praxis überwiegend noch zurückhaltend verhält, so hängt dies auch mit der zunehmenden gesetzlichen Reglementierung der unternehmerischen Tätigkeit schlechthin zusammen. Eine ausweichende Haltung wird als erlaubt angesehen, wenn sie sich im Rahmen der Legalität bewegt.

Dem Gesetzgeber sind diese Reaktionen selbstverständlich bekannt. Es zeigen sich darum Tendenzen, den Betroffenen einen Spielraum der Freiheit und Eigenständigkeit einzuräumen und auf diese Weise den gesetzlichen Rahmen z. B. durch die Sozialpartner selbst ausfüllen zu lassen.[281] In der Tat können die Unternehmen auf der individuellen und kollektiven Ebene auch durch

---

[276] Siehe ULRICH 1977, S. 223.
[277] Vgl. AMÉRY 1976, insbesondere S. 53-59 S. 195-206.
[278] Siehe dazu WENKE/ZILLESSEN 1978, S. 48-51.
[279] ANSOFF/McDONNELL 1990, S. 212.
[280] Vgl. ULRICH 1977, S. 214; GÖBEL 1992, S. 46.
[281] Vgl. dazu die Bestimmungen zum autonomen Arbeitsschutz in den §§ 90, 91 BetrVG von 1980.

freiwillige Leistungen auf Signale staatlicher Instanzen reagieren und so die gesetzgeberischen Eingriffe wenn schon nicht verhindern, so doch bremsen. Ein weiterer Grund für die Zurückhaltung der Unternehmen im Hinblick auf freiwilliges sozialverantwortliches Verhalten liegt darin, daß durch die Widersprüchlichkeit und mangelnde Operationalität der Forderungen das Management keine eindeutige Verhaltensweise entwickeln kann.

Auch PICOT äußert sich skeptisch zur freiwilligen Verwirklichung der sozialen Verantwortung. Zum Ergebnis seines Modells stellt er fest, daß sich nur dann alle Unternehmen gleichzeitig sozialverantwortlich verhalten, wenn nicht ein Unternehmen befürchten muß, daß sich seine Konkurrenten durch Verzicht auf soziale Verantwortung kurzfristig Vorteile verschaffen. Ein gemeinsames sozialverantwortliches Verhalten ist jedoch nur unter den beiden folgenden, in der Realität oft nicht anzutreffenden Bedingungen wahrscheinlich[282]:

- Zwischen den Unternehmen existiert keine Konkurrenz.
- Zwischen den Unternehmen kommt aufgrund von Kommunikation und Koordination ein abgestimmtes sozialverantwortliches Verhalten zustande.

Aufgrund dieser und anderer Probleme kommt PICOT zu dem Schluß, daß freiwilliges soziales Verhalten als ein selbständiger Zweck in einer dezentral organisierten Wirtschaft kaum durchzusetzen ist.[283] Für eher realisierbar hält er soziale Verantwortung als Mittel zur Gewinnerzielung.

Eine realistische Betrachtungsweise wird also davon ausgehen müssen, daß die freiwillige Übernahme von sozialer Verantwortung sich im allgemeinen in dem Rahmen bewegen wird, der von seiten des Unternehmens durch die Verfolgung der primären Leistungs- und Ertragsziele abgesteckt ist. Als Strategie, mit deren Hilfe das Management generell die Interessen Externer berücksichtigen kann, führt PICOT die der Information und der Partizipation der Interessenten an (als eine weitere Strategie wird die Vernachlässigung dieser Interessen genannt).[284]

Zusammenfassend kann festgestellt werden, daß die Bereitschaft zur Übernahme sozialer Verantwortung in jüngster Zeit auch deshalb tendenziell zugenommen hat, weil sich zunehmend ein Wertewandel auf seiten des Managements abzeichnet.[285] Man wird jedoch realistischerweise sagen müssen, daß die Führungskräfte ihre gesellschaftliche und ökologische Verantwortung im allgemeinen nicht losgelöst von den ökonomischen Interessen der von ihnen vertretenen Unternehmen sehen und wahrnehmen.[286]

---

[282] Vgl. PICOT 1977, S. 30.
[283] Vgl. zum folgenden PICOT 1977, S. 31-38.
[284] Vgl. PICOT 1980, S. 77-79.
[285] Siehe dazu u.a. BARGEL 1979 und v. ROSENSTIEL 1986.
[286] Vgl. HUNZIKER 1980, S. 99-104.

4.1.3 Ökologische Anforderungen

In der Forderung nach Berücksichtigung ökologischer Gesichtspunkte findet insbesondere das Kriterium der Offenheit (für nicht ökonomische Bedingungen) seinen Ausdruck. Die ökologischen Anforderungen an das wirtschaftliche Handeln kommen in zwei Formen konkret zum Ausdruck: Erstens in begrenzten Ressourcen auf der Input-Seite, zweitens in einer zunehmenden Umweltverschmutzung auf der Output-Seite. Das nachstehende Schaubild macht die bestehenden Abhängigkeiten deutlich:
Wirtschaften muß auf die Versorgungs- und Entsorgungsleistungen der Natur ausgerichtet sein.[287] Auf diese Tatbestände wird in zusammengefaßter Weise eingegangen, bevor die Forderung nach einem qualitativen Wachstum begründet wird. Die sich daraus ergebenden Konsequenzen für den Inhalt der strategischen Planung werden im Kapitel 4.2 behandelt.

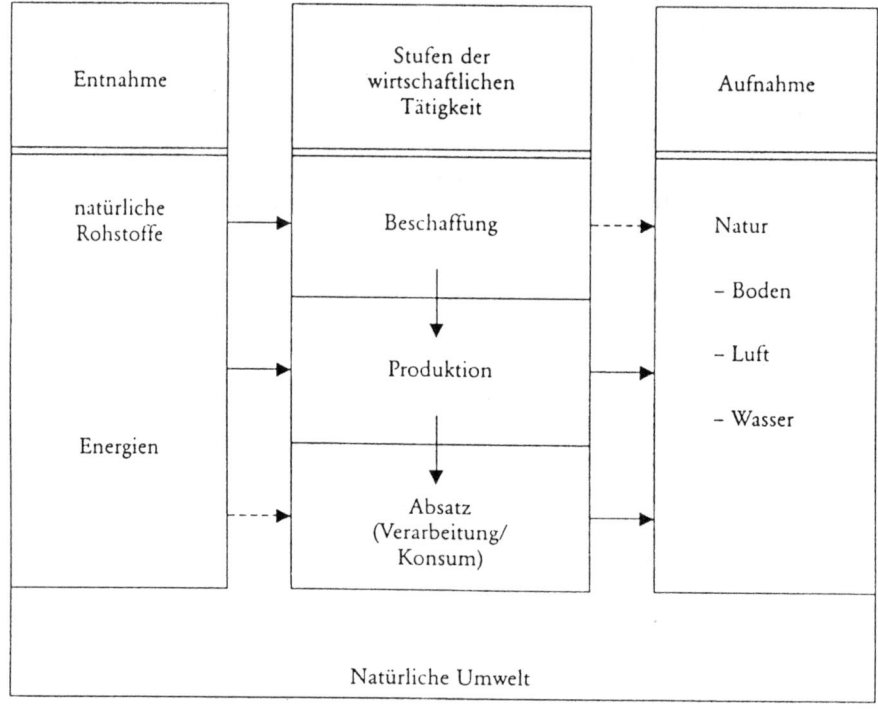

Abb. 4.2: Die Einbettung der Wirtschaft in die Natur

---

[287] Siehe zu ökologisch verträglichem Wirtschaften Zabel 1993 und zu den ökonomischen Funktionen der Umwelt Strebel 1994, S. 758-762.

Sparsame Verwendung begrenzter Ressourcen

Das Unternehmen entnimmt der Umwelt Rohstoffe und Energien und gibt wiederum Güter und Dienstleistungen nach außen ab. Bei einer Vorstellung von der Wirtschaft als einer »Durchflußökonomie« (»Cowboy economy«) gewinnt der Prozeß der Verarbeitung Priorität vor den Problemen der Beschaffung. Die Umwelt wird hierbei als quasi-unerschöpfliches Reservoir von Materie und Energie angesehen.

In einer auf der Konzeption der »Rückflußökonomie« (»Space economy«) fußenden Wirtschaft werden die Einsichten in die ökologischen Abhängigkeiten und natürlichen Begrenzungen des Wirtschaftens dagegen zu einem sparsamen Umgang mit Wasser, Luft und Rohstoffen einschließlich der nicht erneuerbaren Energie führen. Hier verläuft die Denkrichtung von der Rohstoff- und Energieverfügbarkeit hin zu den damit in Einklang stehenden Wachstumsmöglichkeiten. In einer gleichermaßen an ökonomischer und ökologischer Rationalität orientierten Wirtschaft gilt es, haushälterisch mit den verfügbaren Ressourcen umzugehen. Dabei sind zwei Erkenntnisse zu beachten.

Erstens haben wir ceteris paribus (d.h. vor allem bei Vernachlässigung des technischen Fortschritts) auch in Zukunft von einer exponentiellen Zunahme der Förderung und des Verbrauchs von nicht erneuerbaren Rohstoffen auszugehen.[288]

Zweitens weisen alle Anzeichen darauf hin, daß zeitliche Schranken für die Ausschöpfung der vorhandenen Bodenschätze und Rohstoffreserven bestehen, die bei einigen Metallen schon bald erreicht sein werden, während sie bei anderen Rohstoffen und Energieträgern erst später eintreten. Die auf der Annahme eines gleichbleibenden Jahresverbrauchs beruhende »statische Lebensdauer« ist größer als die »dynamische Lebensdauer«, der die oben dargestellte Prämisse eines kontinuierlich wachsenden Ressourcenverzehrs zugrunde liegt. Die Nutzungsdauer der Rohstoffe kann aber durch Rezyklierung verlängert werden. Zu beachten sind auch Substitutionsmöglichkeiten der bestehenden Rohstoffe und Energiearten durch neue.[289] In diese Richtung zielen das Kreislaufwirtschafts- und das Abfallgesetz der Bundesrepublik Deutschland, die Ende 1994 verkündet wurden und den Kreislaufgedanken aller Stoffströme in den Vordergrund stellen.[290]

Vermeidung von Umweltverschmutzung

Die Umwelt nimmt als Ergebnisse des Produktionsprozesses sowohl Güter aller Art als auch die bei der Fertigung auftretenden Schadstoffe auf. Ebenso wie der Vorrat an Ressourcen beim gegenwärtigen Stand der Technik als endlich und begrenzt angesehen werden muß, erreicht auch die Umweltbelastung ökologische Grenzen und beeinflußt die Lebensbedingungen des

---

[288] Vgl. ZORN 1979, S. 604-606.
[289] Vgl. KÖHLER 1980, S. 24-33; v. WEIZSÄCKER 1979, S. 65.
[290] Vgl. WAGNER/MATTEN 1995, S. 578-583.

»Raumschiffs Erde«. Nicht ohne Grund werden die globalen Gefahren zunehmend auf eine veränderte Risikosituation im Bereich der Naturkatastrophen zurückgeführt.[291] Die tatsächlichen Auswirkungen der Umweltschäden hängen davon ab, in welchem Maße die Schadstoffe abgebaut werden können und wie stark die Umwelt belastet wird. ILLICH hat in diesem Zusammenhang darauf aufmerksam gemacht, daß allein die Massenhaftigkeit des Gebrauchs von Gütern und Dienstleistungen Verstopfungstatbestände und damit »Kontraproduktivität« entstehen läßt, die den mit der Bedarfsdeckung beabsichtigten Nutzen wieder aufheben können.[292] So werden oft zusätzliche wirtschaftliche Maßnahmen notwendig, um die negativen Folgen anderer wirtschaftlicher Maßnahmen zu beseitigen. Solche Kontraproduktivitäten (z. B. die negativen Auswirkungen des Automobilverkehrs) lassen sich nicht durch isoliert durchgeführte Verbesserungsinvestitionen (z. B. Ersatz des Ottomotors durch den Elektromotor) oder durch eine Rationalisierung des Herstellungsverfahrens (z. B. Kosten- und Preissenkung beim Elektromotorenbau) beseitigen, sondern letztlich nur durch alternative Technologieangebote wie z. B. ein umweltfreundliches Angebot an Nah- und Fernverkehrsmöglichkeiten.[293] Ein sinnvolles umweltpolitisches Konzept trägt diesen Versäumnissen durch die Anwendung des Vorsorge-, des Verursacher- und des Kooperationsprinzips Rechnung. Der mit der aktiven Umweltpolitik einhergehende Nachteil liegt in einer Regelungsdichte im Umweltrecht, die unternehmerische Handlungsräume spürbar einengt.[294]

Da in der Vergangenheit die Umweltnutzung sowohl auf der Inputseite (bei den sogenannten freien Gütern) als auch auf der Outputseite zum Nulltarif erfolgte, ergab sich eine tendenzielle Verschiebung von den umweltfreundlichen zu den umweltschädigenden Produkten und Produktionsverfahren. Die damit verbundene Schadstoffakkumulation führte zu einer verringerten Umweltqualität, ohne gleichzeitig zu einer entsprechenden Entsorgung anzureizen. Außerdem blieb bei der teilweise kostenlosen Nutzung von Ressourcen die Überlegung außer acht, daß die vorhandenen Reserven im Interesse nachfolgender Generationen nicht kurzfristig verbraucht werden dürfen, sondern langfristig schonend zu behandeln sind.[295] Diese Zusammenhänge lassen sich bereits bei der Planung berücksichtigen. In starkem Maße sind davon die Wahl der Produktionstechnologie und die Produktpolitik betroffen. So muß eine ökologische Produktpolitik nicht nur den Ressourcenverbrauch und die Umweltbelastungen während der Produktionsphase, sondern auch während aller vor- und nachgelagerten Phasen in ihre Produktplanung einbeziehen, um den ganzheitlichen ökologischen Anforderungen gerecht zu werden, denn sonst werden nur ökologisch suboptimale Lösungen erzielt.[296]

---

[291] Vgl. MEFFERT/KIRCHGEORG 1992, S. 5.
[292] Vgl. ILLICH 1975, S. 50-62.
[293] Vgl. MENSCH 1976, S. 32-37.
[294] Vgl. COENENBERG u. a. 1994, S. 81-82; siehe zu den Prinzipien und Instrumenten des Umweltrechts SCHMIDT/SANDNER 1996, S. 420-428.
[295] Vgl. zu den Folgen des Nulltarifs der Umweltnutzung SIEBERT 1978, S. 187 f.
[296] Zur ökologischen Produktpolitik siehe Türck 1991, S. 31-139.

Die Forderung nach einem qualitativen Wachstum als Konsequenz begrenzter Ressourcen und gestiegener Umweltbelastung

Die bisherige Analyse hat ergeben, daß die Konzentration auf ein rein quantitatives Wirtschaftswachstum nicht nur nichts zur Lösung der beschriebenen Probleme beigetragen, sondern diese geradezu mitverursacht hat.

Diese Behauptung versuchte der Club of Rome anhand eines Simulationsmodells zu belegen.[297] Das Modell enthält Aussagen über die folgenden Entwicklungen und deren Zusammenhänge:

- Beschleunigte Industrialisierung,
- rapides Bevölkerungswachstum,
- weltweite Unterernährung,
- zunehmende Ausbeutung der Rohstoffreserven,
- zunehmende Umweltverschmutzung.

Nach Aussage der Forscher ist aufgrund dieser Entwicklungen in absehbarer Zukunft eine Katastrophe zu erwarten, wenn nicht das globale Gleichgewicht wieder hergestellt wird (z. B. durch Konstanthalten von Kapital und Bevölkerung). Mit den Ergebnissen dieser Studie haben sich verschiedene Autoren kritisch auseinandergesetzt. Eine zusammenfassende Kritik findet sich bei SCHULZ[298]:

- Im sozialen und ökonomischen Bereich ist die Grundannahme eines andauernden exponentiellen Wachstums über sehr lange Zeiträume hinweg fragwürdig.
- Substitutionsbeziehungen (z. B. bei Rohstoffen) und technologischer sowie organisatorischer Fortschritt allgemein werden weitgehend vernachlässigt.
- Nur 0,1 % aller für das Modell benötigten Parameter sind hinlänglich genau bekannt.
- Soziale Anpassungsprozesse werden vernachlässigt.

Nach Aussage von SCHULZ[299] können aus diesem Modell für das einzelne Unternehmen nur wenige Schlüsse gezogen werden. Es kann aber dazu anregen, den angedeuteten Verknappungstendenzen zu begegnen, und zwar durch:

- Forschung auf den Gebieten der Substitutionstechniken und -ressourcen,
- Recyclingmaßnahmen und
- Verringerung der Umweltbelastung.

In ihrem neuen Buch kommen MEADOWS/MEADOWS/RANDERS zu dem Ergebnis, daß die Grenzen der Nutzung zahlreicher Ressourcen und die Anhäufung von Umweltgiften bereits überschritten sind – trotz aller inzwischen ergriffenen Maßnahmen zur Umweltschonung. Der von ihnen propagierte Ausweg besteht in der Entwicklung hin zu einer nachhaltigen Gesellschaft,

---

[297] Vgl. MEADOWS u. a. 1973.
[298] Vgl. SCHULZ 1973, S. 16-19.
[299] Vgl. SCHULZ 1973, S. 21.

die aufgrund eines weitsichtigen Verhaltens über alle Generationen existenz-
fähig bleibt.[300]
Um die Verknappungserscheinungen aufzufangen, wird von einigen Kriti-
kern die Forderung nach einem Nullwachstum abgeleitet.[301] Hier ist jedoch
zunächst auf die Tatsache hinzuweisen, daß das Wachstum in einer Marktwirtschaft nicht durch Regierungsbeschluß einfach gestoppt werden kann,
da es die Folge einzelwirtschaftlicher Bemühungen um höheren Gewinn
durch Ausdehnung der Produktion ist. Außerdem ist an mögliche gesamtwirtschaftliche Folgen des Nullwachstums zu denken.[302] Es erscheint also
zweifelhaft, ob auf Wachstum als ein Mittel zur Erreichung der genannten
Zwecke ganz verzichtet werden kann. Eine andere Frage ist, ob und in welchem Umfang in Zukunft überhaupt noch ein nennenswertes wirtschaftliches Wachstum zu erreichen sein wird. Eine wachstumsbegrenzende Bar-
riere, die in den letzten Jahren verstärkt diskutiert wird, ist die Problematik
der Entsorgungswirtschaft, insbesondere der begrenzten Deponiekapazitä-
ten.[303] Wie SIEBERT außerdem überzeugend nachgewiesen hat, ist von einem
Wachstumsstopp keine Verbesserung der Situation zu erwarten. Im Gegen-
teil: Schadstoffe werden auch weiterhin an die Umwelt abgegeben und beeinträchtigen deren Qualität. Außerdem können die für Umweltschutzmaßnahmen erforderlichen Investitionen bei einer stagnierenden Wirtschaft nur unter großen Schwierigkeiten finanziert werden.[304] Gefordert
wird deshalb eine Beseitigung des Nulltarifs der Umweltnutzung, um um-
weltschädigende Emissionen einzudämmen, Entsorgungsinvestitionen
durchführen zu können und die Entwicklung umweltfreundlicher Technologien zu fördern.[305] [306] Voraussetzung dafür ist die Festlegung von Normen
der Umweltbelastung. Eine weitere große Herausforderung besteht in der
Entkopplung wirtschaftlichen Wachstums von umweltbelastenden Wirkungen. Diesen Anforderungen kann in Phasen wirtschaftlichen Wachstums einfacher entsprochen werden als in Zeiten der Stagnation bzw. der
Rezession.[307]
Es geht also weniger um die Frage »Wachstum oder kein Wachstum?« als
vielmehr um den Grad der Umweltbeeinträchtigung. Ein Wachstum, das auf
die Vermeidung und Verringerung von Umweltschäden und auf die Beachtung ökologischer Regeln ausgerichtet ist, wird als »qualitatives Wachstum«

---

[300] Vgl. MEADOWS/MEADOWS/RANDERS 1992, S. 11-15, 250-259.
[301] Z.B. von MEADOWS u. a. 1973, S. 154.
[302] Z.B. höhere Arbeitslosigkeit, Verteilungskonflikte, weniger Entwicklungshilfe.
[303] Vgl. UFFMANN/WAGNER 1994; S. 613.
[304] Vgl. SIEBERT 1973, S. 77.
[305] Vgl. SIEBERT 1978, S. 188 f.; ZABEL 1994, S. 13 f.
[306] Zur Berücksichtigung externer Kosten durch Preise siehe auch BAUMOL 1974, S. 64
f.; MEYER-ABICH schlägt vor, Abgaben für die Umweltnutzung zu erheben, die etwas oberhalb der bei Vermeidung von Umweltschäden entstehenden Kosten liegen
(vgl. MEYER-ABICH 1974, S. 17).
[307] Vgl. TÖPFER 1990, S. 12 – 13.

bezeichnet.[308] Wir grenzen uns damit ab gegenüber allen weiten Auffassungen, die unter qualitativem Wachstum z. B. die Verlagerung des Wachstums auf die Bereiche Bildung, Sport, Kultur und Freizeit oder auf die Erzeugung kollektiver Güter verstehen.

Unter qualitativem Wachstum soll demgegenüber hier ein Wachstum verstanden werden, bei dem die Umweltbelastung je Produkteinheit verringert wird. Auf diese Weise können mögliche Kontraproduktivitäten vermieden und dennoch Wachstumsgewinne erzielt werden. Eine solche Wachstumsrichtung läßt sich durch nachstehende Forderungen konkretisieren:

- Substitution umweltschädigender durch emissionsarme Produkte und Produktionsverfahren.
- Ausschöpfen aller Möglichkeiten des integrierten Umweltschutzes und Recyclings.
- Konzentration der Forschungs- und Investitionspolitik auf die Entwicklung energie- und ressourcensparender Technologien.

Entscheidend für das Vorliegen eines qualitativen Wachstums ist, daß diejenigen Bereiche an Bedeutung gewinnen, die die Forderung nach ökologischer Rationalität erfüllen und dadurch zum qualitativen Wachstum beitragen.

Inzwischen wissen wir, daß sich die ursprüngliche These vom wachstumshemmenden Effekt der Umweltpolitik nicht bewahrheitet hat. Die Annahme eines durch gesetzliche Auflagen bewirkten Innovationsstaus gilt nur bei kurzfristiger Betrachtungsweise und bezogen auf den Typus der Nachrüstungsinvestitionen (»end-of-pipe-technologies«). Mehr und mehr gehen die Unternehmen jedoch in ihrer Produktionsstrategie dazu über, einen integrierten Umweltschutz anzustreben und ökologische Gesichtspunkte bereits in die Anlagenneuplanung einzubeziehen. Zudem werden mögliche negative Auswirkungen von Umweltschutzinvestitionen auf die Kapitalproduktivität bei einer langfristigen Betrachtungsweise im Sinne des Vorsorgeprinzips wieder aufgewogen durch positive Effekte bei den Umweltgütern und Schonung von natürlichen Ressourcen.[309] Es stimmt zwar, daß ein gewisser negativer Beschäftigungseffekt eintritt, und zwar infolge der administrativen Verzögerungen und Probleme bei den staatlichen Genehmigungsverfahren. Der Netto-Beschäftigungseffekt der Umweltschutzmaßnahmen ist nach den vorliegenden Untersuchungsbefunden aber eindeutig positiv. Er wurde für die zweite Hälfte der siebziger Jahre per saldo mit rund 250 000 Arbeitsplätzen pro Jahr veranschlagt.[310]

Die Forderung nach qualitativem Wachstum stellt eine wirtschafts- und gesellschaftspolitische Rahmenbedingung dar, die einzelwirtschaftliche Konsequenzen nach sich zieht. Diese sollen im Kapitel 4.2 behandelt werden.

---

[308] JÖHR spricht in diesem Zusammenhang von einer »Umweltökonomie«, die möglichst umweltschonende Wachstumsrichtlinien aufzeigen soll (vgl. JÖHR 1972, S. 89, S. 99-101). Siehe dazu auch WERNER 1975. S. 140 f.
[309] Vgl. dazu MEISSNER/ZINN 1984, S. 67 f.
[310] Siehe MEISSNER/HÖDL 1978; vgl. auch MEISSNER/ZINN 1984, S. 66 f.

4.1.4 Kriterien für die Gestaltung der strategischen Unternehmensplanung

Das Kapitel enthält eine Auseinandersetzung mit der Problematik normativer Werturteile und die Darstellung der Wertkriterien des Verfassers. Dem Leser sollen mögliche Kriterien vorgestellt werden, die bei der Bestimmung veränderter Planungsinhalte zugrunde gelegt werden können. In einer anschließenden Zusammenfassung sind u.a. die zwischen den Einzelkriterien bestehenden Abhängigkeiten zu erläutern.

Die Problematik der Verwendung wertender Beurteilungskriterien

Im folgenden wird kein Katalog »oberster Werte« vorgetragen, für den Allgemeingültigkeit beansprucht wird. Ein solches Vorgehen, wie es die sogenannte ethisch-normative Richtung in der Betriebswirtschaftslehre fordert, ist aus mehreren Gründen zu kritisieren.[311] Ein Haupteinwand besteht darin, daß primäre (echte) Werturteile nicht wahr oder falsch sein können und deshalb durch wissenschaftliche Forschungsmethoden nicht nachprüfbar oder rational begründbar sind.[312] Sie stellen damit keine gesicherten wissenschaftlichen Erkenntnisse dar. Es ist aber nicht zu verkennen, daß bei jedem wirtschaftlichen Handeln ein Werten stattfindet und jede wertende Stellungnahme an bestimmten Leitlinien orientiert ist, auch wenn dies ausdrücklich bestritten wird. Wenn man der Praxis Hilfestellungen geben will, darf man deshalb auch auf Werturteile, die allerdings keine Allgemeingültigkeit beanspruchen dürfen, nicht verzichten. Hinzu kommt, daß durch die Diskussion von Werturteilen in der Betriebswirtschaftslehre verhindert wird, daß die ansonsten vernachlässigten generellen Wertungen durch Fachfremde vorgenommen werden, denen oft die nötigen theoretischen und technologischen Kenntnisse fehlen.[313]

Um die logische Erschleichung von Werturteilen zu vermeiden, ist eine Offenlegung der jeweiligen Wertbasis zu fordern. Dieses Postulat entspricht auch dem Gebot der intellektuellen Redlichkeit. Ein solches Vorgehen wird auch von WÖHE, einem Vertreter der wertfreien Wissenschaft, akzeptiert[314]: Werturteile sollten im eigenen Namen und durch Äußerungen der persönli-

---

[311] Siehe dazu die zusammenfassenden Stellungnahmen bei RAFFÉE 1974, S. 60-64, und bei WÖHE 1993, S. 53-56.

[312] Primäre Werturteile sind solche im Begründungszusammenhang. Sie sind somit expliziter Bestandteil von erfahrungswissenschaftlichen Aussagen, die das Endprodukt der Forschung bilden. Hiervon zu unterscheiden sind insbesondere Werturteile im Entscheidungszusammenhang, d.h. Entscheidungen darüber, welche Probleme der Forscher überhaupt untersuchen will. Gleiches gilt für metawissenschaftliche Werturteile, durch die festgelegt wird, welche Erkenntnisziele nach welchen methodologischen Regeln eine Wissenschaft verfolgen soll (vgl. CHMIELEWICZ 1979, S. 211-216, S. 285-295).

[313] Vgl. zu Argumenten gegen die Werturteilsfreiheit CHMIELEWICZ 1979, S. 301-308.

[314] Vgl. WÖHE 1993, S. 56.

chen Überzeugung dargestellt werden, jedoch nicht im Namen der Betriebswirtschaftslehre als Wissenschaft. Bei einer klaren Unterscheidung zwischen wissenschaftlicher Erkenntnis und persönlichen Bekenntnissen können auch letztere zu einer nützlichen Diskussion von Problemen und zu deren Lösung führen.

In die Festlegung der Bewertungskriterien gehen sowohl sach- und forschungsbezogene wie auch persönliche Interessen und Überzeugungen ein. Sie kann deshalb in sehr unterschiedlicher Weise vorgenommen werden. Dies soll an einem Beispiel gezeigt werden, das im Rahmen der Diskussion über den »Alternativen« bzw. »Neuen Lebensstil« entwickelt worden ist.

In diesem Zusammenhang wird gefordert, daß die postindustrielle Gesellschaft im Gegensatz zur gegenwärtigen von nachstehenden Grundwerten geleitet werden müsse:

- Nichtmaterielle (kulturelle, geistige, politische) Aktivitäten (»symbolische Gratifikation«) ergänzend zu und anstelle von materiellen Bedürfnissen;
- Solidarität mit dem anderen durch Berücksichtigung der Allgemeinheit anstelle egoistischer Bedürfnisbefriedigung;
- Eine asketische Haltung des Verzichts, der Einfachheit und des Sich-Beschränkens anstelle hedonistischen Genußstrebens.[315]

Ein weiteres Beispiel für die Aufstellung eines Katalogs von Wertmaßstäben ist dem Bereich der Lebensqualität entnommen. Es ist wahrscheinlich, daß mit steigendem materiellen Wohlstand zunächst auch die »Lebensqualität« zunimmt, ab einer bestimmten Grenze jedoch eine abnehmende Tendenz aufweist.[316] Zur Sicherstellung einer als ausreichend betrachteten Lebensqualität werden als weltweit zu beachtende Normen und Ziele des menschlichen Zusammenlebens u.a. gefordert:[317]

- Das Überleben der Menschheit
- die Gewährung von Lebenschancen an die Menschen in den Entwicklungsländern, an Unterprivilegierte und Minderheiten
- die Sicherung der Würde und Selbstentfaltung der Person im Sinne der Menschenrechte
- die Achtung des tierischen und pflanzlichen Lebens (des Ökosystems)
- die Sicherung der Lebenschancen für die kommenden Generationen.

Die nachstehenden Bewertungskriterien stellen einen möglichen Rahmen dar, in dem die einzelwirtschaftlichen Probleme der strategischen Planung diskutiert werden können. Er ist geprägt durch ein christliches Menschenbild.[318] Dieses sozialethische Vorverständnis kann vom Leser geteilt oder abgelehnt

---

[315] Vgl. BARTELT 1978, S. 105-118.
[316] Siehe dazu WEIDNER/WEIDNER 1979, S. 22-25.
[317] Andere Kriterienkataloge zur inhaltlichen Bestimmung von Lebensqualität sind im Zusammenhang mit der Entwicklung sogenannter Sozialindikatoren zusammengestellt worden (vgl. hierzu z. B. SCHMIDTCHEN 1978, S. 155-158, und PICOT 1977 a, S. 156-168.
[318] Siehe dazu im einzelnen KREIKEBAUM 1996, S. 103-106.

werden. Unabhängig von der persönlichen Einstellung dazu wird man wahrscheinlich zu dem Schluß kommen, daß die Festlegung der strategischen Planung des Unternehmens nach den vorliegenden Informationen nicht mehr ohne den Aspekt einer »Zukunftssicherung und Zukunftsgestaltung unter globaler Sicht«[319] erfolgen kann. Die strategischen Entscheidungen des einzelnen Unternehmens sind damit eingespannt in eine umfassende Verantwortung für die Umwelt und für die kommenden Generationen.

Die folgende Auswahl von Bewertungskriterien hat eher exemplarischen Charakter und beansprucht weder Vollständigkeit noch Abgeschlossenheit. Sie ist orientiert an den bisherigen Erkenntnissen über die Notwendigkeit einer Einbettung ökonomischer in ökologisch-gesellschaftliche Probleme. Die Bewertungskriterien »Offenheit« und »Gesamtverantwortung« beziehen sich in erster Linie auf die inhaltlichen Fragen der strategischen Planung, während die Forderung nach »kooperativer Willensbildung« stärker auf den Entscheidungsprozeß sowie auf die organisatorischen Elemente ausgerichtet ist. Daneben sind jedoch auch andere Wirkungszusammenhänge zu beachten.

Einzelkriterien

Zunächst wird das Kriterium der kooperativen Willensbildung behandelt. Es findet seine Entsprechung in der Darstellung des Unternehmens als Träger unterschiedlicher Interessen (Kapitel 4.1.1). Die Forderung nach einer gesamtverantwortlich-solidarischen Einstellung des Unternehmens kommt in der Berücksichtigung unterschiedlicher Interessen durch Übernahme gesellschaftlicher Verantwortung zum Ausdruck (Kapitel 4.1.2). Einer Haltung der Offenheit für außerökonomische Abhängigkeiten entspricht schließlich die Beachtung ökologischer Anforderungen seitens des Unternehmens (Kapitel 4.1.3).

(1) Kooperative versus singulare Willensbildung

Unter kooperativer Willensbildung wird hier die Mitwirkung der von den strategischen Entscheidungen Betroffenen am Prozeß der Entscheidungsfindung im Rahmen der strategischen Planung verstanden. Sie kann sich in direkter oder in indirekter Form vollziehen und umfaßt sowohl die Unternehmensangehörigen selbst als auch unternehmensexterne Interessengruppen. Das Schwergewicht der kooperativen Willensbildung liegt zweifellos bei der Beteiligung der Mitarbeiter und damit der Gruppen des eigenen Unternehmens.

Das Kriterium der kooperativen Willensbildung ist ein Ausfluß der allgemein geltenden Forderung nach »Präsenz der anderen im eigenen Handeln«.[320] Es soll damit zum Ausdruck gebracht werden, daß die Kerngruppe und die unmittelbar an der strategischen Planung Beteiligten die von den strategischen Entscheidungen Betroffenen stärker als bisher bei strategischen Überlegun-

---

[319] WENKE/ZILLESSEN 1978, S. 57.
[320] RENDTORFF 1980, S. 46-48.

164

gen berücksichtigen sollten. Dabei sind unterschiedliche Grade der Beteiligung zu unterscheiden (z. B. in Analogie zum Betriebsverfassungsgesetz Mitwirkungs- und Mitbestimmungsrechte und deren Abstufungen).

Eine kooperative Willensbildung verfolgt das Ziel, Mängel und Einseitigkeiten individuell-singularer Entscheidungsbildung zu vermeiden und z. B. das vorhandene Know-how der Organisationsmitglieder besser auszunutzen. Dadurch können Fehlentscheidungen vermieden, der Alternativenspielraum bei der Suche nach neuen Produkt- und Marktmöglichkeiten erweitert und Problemlösungen herbeigeführt werden, deren Konsequenzen mit den Betroffenen gemeinsam erörtert werden. Auf diese Weise kann auch die Einführung neuer Instrumente und Entscheidungshilfen erleichtert und der Prozeß der Implementierung neuer Organisationsstrukturen verbessert werden.

Der kooperative Willensbildungsprozeß wird die genannten Vorteile erbringen, wenn gewisse Voraussetzungen beachtet werden. So sollten z. B. nur diejenigen von der strategischen Planung Betroffenen am Prozeß der Formulierung unternehmerischer Strategien beteiligt werden, die auch in der Lage sind, strategisch zu denken. Ferner ist zu beachten, daß die mit einer kooperativen Willensbildung verbundenen kollektiven Entscheidungsprozesse weniger effizient sein können als singulare Entscheidungen, da sie einerseits oft mehr Zeit beanspruchen, andererseits aber auch der Gefahr einer vorschnellen Konsensbildung unterliegen und unter Umständen zu »faulen« Kompromissen tendieren.

Durch geeignete Regeln ist deshalb dafür zu sorgen, daß auch bei hierarchisch unterschiedlich zusammengesetzten Gremien ein freier Informationsfluß und offene Kommunikationsformen möglich sind. Auch der Außenseiter darf seine Meinung nicht von vornherein unterdrücken lassen durch die Notwendigkeit, einen konsensfähigen Kompromiß zu finden. Neben den Kommunikationsregeln ist deshalb die Qualifikation und die personelle Zusammensetzung des Gremiums ausschlaggebend für das Gelingen einer kooperativen Willensbildung[321].

In Ausnahmesituationen kann es notwendig sein, die Auffassung der betroffenen Mitarbeiter auch unter Umgehung des direkten Vorgesetzen zu erfahren, falls dieser sich gegen einen sinnvollen Planungsbeitrag oder Verbesserungsvorschlag sperren sollte. Der Vorteil einer breiten Ausschöpfung des vorhandenen Know-hows der Mitarbeiter kann hier den Nachteil einer unmittelbaren Mitwirkung des Vorgesetzten an der Willensbildung übertreffen. Mit der Forderung nach kooperativer anstelle von individueller Willensbildung wird erreicht, daß die für die Geschäftsführung autorisierten Mitarbeiter der Kernorgane eines Unternehmens die Interessen der Satellitengruppen anhören und daß bestehende Konflikte offen ausgetragen werden. Nur so kann sich eine »politische Willensbildung im Betrieb« vollziehen, die genügend Unterstützung von der innerbetrieblichen und von der außerbetrieblichen Umwelt erhält.[322]

---

[321] Zu den Auswirkungen sozialpsychologischer Faktoren auf die Gruppenentscheidung vgl. LAUX 1979 a, S. 217-235. Zur modelltheoretischen Beachtung von Entscheidungen in Gruppen allgemein vgl. LAUX 1979.

[322] Vgl. KIRSCH/BAMBERGER/BERG/WEBER 1975, S. 173 f., S. 319 f.

(2) Gesamtverantwortung versus Verfolgung von Einzelinteressen

Aus den ökologischen Grenzen des Wachstums ist zu folgern, daß der wirtschaftende Mensch mit den vorhandenen Ressourcen schonend und pfleglich umgehen muß (»Gärtnerhaltung«). Von hier aus ergibt sich der Brückenschlag zur Wahrnehmung einer Gesamtverantwortung des Unternehmens für die Gestaltung des künftigen Wachstums. GÖBEL geht davon aus, daß Unternehmen grundsätzlich darum bemüht sind, sich verantwortlich zu verhalten, allerdings weniger für »allgemeine Menschheitsprobleme«, sondern gerichtet auf ihre originäre wirtschaftliche Arbeit.[323]

Allgemein ist eine Grundhaltung als verantwortlich zu bezeichnen, die nicht nur vom Eigeninteresse bestimmt wird, sondern sich von der Einsicht in bestimmte gesellschaftliche Notwendigkeiten leiten läßt. Voraussetzung für die Wahrnehmung einer übergreifenden Verantwortung des Unternehmens unter Hintansetzung individueller Interessen (»social responsiveness«)ist eine Haltung der Solidarität gegenüber den anderen Interessenträgern (Staat, Kommune, Lieferanten, Kunden, Mitarbeiter).

Verantwortlich handelt auch, wer die Konsequenzen des eigenen Handelns auf die Entscheidungen anderer Unternehmen betrachtet, denn alle haben letztlich den Schaden mitzutragen, den ein einzelnes Unternehmen der Allgemeinheit in Verfolgung kurzfristiger Eigeninteressen zufügt. Ein Unternehmen, das die bestehenden unternehmenspolitischen Freiräume nur zu seinen Gunsten ausnutzt, ohne gleichzeitig seine Verpflichtungen gegenüber der Allgemeinheit wahrzunehmen, handelt unverantwortlich. So hat PICOT anhand eines spieltheoretischen Modells (Zwei-Personen-Spiel mit variabler Summe) gezeigt, daß nur dann eine langfristige Existenzsicherung für alle Unternehmen zu erreichen ist, wenn sich alle Beteiligten sozial verantwortlich verhalten. Geschieht dies nicht, so entstehen zwar kurzfristige Rentabilitäts- und Wachstumsvorteile für einzelne Unternehmen, die aber eine langfristige Existenz- und Systemabsicherung in Frage stellen.[324] Die Gegenposition nimmt der »free rider« ein, der auf Kosten derjenigen Unternehmen lebt, die ihre soziale Verantwortung ernst nehmen.[325]

Wirtschaftliches Handeln geht immer einher mit dem Wahrnehmen eigener Rechte und zugleich mit der Beeinflussung von Handlungsmöglichkeiten anderer. Institutionell festgelegte Handlungsmöglichkeiten werden in der Literatur unter dem Begriff der Verfügungsrechte diskutiert.[326] Die vorherrschende Konstellation der Verfügungsrechte ist zum einen Rahmenbedingung und zum anderen Gegenstand der strategischen Planung. Die Berücksichtigung verfügungsrechtlicher Überlegungen ist demnach für unternehme-

---

[323] Vgl. GÖBEL 1992, S. 59.

[324] Vgl. PICOT 1977, S. 27-32.

[325] In diesem Zusammenhang ist bemerkenswert, daß vor dem Durchbruch des Wirtschaftsliberalismus einem Unternehmen nur dann der Status einer juristischen Person erteilt wurde, wenn es eine positive Funktion für die Gesellschaft erfüllte.

[326] Zur Theorie der Verfügungsrechte siehe DEMSETZ 1967, SCHÜLLER 1983 und BUDÄUS/GERUM/ZIMMERMANN 1988.

rische Entscheidungen von großer Bedeutung und folgt dem hier dargelegtem Verständnis der Gesamtverantwortung. Gesamtverantwortung schließt also ein Offensein gegenüber den berechtigten Interessen anderer Gruppen ein, die von den strategischen Entscheidungen der Unternehmensleitung betroffen sind.

(3) Offenheit versus Abgeschlossenheit

Unter »Offenheit« wird hier eine individuelle Bewußtseinshaltung verstanden. Sie wird konstituiert durch die prinzipielle »Weltoffenheit«[327], durch die sich der Mensch vom Tier abhebt. Offenheit kommt zum Ausdruck in der Öffnung gegenüber neuen Chancen und Einsichten, in Selbstkritik und in einer grundsätzlichen Änderungsbereitschaft. Sie ist jedoch nicht zu verwechseln mit vorschneller Anpassung an jeden Wechsel der Mode oder des Zeitgeistes, sondern durchaus zu vereinbaren mit einer konservativen Haltung, die Bewährtes bestehen läßt. So verstanden bedeutet Offenheit, das Angebot neuer Möglichkeiten kritisch zu überprüfen und sich für eine langfristige als aussichtsreich und notwendig erscheinende Alterative zu entscheiden. Mit Offenheit ist also ein »Denken vom Ende her« verknüpft. Eine Haltung der Offenheit, verknüpft mit einem Vom-Ende-her-Denken, macht es erforderlich, die Grenzen und Gefahren eines wirtschaftlichen Handelns zu erkennen, das nicht durch Rücksichtnahme auf die »ökologische Rationalität« bestimmt ist.
Der Übergang auf ein qualitatives Wachstum läßt erkennen, daß Offenheit auch die Bereitschaft zur Überprüfung der bisher generell akzeptierten unternehmerischen Absichten einschließt. Darüber hinaus ist eine offene Einstellung notwendig, um neue Entscheidungshilfen im Rahmen der strategischen Planung einzuführen oder neuartige Organisationsstrukturen durchzusetzen. Offenheit als persönliche Eigenschaft findet also ihre Entsprechung in der Bereitschaft zur Veränderung inhaltlicher, methodischer und organisatorischer Elemente eines strategischen Planungssystems.
Eine solche Änderungsbereitschaft ist unabhängig von möglichen Grenzen des Wachstums notwendig, damit das Unternehmen im Hinblick auf die dynamische und komplexe Umwelt durch eine innovative Unternehmenspolitik überleben kann.

Zusammenfassung

Die vorstehend behandelten Einzelkriterien sind weder voneinander unabhängig, noch wirken sie in isolierter Weise auf die inhaltlichen, methodisch-instrumentellen und organisatorischen Elemente des Systems der strategischen Unternehmensplanung ein. Als übergeordneter Wertmaßstab kann das Postulat der Gesamtverantwortung des Unternehmens angesehen werden. Es enthält zwei Komponenten:

---

[327] GEBLEN 1966, S. 55.

(1) Rücksichtnahme auf die Einbettung des Unternehmens in seine natürliche Umwelt und
(2) Berücksichtigung der Interessen aller Bezugsgruppen des Unternehmens bei der Entscheidungsbildung.

Die erste Komponente ist am Beispiel der Offenheit für neue Entwicklungen – hier für die Notwendigkeit eines qualitativen Wachstums – verdeutlicht worden.
Bei der zweiten Komponente ist zu unterscheiden zwischen einer Berücksichtigung externer und interner Interessengruppen. Als externe Interessenträger sind wie oben besprochen der Staat, die Kommune, Kunden, Lieferanten und Kapitalgeber anzusehen. Die Organisationsmitglieder (Arbeitnehmer) repräsentieren interne Interessen, die beim Prozeß der kooperativen Willensbildung vor allem zu berücksichtigen sind.
Diese Zusammenhänge sind in Abbildung 4.3 wiedergegeben.

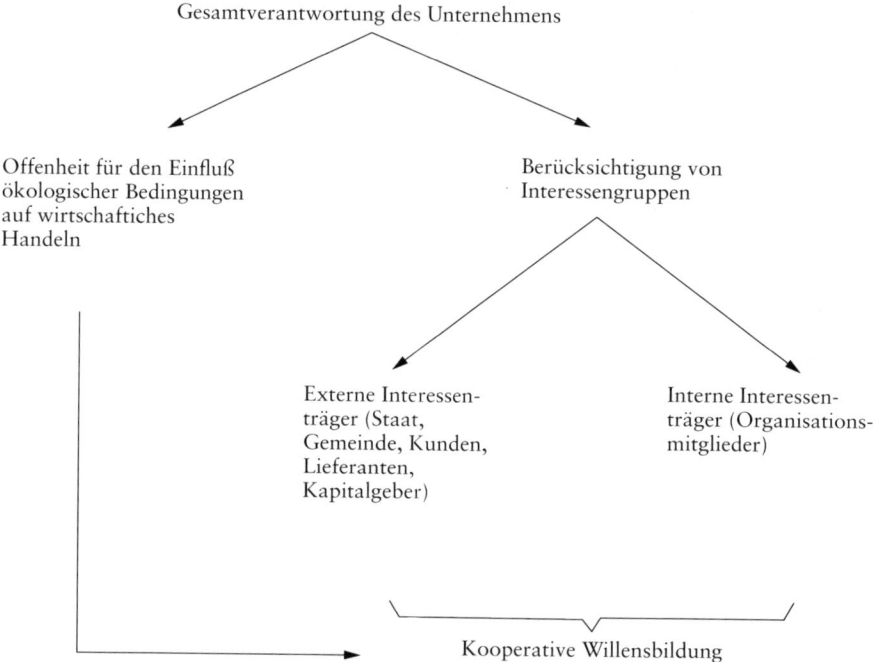

Abb. 4.3: Zusammenhänge zwischen den Einzelkritierien

4.2 Die Berücksichtigung von Interessen und Wertvorstellungen in den Elementen der strategischen Unternehmensplanung

Die mehr gesamtwirtschaftlich orientierte Forderung nach einem qualitativen Wachstum wirkt sich auf die Inhalte der einzelwirtschaftlichen strategischen Unternehmensplanung aus. Entsprechend der hier vertretenen Konzeption der strategischen Unternehmensplanug wird anschließend im einzelnen untersucht, wie die unternehmerischen Absichten zu modifizieren, welche neuen oder veränderten Strategien und nachfolgenden Maßnahmen zu entwickeln sind und wie sich letztere auf die quantitativen Zielerfüllungsgrade auswirken. Insgesamt gesehen ist zu zeigen, wie die oben genannten gesellschaftlichen und ökologischen Herausforderungen in einzelwirtschaftliche Planungsaktivitäten umgesetzt werden können.

Abbildung 4.4 zeigt die möglichen Auswirkungen der Forderungen nach qualitativem Wachstum auf die inhaltlichen Elemente der strategischen Planung und konkretisiert diese gleichzeitig.

4.2.1 Neuorientierung der unternehmerischen Absichten

Die Formulierung unternehmerischer Absichten steht am Anfang der strategischen Planung. Es ist deshalb entscheidend, daß in ihnen explizit zum Ausdruck gebracht wird, welche gesellschaftlich-ökologische Konzeption das Unternehmen verfolgt und wie das Verhältnis zu den einzelnen Bezugsgruppen grundsätzlich gesehen wird.

Die Formulierung unternehmerischer Absichten darf kein Lippenbekenntnis ohne Konsequenzen sein, sondern bildet die notwendige Voraussetzung für die nachfolgende Formulierung unternehmerischer Strategien. Die Unternehmensleitung wird gegenüber den Mitarbeitern, Kunden, Lieferanten und der Öffentlichkeit bekunden, welche grundsätzliche Haltung sie zur natürlichen Umwelt einnimmt, daß und wie sie Umweltschutzauflagen erfüllen will, und ob sie z. B. eine Politik unter der Zielsetzung des qualitativen Wachstums betreiben möchte. Zu unterscheiden ist dabei zwischen mehr allgemeinen Erklärungen in Form einer Unternehmenscharta und der Darlegung spezieller Absichten zum aktivem Umweltschutz. Den Charakter einer grundsätzlichen Aussage hat z. B. der im Geschäftsbericht der Hoechst AG enthaltene Satz: »Umweltschutz ist für Hoechst kein Schlagwort, sondern tägliche Realität. Das gilt für Forschung, Entwicklung und Produktion – ein Gebot, das von eigener Verantwortung diktiert ist.« Spezielle Absichtserklärungen beziehen sich im allgemeinen auf den Willen der Unternehmensleitung, umweltfreundliche Produkte herzustellen oder Produktionsverfahren einzusetzen, welche die Umweltbelastung verringern. Einige empirische Untersuchungen der jüngeren Vergangenheit lassen jedoch erkennen, daß solche speziellen Absichten

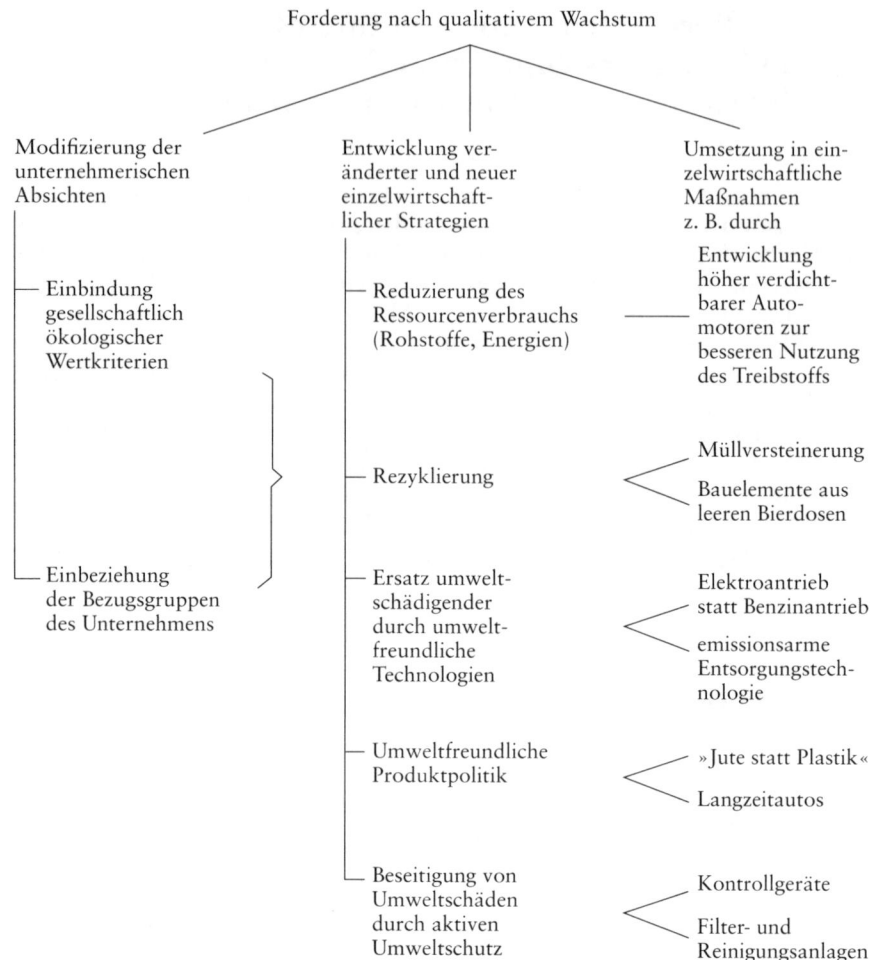

Forderung nach qualitativem Wachstum

| Modifizierung der unternehmerischen Absichten | Entwicklung veränderter und neuer einzelwirtschaftlicher Strategien | Umsetzung in einzelwirtschaftliche Maßnahmen z. B. durch |

— Einbindung gesellschaftlich ökologischer Wertkriterien

— Reduzierung des Ressourcenverbrauchs (Rohstoffe, Energien)

Entwicklung höher verdichtbarer Automotoren zur besseren Nutzung des Treibstoffs

— Rezyklierung

Müllversteinerung

Bauelemente aus leeren Bierdosen

— Einbeziehung der Bezugsgruppen des Unternehmens

— Ersatz umweltschädigender durch umweltfreundliche Technologien

Elektroantrieb statt Benzinantrieb

emissionsarme Entsorgungstechnologie

— Umweltfreundliche Produktpolitik

»Jute statt Plastik«

Langzeitautos

— Beseitigung von Umweltschäden durch aktiven Umweltschutz

Kontrollgeräte

Filter- und Reinigungsanlagen

Abb. 4.4: Auswirkungen der Forderung nach qualitativem Wachstum auf die inhaltliche Gestaltung der strategischen Planung

nachrangig hinter typischen ökonomischen Zielvorstellungen wie der Sicherung der Wettbewerbsfähigkeit, der langfristigen Gewinnerzielung oder Verbesserung der Kundenzufriedenheit rangieren. Lediglich in ökologisch besonders betroffenen Branchen kommt dem Umweltschutz eine signifikant größere Bedeutung zu.[328] Bezogen auf die Automobilindustrie wird dies z. B. in den Umweltleitlinien der Adam Opel AG wie folgt zum Ausdruck ge-

---

[328] Vgl. FRITZ 1995, S. 349 f.; GÖBEL diskutiert unterschiedliche Zielebenen sozialer Verantwortung, vgl. in GÖBEL 1992.

bracht. «Für die Adam Opel AG ist die umweltorientierte Unternehmensführung ein wesentliches Instrument zur Sicherung der Zukunft des Unternehmens. Wir bekennen uns zu unserer besonderen Mitverantwortung für den Schutz der menschlichen Gesundheit, der Natur und der natürlichen Ressourcen. Es ist unser Ziel, durch eine ganzheitliche Betrachtungsweise der Automobilentwicklung und -produktion, von der ersten Produktidee über die Nutzung bis zur Entsorgung, Umweltbelastungen bereits an der Quelle ihres Entstehens zu vermeiden beziehungsweise zu vermindern.»[329]

Es genügt deshalb nicht, Äußerungen zur gesellschaftlichen Verantwortung des Unternehmens in die Form allgemeiner Führungsrichtlinien und Grundsatzprogramme zu kleiden. Vielmehr muß sichergestellt werden, daß eine zwingende Verbindung zur Formulierung von Strategien und Maßnahmen hergestellt wird. Dies geschieht im Rahmen einer strategischen Planung, die den inneren Zusammenhang von Absichten, Strategien, Maßnahmen und Zielen auch äußerlich dokumentiert.

Ein Grund für die oben ausgedrückte Forderung nach Veränderung der Absichten liegt darin, daß die Unternehmensleitung selbst sich Gedanken über den bisherigen und den künftigen Zweck des Unternehmens machen muß. Ihre – nicht delegierbare – Aufgabe ist es, Erklärungen über das unternehmerisch Gewollte abzugeben. Die veränderten unternehmerischen Absichten haben nur dann eine Realisierungschance, wenn die Kerngruppe selbst eine ökonomisch-ökologische Verpflichtung übernimmt und sich hierfür engagiert. Das Management kann sich darauf stützen, daß bei einem Großteil der Mitarbeiter und bei den anderen Bezugsgruppen des Unternehmens eine weitgehend positive Einstellung zu ökologischen Fragen vorhanden sein dürfte. Generell wird es die Absicht jeder Unternehmensleitung sein, das Unternehmen langfristig zu erhalten. Dazu wird man auch das Bestreben rechnen müssen, z. B. mit dem vorhandenen Mitarbeiterpotential keinen Raubbau zu treiben, sondern mit ihm im Sinne einer nachhaltigen Sicherung zu verfahren. Ökonomische und soziale Überlegungen können dabei miteinander konkurrieren. Dieser Konflikt sollte in der Formulierung der Absichten zum Ausdruck gebracht werden, z. B. in folgender Weise: »Wir streben eine langfristige Erhaltung des Mitarbeiterstammes an, auch wenn wir im Einzelfall durch wirtschaftliche Überlegungen zu Personalfreisetzungen gezwungen sein sollten. Im Vordergrund unserer personalpolitischen Überlegungen steht das Bemühen um eine Humanisierung der Arbeit unter Sicherung der vorhandenen Arbeitsplätze.« Für die tägliche Arbeit ist es wichtig, das Ziel der sozialen Verantwortung zu präzisieren und verbindlich festzuschreiben, um die Ernsthaftigkeit der Unternehmensabsichten nach innen und nach außen zu dokumentieren.[330]

Eine geänderte Einstellung zu den übrigen Bezugsgruppen des Unternehmens kann in ähnlicher Weise konkretisiert werden. Auch dabei sollten sowohl die Unterschiede als auch die Gemeinsamkeiten in der Interessenlage deutlich gemacht werden.

---

[329] Adam Opel AG 1996, S. 4.
[330] Vgl. GÖBEL 1992, S. 115.

4.2.2 Konzeptionelle Zusammenhänge zwischen strategischer Planung und ethischer Reflexion

Die Zusammenhänge zwischen strategischer Unternehmensplanung und ethischer Reflexion lassen sich auf mehreren Ebenen aufzeigen. So bestehen konzeptionelle Zusammenhänge bezüglich des formalen Vorgehens, der Funktionen und des Inhaltes von strategischer Unternehmensplanung und ethischer Reflexion. Diese drei Ebenen sollen im folgenden untersucht werden.

Formale Zusammenhänge

Sowohl die strategische Planung als auch ethische Reflexion sind handlungsorientiert. Während strategische Planung auf die Sicherung des Fortbestands des Unternehmens zielt, geht es bei der ethischen Reflexion um die Sicherung des gesellschaftlichen Zusammenlebens. Sowohl die strategische Planung als auch die Ethik orientieren sich an den Einflüssen aus der Kultur- und Naturwelt.[331] Unternehmen bzw. die entsprechenden Planungsträger müssen, auch als Teil einer Gesellschaft, die strategischen Pläne unter Berücksichtigung der jeweiligen Gegebenheiten entwerfen. Genauso sind einzelne Personen immer ein Teil in einem gesellschaftlichen System. Daher erfolgen die ethischen Reflexionen von Individuen oder Institutionen immer mit Bezug zu den eigenen und den kulturellen Hintergründen und Erfahrungen einer Handlungsgemeinschaft.[332] Zum einen geht das Moralsystem an sich aus der intersubjektiven Anerkennung von Handlungsweisen hervor und wird damit Bestandteil des kulturellen Systems. Zum anderen werden die individuellen Wertüberzeugungen und das Ethos der reflektierenden Person aufgrund ihrer Zugehörigkeit zu dieser Gemeinschaft mitbestimmt von den Erfahrungen des gesellschaftlichen Zusammenlebens, die dieses wiederum selbst beeinflussen.[333] Aus den beschriebenen Einbindungen in das jeweilige Umfeld ergibt sich für beide Prozesse ein Vergangenheitsbezug. Gleichzeitig sind die Konstrukte aufgrund ihrer Praxisorientierung gegenwartsbezogen, wobei als deren Orientierungsgröße die Zukunft fungiert.[334] Zur Beurteilung einer sinnvollen Länge eines Planungszeitraumes lassen sich genausowenig allgemeingültige Aussagen machen, wie die Geltungsdauer einer Norm nicht genau festlegbar ist. Strategische Planung und ethische Reflexion weisen auch systematisch-methodische Gemeinsamkeiten auf. Strategien sind die gedankliche Antizipation von Unternehmensaktivitäten einschließlich ihrer erwarteten Ergebnisse, die in strategischen Plänen festgehalten werden. Ebenso läßt sich ethische Reflexion als gedankliche Vorwegnahme möglicher Handlungsfolgen sowie potentieller zukünftiger Handlungssituationen verstehen.[335] Strategi-

---

[331] Vgl. Lay 1991, S.7.
[332] Vgl. Ulrich 1993, S.296-297.
[333] Vgl. Maturana 1982, S. 308; Hejl 1994, S. 319.
[334] Vgl. Wild 1981, S. 13.
[335] Vgl. Rüegg 1989, S. 419.

sche Unternehmensplanung und ethische Reflexion erweisen sich somit beide als informationsverarbeitende, ergebnisorientierte Prozesse. In diesem Sinne sind beide Konstrukte handlungsvorbereitend oder -beurteilend und stecken den Rahmen für instrumentelle Handlungen ab.[336] Sowohl die strategische Planung als auch ethische Reflexion sind – durch die auf jeder Stufe gegebene Notwendigkeit der Hinterfragung bestehender Vorgaben – zyklisch angelegt. Die einzelnen Teilschritte der Prozesse können mehrfach und auch simultan durchlaufen werden. Normalerweise verändern sich nicht alle Gegebenheiten innerhalb einer Gesellschaft oder im internen und externen Unternehmenskontext gleichzeitig. Die Mehrfachdurchläufe implizieren deshalb, daß die problemrelevanten Tatbestände aufgrund wiederholter Wahrnehmungen immer genauer beurteilt werden können.[337] Durch diese Erhöhung der Wissensbasis ergibt sich eine zunehmende Verbesserung der Entscheidungsqualität. Strategische Unternehmensplanung und ethische Reflexion sind somit gleichermaßen auch als Lernprozesse aufzufassen.[338]

Funktionale Zusammenhänge

Strategische Unternehmensplanung und ethische Reflexion weisen beide einen Integrationscharakter auf. Unternehmensaktivitäten sind von einer Vielzahl einzelner Entscheidungen und Maßnahmen geprägt und stehen in der Regel in einer wechselseitigen Abhängigkeit zueinander. Eine Nichtbeachtung der Wirkungszusammenhänge, d.h. ungeplantes Vorgehen, kann zu erheblichen Effizienzverlusten und zu einem widersprüchlichen Auftreten des Unternehmens nach innen und außen führen.[339] Die strategische Unternehmensplanung versucht, dieses Dilemma zu verhindern, indem sie einen Bezugsrahmen setzt und die einzelnen Entscheidungen und Maßnahmen zu einem Gesamtkonzept des Unternehmens zusammenfügt.[340] In gleicher Weise beeinflussen sich Handlungen einzelner Personen innerhalb einer Gesellschaft wechselseitig, entweder im Rahmen direkter, bewußter Austauschbeziehungen (z. B. Verträge) oder durch indirekte und unbeabsichtigte Auswirkungen (externe Effekte).[341] Gegenstand ethischer Reflexion ist es, diese auf individuellen Werturteilen basierenden Einzelentscheidungen und -handlungen einer Überprüfung hinsichtlich ihrer gesellschaftlichen Akzeptanz zu unterziehen. Entsprechen sich die Werte der Mitglieder einer Gesellschaft, erfolgt die Integration zu gemeinschaftlichen Handlungsmustern und einem kollektiven Wertesystem und somit zu einer gesellschaftlichen Moral.[342] Das Zusammenfassen von Einzelentscheidungen und -handlungen, die einzeln betrachtet wegen ihrer Vielzahl von Ausprägungsmöglichkeiten und Kombi-

---

[336] Vgl. Behnam/Würthner 1996, S.16.
[337] Vgl. Rüegg 1989, S. 58-59.
[338] Vgl. Rabl 1990, S. 85; Kirsch 1992, S. 316-319.
[339] Vgl. Gälweiler 1987, S. 104.
[340] Vgl. Göbel 1992, S. 102.
[341] Vgl. Malik/ Probst 1981, S. 126.
[342] Vgl. Enderle 1987, S. 443.

nationen einer der Bestimmungsgründe für die Komplexität und die Unsicherheit des gesellschaftlichen Zusammenlebens und der Unternehmensführung sind,[343] leistet einen Beitrag zur Reduktion dieser Komplexität. Dies bedeutet zusammen mit der damit verbundenen Risikoverminderung eine Sicherheit, sowohl für jeden einzelnen Menschen als auch für das Überleben des Unternehmens. Aus Sicht eines Unternehmens erfolgt die Komplexitätsreduktion in zweifacher Hinsicht. Die innere Komplexität wird durch die oben beschriebene interne Integrationsleistung der strategischen Planung zum Gesamtunternehmenskonzept reduziert. Gleichzeitig ist ein Unternehmen als organisatorische Einheit ein Teil der Gesamtgesellschaft. Insofern leistet es durch Berücksichtigung moralischer Normen im Rahmen seiner ökonomischen und außerökonomischen Aktivitäten einen Beitrag zur Existenz gesellschaftlicher Moral und damit zur Reduktion der – aus Unternehmenssicht – Außenkomplexität. Da die Unternehmensaktivitäten über die strategischen Pläne festgelegt werden, beinhaltet die strategische Planung letztlich immer auch ethische Reflexionen der Planungsträger. Sowohl das Unternehmen als auch die Gesellschaft und ihre einzelnen Mitglieder erhalten durch dieses Wechselspiel eine gegenseitige Verläßlichkeit bezüglich der jeweiligen Handlungen. Diese Erwartungssicherheit bezieht sich auf aktuelle Ereignisse genauso wie auf zukunftsbezogene und zukünftige Entscheidungen.[344]

Inhaltliche Zusammenhänge

Die inhaltlichen Zusammenhänge von strategischer Planung und ethischer Reflexion lassen sich in allen Prozeßphasen wiederfinden.
Bereits die terminologische Gleichsetzung von Unternehmensabsichten mit Unternehmensphilosophie deutet auf mögliche Querverbindungen zur Ethik als praktischer Philosophie hin. Die Absichten begründen die Stellung des Unternehmens in der Gesellschaft und sollen seine Tätigkeit legitimieren. Verglichen mit dem Prozeß ethischer Reflexion lassen sich Parallelen zwischen der Normenbegründung und der Formulierung der Absichten ziehen. Normen vermitteln eine allgemeine Rechtfertigung menschlichen Handelns, während die Absichten diese Aufgabe für die Aktivitäten des Unternehmens übernehmen sollen. So wie Absichten das normative Fundament der Strategischen Planung, d.h. letztlich der gesamten Unternehmenstätigkeit konstituieren und dazu beitragen, Wert- und Interessenkonflikte zu vermeiden oder konstruktiv auszutragen, bedeuten ethische Normen im gleichen Maß die Grundlage eines friedlichen gesellschaftlichen Zusammenlebens.
Um eine rationale Entscheidungsfindung vornehmen zu können, benötigen sowohl die strategische Planung als auch ethische Reflexion eine Untersuchung der situativen Bedingungen des Entscheidungstatbestandes. Die Analysen sind dabei nach innen – auf das Unternehmen und die reflektierende Person oder Institution – und nach außen – auf die Umwelt – gerichtet. Sie

---

[343] Vgl. Probst/ Gomez 1992, S. 906.
[344] Vgl. Behnam/Würthner 1996, S.18-19.

beziehen sich auf die jeweilige Ist-Situation und mögliche Soll-Zustände.[345] Da im Mittelpunkt die Beurteilung der Moralität von Handlungen steht und diese sich wiederum auf die Anerkennung durch das gesellschaftliche Umfeld bezieht, steht die Umweltanalyse im Vordergrund der Betrachtung. Für das Unternehmen bedeutet dies in erster Linie die Untersuchung der Beziehung zu seinen Anspruchsgruppen. Diese sozio-kulturelle Analyse bildet den Rahmen für die Betrachtung weiterer Umweltbereiche.[346]

Entsprechend der Gegenüberstellung der ersten zwei Planungsphasen mit den jeweiligen Stufen der ethischen Reflexion kann die Strategiebestimmung mit der Festlegung von Handlungsregeln für bestimmte Kontexttypen verglichen werden. Es besteht insofern ein Zusammenhang, als auch Strategien für bestimmte Situationstypen festgelegt werden, wie z. B. Produkt/ Markt-Strategien, Wettbewerbsstrategien oder Funktionsbereichsstrategien. Weiterhin beinhaltet sowohl strategisches als auch ethisches Denken, sich in die Situation der vom eigenen Handeln Betroffenen hineinzuversetzen und umgekehrt auch zu überlegen, wie diese in der gleichen Situation entscheiden würden.[347]

Auch die Strategieimplementierung und die Ebene der Handlungsentscheidung im Rahmen ethischer Reflexion weisen Parallelen auf, da sie sich beide auf praktische Handlungssituationen beziehen. Die Maßnahmen liegen gewissermaßen an der Schnittstelle zwischen der Erstellung und der praktischen Umsetzung der strategischen Pläne. Um so wichtiger ist die Reflexion der Maßnahmen im Lichte ihrer Übereinstimmung mit dem vorgegebenen Bezugsrahmen und v.a. auch bezüglich ihrer Konsistenz untereinander. Widersprüchliche Maßnahmen und Handlungen führen zu einem inkonsistenten Auftreten gegenüber den Anspruchsgruppen, gefährden die allgemeine Akzeptanz und Legitimation der Unternehmensaktivitäten und können dadurch Konflikte auslösen.[348]

Die kontinuierliche Überwachung der allgemeinen Anerkennungswürdigkeit von Absichten, Strategien und Maßnahmen auf der Ebene der strategischen Kontrolle bietet den Vorteil, daß diese gewissermaßen die Perspektive innehat, die eine ethische Reflexion erfordert: die ´Adlerperspektive´. Sie überblickt den gesamten Prozeß zusammenhängend, der aus pragmatischen Gründen in einzelne Phasen untergliedert ist, die i.d.R. unterschiedlichen Planungsträgern und v.a. unterschiedlichen Planausführenden zugeordnet sind. Aus diesem Grund stellt insbesondere die strategische Kontrolle eine umfassende ethische Reflexion auf der Unternehmensebene dar. Um die ethischen Implikationen der strategischen Planung in ihrer ganzen Breite und Tiefe erkennen, beurteilen und bewerten zu können, werden besonders von den mit diesen Aufgaben betrauten Planungsträgern eine hohe moralische Sensitivität, ein breites fundiertes Wissen im Bereich der Ethik und die Bereitschaft zur Selbstverantwortung gefordert.[349]

---

[345] Vgl. Hinterhuber 1996, S. 113-122.
[346] Vgl. Hinterhuber 1996, S. 135-139.
[347] Vgl. Apel 1992, S. 350.
[348] Vgl. Behnam/Würthner 1996, S.25.
[349] Vgl. Staffelbach 1987, S. 477; Behnam/Würthner 1996, S.27.

Die Ausführungen sollen vermitteln, daß ethische Reflexion und Strategische Planung durch ihre **Komplementarität** gekennzeichnet sind. Die Komplementarität darf dabei nicht als paralleler Verlauf zweier voneinander unabhängiger Tatbestände verstanden werden. Es sollte deutlich werden, daß die Komplementarität der ethischen Reflexion zur strategischen Unternehmensplanung im Sinne einer Überlagerung sämtlicher Fragestellungen im Planungsprozeß zu sehen ist. Die Überlagerung des Planungsprozesses bedeutet, daß ethische Reflexion über den inhaltlichen Rahmen der strategischen Unternehmensplanung hinausgeht. Der Grund hierfür ist darin zu sehen, daß sich die beiden Prozesse auf unterschiedlichen Abstraktionsstufen der Reflexion befinden. Ethische Reflexion befaßt sich mit **sämtlichen** Kategorien menschlichen Handelns und legt hierfür allgemeine Normen des gesellschaftlichen Zusammenlebens fest. Diese werden in Handlungsregeln für Kontexttypen, wie es das unternehmerische Handeln darstellt, konkretisiert.

4.2.3 Strategieentwicklung und Planung von Maßnahmen unter Beachtung ihrer ökologischen Auswirkungen

Die unternehmerischen Absichten werden durch die Formulierung von Strategien auf den verschiedenen Ebenen des Unternehmens konkretisiert. Falls die Verpflichtung zur Wahrnehmung einer gesellschaftlich-ökologischen Verantwortung als Absichtserklärung übernommen wurde, muß sich diese konsequenterweise auch in der Bildung von Strategien sowie von nachfolgenden Maßnahmen niederschlagen.

Die ökologischen Auswirkungen der Strategien und Maßnahmen werden daran gemessen, inwieweit sie die menschliche, die tierische und die pflanzliche Lebenssphäre beeinträchtigen.[350] Die strategischen Entscheidungen der Unternehmen müssen konsequenterweise von der Einsicht geleitet werden, daß dadurch möglichst keine Umweltbelastung erfolgt. Läßt sich aber eine Umweltbelastung nicht vermeiden, so ist darauf zu achten, daß diese durch den Einsatz geeigneter Vorkehrungen so gering wie möglich gehalten wird. Als wichtige Strategien, die der Berücksichtigung ökologischer Bedingungen dienen, werden im folgenden behandelt:

(1) Die Reduzierung des Ressourcenverbrauchs.
(2) Die Strategie der Rezyklierung.
(3) Der Ersatz umweltschädigender durch umweltfreundliche Technologien.
(4) Eine umweltfreundliche Produktpolitik.
(5) Strategien zur Beseitigung von Umweltschäden.

Dieser Katalog ist weder vollständig noch nach Prioritäten geordnet. Er soll nur auf einige besonders ins Auge fallende Strategiealternativen aufmerksam machen.

---

[350] In diesem Sinne nennt auch ANDREWS die Übereinstimmung der Strategie mit dem gesellschaftlichen Beitrag des Unternehmens als ein Bewertungskriterium der Strategienprüfung (vgl. ANDREWS 1980, S. 87-104).

Daß und wie der Umweltschutz als ein in die Unternehmensstrategie integrierter Bestandteil anzusehen ist, belegt eindrücklich die BJU-Checklist »Umweltschutz als Teil der Unternehmensstrategie« (hrg. vom Bundesverband Junger Unternehmer der ASU e.V.). Im Sinne eines umweltgerecht geführten Unternehmens werden in umfassender Weise Maßnahmen für folgende Bereiche vorgeschlagen: Materialwirtschaft, Entsorgung, Produkt- und Verfahrensentwicklung, Energie-, Wasser- und Rohstoffeinsparungen in Betrieb, Fuhrpark, Arbeitsbedingungen für die Mitarbeiter und Förderung des Umweltbewußtseins. Die Vorschläge gehen ebenso wie die Gründung des »Bundesdeutschen Arbeitskreises für umweltschonende Materialwirtschaft« im Jahre 1984 auf eine Anregung der Hamburger Diamantwerkzeugfabrik ERNST WINTER & SOHN zurück. Dieses Unternehmen hat auch das Modellprojekt »Umweltberatung für Haushalte« als Serviceleistung initiiert.[351]

Entsprechend der im zweiten Teil erläuterten Auffassung über den konzeptionellen Zusammenhang von Absichten, Strategien, Maßnahmen und Zielen sind die Strategien durch nachfolgende Maßnahmen zu konkretisieren. Die Verknüpfung von Strategien und Maßnahmen ist so eng und zwingend, daß im folgenden aus Gründen der Übersichtlichkeit und der Anschaulichkeit auf eine getrennte Darstellung der Maßnahmen unter einem eigenen Gliederungspunkt verzichtet wird.

(1) Reduzierung des Ressourcenverbrauchs (Rohstoffe und Energien)

Die Einsparung von Energie wird als wichtiger Schritt im Rahmen einer weltweiten Energiepolitik angesehen. Unter der Entkoppelung von Wachstum und Energie ist die Herstellung einer schwächeren Beziehung zwischen beiden Größen zu verstehen: Ein zunehmendes Wachstum soll von einem weniger stark zunehmenden Energieverbrauch begleitet sein. Zu unterscheiden ist dabei zwischen der ungewollten und der gewollten Entkoppelung.[352]

Während bei der ungewollten Entkoppelung Einsparungen im Energieverbrauch quasi-automatisch anfallen, richten sich bei der gewollten Entkoppelung die Bemühungen bewußt auf die Verringerung des Energieeinsatzes. Generell können Strategien zur gewollten Entkoppelung darauf konzentriert sein, einen günstigeren Wirkungsgrad bei den bestehenden Produktionsverfahren zu erreichen oder diese durch eine energiesparende neue Technologie abzulösen. Ersetzt man den bisherigen beschränkt vorhandenen Energieträger, z. B. Öl, durch einen neuen beliebig verfügbaren, z. B. Sonne oder Wind, so liegt ein Spezialfall der Entkoppelung, nämlich die Entkoppelung der beschränkt vorhandenen Energieträger vom Wachstum, vor. Außerdem kann die Entkoppelungsstrategie dazu führen, Produkte mit einem geringeren Energieverbrauch herzustellen oder zu benutzen (z. B. die Verwendung von Keramikkochplatten und von Speichergeräten oder der Umbau der konven-

---

[351] Vgl. dazu GEGE et al. 1986. In der Zwischenzeit sind eine Reihe von sozialverantwortlichen und ökologiegerechten Verhaltenskodizes formuliert worden, vgl. dazu GÖBEL 1992, S. 120-126 und MEFFERT/KIRCHGEORG 1992, S. 129-132.

[352] Vgl. MÜLLER/STOY 1978, S. 96-122.

tionellen Spülmaschinen zur Wärmerückgewinnung aus dem Abwasser der Spülmaschine).

Es war zwar schon immer bekannt, daß jede Verringerung von Ressourcen als Input des Betriebsprozesses zu einer Kostensenkung führt. In jüngster Zeit ist aber deutlich geworden, daß ein geringerer Einsatz von Rohstoffen und Energien auch einen ökologischen Nutzen stiftet. Dies gilt nicht nur für die nichterneuerbaren Ressourcen, sondern für den gesamten Materialeinsatz. In der fertigenden Industrie werden durchschnittlich 50% des Mitteleinsatzes für Material, Beschaffung und Verarbeitung der Werkstoffe, z. B. in Form von Energie- und Distributionskosten, aufgewendet.[353] Es ist zu vermuten, daß darin ein erhebliches Rationalisierungspotential enthalten ist. Im Sinne einer »ökologischen Materialwirtschaft« sollte speziell das Potential der »Energiequelle Energiesparen« voll ausgenutzt werden.[354]

(2) Die Strategie der Rezyklierung

Grundgedanke der Rezyklierung (»recycling«) ist die Herstellung von »Wiederverwendungskreisläufen«; als mögliche Strategien kommen die Wiederverwendung, die Wiederverwertung, die Weiterverwertung oder die Weiterverwendung in Betracht.[355] Es handelt sich um geschlossene industrielle Stoffkreisläufe, wenn die bei der Güterherstellung anfallenden Abfallstoffe direkt oder nach Aufarbeitung wieder der Produktion zugeführt werden. Beispiele zu den die Rezyklierungsstrategien konkretisierenden Maßnahmen sind die Verschrottung von Altautomobilen, Bauelemente aus gebrauchten Bierdosen und Müllversteinerung, die Rückgewinnung des Silbers in der Photobranche, die Gewinnung von Protein aus zellulosehaltigen Abfällen und die Verarbeitung von Hochofenschlacken als Baumaterial.[356]

Die Möglichkeiten der Rezyklierung sind bei den einzelnen Metallen unterschiedlich hoch (bei Kupfer z. B. bisher doppelt so hoch wie bei Zink). Sie hängen ab von den technisch bedingten Korrosions- und Verschleißeigenschaften sowie von der bisherigen Nutzungszeit und Verwendungsart.[357]

Ein gewisses Problem stellen z.Zt. noch die Kunststoffe (Plastikbehälter, Folien) dar, obwohl die Einsatzquote von Altmaterial erheblich sein kann (sie liegt zwischen 25 bis 80%)[358].

Rezyklierungsstrategien stellen ein weiteres Beispiel für die gleichzeitige Verfolgung ökologischer und ökonomischer Absichten dar. Denn sie tragen nicht nur zur Verlängerung der Lebensdauer der vorhandenen Bodenschätze und Energieträger bei, sondern führen auch zu einer Senkung der Energiekosten. Die Wiedergewinnung/Weiterverwertung von Rohstoffen ist mit teilweise erheblichen Energieeinsparungen verbunden. So werden z. B. für die

---

[353] Vgl. RAZIM 1994, S. 1585.
[354] Siehe dazu auch TRAUBE 1985.
[355] Vgl. BERG 1979, S. 201 f., und auch PFEIFFER/SCHULTHEISS/STAUDT 1976, Sp. 4454 f.
[356] Vgl. z. B. FRANZE 1994, S. 299, SCHÖNBERG 1994.
[357] Vgl. ZORN 1979, S. 606.
[358] Vgl. dazu HARTKOPF/BOHNE 1983, S. 467.

Wiederaufbereitung von Aluminium nur 4% der Erzeugungsenergie benötigt, bei Kupfer sind es 13% und bei der Runderneuerung von Reifen ca. 17%.[359] Zur Steigerung des Nutzens tragen freiwillige Maßnahmen wie die von den Industrie- und Handelskammern eingerichteten Abfallbörsen und die Schaffung von Umweltqualitätszeichen bei. »Der blaue Engel«, das Umweltschutzemblem der Vereinten Nationen, zeichnet inzwischen Mehrwegflaschen, Lacksprühdosen, Bremsbeläge, Rasenmäher und rund 1.000 weitere Produkte aus. Im übrigen wird die Rezyklierung von Altmaterialien und Energie durch entsprechende gesetzliche Maßnahmen gefördert.

Das neue Abfallgesetz zielt nicht mehr auf die bloße Beseitigung des Mülls ab, sondern der Schwerpunkt liegt in der Vermeidung und Verwertung. Außerdem enthält das Gesetz abgestufte, aber härtere Eingriffsmöglichkeiten für den Staat. Der Gesetzgeber hat inzwischen in seinen Regelungsmaßnahmen den Gedanken der Abfallvermeidung respektive der Kreislaufökonomie eindeutig vor die Abfallbeseitigung und -wirtschaft gestellt. Die neue Fassung des Kreislaufwirtschafts- und Abfallgesetzes KrW-/AbfG ist am 07. Oktober 1996 in Kraft getreten.[360]

Die Strategie der Rezyklierung ergänzt die Strategien der Verdünnung und der Konzentration unerwünschter Stoffe als nachgeschaltete Zusatzprozesse und die Strategie der Durchsatzreduktion als ökologisch orientierte Prozeßänderung.[361] Sie stellt einen wichtigen Bestandteil des integrierten Umweltschutzes dar, bei dem geschlossene Ressourcenströme angestrebt werden (Beispiel: Rückführung der Abluft in den Produktionsprozeß). Dabei bedient man sich in wachsendem Maße biotechnologischer Verfahren.

(3) Der Ersatz umweltschädigender durch umweltfreundliche Technologien

Die Ausführungen zur Strategie der Energieeinsparung und der Rezyklierung haben bereits erkennen lassen, daß die Durchsetzung der Forderungen nach einem qualitativen Wachstum gleichzeitig ökologische und ökonomische Vorteile erbringen kann. Diese Aussage gilt nicht nur für den Einsatz von Energien und Rohstoffen, sondern trifft auch für die Verwendung umweltfreundlicher Technologien (Produktionsverfahren) zu.

Allerdings ist einschränkend darauf hinzuweisen, daß nicht immer eo ipso zu erkennen ist, welche von zwei Technologien die umweltfreundliche(re) ist. So läßt sich z. B. Zellstoff nach dem Kalziumbisulfatverfahren herstellen.[362] Die Umweltbelastung durch SO_2 (Abgas) und Schwefel ist beim Ca-Bisulfitverfahren erheblich höher, während das Mg-Bisulfitverfahren Magnesiumoxyd (als Staub) entstehen läßt. Um das Verfahren mit den geringsten ökologi-

---

[359] Vgl. ZORN 1979, S. 607.
[360] Vgl. WAGNER/MATTEN 1995, S. 578. Siehe zu neueren Tendenzen im Umweltrecht FEESS/HOHMANN 1994, S. 84-96; zu umweltverträglichem Wirtschaften durch Umweltrecht DONNER 1993, S. 115-126 und MAGOULAS 1993, S. 127-142.
[361] Siehe dazu im einzelnen MÜLLER-WENK 1978, S. 86-94.
[362] Siehe dazu STREBEL 1980, S. 77-79.

schen Nachteilen einzusetzen, bedarf es einer erweiterten Nutzwertanalyse und der Bewertung der jeweiligen Schadenswirkungen.

Umwelfreundlichere Technologien können im aktiven und im passiven Umweltschutz eingesetzt werden, wobei unter den aktiven Umweltschutz alle Technologien fallen, die den Umweltschutz als primären Zweck verfolgen. Ein Beispiel für eine Strategie im Rahmen des aktiven Umweltschutzes stellt die Entwicklung emissionsfreundlicher Technologien in der Entsorgung dar.[363] Zum passiven Umweltschutz gehören z. B. Strategien zur Substitution energie- und materialintensiver Technologien durch sogenannte sanfte Technologien (»intermediate technology«) insbesondere für die Entwicklungsländer der Dritten Welt, da sie einen sehr viel geringeren finanziellen Aufwand als die Großtechnologien erfordern und arbeitsintensiver sind.

Die Forschung konzentriert sich inzwischen auf die Entwicklung emissionsarmer Technologien, bei denen der Anfall von Emissionen von vornherein unterbunden wird. Es ist davon auszugehen, daß hier noch ein beträchtliches Vermeidungspotential gegeben ist. Für deutsche Unternehmen stellt sich das grundsätzliche Problem, daß ausländische Konkurrenz oftmals ohne gravierende Umweltschutzauflagen fertigen können. REBE fordert aus diesem Grund eine Kennzeichnungspflicht von Herstellungsverfahren im Hinblick auf ihre Ökologieverträglichkeit.[364]

(4) Passiver Umweltschutz durch umweltfreundliche Produktpolitik

Eine umweltfreundliche Produktpolitik erfolgt mit der Absicht, die Wachstumsraten und Marktanteile der umweltfreundlichen Produkte innerhalb des Produktprogramms zu erhöhen und so der Forderung nach einem qualitativen Wachstum zu entsprechen.

Die Strategie der Produktinnovation in bezug auf umweltfreundliche Produkte zielt darauf ab, solche Produkte zu entwickeln, die sich durch die folgenden Eigenschaften auszeichnen[365]:

- Geringerer Rohstoffeinsatz,
- Höherer Anteil an rezykliertem Material,
- Erleichterte Wiederverwendung des eingesetzten Materials,
- Niedrigerer Energieverbrauch,
- Niedrigere Schadstoffentwicklung,
- Längere Lebensdauer,
- Höherer Gebrauchswert für den Konsumenten.

Häufig werden verschiedene Eigenschaften gleichzeitig verbessert. So wird z. B. mit der Entwicklung eines Langzeitautos eine Verdreifachung der Nutzungsdauer, die erleichterte Wiederverwendung des verbauten Materials, ein geringerer Verschleiß, die Verminderung des Energieverbrauchs sowie eine

---

[363] Vgl. SIEBERT 1978, S. 189.
[364] Vgl. REBE 1993, S. 23 – 25.
[365] Vgl. MÜLLER-WENK 1978, S. 94-101

gezielte Materialauswahl angestrebt.[366] Auch für den Produzenten können Langzeitautos Vorteile durch höhere Verkaufspreise und verstärkte Dienstleistungen bieten.

Zu unterscheiden ist zwischen einer reaktiven Produktentwicklung auf den bisherigen Produktmärkten in Anpassung an geänderte/neue Umweltschutznormen und einer aktiven Diversifikationsstrategie auf demjenigen Markt, der sich durch eine Betätigung auf dem Umweltschutzsektor erst erschließt.[367] Im ersten Fall wird im allgemeinen ein bisher bereits im Produktionsprogramm befindliches Produkt umgestaltet (z. B. durch Verzicht auf treibgashaltige, die Ozonschicht der Atmosphäre zerstörende Sprühdosen) und/oder durch ein über umweltfreundliche Eigenschaften verfügendes Substitutionsprodukt ersetzt (z. B. der Benzinmotor durch den Elektromotor oder Plastiktaschen durch Jute- oder Papiertaschen). Im zweiten Fall betätigt sich das Unternehmen durch eigene Produkt-/Marktaktivitäten an der aktiven Ausbreitung des Umweltschutzes (z. B. durch Entwicklung von Katalysatoren, Meß- und Kontrolleinrichtungen, Filteranlagen und Entsorgungseinrichtungen); mögliche Strategien dieses aktiven Umweltschutzes werden weiter unten behandelt.

Eine Strategie der **Produktvariation** ist erforderlich, wenn die bisher erzeugten Produkte nicht mehr den gestiegenen rechtlichen Ansprüchen genügen. Neue Umweltschutznormen erzwingen z. B. Konstruktionsänderungen, um Gasemissionen, Lärmwerte oder Bleigehalte zu reduzieren. Dabei kann zwischen einer kurzfristigen und einer längerfristigen Anpassung unterschieden werden. Eine kurzfristig wirksame Strategie der Produktvariation stellt eine ökologisch bedingte Änderung der in das Produkt eingehenden Rohstoffe dar. Als langfristige Anpassungsstrategien sind alle Produktvariationen zu bezeichnen, die eine Produktvariation durch zusätzliche Produktionseinrichtungen oder durch Verfahrensumstellungen herbeiführen. Die Ausstattung eines Produktes mit einer umweltfreundlichen Verpackung (z. B. Mehrwegflasche statt Einwegflasche) stellt ebenfalls eine Produktvariante dar, die unter ökologischen Gesichtspunkten vorteilhaft ist.

Ist die geforderte Produktvariation aus technischen Gründen nicht durchzuführen oder wird das betreffende Produkt wegen Umweltschädigung verboten, so muß es aus dem Sortiment herausgenommen werden (Produkteliminierung). Dabei kann es sich auch um eine vorübergehende Produkteliminierung handeln, wenn die Produktion nach Vornahme einer bestimmten Anpassungsmaßnahme wieder aufgenommen werden kann.

Eine umweltfreundliche Produktpolitik kann durch autonome Entscheidungen der Unternehmensleitung herbeigeführt oder durch die Artikulierung der Interessen seitens der Konsumenten induziert werden.

Die Unternehmensleitung ist in zunehmendem Maße gehalten, Schutzrechte und Informationsbedürfnisse ihrer Abnehmer zu berücksichtigen. Die Informationsverpflichtung kann gesetzlich normiert oder auch freiwillig wahrgenommen werden. So regeln z. B. gesundheitsschützende Gesetze und Verord-

---

[366] Vgl. Forschungsprojekt Langzeitauto 1976.
[367] Vgl. hierzu LANGE 1978, S. 211 f.

nungen, welche wichtigen Angaben die Verpackungen von Lebensmitteln oder Pharmazeutika enthalten müssen.

Darüber hinaus werden gesellschaftlich verantwortlich handelnde Unternehmen bestrebt sein, die Einstellungen und Wünsche der Verbraucher zu erfahren und bei ihren Produktentwicklungsstrategien zu berücksichtigen. Die Konsumenten müssen jedoch häufig erst dazu angeregt werden, sich aus der passiven Betroffenen-Rolle zu lösen und individuelle oder gemeinsame Aktivitäten zu entfalten. Immerhin lassen erste Untersuchungsergebnisse erkennen, daß die Verbraucher sich in ihrem Einkaufsverhalten durchweg umweltschutzgerecht verhalten.[368] Die Beurteilung der Produkte unter ökologischen Kriterien kann durch eine informative Warenkennzeichnung sowie durch die Bereitstellung geeigneter Indikatoren zur Messung der Umweltbelastung, des Energieverbrauchs und der technischen Lebensdauer seitens der Warentestinstitute gefördert werden.[369]

(5) Verhinderung, Beseitigung und Verminderung von Umweltschäden durch aktiven Umweltschutz

Die im folgenden zu behandelnden Strategien dienen der unternehmerischen Absicht, Produkte und Dienstleistungen im Bereich des Umweltschutzes selbst anzubieten. Insbesondere in den USA hat die wirtschaftliche Bedeutung der »antipollution industry« in den letzten Jahren erheblich zugenommen. Dies trifft auch für die Umweltschutzindustrie der Bundesrepublik Deutschland zu.[370] Während die bisher dargestellten Strategien darauf abzielten, den gesetzlichen Anforderungen des Umweltschutzes zu entsprechen und die Produktstrategien auf ihre ökologischen Auswirkungen hin zu überprüfen, wird im aktiven Umweltschutz bewußt eine neue Marktchance gesehen. Der Umweltschutz eröffnet also auch neue Möglichkeiten im Bereich der Luft- und Wasserreinigung, der Abfall- und Rückstandsaufbereitung und der Absicherung gegenüber Umweltschutzauflagen.

Dazu zählen zunächst einmal Strategien, die sich mit der Entwicklung von Produkten und Verfahren zur Analyse und Messung ökologischer Belastungen befassen (z. B. Meß- und Kontrolleinrichtungen, Analysemethoden, Simulationsmodelle der Umweltverschmutzung). Ferner gehören dazu Strategien, welche auf die Entwicklung von Produkten und Technologien zur Vermeidung oder Beseitigung von Umweltschäden ausgerichtet sind (z. B. Filtergeräte, biologische Kläranlagen, Wiederaufbereitungstechnologien, Abgasreiniger, Schalldämpfer und Funkenfänger).

Solche Produkt- und Marktstrategien bieten sich als Ergänzung des bisherigen Produktprogramms insbesondere für Unternehmen an, die durch ihre Produktion erheblichen Anteil an der Belastung der Ökosphäre haben. Ein Unternehmen, das z. B. chemikalische Schadstoffe in ein Gewässer einleitet,

---

[368] Vgl. SPECHT 1979, S. 103.
[369] Vgl. PICOT 1977, S. 215-223.
[370] Zum Markt für Produkte des integrierten Umweltschuztes siehe im einzelnen KREIKEBAUM 1992a, S. 81 f., 107 f.

kann durch die Entwicklung von Aufbereitungsanlagen zunächst die selbstverursachte Umweltverschmutzung beseitigen und auch das bei der Rezyklierungsstrategie gewonnene technologische Know-how den Konkurrenten zum Kauf oder zur Lizenznahme anbieten. Es betätigt sich damit auf einem Gebiet, das sich inzwischen zu einer ganzen Querschnittsbranche, der Umweltschutzindustrie, entwickelt hat.

Industrieller Umweltschutz ist keine Erfindung der vergangenen zwei Jahrzehnte. Es hat ihn, wie wir gesehen haben, in vereinzelter Form schon seit Beginn des Industriezeitalters gegeben (z. B. als Metallrecycling). Neu daran ist allerdings heute, daß die Umweltschädigung ein nicht mehr tolerierbares Ausmaß erreicht hat. Dies ist inzwischen nicht nur gesehen und begriffen worden, sondern hat auch zu geschäftlichen Aktivitäten der Industrie geführt. Die Förderung von Herstellungsverfahren mit integriertem Umweltschutz (emissionsarme Technologien/Vermeidungstechnologien) anstelle traditioneller Klär- und Müllvernichtungsanlagen ist hierfür ein Beispiel.

Die Umweltschutzindustrie ist heute zu einem Wirtschaftsfaktor ersten Ranges geworden und in einem Umbruch begriffen, dessen Strukturen sich erst langsam abzeichnen. Sie hat eine erhebliche volkswirtschaftliche Bedeutung nicht nur dadurch gewonnen, daß inzwischen rund 1200 Betriebe Umwelttechnik im weitesten Sinne anbieten, sondern daß das Gros dieser Unternehmen aus Klein- und Mittelbetrieben besteht. Das Umweltbundesamt geht davon aus, daß 1990 in den alten Bundesländern bereits 546 000 Arbeitskräfte in der Umweltschutzindustrie tätig waren. In den neuen Bundesländern wurden für das Jahr 1991 ca. 96 000 Arbeitsplätze dem Umweltschutz zugerechnet.[371] Die gesamtwirtschaftlichen Ausgaben für den Umweltschutz beliefen sich im Jahr 1992 auf über 43 Mrd. DM.[372] Es handelt sich dabei um einen Industriezweig, dessen Auftragslage direkt mit der Tätigkeit des Gesetzgebers verknüpft ist. Die Vermehrung oder Verschärfung behördlicher Auflagen im Umweltschutzbereich verbessert nahezu zwangsläufig die Auftragslage und die Beschäftigungssituation. Für die nächsten Jahre werden deshalb Umsatzsteigerungen um weitere Milliarden DM erwartet, z. B. für die verbesserte Luftreinigung und die Lösung des Altlastenproblems. Die Einführung schadstoffärmerer Autos wird zusammen mit der Großfeuerungsanlagen-Verordnung zusätzliche Arbeitsplätze erbringen.[373] Der Wandel zum aktiven Umweltschutz hat folglich nicht nur das Problembewußtsein in den Unternehmen für ökologische Problemstellungen geweckt, sondern auch neue Marketingchancen eröffnet. Dies gilt für die Großunternehmen, die seit Jahren z. B. im Bereich der Abfallverwertung und Abwasserreinigung tätig sind, speziell aber für die Vielzahl der kleineren und mittleren Unternehmen, die erfahrungsgemäß neue Marktchancen flexibler wahrnehmen können.

Innovationschancen im Bereich der Umweltschutzindustrie bieten sich vor allem denjenigen Unternehmen, die sich auf bestimmte Anwendungsbereiche

---

[371] Vgl. Umweltbundesamt 1994, S. 74.
[372] Vgl. Statistisches Bundesamt 1995, S. 732.
[373] Vgl. JÜRGENSEN 1986, S. 14.

spezialisiert und dabei Marktnischen erschlossen haben (Beispiele: die Entwicklung eines elektrohydrostatisch angetriebenen, abgasfreien Muldenkippers für den Untertagebau durch die Maschinenfabrik Hermann Paus GmbH in Emsbüren;[374] die Entwicklung eines simultanen Entschwefelungs- und Entstickungsverfahrens für die Rauchgasreinigung von Kraftwerken durch die Firmen Salzgitter Lummus, Wiesbaden, und Saarberg Hölter Lurgi GmbH.[375] Bei der Umweltschutzindustrie handelt es sich um einen industriellen Querschnittssektor mit Schwerpunkten im Investitionsgüterbereich (insbesondere dem Maschinenbau) sowie dem tertiären Sektor (insbesondere im Handel und im Beratungsgewerbe).[376] Es ist zu beachten, daß nur 28% der Betriebe ausschließlich Umweltschutzleistungen anbieten und bei den gemischten Betrieben der Umweltschutzsektor ein rundes Drittel der geschäftlichen Aktivitäten ausmacht (gemessen am Umsatz). Die Betriebe betätigen sich zum großen Teil in den vom Gesetzgeber am längsten regulierten Bereichen »Wasser« und »Luft«. Konzentrierte sich in der ersten Phase des Umweltschutzes die Nachfrage vor allem auf Innovationen zur Beseitigung von Schadstoffen (kostengünstigere und wirksamere Entsorgungsverfahren), so ist inzwischen ein Trend zur Entwicklung neuartiger Verfahren und Produkte mit integrierten Technologien festzustellen, durch die langfristig gewisse Zusatztechnologien im Bereich der Nachentsorgung überflüssig gemacht werden.
Eine empirische Untersuchung der Innovationen im Umweltschutzbereich läßt erkennen, daß sich die Tendenz zu sogenannten primären Innovationen (Umstellung der Produktionstechnologie selbst) im Bereich der Abluftreinigung besonders deutlich zeigt, aber auch im Abwasserreinigungsbereich zunehmen wird. Allerdings dominieren die Kreislaufverfahren (Recycling) gegenüber den umweltfreundlichen Produktionstechnologien (primäre Innovationen) im Abwasser- und auch im Abfallbereich.[377]
Die technologische Entwicklung im Bereich der Umweltschutzindustrie ist mit großer Sicherheit noch längst nicht abgeschlossen. Als Beispiel einer langfristigen Aufgabe für Forschung und Entwicklung kann die Biotechnologie (Gentechnologie) angesehen werden, der insbesondere bei der Abwasserreinigung erstaunliche Erfolge zu verdanken sind. Auch die sogenannte Hochleistungskeramik stellt ein zukunftträchtiges Gebiet dar, das sich durch Hochtemperatur- und Verschleißeigenschaften gegenüber anderen Werkstoffbereichen auszeichnet. Der Einsatz von Keramik hat erhebliche Energieeinsparungen zur Folge, da der Wirkungsgrad thermischer Prozesse mit steigender Betriebstemperatur zunimmt. Die Forschungsarbeiten konzentrieren sich deshalb auf den Einsatz von technischen Keramikprodukten in Antriebsaggregaten wie Motoren und Turbinen, aber auch als Trägerkörper für Katalysatoren.[378] Es leuchtet ein, daß der Staat an solchen umweltschonenden Technologien ein großes Interesse hat und deshalb deren Erforschung durch

---

[374] Vgl. JÜRGENSEN 1985, S. 11.
[375] Vgl. o.V. 1985, S. 173.
[376] Vgl. ULLMANN/ZIMMERMANN 1981.
[377] Vgl. NOLTE 1982, S. 77-95.
[378] Vgl. o.V. 1986, S. 9.

teilweise erhebliche Förderungsmaßnahmen unterstützt. Er tut dies nicht zuletzt wegen der arbeitsmarktpolitischen Auswirkungen des aktiven Umweltschutzes bzw. der Umweltschutzindustrie. Dabei kann durchaus der Fall eintreten, daß zunächst ökologisch nicht vertretbare Arbeitsplätze vernichtet werden, bevor neue Arbeitsplätze entstehen. Die Einschätzung der beschäftigungspolitischen Auswirkungen des Umweltschutzes ist sehr positiv. Insgesamt gesehen wird von 450 000 bis 500 000 Arbeitsplätzen gesprochen, die bundesweit durch neue Umwelttechnologien bis zum Jahr 2000 noch entstehen werden.[379] Umweltpolitik und Beschäftigungspolitik schließen sich folglich nicht nur nicht aus, sondern ergänzen einander in positiver Weise. Zu diesem Ergebnis gelangen auch empirische Untersuchungen über die Komplementarität ökologischer und ökonomischer Unternehmensziele.[380]

4.2.4 Auswirkungen auf die Unternehmensziele

In den vorangegangenen Ausführungen ist u.a. begründet worden, daß sinnvolle Aussagen über den Grad der Zielerreichung erst dann gemacht werden können, wenn Klarheit über die erforderlichen Aktivitäten zur Durchsetzung konkreter Produkt- und Marktstrategien besteht. Nur so ist es möglich zu überprüfen, in welchem Maße die gewählten Strategien und Maßnahmen zur Erfüllung der erklärten Absicht beigetragen haben, ein qualitatives Wachstum im Sinne einer möglichst umweltschonenden Ausrichtung des Unternehmenswachstums anzustreben.
Ob diese Absicht erreicht wird, kann erst dann beurteilt werden, wenn operationale Zielangaben vorliegen. Erschwert wird diese Aufgabe durch die geforderte Längerfristigkeit der Betrachtungsweise und durch die tendenzielle Verschiebung hin zu qualitativen Maßkriterien. Die Erzielung eines qualitativen Wachstums wird ebenfalls anhand der Wachstumsrate der Umsätze oder Gewinne beurteilt. Die Veränderung des Wachstums kommt zum Ausdruck in einer Verschiebung der Wachstumsraten und der Marktanteile innerhalb des Produktprogramms, da Produktion und Vertrieb umweltfreundlicher Erzeugnisse begünstigt werden.
Unter qualitativem Wachstum wird verstanden, daß der Energie- und Rohstoffverbrauch sowie die entstehende Umweltbelastung je Produkteinheit verringert wird. Der alleinige quantitative Abbau von nach traditionellen Verfahren hergestellten Produkten um seiner selbst willen (z. B. mengenmäßige Abnahme um 5%) wird hier also nicht als qualitatives Wachstum bezeichnet. Diese mengenmäßige Reduzierung kann allerdings sehr wohl Folge des forcierten Wachstums von Substitutionsprodukten sein, die den Anspruch an ein qualitatives Wachstum mehr erfüllen als andere Güter. Verschiebungen zeigen sich auch beim Streben nach Wirtschaftlichkeit. Die stär-

---

[379] Vgl. Umweltbundesamt 1994, S. 74.
[380] Dazu MEFFERT/KIRCHGEORG 1992; RAFFÉE/FÖRSTER/FRITZ 1992 und FRITZ 1995.

kere Berücksichtigung ökologischer Gesichtspunkte kann zu einer kurzfristigen Kostensteigerung führen. Auf der anderen Seite ergeben sich aber auch Chancen für eine zumindest längerfristige Kostenverringerung , insbesondere bei den laufenden Betriebskosten, und damit für eine Steigerung der Wirtschaftlichkeit, wenn das Wirtschaftswachstum vom Energieverbrauch entkoppelt wird oder mit einem niedrigeren Ressourcenaufwand verknüpft ist. Zusammenfassend ist festzuhalten, daß sich der konzeptionelle Rahmen für die inhaltliche Gestaltung der strategischen Planung als genügend tragfähig erwiesen hat, um auch die für notwendig gehaltenen Veränderungen der Planungsinhalte aufzunehmen.

Übungsfragen:

(1) Welchen wichtigsten Interessengruppen sieht sich die Unternehmensleitung gegenüber?
(2) Was wird in der Literatur im allgemeinen unter »gesellschaftlicher Verantwortung des Unternehmens« verstanden?
(3) Ist die Übernahme gesellschaftlicher Verantwortung durch ein Unternehmen identisch mit einem Verzicht auf Gewinnerzielung?
(4) Welche Argumente werden gegen die Forderung nach gesellschaftlicher Verantwortung ins Feld geführt und wie sind diese zu beurteilen?
(5) In welcher Form finden die ökologischen Bedingungen des wirtschaftlichen Handelns ihren konkreten Ausdruck?
(6) Was versteht man unter »Kontraproduktivität«?
(7) Wie beurteilen Sie die Forderung nach einem »Nullwachstum«?
(8) Was ist unter »qualitativem Wachstum« zu verstehen?
(9) Was ist unter der Forderung nach kooperativer Willensbildung zu verstehen? Welcher Zweck wird damit verfolgt?
(10) In welcher Weise kommt eine Grundhaltung der Offenheit zum Ausdruck?
(11) In welcher Weise kann z. B. die Selbstverpflichtung der Unternehmensleitung zur Übernahme ihrer gesellschaftlich-ökologischen Verantwortung in der Formulierung von Absichtserklärungen zum Ausdruck kommen?
(12) Nennen Sie Beispiele für Strategien, die der Berücksichtigung von ökologischen Bedingungen dienen.
(13) Was versteht man unter einer Entkoppelung von Wachstum und Energieverbrauch?
(14) Welche Strategien einer umweltfreundlichen Produktpolitik lassen sich unterscheiden?
(15) Durch welche Maßnahmen eines aktiven Umweltschutzes können Umweltschäden beseitigt oder vermindert werden?
(16) In welcher Weise kann die Forderung nach einem qualitativen Wachstum zu einer Veränderung von Zielerreichungsgraden führen?

186

5.1 Aspekte der Aufbauorganisation

| 5.1.1 Planungsaktivitäten und Planungsträger | 5.1.2 Strategische Geschäftseinheiten und Aufbauorganisation |

5.2 Aspekte der Ablauforganisation

| 5.2.1 Hilfsmittel der organisatorischen Strukturierung eines Systems der strategischen Unternehmensplanung | 5.2.2 Strukturierung des strategischen Planungsprozesses | 5.2.3 Einsatz von Informations- und Kommunikationssystemen |

5.3 Verknüpfung von strategischer und operativer Planung

| 5.3.1 Begriff und Inhalt der operativen Planung | 5.3.2 Ein praxisorientierter Verknüpfungsansatz | 5.3.3 »Structure follows Strategy« |
| 5.3.4 Lernende Organisation | 5.3.5 Projektmanagement | 5.3.6 Reengineering |

5.4 Kritische Würdigung der Organisationsaspekte

Abb. 5.1: Aufbau des fünften Kapitels

5 Organisatorische Gestaltung der strategischen Unternehmensplanung

Problemstellung

Zwischen Planung und Organisation besteht eine doppelseitige Verknüpfung. Der Leser soll zunächst mit den Grundproblemen der organisatorischen Gestaltung der strategischen Planung bekannt gemacht werden.
Im Rahmen dieses Problembereichs sind folgende Fragen zu beantworten:

- Welches sind die wichtigsten Planungsträger im Unternehmen, und welche Planungsaktivitäten sind von ihnen durchzuführen?
- Welche Hilfsmittel bieten sich an, um ein System der strategischen Planung organisatorisch zu strukturieren?
- Wie kann der strategische Planungsprozeß zweckmäßig organisiert werden? Welche verschiedenen Ansätze und welche Abstimmungsmöglichkeiten bieten sich dazu an?
- In welcher Weise ist die strategische Planung mit der operativen Planung zu verknüpfen?
- Was ist unter »strategischen Geschäftsfeldern« zu verstehen?

Ebenso wie die operative muß auch die strategische Planung durch organisatorische Regelungen strukturiert werden[381]. Erfolgt dies explizit, so spricht man von formalisierter Planung bzw. einem Planungssystem, im Gegensatz zur informellen Planung. Ein System der strategischen Unternehmensplanung kann deshalb auch nicht als ein organisch gewachsenes und sich quasi selbst entwickelndes Gebilde betrachtet werden. Die mit der Durchführung der strategischen Planung verknüpften Aufgaben und Prozesse sind vielmehr bewußt zu steuern.
Gegenstand der organisatorischen Gestaltung sind die Planungsaktivitäten und deren Träger, die strategischen Geschäftseinheiten, der Ablauf des Planungsprozesses sowie die Einführung und Weiterentwicklung des Planungssystems (Metaplanung). Die nachstehenden Ausführungen werden sich mit den drei ersten Problembereichen beschäftigen, die Fragen der Einführung und Weiterentwicklung eines strategischen Planungssystems behandelt Kapitel 6.

---

[381] Zum Doppelbezug zwischen Planung und Organisation vgl. KREIKEBAUM 1975, S. 14.

Des weiteren ist die Frage zu untersuchen, wie die Informationstechnologie zur Unterstützung des strategischen Planungsprozesses eingesetzt werden kann. Abschließend sind die veränderten Anforderungen an die Mitarbeiter und Führungskräfte darzustellen, aus denen sich eine neue Orientierung des betrieblichen Personalmanagements ergibt.

5.1 Aspekte der Aufbauorganisation

5.1.1 Planungsaktivitäten und Planungsträger

Ebenso wie bei jeder anderen in einer Organisation zu vollziehenden Tätigkeit ist auch bei der strategischen Unternehmensplanung festzulegen, welche Aufgaben im einzelnen erfüllt werden müssen, wie die Zuordnung der Planungsaktivitäten auf die Planungsträger erfolgen soll und welche Personen als Aufgabenträger mit entsprechenden Kompetenzen auszustatten sind.

Planungsaktivitäten

Die notwendigen Planungsaktivitäten lassen sich aus den Zwecken oder Aufgaben der strategischen Unternehmensplanung ableiten. Daraus folgt, daß die Aktivitäten im Bereich der Analyse und der Prognose der Umweltbedingungen ebenso wie die Formulierung von Absichten, Strategien, Maßnahmen und Zielen in die Planungstätigkeiten eingeschlossen sein müssen.
Strategische Unternehmensplanung ist die zentrale Aufgabe der Unternehmensleitung. Dies schließt aber nicht aus, daß bestimmte Planungsaktivitäten auch auf der Ebene der Sparten und Funktionsbereiche wahrgenommen werden müssen [382].
Die nachstehende Rangfolge von Planungsaktionen orientiert sich an dem fortschreitenden Reifegrad der Planung[383]:
(1) Problem erfassen
  (a) Planung initiieren
      (Planungsproblem identifizieren, Planungsauftrag erteilen)
  (b) Planung fundieren
      (Informationen generieren und analysieren)
(2) Problem lösen
  (a) Planentwürfe erstellen (Alternativen konzipieren)
  (b) Planentscheidungen treffen (eine Alternative auswählen) und für verbindlich erklären.

---

[382] Vgl. dazu KREIKEBAUM/GRIMM 1978, S.30-34.
[383] Vgl. FRANKE/MÜLLER-BÖLING 1978, S. 35-59.

Die empirische Überprüfung der Bedeutung dieser Planungsaktionen hat ergeben, daß die Beschaffung von Informationen sowie die Entwicklung einer Gesamtvorstellung im Hinblick auf die Konzipierung von Planalternativen als wichtigste Aktivitäten angesehen wurden. Die anderen Planungstätigkeiten traten demgegenüber zurück.[384]

Planungsträger

Strategische Unternehmensplanung wird hier als eine entscheidungsbezogene Aktivität aufgefaßt. Sie ist eine wichtige Aufgabe der Entscheidungsträger, wobei alle Entscheidungsträger auch gleichzeitig Planungsträger sind.

Im folgenden wird nur noch von Planungsträgern gesprochen. Diese sind jedoch nicht alle Entscheidungsträger. Planungsträger ohne Entscheidungskompetenz sind die Personen in Stabsabteilungen, die im Rahmen ihrer Aufgabenerfüllung zwar ständig Entscheidungen treffen, aber nicht die von uns betrachteten »Letzt«-Entscheidungen. Formen und Inhalt der Beteiligung können selbstverständlich stark variieren. Dies hängt in erster Linie ab von der konzeptionellen Gestaltung des Systems der strategischen Unternehmensplanung (z. B. Inhalt und Methode) und von der Organisationsstruktur des Gesamtunternehmens.

Die Planungsträger lassen sich unter anderem nach folgenden Kriterien unterscheiden:

- Hierarchische Ebene innerhalb der Organisationsstruktur des Unternehmens
- Häufigkeit der Betrauung mit Planungsaufgaben
- Anzahl der Beteiligten.

Die entsprechende Zuordnung kommt in Abbildung 5.2, die eine divisionale Organisationsstruktur unterstellt, zum Ausdruck:[385]

Die Zuordnung der Planungsaktivitäten zu den Planungsträgern

Bei der Darstellung der einzelnen Planungsträger und ihrer Aktivitäten orientieren wir uns an Abbildung 5.2.

a) Unternehmensleitung

Angesichts der vielen widersprüchlichen Auffassungen zu zahlreichen Einzelfragen der strategischen Unternehmensplanung muß es fast verwundern, daß über einen Punkt in Theorie und Praxis Übereinstimmung besteht: Strategische Unternehmensplanung (insbesondere die an deren Schluß stehenden Entscheidungen) gilt als zentrale Aufgabe der gesamten Unternehmenslei-

---

[384] Siehe dazu FRANKE/MÜLLER-BÖLING 1978, S. 63-81, insbesondere S. 68 f.
[385] Im Falle der funktionalen Organisationsform existieren keine Geschäftsbereichsleiter.

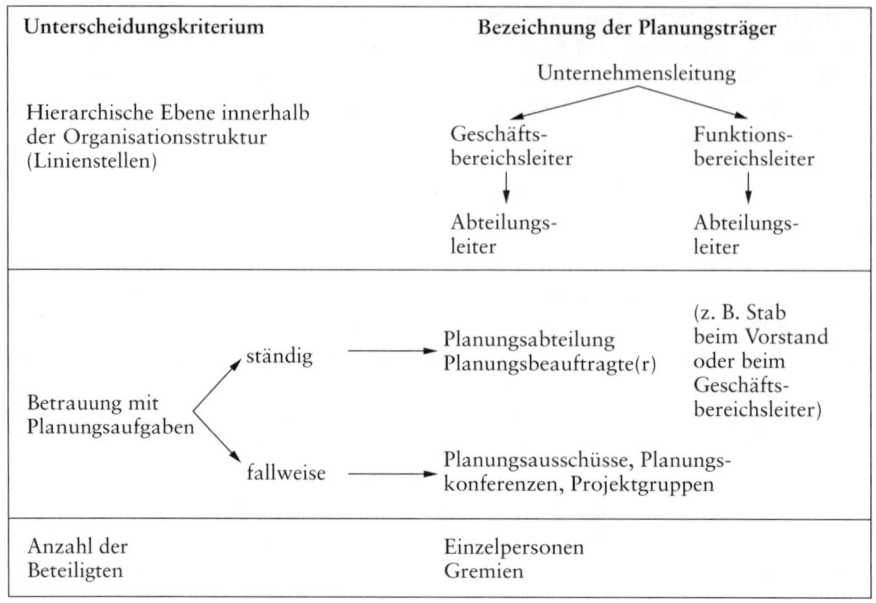

Unterscheidungskriterium	Bezeichnung der Planungsträger	
	Unternehmensleitung	
Hierarchische Ebene innerhalb der Organisationsstruktur (Linienstellen)	Geschäftsbereichsleiter ↓ Abteilungsleiter	Funktionsbereichsleiter ↓ Abteilungsleiter
Betrauung mit Planungsaufgaben — ständig →	Planungsabteilung Planungsbeauftragte(r)	(z. B. Stab beim Vorstand oder beim Geschäftsbereichsleiter)
— fallweise →	Planungsausschüsse, Planungskonferenzen, Projektgruppen	
Anzahl der Beteiligten	Einzelpersonen Gremien	

Abb. 5.2: Einteilung der Planungsträger

tung, wenn nicht sogar nur ihres Vorsitzenden selbst (»chief executive officer«); ohne die aktive Unterstützung durch das Topmanagement ist also die strategische Planung nicht durchführbar. Empirische Untersuchungen konnten dies eindrucksvoll belegen.[386]
Spaltet man die strategische Unternehmensplanung in die im Unterabschnitt 5.1.1 genannten Planungsaktivitäten auf, so ergeben sich nach einer empirischen Untersuchung von KEPPLER unterschiedliche Intensitäten der Beteiligung des Topmanagements am Planungsprozeß. Danach ist die Intensität der Beteiligung der Unternehmensleitung an der Erstellung von Plänen bzw. Planalternativen nur knapp halb so groß wie die Beteiligung an der Auswahl und der Genehmigung vorgelegter Pläne[387]. GRINYER/NORBURN haben bei ihrer Befragung in britischen Unternehmen festgestellt, daß der »chief executive officer« in den meisten Fällen die unternehmerischen Absichten und Ziele setzt, daneben auch der »board of directors«.[388]
Abschließend sei kurz auf die Rolle des Vorstands in der deutschen Aktiengesellschaft eingegangen. Nach § 76 Abs. 1 AktG obliegt die Geschäftsführung allein dem Vorstand und kann lt. § 111 Abs. 4 Satz 1 AktG auch nicht dem

---

[386] Vgl. KREIKEBAUM/GRIMM 1978, S. 30; KEPPLER/BAUMBERGER/GABELE 1977, S. 27 f.; TÖPFER 1976, S. 271 f.; LORANGE 1973, S. 14; KEPPLER 1975, S. 221; GRINYER/NORBURN 1974, S. 82; GÄLWEILER 1980, Sp. 1890.
[387] Vgl. KEPPLER 1975, S. 221.
[388] Vgl. GRINYER/NORBURN 1974, S. 81.

Aufsichtsrat übertragen werden. Im Gegensatz zur angloamerikanischen Board-Verfassung hat der Aufsichtsrat in der deutschen Aktiengesellschaft nur die Möglichkeit, im Rahmen strategischer Entscheidungen von seinem Recht des Zustimmungsvorbehaltes Gebrauch zu machen (nach § 111 Abs. 4 Satz 2 AktG). In diesem Zusammenhang ist noch darauf hinzuweisen, daß die Ausnutzung dieses Rechts von der Hauptversammlung über die Gestaltung der Satzung entscheidend beeinflußt werden kann. Wie die empirischen Untersuchungen von STEINMANN/GERUM ergeben haben, hat der Aufsichtsrat in mitbestimmten Unternehmen von diesem Recht des Zustimmungsvorbehaltes bislang sehr unterschiedlich Gebrauch gemacht. Bei Entscheidungen über das Produkt-/Markt-Konzept (»Erweiterung und Einstellung des Herstellungsprogramms«, »Aufnahme bzw. Aufgabe von (neuen) Geschäftszweigen«) hat der mitbestimmte Aufsichtsrat nur in 20 % aller Fälle dieses Recht ausgenutzt. Bezogen auf die Aufstellung von Gesamtplänen bestand nur in 6 % aller Fälle ein Zustimmungsvorbehalt des Aufsichtsrats (mit einer Ausnahme in einem öffentlichen Versorgungsunternehmen).[389]

Nach den Ergebnissen von THANHEISER/PATEL kann die »betreuende« Rolle des Vorstands gegenüber den Geschäftsbereichsleitern, die teilweise als autoritär empfunden wird, als ein typisches Merkmal der strategischen Unternehmensplanung in diversifizierten deutschen Unternehmen angesehen werden.[390]

b) Geschäftsbereichsleiter

In Unternehmen mit einer Spartenstruktur zählen die Geschäftsbereichsleiter neben der Unternehmensleitung und den im folgenden noch zu behandelnden Funktionsbereichsleitern zu den wichtigsten Planungsträgern. Die Geschäftsbereichsleiter sind im Rahmen des ihnen von der Unternehmensleitung eingeräumten Spielraums verantwortlich für die Leitung und die Ergebnisse ihres jeweiligen Geschäftsbereiches. Die Selbständigkeit und damit der Entscheidungsspielraum dieser Führungsschicht ist am größten beim Typ der Holding-Organisation, der durch nahezu vollständige Autonomie der Geschäftsbereiche gekennzeichnet ist. Der in Deutschland am häufigsten anzutreffende Typ des Investment-Centers zeichnet sich durch weitgehende Selbständigkeit im Absatz- und Produktionsbereich und durch partielle Investitionsautonomie aus. Demgegenüber verfügt der Typ des Profit-Centers nur über Autonomie im Absatz- und Produktionsbereich.

Die Aufgaben des Geschäftsbereichsleiters im Rahmen des strategischen Planungssystems werden nicht nur durch die Interessen und Verhaltensweisen der Unternehmensleitung geprägt (die z. B. in der oben dargestellten betreuenden Rolle zum Ausdruck kommen), sondern auch durch die wechselseitige Abhängigkeit der Geschäftsbereiche untereinander.

Das Interesse der Unternehmensleitung wird im allgemeinen darin bestehen, übergeordnete Unternehmensabsichten vorrangig vor den Geschäftsbereichs-

---

[389] Vgl. dazu STEINMANN/GERUM 1980, S. 6 f., sowie GIRGENSOHN 1980, S. 337-341.
[390] Vgl. THANHEISER/PATEL 1977, S. 35-38.

absichten zu verfolgen und weitgehenden Einfluß auf das Leistungsprogramm der verschiedenen Geschäftsbereiche zu nehmen. Dies erfordert wiederum, daß bestimmte Zentralbereiche für die Steuerung der Ressourcenzuteilung sowie für Koordinations- und Kontrollaufgaben bestehen müssen. Damit verringert sich gleichzeitig der Grad an Selbständigkeit der Geschäftsbereiche. Zwischen den einzelnen Geschäftsbereichen bestehen vielfach leistungsmäßige, zumindest aber finanzwirtschaftliche Verflechtungen. Die Notwendigkeit zur zentralen Aufteilung der Investitionsmittel ist um so größer, je heterogener das Portfolio des Unternehmens zusammengesetzt ist (stark wachsende, wenig wachsende oder schrumpfende Teilbereiche) und je knapper die zur Verfügung stehenden Finanzmittel sind. Diese Heterogenität und die dadurch erschwerte Koordination kann durchaus dazu führen, daß der bestehende Autonomiegrad der Geschäftsbereichsleiter eingeschränkt wird und eine Verschiebung vom Holding-Typ zum Typ des Investment-Centers und von dort weiter in Richtung Profit-Center stattfindet.[391] Die in den schnellen Anpassungsmöglichkeiten an Markt- und Produktveränderungen liegenden Vorteile einer Spartenorganisation können dadurch unter Umständen teilweise wieder aufgehoben werden.

Die Art und Weise der Mitwirkung des Geschäftsbereichsleiters an der strategischen Planung ist selbstverständlich auch vom Gegenstand der Entscheidung abhängig. Sie ist tendenziell geringer bei einer Entscheidung in bezug auf inhaltliche Elemente der strategischen Planung, welche die Ebene der Gesamtunternehmung betreffen, als bei den Entscheidungen über die Geschäftsbereichsebene. Die Praxis der strategischen Planung ist durch eine Vielzahl von Informations- und Abstimmungsprozessen unterschiedlichster Art auf den einzelnen Stufen des strategischen Planungsprozesses gekennzeichnet. Auf diese Frage wird im Abschnitt 5.2.2 über die Strukturierung des strategischen Planungsprozesses ausführlich eingegangen werden.

c) Funktionsbereichsleiter

Als Funktionsbereichsleiter werden diejenigen Personen bezeichnet, die jeweils für eine bestimmte Funktion (Einkauf, Vertrieb, Produktion, Forschung und Entwicklung, Finanz- und Rechnungswesen usw.) verantwortlich sind. Sie sind sowohl bei der funktionalen Organisation als auch bei der Matrixorganisation direkt der Unternehmensleitung unterstellt. Bei der divisionalen Organisationsstruktur sind nur die Leiter zentraler Funktionen der Unternehmensleitung direkt unterstellt, während die Leiter der divisionalen Funktionsbereiche den Divisionsleitern untergeordnet werden.

Die Interessen und Ziele der Funktionsbereichsleiter sind auf die Erfüllung ihrer jeweiligen Funktion ausgerichtet; sie sind häufig weniger markt- oder produktbezogen orientiert. Die damit verbundenen Nachteile liegen in der tendenziellen Entfaltung von Ressortpartikularismus und funktionsbezogenen Leistungsmaßstäben sowie in fehlendem Interesse an übergeordneten

---

[391] Vgl. dazu DRUMM 1978, S. 88, S. 100.

Gesamtzielen. Diese Aussage gilt insbesondere für die funktionale Organisationsform. Bei Unternehmen mit Geschäftsbereichsorganisation stellen die Geschäftsbereiche ein Gegengewicht zur Tendenz der Verselbständigung der Funktions- bzw. Zentralbereiche dar. Die Leiter der zentralen Funktionen haben hier die Aufgabe, für ihren jeweiligen Bereich die strategische Planung in Zusammenarbeit mit der Unternehmensleitung und mit den funktionellen Stellen in den Geschäftsbereichen durchzuführen.

d) Planungsabteilung

Historisch gesehen sind zentrale Planungsabteilungen als Stabsstellen zur Unterstützung der Unternehmensleitung sowie der Linienstellen (Geschäftsbereiche, Funktionsbereiche) eingeführt worden. Die damit verknüpften Probleme haben vor allem große Unternehmen bewogen, auf die Einrichtung von zentralen Planungsstäben zu verzichten (unter anderem General Motors sowie Standard Oil of New Jersey). Es wurden z. B. erhebliche Bedenken laut gegenüber der strengen Abgrenzung von Stabsaufgaben und Linienentscheidungen. Die Vorbereitung und Durchführung strategischer Entscheidungen im Unternehmen wird mehr als ein komplexer, multipersonaler Prozeß angesehen, der nicht nach den »reinen Kategorien« des Stab-Linien-Denkens zu bewältigen ist, da bereits bei der Entscheidungsvorbereitung wichtige Entscheidungen getroffen werden.

Die Unternehmensleitung muß deshalb unter allen Umständen vermeiden, daß die Planungsstäbe zu stark in den Prozeß der Formulierung von Absichten und Strategien einbezogen werden und damit Aufgaben übernehmen, die der Linie als dem eigentlich verantwortlichen Planungsträger zufallen.

Im Hinblick auf die Zuordnung der Planungsaktivitäten zur Planungsabteilung ist zu unterscheiden, ob es sich um eine zentrale Planungsabteilung bei der obersten Geschäfts- und Betriebsleitung oder um eine Planungsabteilung auf der Ebene eines Geschäftsbereichs oder eines Funktionsbereichs handelt.[392]

Zentrale Planungsabteilungen sind überwiegend entweder dem Vorsitzenden der Geschäftsleitung oder einem Geschäftsleitungsmitglied organisatorisch zugeordnet; seltener sind sie dagegen der gesamten Geschäftsleitung unterstellt.[393] Der zentrale Planungsstab in amerikanischen Unternehmen berichtet überwiegend dem Präsidenten oder dem »Chief Executive Officer«.

Die zentrale Planungsabteilung wird in erster Linie für die Einführung und Weiterentwicklung des strategischen Planungssystems verantwortlich sein. Ihre Aufgabe besteht ferner in der Unterstützung des laufenden Planungsprozesses, vor allem in organisatorischer Hinsicht. Dazu gehört die Erstellung von Planungsrichtlinien und Formularen, die Koordinierung der dezentralen Einzel- und Teilpläne zu einem Gesamtplan sowie die kritische Analyse der vorgelegten Pläne in Form von Plankontrollen.

---

[392] Siehe dazu LORANGE 1980, S. 265-273.
[393] Siehe KEPPLER/BAMBERGER/GABELE 1977, S. 26

Auf der Ebene der Geschäftsbereiche und Funktionsbereiche üben Planungsfachleute eher eine assistierende Rolle aus. Nach LORANGE kann sich die Mitwirkung der Planungsfachleute je nach Beteiligungsgrad in Form katalysato-
rischer, analytischer oder strategischer Mitarbeit vollziehen.[394] Auf dieser
Ebene ist der Planungsstab meist stärker an der inhaltlichen Gestaltung der
strategischen Planung beteiligt als auf der Gesamtunternehmensebene.
Die genannten Anforderungen machen es erforderlich, daß die Planungsstäbe insbesondere zur Kooperation mit den verschiedenen Ebenen des
Linienmanagements sowie mit bestehenden Gremien fähig und bereit sein
müssen.

e) Gremien

Es ist immer wieder darauf hinzuweisen, daß die eigentlichen Träger der strategischen Planung in den Führungskräften der verschiedenen hierarchischen
Ebenen zu sehen sind. Dies zeigt sich auch in der Zusammensetzung von Gremien. Nach den Untersuchungen von KEPPLER/BAMBERGER/GABELE sind in 80,7
% der befragten Unternehmen Mitglieder der Geschäftsleitung in bestehen-
den Planungsausschüssen vertreten. Die genannten Autoren haben festgestellt, daß die Leitung der zentralen Planungsstelle (in 65,3 % der befragten
Unternehmen) und in 65,4 % der Fälle auch Führungskräfte, die nicht zur
Geschäftsleitung gehören, in Planungsausschüssen tätig sind.[395] Gremien
(Planungsausschüsse) nehmen überwiegend die Funktion der Vorgabe eines
Rahmens für die Planung und Koordination vorgelegter Pläne wahr.[396]
In der Praxis wird häufig eine bestimmte Planungsaufgabe von mehreren Pla-
nungsträgern bewältigt, wenn auch mit unterschiedlicher Beteiligung der ein-
zelnen Stellen. Nach Töpfers empirischen Untersuchungen sind vermaschte
Planungsgruppen mit Querschnittsfunktionen als wichtige institutionelle
Voraussetzungen für das Funktionieren von Planungs- und Kontrollsystemen
anzusehen.[397] Insbesondere für die Koordination der Planung hat sich die
durchlässige Organisationsform der Projektgruppen als vorteilhaft erwiesen.

5.1.2 Strategische Geschäftseinheiten und Aufbauorganisation

Nach der Diskussion der möglichen Zuordnung der Planungsaktivitäten zu
Planungsträgern sollen nun einige aufbauorganisatorische Grundfragen der
strategischen Planung erörtert werden. Dabei steht die bereits bei der Darstellung der Portfoliotechnik erwähnte Konzeption der »strategischen Ge-
schäftseinheit(en)« (SGE) im Vordergrund. Insbesondere wird auf den Zu-

---

[394] Vgl. LORANGE 1980, S. 272 f..
[395] Vgl. KEPPLER/BAMBERGER/GABELE 1977, S. 27.
[396] Vgl. KEPPLER/BAMBERGER/GABELE 1977, S. 25.
[397] Vgl. TÖPFER 1976, S. 162.

sammenhang zwischen strategischer Planung, strategischen Geschäftseinheiten und Aufbauorganisation der Unternehmung eingegangen.

Strategische Geschäftseinheiten

Die Bildung strategischer Geschäftseinheiten (strategic business units) ist erstmalig in der Praxis der strategischen Planung bei General Electric vorgenommen worden. Im allgemeinen versteht man unter einer SGE Produkt-/ Marktkombinationen eines Unternehmens, die als Ganzes Gegenstand unternehmerischer Entscheidungen werden.[398] Die Bildung strategischer Geschäftseinheiten erfolgt u.a. anhand von folgenden Kriterien:[399]
(1) Marktpotential
    Es muß vom Umfang her attraktiv sein, um dafür eigenständige strategische Ziele zu erarbeiten.
(2) Eigenständigkeit der Marktaufgabe
    Die Marktaufgabe einer SGE muß unabhängig von der einer anderen SGE sein.

(3) Relative Unabhängigkeit der Entscheidungen
    Die Maßnahmen zur Realisierung strategischer Entscheidungen in bezug auf eine SGE sind unabhängig von denen anderer SGE auch in bezug auf ihre langfristigen Rückwirkungen.
(4) Abhebung von der Konkurrenz
    Eine SGE muß eine eindeutige Konstellation von Konkurrenten haben.

Die so gebildeten SGE dienen nicht primär der Umsetzung von Absichten, sondern einer fundierten und langfristig tragfähigen Erarbeitung solcher Absichten.[400]
In jüngster Zeit sind zunehmend Interdependenzen zwischen den Geschäftseinheiten in den Mittelpunkt des Interesses gerückt worden. FRESE unterscheidet dabei zwischen
* Ressourceninterdependenzen
  (z. B. in der Fertigung und Beschaffung),
* innerbetrieblichen Leistungsverflechtungen
  (eine Geschäfteinheit stellt Vorprodukte her, die von einer anderen Geschäfteinheit weiterverarbeitet werden) und
* Marktinterdependenzen
  (z. B. befriedigen zwei Produkte verschiedener Geschäfteinheiten einer Unternehmung dasselbe Konsumentenbedürfnis).[401]

---

[398] Vgl. GÄLWEILER 1979, S. 259 f.; derselbe 1980, Sp. 1891 f..
[399] Vgl. dazu HINTERHUBER 1978, S. 213-215; ROGERS 1975, S. 98-102; GÄLWEILER 1980, Sp. 1892.
[400] Vgl. GÄLWEILER 1979, S. 253.
[401] Vgl. FRESE 1995, S. 113-115.

Diese Interdependenzen erschweren zwar die saubere Abgrenzung strategischer Geschäftsfelder, bilden aber den Hauptansatzpunkt für SGE-übergreifende »Horizontalstrategien«.[402] Nach PORTER gelten die das gesamte Unternehmen erfassenden Horizontalstrategien als »der eigentliche Kern der Unternehmensstrategie«.[403] Ohne Verflechtungen zwischen Unternehmenseinheiten, die durch eine entsprechende Horizontalstrategie genutzt werden, gibt es nach dieser Auffassung keine überzeugenden ökonomischen Gründe für diversifizierte Unternehmen. Das entstehende »Dilemma der strategischen Segmentierung«[404] kann nur einzelfallspezifisch gelöst werden.

Eine »feine« Segmentierung führt besonders dann zu Vorteilen, wenn einzelne Unternehmensteile sehr unterschiedlichen Umweltsituationen gegenüberstehen; die Entscheidungsautonomie der Einheiten wird dann aber fraglich.

Eine »grobe« Segmentierung ermöglicht zwar autonome strategische Planungen, führt u.U. aber dazu, daß die Strategien den unterschiedlichen Produkt-Markt-Gegebenheiten nicht optimal angepaßt sind.

Ein weiterer wichtiger Gesichtspunkt betrifft die Frage der »strategischen Leitungsspanne«.[405] Bei großen und diversifizierten Unternehmen besteht die Gefahr, daß die Unternehmensleitung durch eine große Zahl von SGE überfordert wird und das eigentliche Segmentierungsziel der Reduzierung der Gesamtkomplexität des Unternehmens nicht erreicht. Hier empfiehlt sich die Einfügung einer weiteren Ebene (»strategische Sektoren«) mit dem Ziel der Zusammenfassung bestimmter Geschäftsfelder.

Der Zusammenhang zwischen strategischen Geschäftseinheiten und Aufbauorganisation

Die Beziehungen zwischen strategischen Geschäftseinheiten und der Aufbauorganisation des Unternehmens werden in der Literatur zum Teil fehlinterpretiert.[406] Den Grund dafür sieht GÄLWEILER vor allem in der begrifflichen Ähnlichkeit von strategischer Geschäftseinheit und organisatorischer Einheit. Andere Bezeichnungen wie z. B. Geschäftsgebiet oder Geschäftsfeld anstelle von Geschäftseinheit würden weniger Anlaß bieten, irgendeine Konkurrenzbeziehung mit den in der Strukturorganisation bestehenden operativen Einheiten herzustellen.[407]

SGE sind primär eine gedankliche Konstruktion zur langfristig effizienteren Steuerung des Unternehmens. Jeder SGE entspricht aber spätestens im Ausführungsstadium auch ein konkretes Ausführungssystem.[408]

---

[402] Vgl. PORTER 1989, S. 405 ff..
[403] PORTER 1989, S. 407.
[404] LINK 1985, S. 60; GERL/ROVENTA 1981, S. 855.
[405] Vgl. dazu GERL/ROVENTA 1981, S. 854-855.
[406] Vgl. STALP 1978, S. 919-924; HENZLER 1978, S. 912-919; HINTERHUBER 1978, S. 425-429; vgl. zur Kritik: GÄLWEILER 1979, S. 252-260.
[407] Vgl. GÄLWEILER 1979, S. 260.
[408] Vgl. GÄLWEILER 1979, S. 253.

GÄLWEILER unterscheidet drei Varianten von Beziehungen zwischen SGE und den organisatorischen Strukturen:[409]

(1) Eine SGE ist deckungsgleich mit einer Einheit der Aufbauorganisation.
(2) Eine Einheit der Aufbauorganisation besteht aus zwei oder mehr SGE.
(3) Zwei oder mehr Einheiten der Aufbauorganisation (oder auch eindeutig abgrenzbare Teilaktivitäten aus solchen) bilden eine SGE.

Da die Bildung organisatorischer Einheiten nach anderen Kriterien erfolgt als die Bildung strategischer Geschäftseinheiten,stellen SGE keinesfalls eine Alternative zur Weiterentwicklung der divisionalen Struktur dar.[410]

Das schließt aber nicht aus, daß es zwischen SGE und Aufbauorganisation wechselseitige Abhängigkeiten gibt, also auch Einflüsse von strategischen Überlegungen und Erkenntnissen auf die konkrete Form der Unternehmensorganisation. Auf die Zusammenhänge zwischen Strategie und Struktur, die insbesondere in der amerikanischen Literatur diskutiert werden, gehen wir deshalb im folgenden Abschnitt ein.

In einer Untersuchung amerikanischer Großunternehmen zeigte sich, daß nur in 7 % der Fälle die strategischen Geschäftseinheiten deutlich von den operativen Einheiten abwichen.[411] Um die Umsetzung strategischer Entscheidungen zu sichern, wird in der Praxis eine enge Verknüpfung strategischer und operativer Organisationseinheiten bevorzugt.

5.2 Aspekte der Ablauforganisation

5.2.1 Hilfsmittel der organisatorischen Strukturierung eines Systems der strategischen Unternehmensplanung

Die nachfolgend dargestellten Instrumente Formalisierung, Standardisierung und Dokumentation sind organisatorische Hilfsmittel zur Strukturierung des Systems und Ablaufs der strategischen Unternehmensplanung. Sie bedürfen ihrerseits wiederum bestimmter Hilfsmittel. Die Trennung der Instrumente geschieht hier nur aus didaktischen Gründen. In der Praxis tritt die Formalisierung der strategischen Planung nahezu immer in Verbindung mit der Dokumentation und sehr häufig gemeinsam mit der Standardisierung auf.

Formalisierung

In Theorie und Praxis wird häufig die Frage nach den Vorteilen formalisierter Planungssysteme gestellt, insbesondere im Zusammenhang mit den Gründen für die Einführung eines strategischen Planungssystems.

---

[409] Vgl. GÄLWEILER 1980, Sp. 1892-1893;
Vgl. dazu auch SZYPERSKI/WINAND 1979, S. 195-205.
[410] GÄLWEILER 1979, S. 252.
[411] Vgl. HASPESLAGH 1982, S. 65.

Bei einer kritischen Bewertung der Formalisierung fallen zunächst einmal deren Nachteile ins Auge: Formalisierung durch explizite organisatorische Regelungen wird oft als ein lästiges Übel empfunden und seltener als eine Hilfe für die eigene Aufgabenerfüllung. Vermutlich hängt diese negative Einstellung der Formalisierung gegenüber mit unguten Erfahrungen zusammen, die man mit Personen und Ämtern gemacht hat, welche nach »Schema F« und »rein formal« verfahren. So verstanden ist der Grad der Formalisierung des Planungssystems auch immer kritisch daraufhin zu überprüfen, ob den einzelnen Planungsträgern noch genügend Spielraum für eigene Gestaltungsmöglichkeiten verbleibt. Nur so können die Vorteile formalisierter Planungssysteme gewahrt werden. Sie liegen darin, daß den Planungsträgern ein übersichtliches, verläßliches und geschlossenes Instrumentarium angeboten wird, welches die Anforderungen an jeden einzelnen Planungsträger spezifiziert und den Planungsablauf verbindlich und personenunabhängig regelt. Ferner sorgt die Formalisierung für ein höchstmögliches Maß an Transparenz. Da allen Planungsträgern die notwendigen Informationen zugänglich sind, können auch von allen Stellen Vorschläge zur Verbesserung des Planungssystems und/oder Planungsablaufs gemacht werden. Sehr oft ist die Formalisierung der strategischen Planung überhaupt erst die Voraussetzung dafür, daß langfristige geschäftspolitische Überlegungen nicht vom Tagesgeschäft verdrängt werden.

Standardisierung

Zweck der Standardisierung ist es, daß gleiche Planungsprobleme auch einheitlich gelöst werden. Voraussetzung dafür ist, daß sich die zu regelnden Tatbestände in gleicher oder ähnlicher Weise wiederholen. In diesem Falle wird man von einer individuell-fallweisen zu einer generellen Regelung übergehen. Dies entspricht dem Substitutionsprinzip der Organisation von GUTENBERG.[412]

Standardisierung beginnt mit der Vereinheitlichung der benutzten Begriffe hinsichtlich der Inhalte und Methoden der strategischen Planung. Sie umschließt ferner die Herausgabe einheitlicher Planungsrichtlinien und bildet damit die Voraussetzung für eine reibungslose Koordination der verschiedenen Planungsaktivitäten.

Ebenso wie für die Formalisierung müssen auch für den Einsatz der Standardisierung bestimmte Bedingungen erfüllt sein, um sie als sinnvoll erscheinen zu lassen. Insbesondere erfordert ein großes und organisatorisch stark unterteiltes Unternehmen eine einheitliche Planung. Dies gilt vor allem bei einer starken Komplexität der Entscheidungsprozesse. Ihre Grenzen findet die Standardisierung in der Gefahr der Lähmung der Initiative des einzelnen sowie in Bürokratisierungstendenzen. Eine starke Rigidität des Planungssystems kann dazu führen, daß das Planungssystem Vorrang vor der strategischen Planung an sich gewinnt, d.h., daß die Form wichtiger als der Inhalt wird.

---

[412] Vgl. GUTENBERG 1983, S. 239-242.

Dokumentation

Unter Dokumentation wird hier die schriftliche Fixierung der Inhalte, der Methoden und der organisatorischen Elemente der strategischen Unternehmensplanung verstanden. Im Gegensatz zum allgemeinen Dokumentationsbegriff[413] steht dabei nicht die spätere Zugriffsmöglichkeit im Vordergrund, sondern der aktuelle Anwendungsbezug. Falls ein formalisiertes Planungssystem vorhanden ist, wird dieses im allgemeinen auch dokumentiert.

Als ein geeignetes Hilfsmittel dazu haben sich die sogenannten Planungshandbücher erwiesen. Sie bestehen üblicherweise aus einer Beschreibung der einzelnen Elemente des Planungssystems und des Planungsablaufs. Diese Beschreibung erfolgt z. B. unter Einschluß der folgenden Elemente:

- Die Zuordnung der Planungsaktivitäten zu Planungsträgern und damit auch deren Kompetenzen werden häufig durch Arbeitsplatz- und Stellenbeschreibungen geregelt.
- Planungsrichtlinien enthalten bei der Erstellung der Pläne zu beachtende Planungsvorgaben und -prämissen in formeller und materieller Hinsicht (z. B. Hinweise auf wichtige Inhalte und Methoden, die bei der Analyse der Umweltbedingungen zu beachten sind, und Vorgaben von Preissteigerungstendenzen für Rohstoffe).
- Ablaufdiagramme und Netzpläne koordinieren in zeitlicher Hinsicht die Einzeltätigkeit unterschiedlicher Stellen im Rahmen des strategischen Planungsprozesses.
- Planungsformulare sollen zur Eintragung der inhaltlichen Angaben zur strategischen, insbesondere aber auch zur operativen Planung von den jeweiligen Planungsträgern benutzt werden; häufig werden ihnen entsprechende Anweisungen bzw. Erläuterungen zur Ausfüllung der Formblätter beigelegt.
- Der Zweck der Dokumentation besteht darin, sämtliche Planungsträger über die eigenen Aufgaben sowie über die Planungsaktivitäten der anderen Stellen in Form eines Planungshandbuchs vollständig zu informieren.

Als besonders wichtig hat sich in diesem Zusammenhang die schriftliche Niederlegung der Unternehmensphilosophie bzw. Unternehmensgrundsätze herausgestellt. Sind diese nur in den Köpfen der Unternehmensleitung enthalten, so fehlt den nachgeordneten Planungsträgern das Grundlagenwissen für ihre spezifischen Aktivitäten im Bereich der strategischen Planung.

Im Vordergrund steht bei der Dokumentation der Zwang zur Abstimmung von Teilaktivitäten und Teilbereichen, die an der Erstellung der strategischen Planung beteiligt sind. Dieser Integrations- und Abstimmungsprozeß ist um so wichtiger, je differenzierter das Planungssystem eines Unternehmens ausgestaltet ist. Wie Ax/Borsig am Beispiel eines Großunternehmens nachgewiesen haben, ist eine Vielzahl partieller Planungssysteme für die Praxis typischer als ein integriertes Planungssystem.[414]

---

[413] Siehe dazu Kreikebaum 1980, S. 168-174.
[414] Vgl. Ax/Börsig 1979, S. 894.

Schließlich dient die Dokumentation dem Zweck einer Überwachung und geordneten Weiterentwicklung des bestehenden Planungssystems.

Insgesamt gesehen sollte das Planungssystem einfach ausgestaltet sein, leicht gehandhabt werden können, alle mit strategischen Entscheidungen verbundenen Tatbestände umfassen und ein möglichst hohes Ausmaß an organisatorischer Flexibilität aufweisen.

5.2.2 Strukturierung des strategischen Planungsprozesses

1. Begriff und Inhalt des strategischen Planungsprozesses

Der strategische Planungsprozeß beinhaltet das arbeitsteilige Zusammenwirken der verschiedenen Planungsträger mit dem Zweck, Analysen der internen und externen Umweltbedingungen vorzunehmen sowie unternehmerische Absichten, Strategien, strategische Maßnahmen und Ziele zu formulieren. Ergebnis des strategischen Planungsprozesses ist der strategische Plan.

Im folgenden wird eine weite Auffassung vom Inhalt des strategischen Planungsprozesses vertreten, der die Entscheidung einschließt. Konkret bedeutet dies:

(a) Der Planungsprozeß schließt mit der Entscheidung für eine bestimmte Alternative ab. Er umfaßt dagegen nicht mehr die Durchsetzung und die Kontrolle der Auswirkungen getroffener Planungsentscheidungen. Diese Aktivitäten gehören zwar auch zur Planung im weiteren Sinne, sind jedoch Gegenstand besonderer Kontroll- und Evaluierungsprozesse.

(b) Der Planungsprozeß stellt nicht eine strikte Abfolge von Phasen dar, sondern verläuft zyklisch. Die Festlegung einzelner Planungsphasen kann also nur als didaktisches Instrument angesehen werden, das sich in dieser Form nicht in der Empirie nachweisen läßt.

(c) Praktisch bedeutsam ist die Unterscheidung zwischen einem strategischen und einem operativen Planungsprozeß.

Im folgenden werden verschiedene Konzepte und Abstimmungsmöglichkeiten im Rahmen des Planungsprozesses näher untersucht.Dabei steht die Alternative inkrementaler /synoptischer Ansatz im Vordergrund.

2. Inkrementaler versus synoptischer Ansatz

Arten der Strukturierung des Planungsprozesses

Es bestehen unterschiedliche Gestaltungsmöglichkeiten zur Strukturierung des strategischen Planungsprozesses.

Beim *inkrementalen Ansatz* fragt man danach, ob die bereits verfolgte Strategie im Lichte der durchgeführten Analysen modifiziert werden sollte. Ziele spielen hierbei keine explizite Rolle. Im Vordergrund steht vielmehr die Durchführbarkeit. Erst im zweiten Schritt wird geprüft, ob die Strategien auch als annehmbar gelten können.[415] Außerdem erfolgt beim inkrementalen Ansatz keine ganzheitliche Erfassung des Planungsproblems. Vielmehr wird das Gesamtproblem in mehrere Teilprobleme aufgespalten; diese werden schrittweise und nicht unbedingt in sachlogischer Reihenfolge bewältigt. Der inkrementale Ansatz geht in erster Linie auf die empirischen Beobachtungen von LINDBLOM zurück. LINDBLOM hat festgestellt, daß Zielvereinbarungen im Wege einer wechselseitigen Anpassung der Verhandlungsgegner während eines Verhandlungsprozesses getroffen werden. Ein solches Verhalten wird von LINDBLOM als »muddling through« (durchwursteln, Politik der kleinen Schritte) sowie als »partisan mutual adjustment« bezeichnet.[416]

Der *synoptische Ansatz* geht von einer ganzheitlichen, für wünschenswert gehaltenen Zielformulierung aus, aus der die Strategien »sachlogisch« abgeleitet werden.

Das Phasenschema von VANCIL/LORANGE kann als Beispiel für einen synoptischen Ansatz betrachtet werden. Im Zusammenhang mit der strategischen Planung in diversifizierten Unternehmen unterscheiden VANCIL/LORANGE drei Phasen des Planungsprozesses:[417]

(1) Die Phase der Zielsetzung umfaßt die endgültige Festlegung der strategischen Ziele und der Strategie für das Gesamtunternehmen sowie die vorläufige Festlegung der operativen Unternehmens- und Geschäftsbereichsziele.

(2) In der Phase der strategischen Programmierung erfolgt die endgültige Festlegung der operativen Unternehmens- und Geschäftsbereichsziele sowie die vorläufige Verteilung der Ressourcen auf die einzelnen Geschäftsbereiche.

(3) Im Rahmen der Budgetierungsphase wird die endgültige Allokation der Ressourcen vorgenommen.

In einer neueren Arbeit erweitert LORANGE diesen dreistufigen Planungsprozeß um die beiden Stufen der Überwachung und der Verknüpfung mit der Vergabe von Anreizen für die Planungsträger.[418] Zur Zielsetzung zählt dabei auch das Setzen von Prämissen und die Vorgabe von Beschränkungen.[419]

Vergleich des synoptischen und des inkrementalen Ansatzes

Die dargestellten alternativen Vorgehensweisen bei der Formulierung von Zielen und Strategien sind von PAINE/ANDERSON, von WHEELWRIGHT sowie von PICOT/LANGE zum Gegenstand einer empirischen Überprüfung anhand von Laborexperimenten gemacht worden.[420] Das Ergebnis dieser Untersuchungen läßt sich wie folgt zusammenfassen:

---

[415] Vgl. PICOT/LANGE 1978, S. 5-8.
[416] Vgl. LINDBLOM 1959, insbesondere S. 81 und 88; LINDBLOM 1965.
[417] Vgl. VANCIL/LORANGE 1979, S. 64 f..
[418] Siehe LORANGE 1980, S. 31.
[419] Siehe LORANGE 1980, S. 35.
[420] Siehe dazu die zusammenfassende Darstellung bei PICOT/LANGE 1979, S. 575-591.

Ein inkrementaler Planungsprozeß führt zu einer größeren Übereinstimmung unter den Planern, zu einem höheren Maß an Selbstverpflichtung, zur besseren Durchführung der gewählten Strategie sowie zu größerer Zufriedenheit bei den Planungsträgern.

Ein synoptischer Ansatz bewirkt dagegen eine größere Kreativität und eine höhere Innovationskraft von Strategien. Diese Eigenschaften sind insbesondere in Zeiten gefordert, die sich durch eine hohe Turbulenz der Umweltbedingungen auszeichnen. Unter normativen Gesichtspunkten wird man also nicht ohne einen synoptischen Gesamtrahmen auskommen, um der mit einem inkrementalen Planungsprozeß verknüpften geringeren Erfolgswirksamkeit gegenzusteuern.

Ein Versuch, diese beiden Ansätze zu integrieren, stammt von QUINN. Er untersuchte, wie zehn US-Großunternehmen Prozesse des strategischen Wandels bewältigten, und kam zu folgenden Feststellungen:

(1) Strategien sind meist nicht das Ergebnis eines formalen Top-down-Planungsprozesses; sie entwickeln sich eher »ungeplant« und dezentral aus Aktivitäten in sogenannten »strategischen Subsystemen« (Divisionen, Funktionsbereichen etc.), die auf Umweltherausforderungen reagieren.[421]

(2) Hauptaufgabe des Top-Management ist nicht die Entwicklung und Durchsetzung optimaler Strategien, sondern die Steuerung dieses evolutorischen Prozesses (»coalition management«) auf der Basis einer flexibel gehaltenen »vision of success«.[422] Das Top-Management greift immer wieder in diesen Prozeß ein und versucht, ihn zu ordnen. Wichtige Funktionen sind hierbei z. B. die Sensibilisierung der Organisation für zukünftige Chancen und Herausforderungen, die ständige Förderung der Konsensbildung über die zukünftige strategische Kursrichtung, die Sicherstellung offener Kommunikationskanäle und der Aufbau von Ressourcenpuffern zur Erhöhung der Flexibilität.[423] Die enorme Unsicherheit, die mit strategischen Entscheidungen verknüpft ist, legt einen schrittweisen, inkrementalen Prozeßverlauf nahe. Die Unternehmung kann so flexibel auf neue Herausforderungen und Chancen reagieren.

(3) Dieser Prozeß, der dem synoptischen Ablauf zu widersprechen scheint, besitzt nach QUINN aber doch eine »innere Logik«, wenn er bewußt und proaktiv gesteuert wird.[424] QUINN hat seinen Ansatz deswegen als »logical incrementalism« bezeichnet.

Problematisch an der Untersuchung von QUINN ist neben einigen internen Mängeln der Versuch, den empirischen Verlauf der strategischen Unternehmensplanung in ein präskriptives Modell umzuformulieren.[425]

Weder der synoptische noch der inkrementale Ansatz scheinen, für sich genommen, eine befriedigende Basis für eine Theorie der strategischen Unter-

---

[421] Vgl. QUINN 1982, S. 617.
[422] QUINN 1982, S. 613.
[423] Vgl. QUINN 1980 S. 97-152.
[424] Vgl. QUINN 1980, S. 58.
[425] SCHREYÖGG 1984, S. 243.

nehmensführung zu bilden. In der Praxis dürften Strategieänderungsprozesse sowohl synoptisch als auch inkremental erfolgen.

3. Arten des Abstimmungsprozesses

Die im Verlauf des strategischen Planungsprozesses notwendigen Abstimmungsprozesse können in vertikaler und horizontaler Richtung verlaufen.
Bei der *vertikalen Abstimmungsrichtung* wird unterschieden zwischen:
a) Planung von oben nach unten (top-down/retrograd),
b) Planung von unten nach oben (bottom-up/progressiv) und dem
c) Gegenstromverfahren (down-up).

Während dem Top-down-Verfahren eher ein synoptischer Ansatz zugrunde liegt, finden sich beim Bottom-up-Konzept stärker inkrementale Züge des Planungsprozesses.
In *horizontaler Richtung* findet auf den einzelnen Ebenen ein Abstimmungsprozeß zwischen dem Linienmanagement und den Planungsabteilungen statt. Im folgenden gehen wir näher auf die Möglichkeiten der vertikalen Abstimmung ein.

a) Planung von oben versus Planung von unten

Das Verfahren der *Planung von oben nach* findet sich insbesondere in Unternehmen mit einer ausgeprägten Entscheidungszentralisierung. Hier übt die Unternehmensleitung maßgeblichen Einfluß auf die Festlegung der Absichten, der Strategien, der Maßnahmen sowie der Ziele aus und gibt langfristig den Rahmen für die weitere Planung vor.

- Der Vorteil dieses Verfahrens wird in der Eindeutigkeit der Planungsvorgaben sowie in der integrativen Wirkung gesehen. Zielkonflikte treten so gut wie nicht auf, da die Unterziele aus den durch die Unternehmensleitung vorgegebenen Zielen retrograd abgeleitet werden.
- Die Nachteile dieses Verfahrens liegen in der ungenügenden Motivierung und in den sich hieraus ergebenden möglichen Widerständen der nachgeordneten Führungsorgane. Diese können sich insbesondere bei der Zielfindung übergangen fühlen.

Außerdem besteht die Gefahr, daß die Oberziele zu unrealistisch sind, so daß ein weiterer Durchgang notwendig wird. Auf der anderen Seite erleichtert ein Top-down-Ansatz die Integration der Planung durch die Unternehmensleitung.[426]
Im Gegensatz dazu geht man beim Verfahren der *Planung von unten nach oben* von den Erkenntnissen und Wünschen der letztlich für die Planungsdurchführung verantwortlichen Planungsträger aus.
Da die Planung von unten nach oben verläuft, beinhaltet diese Form des Vorgehens eine stärkere Identifikation der Planungsträger mit der strategischen

---

[426] Vgl. LORANGE 1980, S. 180.

Planung. Dem steht jedoch der Nachteil gegenüber, daß die von unten nach oben entwickelten Planungsinhalte nicht den Vorstellungen der Unternehmensleitung zu entsprechen brauchen. Deshalb funktioniert die Planung von unten nach oben nur unter der Voraussetzung, daß übergeordnete Absichten der Unternehmensleitung bestehen und den verantwortlichen Planungsträgern bekannt sind.

Angesichts der geschilderten Nachteile sind beide Verfahren ungeeignet, weil sie die vertikalen Interdependenzen zwischen den vor- und nachgelagerten Plänen vernachlässigen.

b) Das Gegenstromverfahren

Dieses Verfahren vereinigt Elemente der genannten Ansätze in der Weise in sich, daß deren Nachteile vermieden werden. In der amerikanischen Planungsliteratur wird es auch als »top-down/bottom-up« oder »down/up« bezeichnet.[427]

Das Gegenstromverfahren impliziert die Erstellung von Analysen durch die nachgeordneten Planungsträger (z. B. Sparten), während Prämissen, globale Absichten, Strategien und Ziele für das Gesamtunternehmen als Rahmenbedingungen durch die Unternehmensleitung vorgegeben werden. Für die Erarbeitung von Spartenzielen und -strategien in dem so vorgegebenen Rahmen sind dagegen die Geschäftsbereiche selbst verantwortlich. Als Beispiel zum Gegenstromverfahren sei auf das Modell des Informationsflusses von LORANGE verwiesen.[428]

Die oben behandelten Gremien (Planungskomitees und Planungsausschüsse) übernehmen eine wichtige Rolle bei den nach dem Gegenstromverfahren ablaufenden Abstimmungsprozessen.

4. Zeitliche Darstellung des Planungsablaufs im Planungskalender

Ein Planungskalender zeigt die Aktivitäten der einzelnen Planungsträger während des Planungsprozesses, z. B. für ein Jahr, einzelne Quartale oder Monate auf.

Wie LORANGE nachgewiesen hat, läßt der Planungskalender zugleich die Präferenzen der Unternehmensleitung für die einzelnen Planungsphasen erkennen. Die gesamte Planungskonzeption kann im Planungskalender über die Reihenfolge und die zeitliche Ausdehnung der einzelnen Planungsaktivitäten abgesichert werden.[429]

Es leuchtet ein, daß der Zeitaufwand für die Planung mit der Komplexität der Organisation ansteigt und z. B. bei international tätigen Unternehmen besonders hoch ist.

---

[427] Siehe LORANGE 1980, S. 188.
[428] Vgl. LORANGE 1980, S. 54-60.
[429] Siehe LORANGE 1980, S. 189-192.

5. Der Planungszeitraum als Einflußgröße des Planungsablaufs und seine Bestimmungsfaktoren

Vom Planungszyklus, der im Planungskalender zum Ausdruck kommt, ist der Planungszeitraum (die Planungsperiode) zu unterscheiden. Letzterer bezeichnet den (kalendarischen) Zeitraum, für den ein bestimmter Plan Gültigkeit hat. Der Planungszeitraum wird in der Regel in Jahren angegeben und üblicherweise unterteilt in
– kurzfristige Planung (Planungszeitraum bis zu einem Jahr),
– mittelfristige Planung (Planungszeitraum: zwei bis fünf Jahre) und
– langfristige Planung (Planungszeitraum: mehr als fünf Jahre).
Der für ein Unternehmen maßgebliche Planungszeitraum wird vor allem durch folgende Einflußfaktoren bestimmt:
(1) Die Prognostizierbarkeit der Zukunft (ökonomischer Horizont, Planungshorizont) einschließlich Möglichkeiten der Informationsgewinnung.
(2) Die zeitliche Reichweite bis zum Wirksamwerden der Maßnahmen.
(3) Planungsobjekte und langfristige Orientierungsdaten der Planung.

Die Vielschichtigkeit der Einflußgrößen läßt erkennen, daß keine allgemeingültigen Aussagen über die im Einzelfall sinnvolle Länge des Planungszeitraums getroffen werden können. Dieser ist vielmehr produkt-, markt- und unternehmensspezifisch festzulegen. Dabei sind der Lebenszyklus der Produkte, ihre Entwicklungsdauer und die Kapitalbindungszeit ebenso zu berücksichtigen wie die zu lösenden Kundenprobleme.
Der Planungszeitraum ist grundsätzlich nach vorne offen. Je weiter er sich in die Zukunft erstreckt, desto wirksamer können Unternehmen ihre strategischen Erfolgsfaktoren einsetzen.Dabei ergibt sich jedoch ein gewisses Dilemma: Je stärker die Turbulenz der Umweltbedingungen ist, desto längerfristiger müßte die strategische Planung orientiert sein, desto geringer sind aber die Einwirkungsmöglichkeiten des Unternehmens.[430]
Bei der eigenen empirischen Untersuchung stellten sich gewisse Wandlungen in der Einstellung zum Planungszeitraum heraus.[431] Ein Planungszeitraum von fünf Jahren wurde als häufigster Wert bei der Frage sowohl nach der mittelfristigen als auch nach der langfristigen Planung genannt. Ein weiterer relativ hoher Wert für die langfristige Planung lag nach den Untersuchungsergebnissen bei 10 Jahren. Es ist jedoch darauf hinzuweisen, daß weniger als die Hälfte der befragten Unternehmen noch zwischen kurz-, mittel- und langfristigen Planungszeiträumen unterschieden. Neben diesen Unternehmen konnten wir eine weitere Gruppe ermitteln, die auf eine langfristige Planung zugunsten einer mittelfristigen Betrachtung im Bereich von drei bis fünf Jahren verzichtete. Zu einer dritten Gruppe gehörten schließlich diejenigen Unternehmen, die alle Planungszeiträume verkürzten, bedingt durch hohe Komplexität und Dynamik der Umwelt. Unsere Untersuchungsergebnisse bestäti-

---

[430] Nach einer empirischen Untersuchung von Keppler/Bamberger/Gabele 1977, S. 39, S. 48.
[431] Vgl. zum folgenden Kreikebaum/Grimm 1978, S. 41-45.

gen also die offensichtlich bestehende ambivalente Einstellung vieler Unternehmen zu dem oben beschriebenen Dilemma des Planungszeitraums. Obwohl vielfach die Notwendigkeit zu einer längerfristigen Betrachtungsweise eingesehen wird, ist die gegenwärtige Praxis der strategischen Planung eher durch eine Zurücknahme des Planungshorizonts und eine tendenzielle Verkürzung des Planungszeitraums gekennzeichnet.

5.2.3 Einsatz von Informations- und Kommunikationssystemen

Informationsverarbeitung im Unternehmen

Bestehende Informationssysteme verarbeiten häufig nur Daten mit interner Ausrichtung, d.h. eine Masse an Basisdaten über Material- und Lagerwirtschaft, Produktionsplanung und -steuerung, Rechnungswesen usw. Wettbewerbs- und marktorientierte Daten finden demgegenüber jedoch häufig zu wenig Beachtung. Damit entsteht ein verzerrtes Bild von der Lage des Unternehmens, welches zu strategischen Fehlentscheidungen führen kann.[432]
Die Unternehmensleitung benötigt in der sich ständig schneller wandelnden Umwelt eine Vielzahl von Informationen, die nur durch die Informationstechnologien in ausreichender Menge und Qualität aktualisiert bereitgestellt werden können.[433]
Zwischen Wettbewerbsstrategie und Informations- und Kommunikationssystemen (IKS) bestehen wichtige Wechselbeziehungen. Durch IKS kann ein Unternehmen sich neue Erfolgspotentiale schaffen, z. B. durch den Aufbau von Wettbewerbsvorteilen gegenüber Konkurrenten oder die Abdeckung völlig neuer Märkte. Der Einsatz von IKS kann daher, wie die folgende Abbildung zeigt, eine erhebliche Veränderung auf die Struktur innerhalb einer Branche und damit auf herrschende Wettbewerbsregeln bewirken.[434]

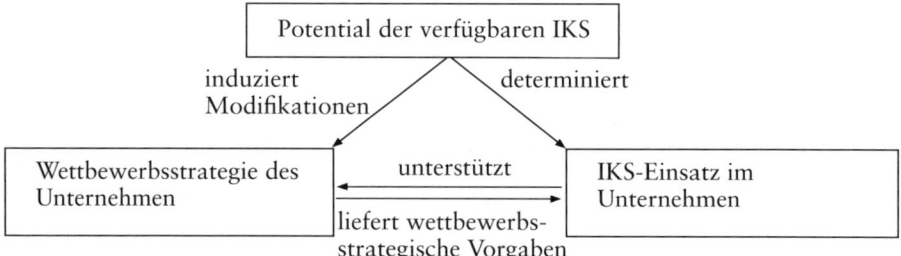

Abb. 5.3: Zusammenhang zwischen der Wettbewerbsstrategie und der strategischen Bedeutung von IKS
Quelle: Klotz/Strauch 1990, S. 18

---

[432] Vgl. FRÖHLICH 1992, S. 65.
[433] Vgl. FRICKE/NEUMANN 1993, S. 304.
[434] Vgl. KLOTZ/STRAUCH 1990, S. 3.

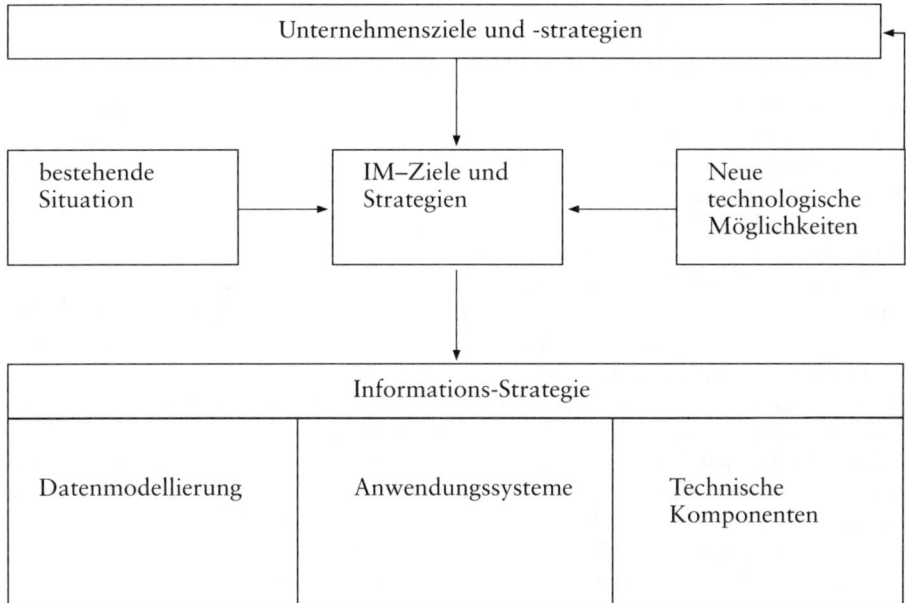

Abb. 5.4: Elemente des Informationsmanagements
Quelle: In Anlehnung an Angermeyer 1990, S. 179

Die Informations- und Kommunikationssysteme im Unternehmen sind so zu gestalten, daß sie den betrieblichen Ablauf unterstützen und zum Aufbau von Wettbewerbsvorteilen beitragen.
Bei der Entwicklung von Informationstrategien sind bereits vorhandene IKS ebenso zu berücksichtigen wie die potentielle Integration neuer Technologien.[435] Sie beinhaltet die Ziele und die Festlegung konkreter Maßnahmen für die Generierung, Erhaltung und Nutzung von Informationen als Erfolgspotentiale.[436] Die nachfolgende Abbildung verdeutlicht den geschilderten Zusammenhang:

Unterstützung der strategischen Planung durch Informationstechnologie

Die strategischen Planungsphasen lassen sich unterschiedlich gut durch die EDV unterstützen.[437] Bei der Entwicklung der **langfristigen Unternehmensabsichten** sind die Möglichkeiten als gering einzuschätzen. In dieser Phase sind weniger Informationen zu verarbeiten als vielmehr menschliche Werte und Einstellungen im Kontext mit den Umweltbedingungen in greifbare Visionen

---

[435] Vgl. LEDERER/MENDELOW 1986, S. 260.
[436] Vgl. KRÜGER/PFEIFFER 1991, S. 30-31.
[437] Vgl. z. B. auch STEINLE/HARMENING 1991, S. 122-124.

und Formulierungen zu fassen. Für die **strategische Analyse** sind hingegen bereits eine Reihe von Programmen entwickelt worden. Hier läßt sich die computergestützte Szenariotechnik ebenso nennen wie Expertensysteme für die Branchenstrukturanalyse[438]. In der Phase der **Strategiebestimmung** kann die Expertensystemtechnik ebenso eingesetzt werden wie die PC-gestützte Portfolio-Analyse oder Simulation. In diesem Zusammenhang sind insbesondere Executive Information Systems zu nennen, die mit Hilfe eines Methodensets selbständig Datenbestände analysieren und Maßnahmen empfehlen.[439]

Vor allem die quantitativen Vorgaben, die aus den Strategien abgeleitet werden, finden ihren Niederschlag häufig in solchen DV-Systemen. Auf diese Weise lassen sich relativ leicht z. B. Abweichungen bezüglich der Planzahlen ermitteln und Simulationen durchführen. Die getroffenen Maßnahmen lassen sich so laufend auf ihre Erfüllung kontrollieren.

Der Ausgangspunkt der Strategieentwicklung liegt in den qualitativen Zielvorstellungen. Gerade die Verarbeitung qualitativer Informationen und die adäquate Berücksichtigung der Unbestimmtheit des vorhandenen Wissens sind in der konventionellen Software bislang nicht zufriedenstellend gelöst worden.[440] Die Ursachen hierfür können u.a. in dem schlecht strukturierten Entscheidungsfeld der SUP und in den Eigenarten des menschlichen Experten sowie seines Problemlösungsverhaltens gesehen werden.

Durch die Kombination von Expertensystemtechnik und Fuzzy-Logik könnte eine wesentlich verbesserte DV-Unterstützung der Strategieentwicklung bei qualitativen Zielen erreicht werden. Bei dem sehr heterogenen und komplexen Prozeß der Verdichtung von strategisch relevanten Informationen soll es so dem Strategieplaner ermöglicht werden, das vorhandene Wissen mit dem Grad der Unbestimmtheit abzubilden, der ihm nach seiner Auffassung zukommt.[441]

Expertensysteme können beim Ablauf des strategischen Planungsprozesses zur Entscheidungsunterstützung herangezogen werden, um mehrwertige Größen als Information beizubehalten.[442] Sie sind jedoch auch kritisch zu betrachten. Der Wissensbereich von Expertensystemen ist relativ klein. Sie sind daher nicht in der Lage, auf alle Unwägbarkeiten der betrieblichen Umwelt eine Antwort zu finden. Sie sind jedoch als nützliche Ergänzung zu den bestehenden Planungstechniken sinnvoll einsetzbar.[443]

Abschließend ist festzuhalten, daß auch ein auf der Fuzzy-Logik basierendes Expertensystem »nicht den individuellen und kreativen Prozeß der Strategie- und Maßnahmengenerierung (ersetzt), sondern (es) erlaubt, nur die in diesen Teilprozessen entwickelte Mehrwertigkeit von Größen als Information im Planungsprozeß beizubehalten.«[444]

---

[438] Vgl. LELKE/WERNERS 1991.
[439] Vgl. MOORMANN 1996, S. 353.
[440] Vgl. KEIL 1996, S. 15f.
[441] Vgl. KEIL 1996, S. 15 und S. 216.
[442] Siehe KEIL 1996, S. 229
[443] Vgl. GABRIEL/FRICK 1991, S. 561-562.
[444] KEIL 1996 S. 229.

5.3 Verknüpfung von strategischer und operativer Planung

5.3.1 Begriff und Inhalt der operativen Planung

Die Abgrenzung zwischen strategischer und operativer Planung hängt in erster Linie davon ab, was unter strategischer Planung verstanden wird.
Nach GÄLWEILER hat die strategische Planung die Aufgabe, Ertragspotentiale zu schaffen und zu erhalten.[445] Demgegenüber umfaßt die operative Planung die optimale Ausschöpfung der bestehenden Ertragspotentiale.
Die operative Planung ist gekennzeichnet durch:
- eine geringere Reichweite an Alternativen
- geringere Unsicherheit
- größere Kurzfristigkeit
- stärkere Ausrichtung auf Ausführungsentscheidungen operativer Teilbereiche und
- ein höheres Ausmaß an Details.

In Theorie und Praxis besteht weitgehende Übereinstimmung darüber, daß der operativen Planung insgesamt die Aufgabe zufällt, die strategischen Entscheidungen in Einzelmaßnahmen der Teilbereiche des Unternehmens umzuformen.[446]
Wir verstehen unter operativer Planung die gesamte Planung, die sich im Rahmen und in Ausführung der strategischen Planung vollzieht.

5.3.2 Ein praxisorientierter Verknüpfungsansatz

Planungsphasen können in dreifacher Hinsicht miteinander verknüpft sein:[447]
- Substantiell: Inwieweit beeinflußt der Output einer Phase die Durchführung der nächsten Phase?
- Organisatorisch: In welchem Umfang sind die gleichen Führungskräfte und Abteilungen für alle Phasen gemeinsam verantwortlich und in allen Phasen gleichermaßen engagiert?
- Zeitlich: Inwieweit folgen die einzelnen Phasen laut Planungskalender zeitlich direkt aufeinander?

Die Ergebnisse unserer empirischen Untersuchung zum Problem der Koppelung von strategischer und operativer Planung zeigen, daß der konkrete Zu-

---

[445] Vgl. GÄLWEILER 1986, S. 152-153.
[446] Siehe dazu auch SZYPERSKI/WINAND 1980, S. 78.
[447] Siehe LORANGE 1980, S. 193 f.

sammenhang zwischen Absichten und Strategien für das Gesamtunternehmen einerseits und die operativen Einheiten andererseits oft unklar ist. Insbesondere ergab sich, daß die Praxis der Plandurchführung auf der Grundlage von quantifizierten Kurzfristzielen weit verbreitet ist. In den von uns untersuchten 223 Unternehmen erfolgte die Ableitung von quantifizierten Unternehmenszielen aus einer fixierten Unternehmenspolitik bzw. Unternehmensphilosophie in 41% der Fälle zeitlich nach einer bereits fortgeschrittenen Formalisierung der Plandurchführung.[448]Wenn strategische Probleme aufgegriffen werden, so geschieht dies häufig gemeinsam mit operativen Fragen in den gleichen Gesprächsrunden und in den gleichen Abteilungen.

Strategische Planung bedarf notwendigerweise einer Fortsetzung und Konkretisierung im Bereich der operativen Planung. Absichten, Strategien, strategische Maßnahmen und Ziele werden realisiert durch die Einzelmaßnahmen der operativen Einheiten eines Unternehmens. Sie finden ihren Ausdruck im (operativen) Ein-Jahres-Plan (Budget). Das Budget enthält eine Aufstellung der Einzelmaßnahmen, die durch die operativen Einheiten auszuführen sind, einschließlich der dazu erforderlichen finanziellen Mittel. Das Budget ist üblicherweise nach funktionalen Gesichtspunkten gegliedert. Es gibt dann den Mitteleinsatz für die im Produktionsbereich, im Vertrieb, in Forschung und Entwicklung usw. zu erledigenden Aufgaben während des ersten Planungsjahres an.

Basis einer Verknüpfung von operativer und strategischer Führung ist nach TRUX[449] das Programm der »strategischen Mobilisierung«.

5.3.3   »Structure follows Strategy«

DIE VON ALFRED D. CHANDLER 1962 veröffentlichte Studie »Structure Follows Strategy« trägt den Untertitel: »Kapitel in der Entwicklungsgeschichte des amerikanischen Industrieunternehmens«. Die für unsere Überlegungen relevanten Untersuchungsergebnisse CHANDLERS lassen sich wie folgt zusammenfassen: Im Laufe der Entwicklung hat sich die Organisationsstruktur der amerikanischen Unternehmen von einer stark zentralisierten zu einer dezentralisierten, multidivisionalen Form gewandelt. CHANDLER weist dies anhand ausführlicher Fallstudien der Firmen E.I. du Pont de Nemours & Co., der General Motors Corporation, der Standard Oil Company of New Jersey und der Sears, Roebuck and Company nach. Diese organisatorischen Veränderungen waren eine direkte Folge veränderter langfristiger Ziele und Strategien.[450] Pri-

---

[448]   Vgl. KREIKEBAUM/GRIMM 1978, S. 59.

[449]   Vgl. hierzu TRUX 1993, S. 322-326. Zu beachten ist allerdings, das TRUX von »Targets« i.S. von quantifizierbaren Zielvorgaben der Unternehmensleitung spricht, die nach einer Machbarkeitsprüfung durch die auszuführende Stelle in »Goals« überführt werden. »Goals« entsprechen dem Zielangebot des operativen Bereichs.

[450]   Zum Strategiebegriff CHANDLERS siehe CHANDLER 1962, S. 13.

mär erfolgen nach Chandler Veränderungen innerhalb der Unternehmensstrategie, diese lösen nachfolgende Änderungen in der Organisationsstruktur
des Gesamtunternehmens aus (»Die Struktur folgt der Strategie.«).
Der mehr an entwicklungsgeschichtlichen Prozessen interessierte CHANDLER
hat bei seinen Untersuchungen keine formalisierten Erhebungsinstrumente
verwandt und auch auf eine Operationalisierung der Begriffe »Struktur« und
»Strategie« verzichtet. Seine Nachfolger, zu denen neben WRIGLEY insbesondere SCOTT und RUMELT gehören, haben diesen Mangel zu beheben versucht.
Die wichtigste Arbeit stellt in diesem Zusammenhang die Dissertation von
RICHARD RUMELT dar, in der am Beispiel von amerikanischen Unternehmen
mit Geschäftsbereichsorganisation CHANDLERS These zum Teil bestätigt, aber
auch ergänzt wurde.[451] RUMELT hat die Diversifikationsstrategien und deren
Einfluß auf die Organisationsstruktur in 262 amerikanischen Unternehmungen im Zeitraum von 1949-1974 untersucht. Er kam dabei zu dem Ergebnis,
daß die CHANDLERSCHE These in einer Reihe von Fällen nicht zutraf, sondern
daß hier die Unternehmensstrategie vorangegangenen organisatorischen
Strukturveränderungen folgte. Ursächlich für die Veränderung der Organisationsstruktur waren in diesem Falle modische Trends, d.h. ein gewisses
Nachahmungsverhalten der Unternehmen.
DYAS/THANHEISER haben am Beispiel des Wachstums und der organisatorischen Veränderungen der 100 größten deutschen Unternehmen von 1950 bis
1970 nachgewiesen, daß auch hier die These »Structure follows strategy« zutrifft, ähnlich wie in den von ihnen gleichfalls untersuchten französischen
Unternehmen. Hauptziel dieser Untersuchung ist die Darstellung des Wandels zur Diversifizierung und zur Divisionalisierung in den größten deutschen
und französischen Unternehmen.[452]
Der »Instrumentalcharakter« der Organisation wird zunehmend in Frage gestellt.[453] Es gibt gute Gründe dafür anzunehmen, daß auch die Organisationsstruktur den Prozeß der Strategiebestimmung stark beeinflußt und die letztlich gewählten Strategien abhängig sind von der Organisationsstruktur
(»strategy follows structure«). Z.B. beeinflussen die organisatorischen Infor-
mations- und Kommunikationssysteme die Umweltwahrnehmung des Managements.[454]
Die oben dargestellten Modifizierungen der Ausgangsthese CHANDLERS legen
nahe, daß es nicht so sehr auf die zeitliche Reihenfolge der Veränderungen
von Strategie und Struktur ankommt, sondern vielmehr auf die konsistente
Verbindung zwischen Organisationsstruktur, Strategie, Situationsbedingungen und Managementaktivitäten.[455]

---

[451] Vgl. dazu im einzelnen RUMELT 1974; eine Darstellung in deutscher Sprache findet
sich bei HOFFMANN 1980, S. 255-258; siehe dazu auch die neueren Veröffentlichun-
gen von RUMELT 1977 und RUMELT 1978.

[452] Vgl. DYAS/THANHEISER 1976.

[453] Vgl. dazu z. B. HALL/SAIAS 1980.

[454] Vgl. HALL/SAIAS 1980, S. 156-157.

[455] Vgl. dazu GALBRAITH/NATHANSON 1978, sowie GABELE 1979, S. 184 f. und S. 189.
Dieser Ansatz wurde zum sogenannten 7-S-Konzept weiterentwickelt.

5.3.4 Lernende Organisation

Die gegenwärtigen gesellschaftlichen und wirtschaftlichen Entwicklungen zeigen nur allzu deutlich, daß Unternehmen, aber auch jedes einzelne Individuum, mit einem in der Vergangenheit erworbenen Wissensbestand in Zukunft nicht mehr bestehen können. Ein verantwortlicher und fortschrittsfähiger Umgang mit den gewandelten Herausforderungen der letzten Jahre hat Lernen für Unternehmen zu einer wichtigen strategischen Erfolgsdeterminante werden lassen.[456] Lernen ist zu einer zwingenden Notwendigkeit geworden. Unter organisationalem Lernen versteht man einen Prozeß zur Erhöhung und Veränderung der organisationalen Wert- und Wissensbasis, d.h. die Verbesserung der Problemlösungs- und Handlungskompetenz.[457]

NACH SCHEIN besteht die oberste Priorität für Unternehmen darin, zu lernen, wie gelernt werden kann, und vor allen Dingen schneller zu lernen als bisher.[458] Für Unternehmen bedeutet das, geeignete und lernförderliche Strukturen und offene Abläufe vorzusehen.

Zu fragen ist, in welchem Spannungsfeld die lernende Organisation und die strategische Unternehmensplanung zueinander stehen. Ganz offensichtlich muß die strategische Planung in ihren Bemühungen, Erfolgspotentiale für das Unternehmen zu eröffnen, für ein entsprechendes Umfeld sorgen, das Lernen begünstigt. Zu diesem Zweck können Lernzirkel eingerichtet und Programme erstellt werden, die explizit dem Aufbau von Wissen dienen, z. B. interne Benchmarking-Aktivitäten, oder ein regelmäßiger Ideenaustausch mit den unterschiedlichen Stakeholder-Gruppen. Die Bildung von Teams und der Einsatz neuer Informationstechnologien können als Instrumente organisatorisches Lernen unterstützen.[459] Eine effektive Planung besteht nicht mehr allein darin, Pläne zu erstellen, sondern vorrangig in der Veränderung der geistigen Vorstellungswelten in den Köpfen der Entscheidungsträger.[460]

Die in der Organisation vorherrschende Kultur hat ebenfalls eine maßgebliche Wirkung auf die Lernbereitschaft der Mitarbeiter. In gleicher Weise zieht jede Veränderung des organisationalen Verhaltens nicht nur Veränderungen der Unternehmensstrategie, sondern auch der Kultur nach sich. Es herrscht also ein trilaterales Wirkungsgefüge vor zwischen Strategie, Kultur und organisationalem Verhalten.

Erst wenn Unternehmensstrategie und -kultur auf organisatorisches Lernen ausgerichtet sind, kann eine lernende Organisation entstehen. HOFBAUER spricht von einem trilateralen Zusammenhang von organisationalem Lernen

---

[456] Vgl. SATTELBERGER 1994, S. 22. Unter Lernen kann ein Prozeß des Wissendwerdens verstanden werden, vgl. KOCH 1991, S. 33.

[457] VGL. PROBST/BÜCHEL 1994, S. 17. In der Praxis wird die lernende Organisation entweder institutionell, als soziales System, oder funktional, als Managementkonzept, verstanden; siehe dazu GÜLDENBERG/ESCHENBACH 1996, S. 6.

[458] Vgl. SCHEIN 1993, S. 85.

[459] Vgl. MANKIN/COHEN/BIKSON 1996, S. 248.

[460] Vgl. DE GEUS 1989, S. 30.

als Integration von Kultur und Strategie.[461] Diese Sichtweise führt zu einem dynamischen Verständnis der strategischen Planung und des Strategiebegriffs. Die Strategie ist keine fixe Größe mehr, die im operativen Geschäft ihre Ausgestaltung erfährt, sie wird selbst Bestandteil des Lernprozesses. Nicht erst die Umsetzung von Neuerungen ist Objekt des Lernens, sondern die Analyse und die Strategieentwicklung bilden bereits Lernvorgänge. Die strategische Unternehmensplanung als Prozeß ist an sich ein Lernprozeß.[462] Die Verknüpfung strategischer und operativer Planung bildet daher eine fundamentale Voraussetzung für Unternehmen, sich zu einer lernenden Organisation zu entwickeln.

5.3.5 Projektmanagement

Das Projektmanagement läßt sich immer dann sinnvoll einsetzen, wenn die Entwicklung von etwas Neuem gefordert ist und die bisherige Organisation für die anstehende Fragestellung nicht geeignet erscheint.
Es bietet zunächst die Möglichkeit, ein strategisches Flexibilitätspotential im Unternehmen aufzubauen. Innerhalb von Projekten können Lösungswege erprobt werden, die im Rahmen der bestehenden Organisation nicht zur Anwendung gelangt wären.
Projektmanagement kann ferner als ein systematischer Ansatz genutzt werden, Strategien in Maßnahmen umzusetzen und gleichzeitig ein kontinuierliches Lernen zu ermöglichen.[463] LORD demonstriert anhand einer Untersuchung 20 britischer Unternehmen aus *dem* Rüstungs- und Bausektor das Potential des Projektmanagements, unterschiedliche Strategietypen in konkrete Maßnahmen umzusetzen.[464] Auch KIRSCH/REGLIN kennzeichnen Projekte als Brückenschlag zwischen Strategie und operativen Programmen.[465]
Insgesamt gesehen forciert die Konzentration auf den Prozeßgedanken die Bildung interdisziplinärer Projektteams.[466]

5.3.6 Reengineering

Als eine weitere Möglichkeit, die strategische und operative Planung zu verknüpfen, soll abschließend das Konzept des Reengineering besprochen wer-

---

[461] Vgl. HOFBAUER 1992, S. 304-310.
[462] Vgl. PROBST/BÜCHEL 1994, S. 93 f.
[463] Vgl. PELLEGRINELLI/BOWMAN 1994, S. 127-29.
[464] Vgl. LORD 1993, S. 76-83.
[465] Vgl. KIRSCH/REGLIN 1991, S. 658.
[466] Vgl. FRESE 1995, S. 503.

den. Business oder Process Reengineering ist eine von HAMMER/CHAMPY[467] vorgestellte Managementmethode, die dazu dienen soll, wesentliche Unternehmensprozesse fundamental zu überdenken und neue Abläufe einzuführen. Die Neugestaltung der Kernprozesse wird durch den Einsatz moderner Informationstechnologie unterstützt.

Trotz Kritik an den Defiziten und der Mythenhaftigkeit des Business Reengineering[468] bleibt festzuhalten, daß der Prozeßgedanke das Augenmerk sowohl auf die strategisch wichtigen Kernprozesse des Unternehmens als auch auf die vorherrschenden Kundenbedürfnisse lenkt. Nach KING führt der Wechsel von einem taktisch zu einem strategisch verstandenen Reengineering zu einer spürbaren Verringerung der gescheiterten Veränderungsprojekte.[469] Wünschenswert erscheint der Wechsel von einem Denken in Funktionen hin zu einem Denken in Prozessen.[470] Der strategischen Planung kommt hierbei die Funktion zu, die relevanten Kernprozesse zu identifizieren, mit denen sich ein Unternehmen vom Wettbewerb differenzieren kann. GAITANIDES[471] fordert, Geschäftsprozesse als Ressourcen zu sehen, auf deren Grundlage strategische Wettbewerbsvorteile erzielt werden können.

Wird die prozeßorientierte Neugestaltung als strategischer Veränderungsprozeß verstanden, muß ein Abgleich mit der Unternehmensstrategie erfolgen. Die Aufgabe wird implizit gelöst, wenn Prozeßveränderungen von den unternehmerischen Absichten geleitet werden und die Strategie den das Unternehmenspotential berücksichtigenden Rahmen bietet. Diese Sichtweise legt eine Mittel-Zweck-Relation zwischen Prozessen und Strategien zugrunde (process follows strategy[472]). Aus diesem Grund spricht HAISS auch von einer taktischen Ausrichtung des Reengineerings, da der Verbesserungszeitrahmen eine kurzfristig Perspektive verfolgt und das Humankapital nicht als Ursprung eines kontinuierlichen Wettbewerbsvorteils sieht.[473] Wird die Formulierung von Strategien allerdings als ein kontinuierlicher (Lern-)Prozeß gehandhabt, dann ist der strategische Rahmen für Reengineering-Projekte nicht mehr starr, so daß die Festlegung der Kernprozesse fortlaufend hinterfragt werden muß. Die Kernprozesse können also auch Einfluß auf die Formulierung der Strategien nehmen (strategy follows process[474]). Ursprung für das Erzielen von Wettbewerbsvorteilen sind dann die wertschöpfenden Geschäftsprozesse, aus denen sich die Strategie ableitet. Diese Argumentation folgt der ressourcenorientierten Sicht von GAITANIDES.

---

[467] Vgl. HAMMER/CHAMPY 1994 und HAMMER 1995.

[468] Siehe z. B. SERVATIUS 1994; METZGER/GRÜNDLER 1994, S. 122-138; NIPPA/PICOT 1996; THEUVSEN 1996; KIESER 1996, S. 179-185.

[469] Vgl. KING 1994, S. 71-73.

[470] Vgl. HINTERHUBER 1993, S. 97-120. Zu prozeßorientierten Gestaltungsempfehlungen und dem eigentlichen Gestaltungsprozeß siehe auch ENGELMANN 1995, S. 43-175.

[471] Vgl. GAITANIDES 1995, S. 75 f.

[472] Vgl. TREICHLER/SCHMIDT 1996, S. 137 f.

[473] Vgl. HAISS 1996, S. 149.

[474] Vgl. TREICHLER/SCHMIDT 1996, S. 138 f.

5.4 Kritische Würdigung der Organisationsaspekte

Tendenzielle Verselbständigung und Aufgabenausweitung der Planungsstäbe

In der Praxis der Unternehmensplanung trifft man häufig auf einen Tatbestand, der als »Tendenz zur Maximierung der Kompetenzen seitens der Planungsstäbe« bezeichnet werden kann. Die Gründe für diese Entwicklung sind einmal darin zu suchen, daß schon begrifflich eine Trennung von Planungs- und Entscheidungsaufgaben befürwortet wird, die sich konsequenterweise in einer entsprechenden Haltung der Praktiker fortsetzt. Auf der anderen Seite ist zu beobachten, daß die Linienstellen, speziell die operativen Einheiten, ganz damit einverstanden sind, wenn sie die teilweise als unbequem empfundenen Planungsaufgaben an eine zentrale Stabsstelle Unternehmensplanung rückdelegieren können.[475] Kommt dem noch eine entsprechende Bereitschaft der Planungsstäbe entgegen, weitere Aufgaben an sich zu ziehen, so ergibt sich die genannte tendenzielle Verselbständigung und Ausweitung der Kompetenzen durch die Planungsstäbe. Im Extremfall besteht die Möglichkeit, daß diese Stäbe durch die selektive Formulierung von Alterativen praktisch die Entscheidung über den Planungsinhalt selbst treffen. Die Planungsstäbe erstellen in diesem Falle die Unternehmenspläne, ohne allerdings für deren Durchführung und deren Ergebnisse verantwortlich zu sein. Die Linienstellen fühlen sich ihrerseits nicht mehr verantwortlich für die Durchsetzung des Geplanten. Die Planungsstäbe nehmen zusätzliche Funktionen deshalb gerne wahr, weil sie sich dadurch aus einem Elfenbeinturm herausgeholt und ins Tagesgeschäft einbezogen fühlen. Sie sehen sich nicht nur als Experten bestätigt, sondern gelangen über den Einfluß auf das strategische Geschehen zu mehr Kompetenzen.

Zu fordern ist deshalb, daß die für die Entscheidungen zuständigen Entscheidungsträger auch wirklich strategisch planen. Der Grundgedanke dieser Forderung ist, daß strategische Unternehmensplanung ein Instrument der Unternehmensleitung darstellt. Dies bedeutet, daß die verantwortlichen Linienstellen (vom Vorstand über die Leiter der Geschäftsbereiche und Leiter der Funktionsbereiche bis hin zu den untergeordneten Führungskräften) in den Planungsprozeß einbezogen werden müssen. Im einzelnen ergeben sich daraus folgende Konsequenzen:

(1) Die Linienstellen sind bereits in den Informations- und Kommunikationsprozeß bei der Überprüfung der bisherigen Planung einzubeziehen.

(2) Da aus dieser Überprüfung und der kritischen Beurteilung der vergangenen Planung auch Erkenntnisse für die künftige Formulierung unternehmerischer Absichten gewonnen werden können, ist zumindest eine partielle Einbeziehung der genannten Linienbereiche in die Entwicklung der unternehmerischen wünschenswert.

(3) Die Linienbereiche sind ferner in den Prozeß der Suche und Formulierung von Unternehmensstrategien einzubeziehen.

---

[475] Vgl. dazu auch GÄLWEILER 1986, S. 72-73.

(4) Zwischen den Stabsstellen für Unternehmensplanung und den Linienstellen muß eine permanente Abstimmung und Koordination stattfinden.
(5) Eine besondere Schwachstelle stellt die Unternehmensleitung (der Vorstand) dar, wenn der strategischen Planung nicht der Rang einer Führungsaufgabe, d.h. einer »echten Führungsentscheidung« im Sinne GUTENBERGS[476], beigemessen wird.

Zusammenfassend ist das Scheitern vieler »guter« Strategien an der sogenannten Implementationshürde einer der Gründe dafür, daß sich Bedeutung und Rolle der Planungsstäbe in den letzten Jahren vor allem in den USA grundlegend geändert haben. Ein Abbau der zentralen Planungsabteilungen geht hier einher mit der Zuordnung der verbleibenden Planer zu den einzelnen operativen Einheiten. Die Entwicklung von Strategien für ihren Verantwortungsbereich wird eine Hauptaufgabe der für das operative Geschäft zuständigen Linienmanager. Auf diese Weise ist gewährleistet, daß Strategien auch umgesetzt werden. Strategische Planer sind »Katalysatoren« dieses Prozesses. Ihre Hauptaufgabe stellt letztlich die »strategische Sensibilisierung« der verantwortlichen Führungskräfte dar, weniger jedoch die inhaltliche Ausgestaltung der Pläne.
Inzwischen ist die Notwendigkeit erkannt worden, Anreizsysteme für das Management in enger Verknüpfung mit der strategischen Planung zu entwickkeln. Auf diese Weise sollen sowohl innovationsorientierte Impulse ausgelöst wie auch Bewußtseinsverhaftungen im operativen Planungsprozeß gelöst werden. Diesem Ziel dient die Leistungsbewertung der Führungskräfte bei der Formulierung und Implementierung von Strategien.[477]

Partizipation der Beteiligten und der Betroffenen bei der Einführung und Weiterentwicklung der strategischen Planung

Bereits bei der Einführung eines strategischen Planungssystems ist die Unterstützung der Beteiligten und Betroffenen zu gewinnen. Diese ist notwendig, um oppositionelle Einstellungen und Widerstände insbesondere der Linienstellen überwinden zu können.
Anregungen zur Weiterentwicklung eines bereits etablierten Planungssystems können sowohl von den an der Planung Beteiligten als auch von den von der Planung Betroffenen kommen. Erkenntnisse und Erfahrungen des betrieblichen Vorschlagwesens sind auf den Bereich der strategischen Unternehmensplanung zu übertragen.
Insgesamt gesehen ist es das Ziel einer Partizipation der Beteiligten und Betroffenen, das Interessenspektrum der »Stakeholder« möglichst vollständig zu erfassen und durch eine frühzeitige Einbindung aller Interessenten mögliche Fehlschläge bei der Einführung und Weiterentwicklung eines strategischen Planungssystems zu vermeiden.

---

[476] Vgl. GUTENBERG 1983, S. 140.
[477] Siehe dazu im einzelnen BECKER 1985.

Organisatorische Anforderungen an ein System der strategischen Unternehmensplanung

In der Praxis wird häufig die bürokratische Starrheit des Planungssystems beklagt und als Ursache für ein fehlendes Planungsbewußtsein der Entscheidungsträger angegeben.[478]

Die für das Geschäft verantwortlichen operativen Einheiten sind verärgert, wenn zu viele und zu detaillierte Anforderungen an ihre Informationsbereitschaft gestellt werden. Sie füllen dann die ihnen zugesandten Formulare oft nur widerwillig und teilweise auch oberflächlich aus. Die Erstellung der Planungsunterlagen wird als eine lästige Pflicht empfunden, der man sich nicht mit dem notwendigen persönlichen Engagement unterzieht.

Ein stark formalisiertes Planungssystem bietet zwar u.a. den Vorteil einer umfassenden Information der Zentralstellen, es belastet jedoch die Entscheidungsträger in den operativen Einheiten in sachlicher und in zeitlicher Hinsicht. Eine extreme Situation ist erreicht, wenn die Weitergabe von Planungsinformationen an die Stäbe die Entscheidungsträger an der Erfüllung ihrer eigentlichen Aufgaben hindert. In diesem Fall erhält das Planungssystem Priorität vor der Planung selbst.[479]

Aus dieser Situation ergibt sich die Forderung, das Planungssystem so benutzerfreundlich wie möglich zu strukturieren und dadurch die persönliche Planungsmentalität zu verbessern.

Insgesamt gesehen ist das Planungssystem so aufzubauen, daß es einfach zu handhaben ist, den besonderen Bedingungen des Unternehmens entspricht und ein hohes Maß an Anpassungsfähigkeit aufweist.[480]

Unter allen Umständen muß vermieden werden, daß strategische Planung zu einem »rituellen Prozeß« wird, der ein Eigenleben führt und ohne Einfluß auf das operative Geschäft bleibt. Der Planungsprozeß bei General Electric z. B. ist deswegen grundsätzlich umstrukturiert worden.[481] Statt einer einmal jährlich stattfindenden, stark strukturierten Strategiepräsentation dominieren jetzt problembezogene Sitzungen auf Top-Managementebene, die je nach der Situation der jeweiligen Geschäftseinheit ganz unterschiedlich ablaufen. Während »problemfreie« Geschäfte nur einer Routineüberprüfung unterzogen werden, muß in anderen Fällen eine neue strategische Ausrichtung gefunden werden. In eine ähnliche Richtung zielt auch die Konzentration auf sogenannte »strategic issues« im Planungsprozeß.[482] Im Rahmen der jährlichen Planungsrunde werden jeweils wechselnde Schwerpunktthemen behandelt.

Es sind also Maßnahmen zur Überwindung eines rein operativen Planungsbewußtseins vorzusehen (z. B. durch Bewußtseinsbildungsmaßnahmen), und die Beteiligten sind in der Formulierung unternehmerischer Absichten, Strategien, Maßnahmen und Ziele zu schulen.

---

[478] Siehe z. B. STEINER/SCHÖLLHAMMER 1975, S. 2-12.

[479] Siehe dazu auch DRUMM 1978, S. 93.

[480] Vgl. z. B. KLIMECKI/GMÜR 1993, S. 14-22; SCHLÜCHTERMANN 1996, S. 93.

[481] Vgl. ALTSCHUL 1984, S. 18.

[482] Vgl. dazu ANSOFF 1980.

Weiter ist von den Entscheidungsträgern zu fordern, daß sie aufgeschlossen sind gegenüber der gesellschaftlichen Verantwortung des Unternehmens, der Berücksichtigung ökologischer Begrenzungen und einer notwendigen Stabilisierung des ökonomisch-ökologischen Gleichgewichts.

Zu den neueren Organisationskonzepten

So vielversprechend die neuen Konzepte auf dem Feld der Organisationsgestaltung sind, so schwierig erweisen sich ihre praktische Umsetzung und ihre theoretische Fundierung. Generell lassen sich die aktuellen Entwicklungen unter dem Leitbild »Neue Dezentralisierung«[483] einordnen. Unternehmen sollen »schlank«, »prozeßorientiert« und »selbststeuernd« werden. Die dafür erforderlichen Strukturelemente dezentraler Konzeptionen sind jedoch oftmals altbekannte Größen, die seit langem unter anderen Begrifflichkeiten diskutiert werden, wie z. B. die Objektorientierung des Reengineering, die als Gestaltungsprinzip divisionaler Unternehmen seit langem bekannt ist.

Die unzureichende begriffliche Genauigkeit und die damit einhergehende mangelnde Operationalisierbarkeit der Konzepte lassen KIESER[484] von »Organisationsmoden« und »Mythen« sprechen, die überwiegend Rhetorik anstelle von konkreten Lösungsmechanismen bieten. Die neuen organisatorischen Gestaltungsansätze können konsequenterweise für die Verknüpfung der strategischen und operativen Planung lediglich als Anhaltspunkt bei der Abtwort auf die Frage dienen, in welcher Form eine Koppelung zwischen den beiden Planungsarten denkbar ist. Immerhin können Moden animieren, neue Wege zu beschreiten, die mitunter zu nützlichen Ideen und Methoden führen.[485]

Letztlich kommt es darauf an, daß die organisatorische Gestaltung den Planungsträgern genügend Freiraum läßt, auf Veränderungen flexibel zu reagieren. Strategische Planung darf nicht mechanistisch ablaufen oder zu einer Art »Buchhaltung nach vorn« entarten. Sie muß vielmehr in einem für alle Beteiligten transparenten Prozeß zu einem machbaren Plan führen, dessen Einzelmaßnahmen von einer unternehmensweiten Vision geleitet werden.[486]

---

[483] Vgl. DRUMM 1996, S. 7-20.
[484] Siehe KIESER 1996, S. 21-39.
[485] Vgl. KIESER 1996, S. 34.
[486] Vgl. HUNTSMAN 1994, S. 50 f.; MARX beschreibt umfassend Maßnahmen zum Abbau und zur Vermeidung von Hindernissen im Planungsprozeß, vgl. MARX 1991, S. 21-28.

Übungsfragen:

(1) Beschreiben Sie die Beziehungen zwischen Entscheidungs- und Planungsträgern.

(2) Nennen Sie die wichtigsten Träger der strategischen Planung und deren Aufgaben.

(3) Was versteht man unter »strategischen Geschäftseinheiten«? Nach welchen Kriterien lassen sie sich bilden?

(4) Welche Entwicklungen haben dazu geführt, daß die Planung von EDV-Systemen zu einer strategischen Aufgabe des Topmanagements geworden ist?

(5) Diskutieren Sie bitte einige Probleme, die bei der Planung von Informations- und Kommunikationssystemen auftreten können.

(6) Welche Qualifikationsmerkmale muß eine strategisch arbeitende Führungskraft erfüllen, um den stetig steigenden Herausforderungen gerecht zu werden?

(7) Nennen Sie wesentliche Unterschiede zwischen operativer und strategischer Planung.

(8) Welche Möglichkeiten bieten sich an, um die strategische mit der operativen Planung zu verknüpfen?

(9) Erläutern Sie den Inhalt der These: »Structure follows strategy«. Wie wurde diese in anderen Untersuchungen modifiziert?

(10) Was versteht man unter einer lernenden Organisation und in welchem Zusammenhang steht diese mit der strategischen Unternehmensplanung?

(11) Zeigen Sie den Grundgedanken des Projektmanagements auf. Inwiefern wird durch diese Organisationsform eine Verbindung zwischen der operativen und der strategischen Planung hergestellt?

(12) Welche Sichtweise wird in der strategischen Planung durch Reengineering hervorgehoben?

(13) Diskutieren Sie mögliche Kritikpunkte, die gegen den Einsatz von Reengineering sprechen?

6.1   Begriff, Elemente und Merkmale des strategischen Planungssystems

6.2   Diffusion und Prozeß strategischer Planungssysteme im Lichte empirischer Untersuchungen

6.3   Initiierung und Konzipierung eines strategischen Planungssystems im Lichte empirischer Untersuchungen

6.3.1 Gründe für die Initiierung eines strategischen Planungssystems	6.3.2 Initiatoren strategischer Planungssysteme	6.3.3 Inhalt der Konzeptionsphase	6.3.4 Anforderungen an die Konzeption strategischer Planungssysteme
6.3.5 Beginn und Dauer der Konzeptionsphase	6.3.6 Akteure der Konzipierung eines strategischen Planungssystems	6.3.7 Kooperationsformen der Konzipierung strategischer Planungssysteme	6.3.8 Die Konzipierung eines praktikablen strategischen Planungssystems für Klein- und Mittelbetriebe

6.4   Einführung und Weiterentwicklung eines strategischen Planungssystems

6.4.1 Beschreibung des Einführungsprozesses strategischer Planungssysteme	6.4.2 Auslöser der Weiterentwicklung strategischer Planungssysteme	6.4.3 Formen der Weiterentwicklung	6.4.4 Einführung und Weiterentwicklung des strategischen Planungssystems als Akzeptanzproblem

Abb. 6.1: Aufbau des sechsten Kapitels

6 Implementierung eines strategischen Planungssystems

Problemstellung

Es erscheint sinnvoll, die Implementierung strategischer Planungssysteme durch eine phasenbezogene Betrachtung zu beschreiben. Eine einleitende Charakterisierung strategischer Planungssysteme soll den Betrachtungsgegenstand dieses Kapitels fokussieren. Der Leser soll dann mit einer Auswahl empirischer Untersuchungen bekanntgemacht werden, die für die Prozeßphasen der Initiierung, der Konzipierung sowie der Einführung und Weiterentwicklung strategischer Planungssysteme von Bedeutung sind und einen Eindruck über die Diffusion vermitteln. Dabei kristallisieren sich die Implementierung strategischer Planungssysteme in Unternehmen aus Entwicklungs- und Schwellenländern sowie in Klein- und Mittelbetrieben als Forschungsdefizite heraus. Schließlich soll die Behandlung der einzelnen Implementierungsphasen einen vertieften Einblick in das Vorgehen und die Problematik der betrieblichen Umsetzung strategischer Planungssysteme geben.

6.1 Begriff, Elemente und Merkmale des strategischen Planungssystems

Die konstituierenden Elemente eines strategischen Planungssystems (SPS) sind inhaltlicher, methodischer und organisatorischer Natur.[487] Hierzu zählen der Prozeßablauf, die Instrumente und Entscheidungshilfen sowie die Aufbau- und Ablauforganisation der strategischen Unternehmensplanung. Zu den wesentlichen inhaltlichen Merkmalen strategischer Planungssysteme können die Zielbezogenheit, der Transformationscharakter sowie der Prozeßcharakter gerechnet werden. Der Einsatz eines SPS als Metasystem zielt

---

[487] Zur mangelnden Präzision des Begriffs in der Literatur vgl. HENTZE/BROSE/KAMMEL 1993, S. 62. Siehe zur Übersicht verschiedener Planungssystemansätze TÖPFER 1989, Sp. 1519-1522, zur Konzeption eines integrativen Strategieplanungssystems BAUSCH 1996, insbes. S. 65-108.

ab auf die bestmögliche Gewährleistung der strategischen Planungsprozesse zur Schaffung und Erhaltung von Ertragspotentialen. Daraus abgeleitet werden kann ein Katalog konkreter Unterziele, wie

- die Intensivierung und Beschleunigung der Versorgung der Planungsträger mit strategisch relevanten Informationen,
- die Sensibilisierung des Bewußtseins für Chancen und Gefahren,
- die Durchdringung aller Hierarchieebenen mit einer strategischen Denkweise im Sinne des Intrapreneuring,
- die Förderung des innerbetrieblichen Informations- und Kommunikationsflusses,
- die Steigerung der Fähigkeit zum Aufspüren einer größeren Anzahl von Strategiealternativen oder auch
- die Realisierung möglicher Kostensenkungen durch das Formalisieren, Standardisieren und Dokumentieren der Planungsprozesse.[488]

Der Transformationscharakter strategischer Planungssysteme erklärt sich aus der Umwandlung von Inputs in Outputs.[489] Dabei wird der Ressourceneinsatz beschrieben durch die Existenz, Stärke, Qualifikation und Kreativität unternehmensinterner Planungskompetenz, deren materielle, informationelle und finanzielle Ausstattung und Versorgung, den Zeitaufwand und die Qualität der Leistungen, die seitens der Unternehmensleitung sowie anderer Entscheidungsträger aus Linie und Stäben in den Transformationsprozeß des SPS eingebracht werden. Zu den produzierten Outputs des strategischen Planungssystems zählen Informationen in Form von Absichten, Strategien, Maßnahmen und Zielen.

Schließlich ist ein wesentliches Merkmal strategischer Planungssysteme der Prozeßcharakter, konkretisiert durch die Prozeßphasen der

- Initiierung,
- Konzipierung,
- Einführung und
- Weiterentwicklung.[490]

Bevor diese Phasen im einzelnen erläutert werden, ist auf die empirischen Untersuchungen zur Implementierung strategischer Planungssysteme einzugehen.

---

[488] Vgl. dazu u. a. KONO 1984, S. 59, sowie CHRISTODOULOU 1988, S. 83.
[489] Vgl. KING 1983, S. 264-266.
[490] Siehe zu einer ähnlichen Phaseneinteilung RABL 1990, S. 48 f.

6.2 Diffusion und Prozeß strategischer Planungssysteme im Lichte empirischer Untersuchungen

Das Fehlen einer einheitlichen Definition des strategischen Planungssystems ist vor allem für die Gegenüberstellung empirischer Erhebungen problematisch. Als Auswahlkriterium der hier wiedergegebenen Untersuchungen dient einerseits der eindeutige Bezug zu den Prozeßphasen strategischer Planungssysteme, d. h. es müssen in erkennbarer Weise Aspekte der Initiierung, Konzipierung, Einführung und Weiterentwicklung behandelt werden. Andererseits werden auch jene Arbeiten berücksichtigt, die einen Aufschluß über die Diffusion strategischer Planungssysteme in der Praxis geben.

»*Formal strategic planning, in the sense in which the subject is thought of today, became a matter of serious interest to managers in the United States in the early 1950s.*«[491] Die formalisierte Unternehmensplanung verbreitete sich während der 60er Jahre schnell in den Vereinigten Staaten, um schließlich auch in Großbritannien, der Bundesrepublik Deutschland und anderen Teilen Europas Anfang der 70er Jahre verstärkt implementiert zu werden.[492] Nach geographischen Regionen aufgeteilt und in chronologischer Abfolge soll nachstehend ein Abriß einer Auswahl von empirischen Arbeiten gegeben werden.

(a) Nordamerika

In Nordamerika hat sich HENRY bereits Mitte der 60er Jahre in einer schriftlichen und mündlichen Befragung von 45 der größten amerikanischen Industrieunternehmen mit Fragen der Aufbau- und Ablauforganisation der Langfristplanung befaßt.[493] RINGBAKK führte Ende der 60er Jahre zwei Untersuchungen mit dem Schwerpunkt auf formalisierten Planungssystemen durch. Hierbei wurden einmal die Planungssysteme von 40 amerikanischen Großunternehmen analysiert,[494] zum anderen die Planungssysteme von über 350 Unternehmen.[495] In seiner ersten Untersuchung stellte RINGBAKK fest, daß sich Ende der 60er Jahre bereits 28 der 40 befragten Großunternehmen (70%) in der Vorbereitungs- und Konzeptionsphase der Unternehmensplanung befanden. Einen Aufschluß über die Verbreitung der Langfristplanung in den USA gibt auch die von KONO im Jahr 1975 durchgeführte schriftliche Befragung von 27 Unternehmen der Region Süd-Kaliforniens, derzufolge über 80% der befragten Unternehmen langfristige Pläne aufstellten, davon wiederum 74% in formalisierter, schriftlicher Form.[496] Eine zweite, von HENRY im Jahre 1976

---

[491] STEINER/KUNIN/KUNIN 1983, S. 12.
[492] Siehe dazu u. a. BHATTY 1981 sowie HOULDEN 1995.
[493] Vgl. HENRY 1967.
[494] Siehe RINGBAKK 1969.
[495] Vgl. RINGBAKK 1972.
[496] Vgl. KONO 1976, S. 61 f.

abgeschlossene Untersuchung beschäftigte sich im wesentlichen mit Planungstechniken und Problemen der Implementierung strategischer Planungssysteme bei 29 Großunternehmen in den USA. Er kam zu dem Ergebnis, daß viele Unternehmen seit der Untersuchung in den 60er Jahren ihr Planungssystem reorganisiert hatten, »essentially making a fresh start at formal long-range planning«[497].

Eine 1980 in 104 der größten amerikanischen Industrieunternehmen (FORTUNE 500) durchgeführte Untersuchung ergab, daß bereits 90% dieser zumeist multinationaler Firmen irgendeine Form der Langfristplanung betreiben.[498] Ausgehend von einer Analyse des Entwicklungsstandes der strategischen Planung in kanadischen Unternehmen vermutete Frederick 1983 einen zeitlichen Rückstand gegenüber amerikanischen Firmen von fünf bis zehn Jahren.[499] In einer ersten schriftlichen Befragung von KUKALIS in den USA beschäftigte sich der Autor mit Fragen des Entwicklungsstandes der wesentlichen Elemente strategischer Planungsprozesse in 174 amerikanischen Großunternehmen des produzierenden Gewerbes, des Versicherungswesens und der Energieerzeugung.[500] Eine zweite von ihm ebenfalls im Jahre 1986 abgeschlossene empirische Untersuchung galt den Determinanten strategischer Planungssysteme. Im Rahmen einer schriftlichen Befragung von 115 Großunternehmen des produzierenden Gewerbes sollte ein möglicher Einfluß situativer Variabler auf die Ausprägung der implementierten strategischen Planungssysteme analysiert werden.[501] Daran läßt sich eine Weiterentwicklung der empirischen Forschungsarbeit über strategische Planungssysteme erkennen. Standen in frühen Untersuchungen, gekennzeichnet durch die Dichotomie von planenden versus nicht-planenden Unternehmen, insbesondere Fragen der effizienten Ausgestaltung und Implementierung im Mittelpunkt, so geht die neuere empirische Arbeit stärker zu einer Analyse der Effektivität strategischer Planungssysteme über.[502] Zudem wird das enge Feld der Industrieunternehmen als Erhebungseinheit verlassen. Strategische Planungssysteme haben sich mittlerweile auch in anderen Branchen wie Banken und Softwarehäusern etabliert.[503] So untersuchten VELIYATH und SHORTELL in 353 amerikanischen Krankenhausbetrieben im Jahre 1992 mögliche Zusammenhänge zwischen den Ausprägungen strategischer Planungssysteme und dem Unternehmenserfolg.[504]

---

[497] HENRY 1977, S. 40.

[498] Vgl. CAPON/FARLEY/HULBERT 1980, S. 5 f.

[499] Vgl. FREDERICK 1983. Er spricht in diesem Zusammenhang von einem »Neanderthal state of strategic planning«.

[500] Vgl. KUKALIS 1988.

[501] Vgl. KUKALIS 1991.

[502] Siehe dazu beispielsweise RHYNE 1986; RAMANUJAM/VENKATRAMAN 1987; RHYNE 1987; VENKATRAMAN 1990 und COVIN/SLEVIN/SCHULTZ 1994.

[503] Siehe zur Entwicklung im deutschsprachigen Raum MOORMANN 1988 und TÜSCHEN 1989.

[504] Vgl. VELIYATH/SHORTELL 1993.

(b) Europa

In Europa beschäftigten sich TAYLOR und IRVING bereits 1969 mit den Fragen des Entwicklungsstandes der Planung sowie dem Einführungsprozeß von Planungssystemen in Form einer mündlichen Befragung von 27 britischen Großunternehmen mit einer Planungserfahrung von mindestens zwei und höchstens acht Jahren.[505] Die Untersuchung von AL-BAZZAZ und GRINYER im Jahre 1974 von 48 britischen Großunternehmen aus 19 Branchen sollte durch Interviews mit Unternehmensplanern Einblicke in die Planungspraxis gewähren.[506] ESSER und KIRSCH führten 1974 eine schriftliche Befragung über die Einführung von Planungssystemen in allen deutschen Unternehmen mit mehr als 1.000 Beschäftigten durch.[507] Eine mündliche Befragung von Managern und Leitern der Planungsabteilungen von 15 diversifizierten Großunternehmen in der Bundesrepublik Deutschland im Jahre 1976/77 bildete die Basis der Untersuchung von THANHEISER und PATEL über strategische Entscheidungen und deren Unterstützung durch Planungsverfahren sowie die Entwicklung der formalisierten strategischen Planung.[508] Die Autoren konnten nur in drei Unternehmen systematische Ansätze einer strategischen Planung finden. Die eigenen Untersuchungen am Seminar für Industriewirtschaft in Frankfurt wurden in einem mehrstufigen Forschungsdesign ebenfalls im Zeitraum 1976 bis 1977 in der Bundesrepublik durchgeführt.[509] Untersuchungsgegenstand war die Analyse der Voraussetzungen und des Prozeßverlaufes der Einführung einer strategischen Unternehmensplanung. In der ersten Stufe wurde ein Kontaktfragebogen an 1.394 Unternehmen mit mehr als 1.000 Beschäftigten verschickt. Darin fragten wir nach dem Stand eines als »produkt- und/ oder marktorientiert« definierten strategischen Planungssystems sowie nach der Bereitschaft zur Beantwortung eines zeitlich nachgeschalteten Haupterhebungsbogens. 557 (=40%) verwertbare Kontaktfragebögen kamen zurück. Über die Verbreitung strategischer Planungssysteme in der Bundesrepublik konnten folgende Erkenntnisse gesammelt werden:[510]

- 48,3% der Unternehmen gaben an, ein SPS zu besitzen,
- 23,3% befanden sich in der Einführungsphase und
- 28,4% besaßen kein strategisches Planungssystem.

Zur weiteren Mitarbeit waren 372 Unternehmen bereit, die dann auch den Hauptfragebogen erhielten. Der verwertbare Rücklauf aus der ersten Untersuchungsstufe betrug schließlich 223 Fragebögen. Die zweite Stufe in Form einer vertieften Analyse des Einführungs- und Weiterentwicklungsprozesses strategischer Planungssysteme umfaßte dann eine schriftliche Befragung von 40 der

---

[505] Vgl. TAYLOR/IRVING 1971.
[506] Vgl. AL-BAZZAZ/GRINYER 1980.
[507] Vgl. ESSER/KIRSCH 1979.
[508] Vgl. THANHEISER/PATEL 1977.
[509] Vgl. zusammenfassend KREIKEBAUM 1992. Eine ausführliche Darstellung findet sich bei KREIKEBAUM/GRIMM 1978 sowie KREIKEBAUM/SUFFEL 1981.
[510] Vgl. KREIKEBAUM/GRIMM 1986, S. 858.

223 Unternehmen. Es handelte sich dabei ausschließlich um Firmen mit Divisionalstruktur. Als dritte und letzte Stufe dieser »Trichteranalyse« schlossen sich schwachstrukturierte Interviews mit Mitgliedern der Unternehmensleitung in 7 der 40 Unternehmen mit Geschäftsbereichsorganisation an.[511]

KONO untersuchte im Jahre 1981 die Planungspraktiken von 126 Unternehmen in Großbritannien, insbesondere aus vergleichender Perspektive mit früheren Untersuchungen in Japan und den USA.[512] Der Entwicklungsstand der strategischen Planung, vor allem der Verbreitungsgrad strategischer Planungssysteme, Gründe ihrer Einführung sowie die Zufriedenheit mit der Performance dieser Systeme waren Gegenstand der schriftlichen Befragung, die CAELDRIES und VAN DIERDONCK 1988 in 124 belgischen Unternehmen durchführten.[513] Die Autoren kommen zu dem Ergebnis, daß lediglich 10% der Unternehmen ihres Samples eine formalisierte strategische Planung mit einem Zeithorizont größer als sechs Jahre implementiert haben. Eine gemeinsam vom INSTITUT FÜR UNTERNEHMUNGSPLANUNG (IUP-Gießen/Berlin) und dem IFO-INSTITUT FÜR WIRTSCHAFTSFORSCHUNG (München) in der Bundesrepublik Deutschland im Jahre 1989 durchgeführte schriftliche Breitenerhebung bei 1.461 Industrieunternehmen über den Stand und die Entwicklungstendenzen der strategischen Unternehmensplanung kam zu dem Ergebnis, daß der Durchdringungsgrad der regelmäßigen und fallweisen strategischen Planung bei Großunternehmen mit mehr als 1.000 Beschäftigten fast 95% beträgt und allgemein die Erstellung strategischer Pläne mit steigender Unternehmensgröße zunimmt.[514] Schließlich ist an dieser Stelle noch die 1992 durchgeführte schriftliche Befragung von VOIGT zu erwähnen. Untersucht wurde der generelle Aufbau des Planungssystems bei 22 deutschen Großunternehmen mit mehr als 5.000 Beschäftigten.[515] Auch VOIGT stellt einen fast 100%-igen SPS-Durchdringungsgrad bei den Unternehmen seines Samples fest. Danach besteht die anfänglich angenommene zeitliche Diffusionsverzögerung strategischer Planungssysteme in europäischen Unternehmen gegenüber amerikanischen Firmen offensichtlich nicht mehr.[516] Man muß heute von einer ähnlich starken Durchdringung strategischer Planungssysteme in Europa ausgehen.

(c) Japan

In Japan hat sich vor allem KONO der empirischen Untersuchung strategischer Planung gewidmet. In mehreren Untersuchungen wurde die Praxis der

---

[511] Siehe zur Dokumentation der Ergebnisse als Fallstudien KREIKEBAUM/SUFFEL 1981.
[512] Vgl. KONO 1984 sowie KONO 1992.
[513] Vgl. CAELDRIES/VAN DIERDONCK 1988.
[514] Vgl. SCHOLZ 1991 sowie HAHN/OPPENLÄNDER/SCHOLZ 1992, S. 981-989. In einer früheren Untersuchung des IFO-Institutes aus dem Jahre 1965 hatten sich lediglich 20% der befragten 1.600 Unternehmen mit einer schriftlichen Langfristplanung (Planungshorizont größer als ein Jahr) beschäftigt. Vgl. dazu STRIGEL 1970.
[515] Vgl. VOIGT 1993.
[516] Vgl. zur Diffusionsverzögerung CAPON/FARLEY/HULBERT 1980, S. 6.

Langfristplanung in japanischen Unternehmen erforscht.[517] Zusammenfassend läßt sich ein hoher Verbreitungsstand strategischer Planungssysteme auch in japanischen Großunternehmen erkennen.

Die internationale Diffusion strategischer Planungssysteme hat einen hohen Durchdringungsstand in den Großunternehmen der hochentwickelten Volkswirtschaften erreicht. Auf Basis mehrjähriger Forschungsarbeit in Großbritannien, den USA, Japan und Australien kommt HOULDEN darüber hinaus zu dem Ergebnis, daß die strategische Planung in den meisten Industrienationen einen ähnlichen Entwicklungsstand erreicht hat, wenn auch kulturelle Differenzen in der Art der Strategieentwicklung feststellbar sind.[518]

(d) Strategische Planungssysteme in Entwicklungs- und Schwellenländern als erstes Forschungsdefizit

Allgemein ist ein Mangel an empirischen Arbeiten über die Verbreitung und Gestaltung der strategischen Planung in Unternehmen der Schwellen- und Entwicklungsländer festzustellen. Ausnahmen bilden die schriftlichen Befragungen von WEE, FARLEY und LEE einerseits, sowie CHECK-TECK, GRINYER und MCKIERNAN andererseits. Beide Erhebungen konzentrieren sich auf den dynamischen südost-asiatischen Wirtschaftsraum der »*Newly Industrialized Countries*«, eine Region also, deren Unternehmen in diversen Bereichen eine zunehmende Konkurrenz für die Firmen der Triadenregionen Nordamerikas, Europas und Japans darstellen. WEE, FARLEY und LEE haben in ihrer 1988/89 in Singapore und Malaysia durchgeführten schriftlichen Befragung Praxis und Entwicklungsstand der Unternehmensplanung in lokalen Großunternehmen, lokalen Klein- und Mittelbetrieben sowie Tochtergesellschaften japanischer und amerikanischer MNUs durchgeführt.[519] CHECK-TECK, GRINYER und MCKIERNAN untersuchten im gleichen Zeitraum die strategische Planung von 110 lokalen Großunternehmen und Tochtergesellschaften ausländischer MNUs in der ASEAN-Region und kommen zu dem Ergebnis, daß 82% der befragten Unternehmen eine regelmäßige strategische Planung implementiert haben.[520] Aus den Entwicklungsländern selbst liegen nur einzelne Fallstudien vor.[521] Von Interesse ist dabei vor allem die Frage, wie die makroökonomischen, politischen und kulturellen Besonderheiten des Umfeldes der Unternehmen dieser Regionen in der Konzeption strategischer Planungssysteme reflektiert werden resp. werden könnten.[522] Unternehmen aus den Entwicklungs- und Schwellenländern müssen als Konkurrenten der etablierten Markt-

---

[517] Vgl. KONO 1976; KONO 1984 und KONO 1992.
[518] Vgl. HOULDEN 1995, S. 99.
[519] Vgl. WEE/FARLEY/LEE 1989.
[520] Vgl. CHECK-TECK/GRINYER/MCKIERNAN 1992.
[521] Siehe beispielsweise zur strategischen Planung eines Unternehmens der Holzindustrie in Tanzania MREMA 1987 sowie zum strategischen Planungssystem einer nigerianischen Brauereigruppe HAINES 1988.
[522] Vgl. zur Situationsbeschreibung der Entwicklungsländer KRUGMAN/OBSTFELD 1994, S. 671-678.

anbieter aus den Industrienationen auftreten und somit in einer veränderten Struktur des globalen Wettbewerbs, die PERLITZ anschaulich als »internationale Jagdlinie« herauskristallisiert,[523] die aktive Rolle des »Jägers« einnehmen können. Dazu muß neben den flankierenden Maßnahmen einer wettbewerbsfördernden staatlichen Industriepolitik, einer Reform der Finanzsysteme sowie der Bereitstellung geeigneter Infrastrukturen vor allem eine strategische Orientierung der Unternehmen erfolgen, für die eine Implementierung strategischer Planungssysteme eine notwendige Bedingung darstellt.

(e) Strategische Planungssysteme in Klein- und Mittelbetrieben als zweites Forschungsdefizit

Neben der einseitigen Konzentration empirischer Forschungsarbeit über strategische Planungssysteme auf Unternehmen der entwickelten Volkswirtschaften (Triade) kann ein weiteres grundsätzliches Defizit der vorliegenden empirischen Untersuchungen in der Fokussierung auf Großunternehmen festgehalten werden.[524] Nicht zuletzt aufgrund der volkswirtschaftlichen Bedeutung der Klein- und Mittelbetriebe wären Informationen über Verbreitung, Entwicklungsstand und vor allem Ausgestaltung strategischer Planungssysteme von besonderem Interesse. Über 95% der knapp 2 Millionen Unternehmen in der Bundesrepublik Deutschland sind kleine und mittlere Unternehmen, darunter mehr als 1,7 Millionen Kleinbetriebe mit weniger als 20 Mitarbeitern. Mit ihren Leistungen tragen sie 54% zur privaten Bruttoinlandsproduktion bei und beschäftigen mit rund 13 Millionen Arbeitnehmern 64% aller Erwerbstätigen in der privaten Wirtschaft.[525] Diese Zahlen erhellen schon rein quantitativ die Bedeutung der strategischen Planung gerade auch für die mittelständischen Unternehmen.

Wie ALBACH in einer empirischen Untersuchung in 200 mittelständischen Unternehmen ermittelt hat, sind gescheiterte Gründungsvorhaben vielfach auf eine unzureichende bzw. sogar fehlende Planung zurückzuführen. Dies drückt sich zum einen in einer grundsätzlich falschen Einschätzung der Bedarfslage auf dem angestrebten Absatzmarkt aus. Die Unternehmen unterlassen es auch, die Konkurrenzstruktur und die Wettbewerbssituation zu untersuchen, um Aufschluß über ihre möglichen Stärken und Schwächen im Markt zu gewinnen.[526] Klare, in schriftlicher Form niedergelegte Unternehmensstrategien stellen in mittelständischen Unternehmen eine Ausnahme dar. Eine empirische Analyse des Planungsverhaltens kleiner und mittlerer Unternehmen macht deutlich, daß bei rund 28% der Unternehmen keine schriftli-

---

[523] Vgl. PERLITZ 1995, S. 2 f.
[524] Zu den Ausnahmen zählt beispielsweise die Untersuchung von BRACKER und PEARSON über den Zusammenhang zwischen Planung, auch in strategischer Perspektive, und finanzwirtschaftlicher Performance bei 188 Wäschereibetrieben in den USA. Vgl. BRACKER/PEARSON 1986. Zur Planungspraxis von Klein- und Mittelbetrieben in der Bundesrepublik siehe HAHN/OPPENLÄNDER/SCHOLZ 1992.
[525] Vgl. ALBACH 1983, S. 877.
[526] Siehe ALBACH 1984, S. 37 f.

che Planung vorgenommen wird. Ähnlich hoch ist der Anteil der Unternehmen, die nur eine kurzfristige Planung oder eine Planung in einem oder zwei Funktionsbereichen durchführen. Hierbei zeigt sich, daß meist zunächst im Finanzbereich geplant wird. Danach treten Produktions-, Marketing- und Personalplanung hinzu. Die für Innovationen und Zukunftssicherung wichtige Forschungs- und Entwicklungsplanung wird erst relativ spät einbezogen. Vielfach existieren hier sowie in der Beurteilung der Konkurrenz nur ungenaue bzw. keine Vorstellungen und somit keine Planungsüberlegungen. Eine wirklich strategische Unternehmensplanung wird dagegen lediglich in rund 14% der befragten kleinen und mittleren Unternehmen betrieben.[527]

6.3 Initiierung und Konzipierung eines strategischen Planungssystems

6.3.1 Gründe für die Initiierung eines strategischen Planungssystems

Nach dem Ergebnis unserer eigenen Untersuchungen war die Überzeugung der Unternehmensleitungen, daß nur ein strategisches Planungssystem zur Lösung der komplexer gewordenen Führungsprobleme beitragen könne, der ausschlaggebende Grund für dessen Initiierung. Dies bedeutet, daß die Unternehmensspitze die strategische Planung als das Führungsinstrument ansah und deshalb auch ihre ganze Autorität in den Phasen der Konzipierung und Einführung einsetzte. Folgerichtig war das Engagement der Unternehmensleitung auch in der überwiegenden Zahl der Unternehmen stark bis sehr stark.[528] Als weiterhin bedeutsam wurde der Grund »Ein strategisches Planungssystem ist für ein Unternehmen heutzutage einfach notwendig« angegeben.[529]
Die mit weitem Abstand folgenden Gründe

- des personellen Wechsels an der Führungsspitze,
- der erfolgreichen Arbeit von Konkurrenzunternehmen mit strategischen Planungssystemen (»*success stories*«),
- der Empfehlung durch ein Beratungsunternehmen,
- der notwendigen Berücksichtigung strategischer Perspektiven aufgrund eines Umsatzrückgangs sowie
- des Strebens nach einer Verbesserung der Produkt- und Sortimentspolitik

---

[527] Vgl. dazu HAAKE 1987, S. 72-76; siehe auch WEBER 1981, S. 39-41.
[528] Vgl. zu ähnlichen Untersuchungsergebnissen bezüglich des Engagements der Unternehmensleitung KUKALIS 1988, S. 398.
[529] Es dürfte sich hier jedoch um einen erhebungstechnischen Bias handeln, da die Beantworter nicht – wie beabsichtigt – die damalige »heutige Situation« beschrieben, sondern vermutlich die gegenwärtige Bedeutung eines SPS.

haben die Entscheidung zur Initiierung eines strategischen Planungssystems dagegen nur bei wenigen Unternehmen beeinflußt.[530] Diese Ergebnisse werden insgesamt gesehen auch durch andere Untersuchungen gestützt.[531]

CALDRIES und VAN DIERDONCK haben bei ihrer Untersuchung belgischer Unternehmen festgestellt, daß zwei wesentliche Gründe zur Initiierung strategischer Planungssysteme geführt haben. Sie identifizieren einerseits den Problemdruck des Unternehmenswachstums, andererseits den unternehmensinternen Problemdruck der Koordination.[532] Der Initiierungsgrund »Unternehmenswachstum« wird von den befragten Firmen im wesentlichen konkretisiert durch die Notwendigkeit des Aufspürens neuer Märkte und Produkte im Umfeld rückläufiger Absatzzahlen, letztlich also der langfristigen Überlebenssicherung. Dieser Problemdruck legte für die befragten Unternehmen eine Initiierung strategischer Planungssysteme nahe. Eine geringere Bedeutung hatte nach CALDRIES und VAN DIERDONCK dagegen die Rolle externer Beratungsunternehmen. Im wesentlichen liegt somit eine Übereinstimmung der Erhebungsergebnisse mit denen der eigenen Untersuchungen vor.

6.3.2 Initiatoren strategischer Planungssysteme

Die Gruppe der Initiatoren strategischer Planungssysteme wurde in die eigene empirische Untersuchung nicht mit in die Befragung eingeschlossen, da sich in mehreren Pretests gezeigt hatte, daß eine exakte Ermittlung der Initatoren in keinem der Unternehmen möglich war. Entweder war die Frage seitens der Praxis überhaupt nicht zu beantworten, d. h. es wurde plötzlich von sehr vielen Personen über strategische Planung gesprochen, oder aber die Initiative selbst bestand in einem allgemeinen Aufmerksammachen und stellte somit keine Initiative im eigentlichen Sinne dar.

6.3.3 Inhalt der Konzeptionsphase

Die Konzipierung strategischer Planungssysteme ist als Bestandteil der Metaplanung aufzufassen.[533] Aufgabe der Metaplanung ist es, eine klar formulierte Konzeption des strategischen Planungssystems auszuarbeiten und Übereinstimmung zu erzielen über die wichtigsten Schlüsselbegriffe, die erforderlichen Informationen, die anzuwendenden Planungsrichtlinien und die Abwicklung des Planungszyklus. Strategische Planungssysteme stellen im Regelfall keine innerhalb des Unternehmens gewachsenen organischen Gebilde

---

[530] Siehe KREIKEBAUM/GRIMM 1986, S. 873 f.
[531] Vgl. u. a. ESSER/KIRSCH 1979, S. 23-32, sowie FREDERICK 1983, S. 42 f.
[532] Vgl. CALDRIES/VAN DIERDONCK 1988, S. 47 f.
[533] Vgl. KREIKEBAUM 1992, S. 680.

dar, so daß eine Konzeptionsphase der eigentlichen Einführung vorzuschalten ist. Im Fortgang der Entwurfsphase ist von den Akteuren ein System zu schaffen, welches den inhaltlichen Rahmen für den Prozeß der strategischen Unternehmensplanung bildet. Der Inhalt der Konzeptionsphase ergibt sich aus der Festlegung der Bestandteile des strategischen Planungssystems sowie der Zuordnung dieser Elemente. Prinzipiell sollten dabei die Akteure der Konzeptionsphase stets vor Augen haben, daß strategische Planungssysteme ein übersichtliches, verläßliches und geschlossenes Instrumentarium zur Spezifikation bereitstellen, eine verbindliche und personenunabhängige Regelung des Ablaufes der strategischen Planungsprozesse ermöglichen sowie einer Erhöhung der innerbetrieblichen Transparenz dienen müssen. Im Vordergrund steht dabei die situationsspezifische Konzeption, das Streben nach einem eigenen Idealprofil des strategischen Planungssystems.

6.3.4 Anforderungen an die Konzeption strategischer Planungssysteme

Beim Entwurf eines strategischen Planungssystems sind die nachstehenden Anforderungen zu beachten:[534]

- Entwicklung klarer Zielvorstellungen des strategischen Planungssystems bereits zu Beginn der Konzeptionsphase.
- Gewährleistung einer einfachen Ausgestaltung und leichten Handhabarkeit des SPS. Hierbei steht in Analogie zu den Gestaltungsempfehlungen für Anwendungssoftware im DV-Bereich die Benutzerfreundlichkeit im Mittelpunkt.
- Ausdehnung des Regelungsumfanges strategischer Planungssysteme auf alle mit strategischen Entscheidungen verbundenen Tatbestände.
- Inkorporierung einer flexiblen Anpassung des Planungssystems an sich ändernde Umweltbedingungen und eine sich wandelnde interne Unternehmenssituation im Sinne der lernenden Organisation. Dies setzt voraus, daß den Planungsträgern Gestaltungsmöglichkeiten durch das SPS eingeräumt werden.
- Identifikation der externen und internen Stakeholder des Unternehmens, so daß ein Einfließen der mannigfaltigen Interessen in die diversen Systembestandteile möglich wird. Voraussetzung ist dabei, daß bereits die Akteure der Konzeptionsphase die Bedeutung der Gesamtverantwortung des Unternehmens erkennen und eine Haltung der Offenheit einnehmen.
- Sicherstellen einer pragmatischen Orientierung während der gesamten Entwurfsphase. Die Weitergestaltung eines im Verlauf der Konzipierung praxisfremd oder unrealisierbar gewordenen strategischen Planungssy-

---

[534] Vgl. dazu auch HENTZE/BROSE/KAMMEL 1993, S. 63 f. sowie die 14 »*Central Features of a First-Rate Strategic Planning System*«bei STEINER/KUNIN/KUNIN 1983, S. 12 f.

stems verschlingt nur knappe Ressourcen und verspricht keine Aussicht auf Erfolg.

- Einbau vorgesehener regelmäßiger Überprüfungen des SPS im Sinne der Metakontrolle. Diese Periodizität stellt eine der entscheidenden Voraussetzungen für die Permanenz des Planungssystems dar.

Bereits in der Konzeptionsphase ist den Anforderungen nach Effektivität und Effizienz des strategischen Planungssystems Rechnung zu tragen. Während Effektivität als Abstand zwischen anvisiertem und realisiertem Zielerreichungsgrad interpretiert werden kann, vergleicht die Forderung nach Effizienz des strategischen Planungssystems den realisierten Zielerreichungsgrad mit dem dafür benötigten Ressourceneinsatz.[535] Offensichtlich ist diese Betrachtungsweise retroperspektiv ausgerichtet, sie erfordert also bereits die Implementierung und Funktionsweise des Planungssystems in der Praxis. Interessant wird die Forderung in der Konzeptionsphase allerdings unter dem Gesichtspunkt der Alternativenbewertung.[536] Gemäß den Effektivitäts- und Effizienzkriterien würde dann jenes Planungssystem eingeführt werden, welches den besten Zielerreichungsgrad mit dem geringsten Input an Ressourcen verspricht.

Während der Konzeptionsphase ist auch auf die Verhältnismäßigkeit der eingesetzten Mittel zu achten. Das Postulat der Wirtschaftlichkeit erstreckt sich somit nicht nur auf die spätere Einsatzphase des SPS. Es gilt auch im Hinblick auf den Aufwand zur ex-ante Erfassung der Effektivität alternativer Planungssystemkonzeptionen. Der qualitative Charakter vieler SPS-Ziele (z. B. die Sensibilisierung der Führungskräfte für strategische Probleme) erschwert hierbei eine Operationalisierung. Um die Effektivität alternativer SPS bezüglich ihres Beitrags zur Erfüllung der Unternehmensziele vollständig beurteilen zu können, sind die direkten Zusammenhänge zwischen Unternehmenserfolg und SPS-Einsatz, bereinigt um alle außerhalb des strategischen Planungssystems liegenden Determinanten, darzustellen. Weniger problematisch erscheint die Erfassung der durch Einführung und Einsatz des SPS direkt entstehenden Kosten. Eine Abbildung des Opportunitätskostencharakters strategischer Planungssysteme bereitet hingegen Schwierigkeiten. Die Quantifizierung entgangener Gewinne aus nicht verfolgten Strategien, deren Suche und Auffindung das SPS nicht zu leisten vermochte, setzt vollständige Informationen über eine ungewisse Zukunft voraus.

Aus kontingenztheoretischer Sicht wird insbesondere in der amerikanischen Literatur eine Konzeption gefordert, die die Herstellung einer internen und externen Paßgenauigkeit ("fit") des strategischen Planungssystems ermöglicht und dadurch die Effektivität der Organisation als Ganzes erhöht.[537] Eine Paßgenauigkeit des SPS wird durch die Ausrichtung verschiedener Konzeptionsparameter an die unternehmensspezifischen internen und externen

---

[535] Vgl. RABL 1990, S. 23.
[536] Vgl. RABL 1990, S. 23.
[537] Vgl. CHAKRAVARTHY 1987, S. 518; VENKATRAMAN/PRESCOTT 1990, S. 1 sowie BRYSON/BROMILEY 1993, S. 320.

Umweltbedingungen erreicht. Die Kontingenztheorie geht davon aus, daß ein Einfluß

(1) interner Faktoren, zu denen u. a. Unternehmensgröße, Branche, Rechtsform, Eigentumsverhältnisse, Organisationsstruktur und Führungsstil zählen, sowie

(2) externer Faktoren, beschrieben durch die Markt- und Konkurrenzsituation, Umweltkomplexität und -dynamik

auf Zustand und Reifegrad strategischer Planungssysteme existiert.[538] In den eigenen Untersuchungen konnte der situative Ansatz in dieser strengen deterministischen Form jedoch nicht bestätigt werden.[539] Aufgrund von Korrelationsanalysen ergaben sich zwar teilweise interpretationsfähige Zusammenhänge zwischen den Umweltbedingungen und der Struktur der Unternehmensplanung, jedoch mußte der Kontingenzansatz als alleinige Bestimmungsgröße der Gestaltung strategischer Planungssysteme ausscheiden.[540] Als wichtigste Einflußgröße erwies sich vielmehr eine progressive Führungsphilosophie. Andere Untersuchungen kommen dagegen zu dem Ergebnis, daß ein deutlicherer Einfluß der Kontextvariablen auf strategische Planungssysteme besteht.[541]

6.3.5 Beginn und Dauer der Konzeptionsphase

Aus den Interviews der zweiten Projektphase der eigenen Untersuchungen wurde deutlich, daß der Konzeptionsbeginn überwiegend als der Zeitpunkt beschrieben wird, zu dem erstmals über die mögliche Ausgestaltung der strategischen Planung diskutiert wurde. Davon abgegrenzt werden kann der Einführungsbeginn als jener Zeitpunkt, zu dem ein Element des strategischen Planungssystems (z. B. Stärken-Schwächen-Analysen) erstmals angewendet wurde.

Sowohl bei der Fragebogenuntersuchung als auch bei der Analyse der 40 Unternehmen mit Geschäftsbereichsorganisation hat sich ergeben, daß mit der Konzipierung von Gesamtplanungssystemen in deutschen Unternehmen ab Mitte der 60er Jahre begonnen wurde. Im Jahre 1970 zeigte sich eine ausgesprochene Spitze (37 Unternehmen, davon 11 mit Geschäftsbereichsorganisation), die dann bis 1977 in einen sich abflachenden Kurvenverlauf übergeht.[542]

---

[538] Vgl. KREIKEBAUM/GRIMM 1986, S. 868-873 sowie zur Darstellung der Einbettung strategischer Planungssysteme in einen internen und externen Kontext CHRISTODOULOU 1988, S. 83.

[539] Siehe dazu im einzelnen KREIKEBAUM 1982.

[540] Siehe zu ähnlichen Ergebnissen MÜLLER-BÖLING 1989, Sp. 340 f.

[541] Vgl. stellvertretend die Untersuchungen von VENKATRAMAN/PRESCOTT 1990 sowie KUKALIS 1991.

[542] Vgl. KREIKEBAUM/GRIMM 1986, S. 875.

STEINER und SCHÖLLHAMMER ermittelten in ihrer international ausgerichteten Erhebung Spitzen des Ursprungs der SPS der befragten Firmen für die Vereinigten Staaten, Japan, Großbritannien und Italien im Zeitraum zwischen 1965-1970, für die kanadischen und australischen Unternehmen dagegen zeitverzögert im Zeitraum zwischen 1970-1975.[543] Lediglich ein Viertel der amerikanischen und japanischen Unternehmen konnte letztlich auf eine Systemerfahrung mit mehr als zehn Jahren zurückblicken. Diese Ergebnisse werden auch gestützt durch die Untersuchung von AL-BAZZAZ und GRINYER, wonach 52% der 48 beteiligten britischen Unternehmen angaben, ein System der Unternehmensplanung Anfang der 70er Jahre eingeführt zu haben, und 10% bereits im Jahre 1969.[544] Schließlich sei noch auf die Untersuchung von KUKALIS hingewiesen, die eine Differenzierung des Einführungsbeginns strategischer Planungssysteme zwischen Unternehmen des produzierenden Gewerbes, der Energieerzeugung sowie des Versicherungswesens vornimmt.[545] Als Startbeginn der strategischen Planungssysteme (Median) wird das Jahr 1977 für die befragten Unternehmen des produzierenden Gewerbes und des Versicherungswesens ermittelt, während die Betriebe der Energieerzeugung im Mittel bereits 1976 den Anstoß zur Implementierung gegeben haben.

Die Frage nach der Dauer der Konzeptionsphase ist in der eigenen Untersuchung von den befragten deutschen Unternehmen sehr unterschiedlich beantwortet worden. Es konnte ein Zeitraum zwischen einem Jahr und sieben Jahren, mit Schwergewicht auf zwei Jahren, ermittelt werden. In ähnlicher Weise ergab die Auswertung der 40 Unternehmen mit Geschäftsbereichsorganisation, daß von einigen Unternehmen lediglich drei bis neun Monate zur Konzipierung des strategischen Planungssystems benötigt wurden. Vermutlich handelte es sich dabei um einen von einer Projektgruppe systematisch betriebenen Einführungsprozeß mit aktiver Beteiligung aller Entscheidungsträger. Die Mehrzahl der Unternehmen mit Geschäftsbereichsorganisation benötigte eine Konzeptionsdauer von zwei Jahren.

Als Fazit muß festgehalten werden, daß in den meisten Großunternehmen der entwickelten Volkswirtschaften eine Systemerfahrung von über zwanzig Jahren vorliegt, die eigentliche Phase der Konzipierung strategischer Planungssysteme in weite Ferne gerückt und das Interesse somit zunehmend auf die Phase der Weiterentwicklung strategischer Planungssysteme gerichtet ist. Dies gilt insbesondere angesichts der aktuellen weltwirtschaftlichen Entwicklungen einerseits, sowie des Aufkommens und der zunehmenden Diffusion neuer Managementkonzepte und -philosophien andererseits.

---

[543] Vgl. STEINER/SCHÖLLHAMMER 1975, S. 10.
[544] Vgl. AL-BAZZAZ/GRINYER 1980.
[545] Vgl. KUKALIS 1988, S. 395.

6.3.6 Akteure der Konzipierung eines strategischen Planungssystems

Die Akteure des Konzipierungsprozesses können unterteilt werden in Auftraggeber, Auftragnehmer und Beteiligte.[546]

Auftraggeber

Als Auftraggeber der Konzipierung strategischer Planungssysteme wurde nach den eigenen Untersuchungsergebnissen fast ausschließlich die Geschäfts- bzw. Konzernleitung identifiziert (94% der Fälle). Sie erteilte den maßgeblichen Auftrag, so daß der Entwurf strategischer Planungssysteme durch eine »top-down-Initiative« gekennzeichnet war.[547]

Auftragnehmer

Ein differenzierteres Bild ergab sich hingegen bei der Ermittlung der Auftragnehmer. Mit der Konzipierung beauftragt wurden in erster Linie die Leiter der zentralen Planungsabteilung (in rd. 37% aller Fälle). Daneben traten in nennenswertem Umfang noch die Abteilungen Betriebswirtschaft bzw. Rechnungswesen (16%), ein Planungsausschuß (9%), andere funktionale Abteilungen (8%), externe Berater (6,5%) und die Abteilung Controlling (5,5%) als Auftragnehmer in Erscheinung. Dabei fällt der relativ geringe, obwohl absolut gesehen größte Anteil der zentralen Planungsabteilungen auf. Gerade derartige Konzeptionsarbeiten stellen die ureigene Domäne dieser Abteilung dar,[548] sie hätten also einen höheren Anteil erwarten lassen. Ergebnisse anderer Untersuchungen deuten allerdings darauf hin, daß erst nach Einführung des strategischen Planungssystems dessen Pflege und Weiterentwicklung in den Verantwortungsbereich zentraler Planungsabteilungen delegiert wird.[549] Bereits LORANGE und VANCIL sehen in der »*systems maintenance and coordination*«die Primärfunktion des Unternehmensplaners.[550] Ausgehend von einer erwartungsgemäßen Zuweisung der Konzeptionsarbeiten an die zentrale Planungsabteilung erstaunt die verhältnismäßig häufige Nennung von Linienstellen (25,7%) in der eigenen Untersuchung. Dieses Ergebnis ist möglicherweise bereits ein Indiz für die Einsicht, daß die Planungsaufgabe nicht von Stabsstellen, sondern von Entscheidungsbefugten wahrgenommen werden sollte, folglich auch der Zuständigkeitsbereich der Linie auf die Konzipierung des Planungssystems selbst auszudehnen sei.[551]

---

[546] Vgl. dazu und zu den Untersuchungsergebnissen im einzelnen KREIKEBAUM/GRIMM 1986, S. 876 f.

[547] Vgl. zu ähnlichen Untersuchungsergebnissen KUKALIS 1988, S. 397.

[548] Vgl. auch KONO 1984, S. 66 und HOULDEN 1995, S. 103.

[549] Vgl. KUKALIS 1988, S. 397 f.

[550] Vgl. dazu im einzelnen LORANGE/VANCIL 1977, S. 146 f.

[551] Vgl. dazu die Untersuchungsergebnisse von AL-BAZZAZ/GRINYER. AL-BAZZAZ/GRINYER 1980, S. 31.

Beteiligte

Zu den Akteuren der Konzipierung strategischer Planungssysteme sind außer den bereits genannten einzelnen Auftraggebern und Auftragnehmern auch noch weitere Personen/Stellen (»sonstige Mitentwickler«) zu rechnen, die als Beteiligte in jener Phase aufzufassen sind. Die Einführung eines strategischen Planungssystems kann nicht die Sache einzelner Stellen sein, sondern stellt eine nur gemeinsam mit allen Beteiligten zu lösende Aufgabe dar. Die Kombination des Top-down- und Bottom-up-Ansatzes im Sinne des Gegenstromverfahrens der Planung bietet die Gewähr dafür, die unterschiedlichen Interessen der Unternehmensleitung und der nachgeordneten Führungsebenen bei der Konzipierung des strategischen Planungssystems in Übereinstimmung zu bringen.[552] Bei diesem Konzept entwickelt das Top-Management bestimmte Rahmenrichtlinien, die es durch die Führungskräfte der untergeordneten Hierarchieebenen mit Details auszufüllen gilt. Dabei ermöglicht die globale und flexible Formulierung des Rahmens eines strategischen Planungssystems genügend Freiraum für die untergeordneten Ebenen, um eigene Vorstellungen in die Konzeption einfließen zu lassen. Es muß sich bereits in der Entwurfsphase eine Art vertikaler Teamgeist entwickeln, um dem SPS auch in der nachfolgenden Einführungsphase zu vollem Durchbruch zu verhelfen. Gerade hierfür sind eine breite Multifunktionalität und hierarchische Vertikalität des Aktorenspektrums von Bedeutung.

In der eigenen Fragebogenuntersuchung ergab sich ein Mittelwert von vier Abteilungen bzw. Stellen (einschließlich der auftragnehmenden Stelle), die zur Konzipierung des strategischen Planungssystems herangezogen wurden. Es kann also von einem polyvalenten Partizipationmuster der Konzipierung strategischer Planungssysteme gesprochen werden. Am häufigsten wurden dabei Mitglieder der Geschäftsleitung als Mitentwickler herangezogen (relative Häufigkeit: 50%). Ihnen folgten Leiter von Stabsabteilungen (einschließlich der Stabsabteilung Unternehmensplanung) mit 41%, Mitarbeiter aus Stabsabteilungen (mit 38%), Leiter von Geschäftsbereichen und Mitarbeiter aus Funktionsbereichen (mit jeweils 34%) sowie Leiter von Funktionsbereichen (mit 32%). Externe Berater wurden in 21,5% der Fälle bei der Konzipierung unterstützend als Mitentwickler herangezogen.

Während in der ersten Untersuchungsphase wegen der Vielzahl der möglichen Kombinationen die institutionelle Form der Beteiligung verschiedener Linien- und Stabsstellen nur über die Gesamtheit der Unternehmen hinweg festgestellt werden konnte, wurde in der zweiten Untersuchungsstufe eine explizite Analyse der Konstellation von Auftraggeber, Auftragnehmer und Mitentwickler pro Unternehmen vorgenommen. Dabei ergab sich eine große Heterogenität der Konstellationen. Überraschenderweise war das mittlere Linienmanagement (insbesondere als Geschäfts- und Funktionsbereichsleiter), das neben der Unternehmensleitung in der Literatur gewöhnlich als Hauptbeteiligter an der strategischen Planung angesehen wird, in mehr als der Hälfte der Fälle nicht an deren Entwicklung beteiligt.

---

[552] Vgl. Töpfer 1989, Sp. 1517 f.

6.3.7 Kooperationsformen der Konzipierung strategischer Planungssysteme

Im Rahmen der ersten Untersuchungsstufe wurde ermittelt, inwieweit drei verschiedene, im Fragebogen vorgegebene Formen der Zusammenarbeit bei der Konzipierung eines strategischen Planungssystems eine Rolle spielten:
(1) Einzelgespräche zwischen den Beteiligten,
(2) Bildung von Gruppen (z. B. Projektgruppen) und
(3) Einzelabstimmung mit dem Auftraggeber.

Die Kooperationsformen (1) und (2) schlossen sich weitgehend gegenseitig aus, während Einzelgespräche zwischen den Beteiligten und eine Einzelabstimmung mit dem Auftraggeber häufig nebeneinander auftraten. Insgesamt gesehen wurde den Kooperationsmöglichkeiten (1) und (3) ein leichtes Übergewicht gegenüber den Formen der Abstimmung in der Gruppe (Projektgruppe, Planungsausschuß, Team) eingeräumt. Dieses differenzierte Bild erhielten wir auch cum grano salis bei der tiefergehenden Analyse der verschiedenen Kooperationsformen der 40 Unternehmen mit divisionaler Organisationsstruktur. Es ist anzunehmen, daß mit zunehmender Diffusion des Projektmanagements in der Praxis ein Auftrag zur Konzipierung des strategischen Planungssystems verstärkt einer Projektgruppe übertragen wird.

6.3.8 Die Konzipierung eines praktikablen strategischen Planungssystems für Klein- und Mittelbetriebe

Die betriebswirtschaftliche Theorie der strategischen Planung wurde bisher nahezu ausschließlich für die Bedarfslage der Großbetriebe entwickelt und in diesen verwirklicht. Das hängt einmal mit den dort verfügbaren Ressourcen, andererseits aber auch mit dem bislang unterentwickelten Problembewußtsein in anderen Betriebsgrößen zusammen. Gerade deswegen erscheint die Konzeption praktikabler strategischer Planungssysteme für Klein- und Mittelbetriebe besonders reizvoll. Abschließend soll deshalb dargestellt werden, welche Anforderungen inhaltlicher, methodischer und organisatorischer Art an ein realitätsnahes strategisches Planungssystem für diese Unternehmenskategorie zu stellen sind.

Inhaltliche Anforderungen

Daß die unbestreitbaren Vorteile einer strategischen Planung von Klein- und Mittelbetrieben vielfach nicht wahrgenommen werden, liegt neben den Eigenarten des Führungssystems und den strategischen Situationsbedingungen (improvisierendes Anpassungsverhalten, hohes Maß an Unsicherheit) sicherlich auch an den zu hohen inhaltlichen Anforderungen, mit denen ein strategisches Planungssystem in der Praxis häufig befrachtet wird. Die wichtigsten

Forderungen lauten deshalb: Einfachheit und Praktikabilität. Ein Planungssystem, das die Unternehmensleitung bei ihren langfristigen Entscheidungsaufgaben im Stich läßt, hat trotz eines möglicherweise hohen Anspruchsniveaus seine Praxisberechtigung verfehlt. Der Führungsspitze muß es ein Anliegen sein, den leitenden Mitarbeitern ihre unternehmerischen Absichten und Strategien klarzumachen und sie für die notwendigen Maßnahmen zu gewinnen. Ein solches kommunikatives Vorgehen ist unabdingbar. Die mündliche Erläuterung ist einer starken Formalisierung und Dokumentation vorzuziehen. Der Erfolg eines robusten Planungssystems wird mit dazu beitragen, daß die Führungsentscheidungen effizient getroffen und anfänglich bestehende Widerstände auf den verschiedenen Hierarchieebenen verhältnismäßig schnell abgebaut werden können. Diese Aussage wird gestützt durch empirische Beobachtungen in den USA.[553]

Methodische Anforderungen

Die Theorie der strategischen Planung hat ein beachtliches Instrumentarium an Entscheidungshilfen für die Praxis geschaffen. Ein Teil dieser Planungsverfahren ist allerdings für die Klein- und Mittelbetriebe nur von theoretischem Interesse. So beruht z. B. die Theorie der Erfahrungskurve auf Annahmen über den Zusammenhang von realen Stückkosten und kumulierten Produktionsmengen, die eher in größeren Unternehmen gegeben sind. Dies belegen auch die Beispiele zur empirischen Geltung von Erfahrungskurveneffekten.[554] Ebenso werden mittelständische Betriebe auf die Analyse der Branchenstruktur insgesamt verzichten, da sie in der Regel keine Produkte herstellen, die als Substitutionsgüter von anderen Vertretern der Branche erzeugt werden.
Die Anwendung des PIMS-Programms scheidet aus naheliegenden Gründen aus, da Klein- und Mittelbetriebe keinen Einfluß auf die »laws of the market place« anstreben und generell auch nicht in strategische Geschäftseinheiten untergliedert sind. Mangelndes Know-how auf formalmathematischem Gebiet wird möglicherweise auch den Verzicht auf Instrumente zur expliziten Berücksichtigung der Unsicherheit wie Sensitivitätsanalysen, Entscheidungsbaumverfahren und Risikoanalysen nahelegen.
Schließlich findet auch der Einsatz der Portfoliomethoden als des am häufigsten verwandten Instruments der strategischen Planung dort seine Grenzen, wo der relative Marktanteil im relevanten Markt niedrig ist und der Vergleich mit der Branchenattraktivität kaum neue Einsichten verspricht.
Diese »Negativliste« soll nicht den Blick dafür verstellen, daß mittelständische Unternehmen in nicht geringerer Weise als Großbetriebe dazu gezwungen sind, sich ein genaues Bild von ihren gegenwärtigen und zukünftigen Produktmärkten und Mitbewerbern zu machen. Auch die vielfach angeführte und nicht wegzudiskutierende Überlastung der Führungskräfte mit den operativen Aufgaben des Tagesgeschäfts befreit diese gerade nicht von der

---

[553] Siehe KREIKEBAUM 1984.
[554] Siehe dazu exemplarisch KLOOCK/SABEL/SCHUHMANN 1987, S. 41.

Mühe, die Chancen und Gefährdungen der bisherigen und zu bearbeitenden Produktmärkte sorgfältig zu erfassen. Zwar werden sie dazu nicht ein ausgeklügeltes System der »strategischen Frühaufklärung« (Strategic Issue Analysis) benötigen. Dennoch erscheint das Erspüren von potentiellen Marktnischen und das möglichst frühzeitige Wahrnehmen der stets überlebenskritischen Brüche und Verwerfungen des Absatzmarktes als die conditio sine qua non unternehmerischen Handelns. Auch mittelständische Unternehmen können problemlos ein modellgestütztes strategisches Planungssystem mit Hilfe eines Kleinrechners aufbauen.[555] Daß eine solche methodische Unterstützung der Strategieplanung sinnvoll sein kann, haben HANSSMANN und STEENKEN am Beispiel eines mittelgroßen Familienunternehmens (Produktion und Vertrieb von 2000 Produkten aus dem Bereich der EDV-Zubehöre) nachgewiesen.[556]

Organisatorische Anforderungen

Klein- und Mittelbetriebe genießen gegenüber großen Unternehmen u. a. den Vorzug, ohne eine aufwendige Standardisierung und Formalisierung des Planungsprozesses arbeiten zu können. Ausgefeilte »planning manuals« sind ebenso entbehrlich wie ein umfassendes Formularsystem. Aus Termin- und Kapazitätsgründen empfiehlt es sich aber, den Ablauf des strategischen Planungsprozesses grob zu strukturieren. Dieser könnte wie folgt aussehen:[557]

- Analyse der wichtigsten internen und externen Umweltbedingungen durch die Unternehmensleitung und Führungskräfte;
- Formulierung der unternehmerischen Absichten hinsichtlich der langfristig angestrebten Unternehmenspolitik durch das Top-Management und deren Bekanntgabe an die nachgeordneten Führungskräfte;
- gemeinsame Erarbeitung möglicher Produkt-, Markt- und Wettbewerbsstrategien;
- gemeinsame Bewertung und Auswahl effizienter Unternehmens- und Bereichsstrategien;
- Umsetzung der strategischen Vorhaben in konkrete Maßnahmen der Bereiche;
- gemeinsame Festlegung der angestrebten Zielerfüllungsgrade;
- Erarbeitung von Maßnahmen der strategischen Kontrolle und Bestimmung der Controlling-Zuständigkeiten.

Zusammenfassend läßt sich festhalten, daß es in Klein- und Mittelbetrieben nicht auf ein formalisiertes, perfekt konstruiertes und reibungslos durchgeführtes Planungssystem ankommt. Am wichtigsten erscheint vielmehr, daß die Unternehmensleitung und die oberen Führungskräfte zu verstehen beginnen, daß eine neue strategische Grundhaltung notwendig ist, um die drängenden Entscheidungen aus einer längerfristigen Perspektive zu treffen. Nur

---

[555] Siehe beispielsweise HINTERHUBER u. a. 1987.
[556] Siehe HANSSMANN/STEENKEN 1984.
[557] Siehe auch STEINLE 1988, S. 131-133.

so ist dem Druck des Tagesgeschäfts entgegenzuwirken. Es kommt deshalb zuerst darauf an, das Management zu einer solchen Einstellungsänderung zu bewegen. Die kritische Überprüfung der Unternehmenskonzeption wird dann ein nächster konkreter Schritt auf dem Weg zu einem praktikablen Planungssystem sein. Robuste Planungsverfahren stehen zur Verfügung, um den Ist-Zustand des Unternehmens ungeschminkt zu erkennen. Die Zentralisierung der Entscheidungsprozesse in kleinen und mittleren Unternehmen bietet günstige Voraussetzungen zur Verknüpfung von Ergebnissen der Ist-Analyse des Unternehmens und dessen Umwelt mit der strategischen Unternehmensplanung. Sie sorgt auch dafür, daß aufkommende Widerstände gegen die Planung wirkungsvoll, d.h. von der Spitze aus überwunden werden können. Wie v. FABER-CASTELL und STEINMANN anhand eines praktischen Falls eindrucksvoll nachgewiesen haben,[558] erscheint ein schrittweises Vorgehen bei der Einführung eines strategischen Planungssystems auch in mittelständischen Unternehmen als die geeignete Implementierungsstrategie.

6.4 Einführung und Weiterentwicklung eines strategischen Planungssystems

6.4.1 Beschreibung des Einführungsprozesses strategischer Planungssysteme

Unseren empirischen Untersuchungen lag die Annahme zugrunde, daß sich der Einführungsprozeß des strategischen Planungssystems eines konkreten Unternehmens auf einem Kontinuum mit den extremen Ausprägungen eines evolutionären Prozesses einerseits und eines projektgesteuerten Vorgehens andererseits einordnen läßt. Ein rein evolutionärer Einführungsprozeß ist durch das Fehlen spezieller organisatorischer Hilfsmittel, wie beispielsweise Projektgruppen, sowie durch ein niedriges Niveau gezielter und vorab genau spezifizierter Prozeßaktivitäten gekennzeichnet. Der projektgesteuerte Prozeß hingegen wird charakterisiert durch intensive Anstrengungen sowohl der Unternehmensleitung selbst als auch aller anderen Beteiligten, die den Einführungsprozeß mit dem Ziel einer raschen Verbesserung der strategischen Planungsprozesse vorantreiben.
Eingebettet in das Umfeld der lernenden Organisation sind seitens der Unternehmensleitung Strukturen zu schaffen, die ein Lernen nicht nur während der Konzeptionsphase ermöglichen, sondern sich darüber hinaus auch auf den Prozeß der Einführung erstrecken. Derartige Strukturen gewährleisten beispielsweise Rückkoppelungsinformationen von den Betroffenen an die

---

[558] Siehe v. FABER-CASTELL/STEINMANN 1983, S. 1066-1075.

mit der Implementierung betrauten Akteure, die ihrerseits eine grundsätzliche Haltung der Offenheit gegenüber Änderungen haben müssen.

Die Erforschung des Einführungsprozesses strategischer Planungssysteme in der Praxis stützt sich auf Befunde der eigenen empirischen Bestandsaufnahme in den deutschen Großbetrieben (N=223). Dabei wurden nachfolgende Hypothesen formuliert und geprüft:[559]

H1: Einführungshypothese:

> *»Strategische Planungssysteme werden nach einer entsprechenden Konzeptionsphase innerhalb einer bestimmten Zeit als Ganzes eingeführt und implementiert.«*

Die Einführungshypothese (Bombenwurfhypothese) bestätigte sich nur in einem von insgesamt 223 Unternehmen. Sie mußte folglich als widerlegt angesehen werden. Ausschlaggebend hierfür waren einerseits die einem neuen Planungssystem entgegengesetzten Widerstände, andererseits die in der Praxis vorherrschende Neigung, SPS aus der Planung selbst heraus zu entwickeln. Dies legte die Formulierung und Prüfung der Ableitungshypothese nahe.

H2: Ableitungshpyothese:

> *»Bei der Einführung einer strategischen Planung im Unternehmen findet ein Prozeß statt, der durch die Ableitung von (kurzfristigen) Plänen der operativen Einheiten aus einer (langfristigen) Unternehmensgesamtplanung gekennzeichnet ist.«*

Auch die Ableitungshypothese muß anhand der vorliegenden Befunde verworfen werden. Danach entwickeln sich strategische Planungssysteme gewissermaßen von unten nach oben, und zwar aus einer operativen, kurzfristigen Planung heraus. Am Anfang einer strategischen Planung stehen gemäß den eigenen Beobachtungen überwiegend kurzfristige (geschäftsbereichsbezogene und funktionale) Ziele. Damit bestätigte die Untersuchung in den deutschen Unternehmen die Erfahrungen MINTZBERGS aus vergleichbaren Erhebungen in den USA, wonach unternehmerische Strategien häufig das Ergebnis von mehr zufälligen Veränderungen des Tagesgeschäfts sind und im Erfolgsfall erst ex post als konsistente Strategien ausgegeben werden.[560]

Die Einführung eines strategischen Planungssystems läßt sich als ein innovativer Prozeß auffassen, bei dem Koordinationsprobleme zu bewältigen und innovative Organisationsstrukturen zu schaffen sind. Möglicherweise kann der Anlaß der Einführung eines strategischen Planungssystems verknüpft werden mit dem Business Reengineering. Ein innovativ gestaltetes Planungssystem darf nicht in verkrustete Organisationsstrukturen eingebettet werden.

---

[559] Siehe dazu KREIKEBAUM 1992, S. 672-675.
[560] Vgl. MINTZBERG 1989, S. 25-42.

Von einer rückschreitenden Anpassung des Planungssystems an bestehende Strukturen ist abzuraten. In der Einführungsphase sollten sich Gespannkombinationen bilden, in denen Fach- und Machtpromotoren zusammenwirken.[561] Zur Überwindung von auftretenden Widerständen und zur Beschleunigung der Innovationsgeschwindigkeit erweist es sich als sinnvoll, objektives Fachwissen der Konstrukteure des SPS (Fachpromotoren) mit dem hierarchiebezogenen Potential der Initiatoren (Machtpromotoren) über die Einrichtung von Prozeßpromotoren in Einklang zu bringen.[562]

6.4.2 Auslöser der Weiterentwicklung strategischer Planungssysteme

Die Weiterentwicklung strategischer Planungssysteme fügt sich als letzter Bestandteil in den eingangs erwähnten Phasenablauf ein. Der Zuständigkeitsbereich für die Weiterentwicklung des SPS wird in erster Linie bei den zentralen Planungsabteilungen liegen. Auch in dieser Phase wird eine Haltung der Offenheit seitens der Akteure vorausgesetzt, die sich in der Bereitschaft zur Veränderung der Systemelemente manifestiert.

Als auslösendes Moment der Weiterentwicklung kann generell die Unzufriedenheit mit den Wirkungen des implementierten strategischen Planungssystems angesehen werden.»*It is difficult to plan well and it is easy for what has been an effective strategic planning process to deteriorate to the stage where it is doing more harm than good.*«[563] Gerade unter diesem Gesichtspunkt erscheint es bedeutsam, daß auch ein zufriedenstellend konzipiertes strategisches Planungssystem kontinuierlich auf die sich ändernden internen und externen Bedingungen des Unternehmens zugeschnitten werden muß.[564]

Aus externer Perspektive ist vor allem das gegenüber dem Aufkommen strategischer Planungssysteme in den 60er bis 80er Jahren veränderte Unternehmensumfeld der 90er Jahre zu nennen,[565] mit seinen charakteristischen Herausforderungen in Gestalt von Chancen und Risiken aus

- den Globalisierungstendenzen unternehmerischer Tätigkeit im Umfeld weltweiter Integration und Verflechtung der Märkte mit der damit einhergehenden Intensivierung des Wettbewerbs,[566]
- der seit dem Zusammenbruch des Systems fester Wechselkurse zugenommenen Volatilität,[567]

---

[561] Siehe zum Promotorenmodell WITTE 1973.
[562] Vgl. HAUSCHILDT/CHAKRABATI 1988.
[563] HOULDEN 1995, S. 99.
[564] Vgl. CHAKRAVARTHY 1987, S. 517.
[565] Siehe zu einer detaillierten Analyse der von deutschen Unternehmen wahrgenommenen Herausforderungen HAHN/OPPENLÄNDER/SCHOLZ 1992, S. 1001.
[566] Vgl. MICHALET 1994, S. 13 f. sowie MALNIGHT 1996, S. 44-46.
[567] Vgl. LEVI 1990, S. 10-12 sowie PAUSENBERGER/GLAUM 1993, S. 764.

- den politischen, gesellschaftlichen und ökonomischen Umbrüchen der Transformationsstaaten Osteuropas, der ehemaligen Sowjetunion sowie Chinas,[568]
- dem gestiegenen Umfang staatlicher Regulierungen in Form nicht-tarifärer Handelshemmnisse oder im Bereich der»Kontrolle«ausländischer Direktinvestitionen durch das Gastland,[569]
- der zunehmenden Zerstörung der natürlichen Umwelt.[570]

Diese Herausforderungen werden eine strategische Planungskompetenz beanspruchen, die gegenwärtig nur wenige Unternehmen bereits besitzen.[571] Es kann aber bereits heute angenommen werden, daß eine Vielzahl von Unternehmen nicht in den Genuß der Vorteile kommt, die das SPS realisieren könnte. Dies kann dann vorliegen, wenn die Konzeption des strategischen Planungssystems nicht den internen und externen Bedingungen des Unternehmens entspricht, eine Paßgenauigkeit somit nicht gegeben ist. Weitere Probleme können ein zu großer Formalisierungsgrad, eine zu starke Dezentralisierung oder eine fehlende Verknüpfung zwischen strategischer und operativer Planung sein. Unzufriedenheit mit den Leistungen des strategischen Planungssystems entsteht vor allem dann, wenn unrealistische Erwartungen hinsichtlich des Spektrums der Möglichkeiten solcher Systeme im Hinblick auf die Erfüllung der Unternehmensziele bestehen. So wird es immer wieder unvorhersehbare Änderungen der externen Umweltbedingungen des Unternehmens geben, die auch mit einem noch so ausgefeilten Frühwarnsystem ex ante nicht erfaßt werden können. Negative Auswirkungen derartiger Schocks sind dann aber nicht einem Versagen des SPS zuzurechnen.

Anregungen zu einer Weiterentwicklung des strategischen Planungssystems können von den an der Planung Beteiligten und Betroffenen ausgehen. Es ist anzumerken, daß das strategische Planungssystem nicht nur eine Institutionalisierung der strategischen Kontrolle in Form der Überwachung, Prämissen- und Durchführungskontrolle gewährleisten muß. Vielmehr sollte das Planungssystem selbst Gegenstand einer Metakontrolle sein,[572] die wiederum die notwendige Basis einer möglichen Weiterentwicklung darstellt.

6.4.3 Formen der Weiterentwicklung

Ein noch so gutes Planungssystem büßt im Zeitablauf seine Effizienz ein, weil endogene und exogene Faktoren die Abstimmung von Systemelementen und

---

[568] Vgl. MARX 1991, S. 21.
[569] Vgl. KRUGMAN/OBSTFELD 1994, S. 196; MACCORMACK/NEWMAN/ROSENFIELD 1994, S. 70 f. sowie STOPFORD 1994.
[570] Vgl. MEADOWS/MEADOWS/RANDERS 1992.
[571] Vgl. MARX 1991, S. 22.
[572] Vgl. NUBER 1994, S. 160-162.

Umweltbedingungen partiell oder total verändern können. Die Situation ist generell vergleichbar mit dem Obsolenzeffekt bei organisatorischen Regelungen. Es existiert eine kritische Grenze des Effizienzabbaus, deren Unterschreitung aus Nutzen- und Kostenüberlegungen nicht hingenommen werden kann. Wenn die optimale Geltungsdauer erreicht ist, muß eine Substitution des Systems oder seiner Elemente vorgenommen werden, im Extremfall wird dadurch der Neuanfang formalisierter Planung begründet.[573]

Im Rahmen der Bewertung implementierter SPS stellt sich das Problem der Effizienzmessung.[574] Ähnlich problematisch gestaltet sich der Versuch einer Effektivitätsmessung strategischer Planungssysteme. Dabei wird ein ineffektives SPS den Anstoß zur Weiterentwicklung auslösen. Typischerweise hat sich die betriebswirtschaftliche Theorie fast ausschließlich auf finanzwirtschaftliche Indikatoren gestützt.[575] Das Problem besteht vor allem in der Vernachlässigung einer angemessenen Vorlaufphase des neu implementierten SPS. Erst nach Ablauf dieser Zeitspanne kann beurteilt werden, ob das System zur ursprünglich anvisierten Verbesserung des Zielerreichungsgrades führt. Darüber hinaus ergibt sich im Rahmen der Bewertung das Problem der Isolierung der positiven sowie negativen Beiträge des SPS zur Leistung des Gesamtunternehmens.[576]

Aus der eigenen Untersuchung in der Bundesrepublik Deutschland wurde zur Charakterisierung der Weiterentwicklungsphase strategischer Planungssysteme die folgende Hypothese formuliert und überprüft:[577]

H: *Stufenhypothese:*

>*Im Laufe der Weiterentwicklung eines strategischen Planungssystems lassen sich verschiedene Entwicklungsstufen voneinander unterscheiden, die anhand von Ausprägungen bestimmter Kriterien (z. B. einer verbesserten Planungsmethodik oder eines zunehmenden Formalisierungsgrades) abgegrenzt werden können.«*

Die Stufenhypothese konnte bestätigt werden. Mit zunehmender Einsatzdauer des SPS verfeinern sich sowohl die Planungsmethoden als auch der Formalisierungsgrad des Planungssystems.

Im einzelnen wurden von uns folgende mögliche Formen der Weiterentwicklung des bereits eingeführten strategischen Planungssystems untersucht:

- Änderung der Systemstruktur,
- Änderung des Planungsinhalts,
- Änderung des Planungsablaufs,
- Änderung der Planungsmethode.

---

[573] Vgl. zur dynamischen Analyse der Organisation KREIKEBAUM 1975, S. 53-62.
[574] Vgl. WELGE/RÜTH 1989, Sp. 349.
[575] Vgl. dazu auch ARMSTRONG 1982.
[576] Vgl. zum Interdependenzproblem HOFFMANN 1993, S. 52-54.
[577] Siehe dazu KREIKEBAUM 1992, S. 672-675.

Es zeigte sich im Rahmen der ersten Untersuchung, daß Änderungen des Planungsinhalts eindeutig den Vorrang hatten (relative Häufigkeit: 43%). Dieser Befund ist mit großer Wahrscheinlichkeit auf die allgemein empfundene Unsicherheit über die Inhalte einer strategischen Planung sowie auf den Übergang von der früher vorherrschenden »Langfristplanung« zu einer »echten« strategischen Planung zurückzuführen. Änderungen der Systemstruktur wurden an zweiter Stelle genannt (mit 22%), gefolgt von Änderungen des Planungsablaufs (17%) und der Planungsmethode (16%). Interessanterweise gingen die Anregungen zur Reorganisation des strategischen Planungssystems nur noch in 58% aller Fälle von der Geschäfts- bzw. Konzernleitung und in 19% von der Abteilung Zentrale Planung aus. Die zweite Untersuchung konnte diese Befunde im großen und ganzen auch für die Unternehmen mit Geschäftsbereichsorganisation bestätigen. Darüber hinaus kamen wir durch eine vertiefte Analyse der Zusammenhänge zu folgenden Ergebnissen:

- Lediglich 2/3 der Unternehmen entwickelte das ursprünglich eingeführte strategische Planungssystem weiter. Von dieser Gruppe war es wiederum ein Drittel, das eine laufende Fortentwicklung betrieb, die sich – verglichen mit den anderen Unternehmen – weniger auf Planungsinhalte und Systemstrukturen bezog, sondern eher auf Planungsmethoden.
- Betrachtet man den zeitlichen Bezug der Änderungen, so fällt auf, daß diese am häufigsten zwei bis vier Jahre nach Konzeptionsbeginn erfolgten und fast ausschließlich im Zeitraum 1974-1976 vorkamen. Ein Umdenken der Entscheidungsträger, bedingt durch die bereits gewonnenen Erfahrungen mit der Planung und die Umweltentwicklungen dieses Zeitraums (Ölkrise 1973/74), dürfte der wichtigste Grund dafür gewesen sein.

Die Weiterentwicklung eines bestehenden Systems der strategischen Planung konnte besonders gut während der beiden letzten Phasen der Untersuchungen beobachtet werden. Obwohl angesichts des kleinen Samples von 13 Unternehmen keine Signifikanzurteile abgegeben werden können, sind die Ergebnisse dennoch recht aufschlußreich. Aus diesem Grunde sollen die Ausgangshypothesen wiedergegeben und mit den Ergebnissen der Befragung konfrontiert werden:[578]

H1: »*Die Weiterentwicklung bereits eingeführter strategischer Planungssysteme folgt dem Typus der evolutionären Entwicklung (nicht dem projektgesteuerten Typus).*«
Diese Hypothese wurde bestätigt. Selbst dasjenige Unternehmen, das ein strategisches Planungssystem mit Hilfe eines Projektmanagements eingeführt hatte, ging bei der Weiterentwicklung der strategischen Planung nicht mehr projektgesteuert vor.

---

[578] Siehe dazu KREIKEBAUM 1992, S. 675-677.

H2:»*Als auslösende Faktoren einer Weiterentwicklung strategischer Planungssysteme sind insbesondere personelle und organisatorische Änderungen in der Führungsspitze und in der zentralen Planungsabteilung anzusehen.*«

Wir konnten feststellen, daß personelle Veränderungen in der Unternehmensspitze (Austausch des Chief Executive Officers und Einstellung eines neuen Planungschefs) stets mit nachfolgenden Veränderungen innerhalb des Planungssystems oder nur der Planungsmethoden verbunden waren.

H3: »*Anstöße zur Weiterentwicklung einer strategischen Planung erfolgen eher von innen heraus als durch den Einsatz von externen Beratern.*«

In fast allen Unternehmen wurden während der vergangenen drei Jahre teilweise mehrere Beratungsunternehmen in Anspruch genommen, um z. B. eine neue Technik einzuführen und in das bestehende Planungssystem aufzunehmen oder um Anhaltspunkte für eine neue inhaltliche Gestaltung der geplanten Strategien zu gewinnen. Auf der anderen Seite war festzustellen, daß insbesondere die Rolle des Leiters der strategischen Planungsabteilung an Bedeutung zugenommen hat (begleitet von höherer formaler Kompetenz und veränderter Stabsqualität). Stärker als früher wird er nun in den unternehmerischen Willensbildungsprozeß einbezogen. H 3 wurde also nur teilweise bestätigt.

H4: »*Bei der Weiterentwicklung ihres strategischen Planungssystems bedienen sich die Unternehmen in zunehmendem Maße des zur Verfügung stehenden methodischen Instrumentariums sowie des Computereinsatzes.*«

Sie konnte vorläufig bestätigt werden. Sowohl der zunehmende Beratereinsatz wie auch die bessere formale Ausbildung der Planungschefs hatten eine verstärkte Anwendung methodischer Hilfsmittel der strategischen Unternehmensplanung zur Folge. Im Bereich der Planungsmethoden war eine durchgängige Anwendung des Portfoliokonzeptes zu beobachten, bei teilweise eigener Weiterentwicklung. Ebenfalls hat der Computereinsatz im Bereich der strategischen Planung an Bedeutung gewonnen.

H5: »*Im Zuge der Weiterentwicklung der strategischen Planung wird den konzeptionellen Elementen ein größeres Gewicht beigemessen als den analytischen Elementen des Planungssystems.*«

Diese Hypothese ließ sich nur teilweise bestätigen. Innerhalb des Planungssystems war nämlich zunächst eine Hinwendung zur vertieften Analyse der internen und externen Umweltbedingungen des Unternehmens festzustellen.Gleichzeitig wurde jedoch die Verbindung zwischen den analytischen und den konzeptionellen Elementen der strategischen Planung stärker als bisher realisiert. Im Planungszyklus fand dies seinen Ausdruck darin, daß z. B. die Präsentation von Analyseergebnissen vor dem Board of Directors oder einem Planungsausschuß auch zur Formulierung strategischer Alternativen und zur nachfolgenden Entscheidung für eine bestimmte Strategieentwicklung führte.

6.4.4 Einführung und Weiterentwicklung des strategischen Planungssystems als Akzeptanzproblem

Bereits in der Phase der Konzipierung sowie der anschließenden Einführung sind Maßnahmen zur Überwindung oppositioneller Einstellungen und Widerstände, insbesondere der Linienstellen, vorzusehen. Einwände der Linie müssen von vornherein berücksichtigt werden, denn den Geschäfts- und Funktionsbereichen fällt letztlich die Hauptlast der Ausführung der strategischen Unternehmensplanung zu.

Die Einführung einer strategischen Planung im Unternehmen bedarf der bewußten Annahme und Bejahung durch die Unternehmensangehörigen. Die am Einführungsprozeß Beteiligten – die teilweise auch die von der Planung Betroffenen sind – werden sich bei ihrer Einstellung zur vorgesehenen Einführung der strategischen Planung u. a. von der Einschätzung der Vor- und Nachteile der Neuerung sowohl in sachlicher als auch in persönlicher Hinsicht leiten lassen. Dabei spielen mögliche Veränderungen der Aufgabenverteilung, der Kompetenzen und des sozialen Status eine wichtige Rolle.

Erfahrungen aus der Praxis deuten darauf hin, daß der Einführungsprozeß strategischer Planungssysteme um so erfolgreicher verläuft, je früher die Beteiligten und die Betroffenen über das geplante Vorhaben informiert sind und je intensiver sie in die Systemkonzipierung und -implementierung mit einbezogen werden.

Unsere Untersuchungsbefunde lassen deutlich erkennen, daß Widerstände bei einer divisionalen Organisationsstruktur vor allem durch die Geschäftsbereichsleiter ausgelöst werden. Deren Bedenken können zwar weitgehend durch Einsatz geeigneter Maßnahmen der Aufklärung und der Motivierung überwunden werden. Dennoch wird häufig auch ein Rest von Vorbehalten bleiben. So wünschenswert die auf dem freiwilligen Konsens beruhende Zustimmung aller Beteiligten und Betroffenen ist, so gewiß ist stets auch ein gewisses Maß an Druck und Überzeugung unter Hinweis auf notwendige Strukturveränderungen notwendig.

Als wichtigste Ursachen des Widerstandes gegenüber der Einführung eines strategischen Planungssystems können folgende persönliche Faktoren angesehen werden:[579]

- Fehlendes Engagement der Unternehmensleitung, welches sich in dreifacher Weise manifestieren kann: (1) Die Mitglieder der Unternehmensleitung verfolgen eine ausschließliche oder überwiegende Orientierung an operativen Steuerungsgrößen, während Fragen der strategischen Planung ignoriert werden. Diese Verhaltensweise drückt den aktionsorientierten Managementstil aus. Außerdem kann die Unternehmensleitung durch die Einrichtung der eigenen Planungsabteilung geneigt sein, sich von der als lästig empfundenen Planungspflicht befreit zu fühlen. (2) Die Unerläßlichkeit der aktiven Beteiligung aller Linienmanager an der Einführung und Durchsetzung des strategischen Planungssystems wird durch die Un-

---

[579] Siehe dazu KREIKEBAUM 1983, S. 103-105.

ternehmensleitung nach außen hin nicht ausreichend verdeutlicht. Dabei kann im Sinne einer Strategie zur eigenen Herrschaftssicherung auch eine bewußte Schaffung von Unklarheit und Desinformation vorliegen. (3) In kritischen Situationen versagt die Unternehmensleitung der Planungsabteilung die notwendige Unterstützung.

- Die Planungsstäbe können aus übersteigertem Planungsfanatismus heraus eine zu starke Formalisierung des strategischen Planungssystems betreiben. Ein Potential möglicher Widerstandsursachen erwächst auch aus einer nicht vorhandenen fachlichen und menschlichen Qualifikation der Stabsplaner, die sich in Unkenntnis über Interessen, Bedürfnisse und Funktionen der Linienmanager und in einer Art Expertenpsyche der Stabsplaner ausdrückt. Es wird dann nicht einmal mehr der Versuch unternommen, die wichtigsten Linienmanager in den Prozeß der strategischen Planungssysteme einzubeziehen. Das Ergebnis ist eine unverbundene Parallelexistenz zwischen Stab und Linie.

- Schließlich können Widerstandsmotive in der Persönlichkeit der Entscheidungsträger in allen Linieninstanzen begründet liegen. Sie äußert sich in einer allgemeinen Abneigungshaltung gegenüber Innovationen, einer negativen Grundeinstellung gegenüber der Planung selbst, einem aktionsorientierten Managementstil, unzureichendem Wissen über strategische Planung sowie fehlendem bzw. unvollständigem Planungsbewußtsein.

Zur Verbesserung des strategischen Planungsbewußtseins bieten sich mehrere Möglichkeiten an.[580] Eine inhaltsbezogene Maßnahme stellt die Diskussion strategischer Probleme in Projektgruppen dar, wobei die einzelnen Gruppenmitglieder von den unterschiedlichen Auffassungen der Vertreter anderer Ressorts lernen können. Die Planungsmentalität läßt sich ferner durch Maßnahmen anheben, die methodenbezogen auf die Anwendung neuer strategischer Planungsinstrumente und -techniken abzielen. Schließlich bietet sich auch eine Kombination aus inhalts- und systemgesteuerter Verbesserung des strategischen Planungsbewußtseins der Planungsträger an.
Eine Akzeptanzproblematik kann im Zusammenhang mit der zunehmenden Globalisierung der Unternehmenstätigkeit durch den Transfer des strategischen Planungssystems in die strategisch (teil-)autonome ausländische Tochtergesellschaft eines international tätigen Unternehmens entstehen.[581] Vor allem der Mangel an Fremdkulturkenntnissen in Form eines ausgeprägten Kulturdivergenzgrades kann die Übertragung des durch die Eigenkultur des Heimatlandes geprägten strategischen Planungssystems unmöglich machen.[582] Dieses Spannungsverhältnis wurde z. B. in den strategisch autonomen Tochtergesellschaften japanischer und amerikanischer MNUs in Singapore und

---

[580] Siehe dazu KREIKEBAUM 1992, S. 677.
[581] Siehe zum Ausmaß strategischer Autonomie ausländischer Tochtergesellschaften BIRKINSHAW/MORRISON 1995, S. 732-735.
[582] Vgl. zum Kulturdivergenzgrad JAHNKE 1996, S. 58-60, sowie zum Einfluß des kulturellen Umfeldes MINTZBERG 1995, S. 475-477.

Malaysia festgestellt.[583] Die interne und externe Paßgenauigkeit des SPS ist durch eine undifferenzierte Übertragung nicht garantiert. Selbstorganisation der Tochtergesellschaft statt Fremdorganisation durch die Zentrale stehen als Instrumente zum Abbau der Akzeptanzprobleme im Vordergrund. Benötigtes Know-how über die einzelnen Elemente des SPS, aber auch situationsbezogene Erfahrungen können dabei von der Zentrale bereitgestellt werden. Zur Verbesserung der Akzeptanz des strategischen Planungssystems kommen folgende Maßnahmen in Betracht:[584]

- Die Selbstverpflichtung des Top-Managements. Die Einführung und Weiterentwicklung eines strategischen Planungssystems ist abhängig vom»Commitment«der Geschäftsleitung, vor allem des CEO. Es genügt allerdings nicht, wenn dieser nur eine verbale Unterstützung leistet. Vielmehr erweist es sich als notwendig, daß er sich selbst intensiv mit der strategischen Planung beschäftigt und mit dem Planungssystem identifiziert. Nur dann führt sein persönliches Engagement zur Akzeptanz des strategischen Planungssystems bei den nachgeordneten Führungskräften. Der CEO hat die Aufgabe und Verpflichtung, als Architekt der strategischen Planung zu wirken und die Interessen der übrigen Vorstandsmitglieder entsprechend zu kanalisieren.[585]
- Die Beeinflussung des strategischen Planungsbewußtseins durch intensive Schulung der Führungskräfte.
- Ein schrittweises Vorgehen bei der Einführung und Weiterentwicklung der strategischen Planung.
- Die partizipative Einbeziehung der Linienmanager und anderer Beteiligter und Betroffener in den Vorbereitungsprozeß. Widerstände gegen vorgesehene Veränderungen können am besten verringert oder verkleinert werden, wenn die Betroffenen selbst in den Entscheidungsprozeß einbezogen werden. Dies gilt vor allem für die Linienmanager. Falls beispielsweise die Geschäftsbereichsleiter an der Entwicklung der strategischen Planung mitwirken wollen, sollte ihnen dies in jedem Fall ermöglicht werden. Ein ihnen oktroyiertes System werden sie sonst durch Verweigerungs- oder Verzögerungspraktiken zu blockieren versuchen.
- Der Einsatz von Projektgruppen.
- Die Zusammenarbeit mit externen Beratern.

Die eigenen Untersuchungen lassen überzeugend darauf schließen, daß ein »strategisches Planungsklima« den unentbehrlichen Nährboden für die wünschenswerte Weiterentwicklung einer strategischen Planung bildet.

---

[583] Vgl. WEE/FARLEY/LEE 1989.
[584] Siehe dazu KREIKEBAUM 1983, S. 105-107.
[585] Vgl. zur Selbstverpflichtung des Top-Managements auch FORMAN 1988; MARX 1991, S. 26 f. sowie DANIEL 1992.

Übungsfragen:

(1) Was ist ein strategisches Planungssystem?

(2) Welche empirischen Untersuchungen zur Implementierung eines strategischen Planungssystems kennen Sie? Charakterisieren Sie kurz deren Vorgehensweise.

(3) Welche Voraussetzung wird in allen Untersuchungen durchgängig gleichzeitig als der wichtigste Grund für die Einführung einer strategischen Unternehmensplanung angesehen und warum?

(4) Welche Anforderungen sind an die Konzipierung strategischer Planungssysteme zu stellen?

(5) Welche Stellen übten maßgeblichen Einfluß sowohl auf die Initiierung als auch (als Mitentwickler) auf die Konzipierung eines strategischen Planungssystems aus?

(6) Welche Umstände können die Weiterentwicklung strategischer Planungssysteme erforderlich machen?

(7) Welche Änderungen des Planungssystems können Gegenstand einer Reorganisation im Sinne einer Weiterentwicklung der strategischen Planung sein? Wie häufig und wann treten sie auf?

(8) Von welchen Faktoren wird die Akzeptanz strategischer Planungssysteme im Unternehmen beeinflußt?

7.1 Internationalisierungsstrategien als Antwort auf die Globalisierung der Märkte

7.1.1 Ursachen des globalen Wettbewerbs	7.1.2 Formen von Internationalisierungs-strategien	7.1.3 Strategische Allianzen

7.2 »Informationsgesellschaft 2000«

7.2.1 Multimedia und digitale Revolution	7.2.2 Auswirkungen auf die strategische Unternehmensplanung

Abb. 7.1: Aufbau des siebten Kapitels

7 Neue Perspektiven und Herausforderungen

Problemstellung

Im Vordergrund der strategischen Planungspraxis steht das ständige Bemühen, auf die Herausforderungen der Zukunft zu reagieren und ihnen durch die Eröffnung neuer Perspektiven in aktiver Weise zu begegnen. Abschließend sollen zwei Probleme herausgegriffen werden, mit denen die Unternehmen unabhängig von ihrer Größe zu kämpfen haben: die Globalisierung der Märkte einerseits und die »Informationsgesellschaft 2000« andererseits.
Der Forderung nach einer zunehmenden Globalisierung kann und muß die Unternehmensleitung durch geeignete Internationalisierungsstrategien entsprechen. Mit Hilfe neuer Informations- und Kommunikationstechnologien wird sie angemessen auf die steigenden Anforderungen an die Umgestaltung des Informationsbereichs antworten.

7.1 Internationalsierungsstrategien als Antwort auf die Globalisierung der Märkte

7.1.1 Ursachen des globalen Wettbewerbs

Globalisierung ist längst kein modisches Schlagwort mehr, sondern Ausdruck einer zunehmenden Bedrohung zahlreicher Unternehmen, welche diese Herausforderung noch nicht angenommen haben. Sie zeigt sich in der Zunahme der internationalen Handelsströme, Produktionsverflechtungen und Innovationskonkurrenz. Als Konsequenz ergeben sich neue Formen der internationalen Handelskooperation und eine beträchtliche Zunahme der Direktinvestitionen. Als Ursachen des globalen Wettbewerbs sind anzusehen:
(1) Die zunehmende Angleichung der Industrieländer.
(2) Internationalisierung der Finanzmärkte.
(3) Fallende Zollschranken innerhalb von Handelsblöcken und durch GATT-Vereinbarungen.
(4) Der technologische Wandel.
(5) Die integrative Funktion der Technik.

(6) Neue globale Marktteilnehmer, insbesondere aus südostasiatischen Schwellenländern.
(7) Abschwächung des Wirtschaftswachstums in Industrieländern und ein damit verbundener Anstieg der Wettbewerbsintensität auf den nationalen Märkten
(8) Permanente Suche nach neuen Absatzmärkten im Ausland.

7.1.2 Formen von Internationalisierungsstrategien

Um die Folgen der Globalisierung des Wettbewerbs aufzufangen, müssen die Unternehmen in wachsendem Maße Internationalisierungsstrategien entwik-keln und ihre Aktivitäten auf Regionen außerhalb des Heimatlandes verla-gern. Entsprechende Strategien und Maßnahmen umfassen den Export von Gütern, den Transfer von Technologie und Know-how an ein ausländisches Unternehmen, das Eingehen von Joint Ventures oder das Betreiben einer aus-ländischen Tochtergesellschaft.
Durch Internationalisierungsstrategien legt sich ein Unternehmen auf be-stimmte länderübergreifende Aktivitäten und Ressourcenallokationen fest. Dabei lassen sich die nachstehenden Formen unterscheiden:
a) Markttransaktionen durch
● Exporte (direkt/indirekt) oder
● einfache Lizenzverträge

b) Kooperationen in Form von strategischen Allianzen durch
● Managementverträge
● Lizenzvereinbarungen und Franchising
● Joint Ventures

c) Hierarchieformen
Hier erfolge die Leistungsverwertung innerhalb einer Tochtergesellschaft. Bei einer Markteintrittsentscheidung stellt sich die Alternative: Neugründung vs. Akquisition einer bestehenden Unternehmung.
Internationale Unternehmensstrategien können sowohl Globalisierungsvor-teile (»Think Global«) als auch Lokalisierungsvorteile (»Act Global«) bein-halten. In Verbindung mit den unterschiedlichen Führungsstilen (ethnozen-trisch/polyzentrisch/geozentrisch) lassen sich die nachstehenden idealtypi-schen Entwicklungspfade japanischer und europäischer/amerikanischer Un-ternehmen unterscheiden.
Je nach Orientierung der internationalen Aktivitäten kann zwischen einer ethnozentrischen, polyzentrischen, regiozentrischen oder geozentrischen Strategie unterschieden werden.[586]

---

[586] Vgl. zu diesem Abschnitt z. B. KREUTZER 1989, S. 12-18; HEENAN/PERLMUTTER 1979, S. 17-22.

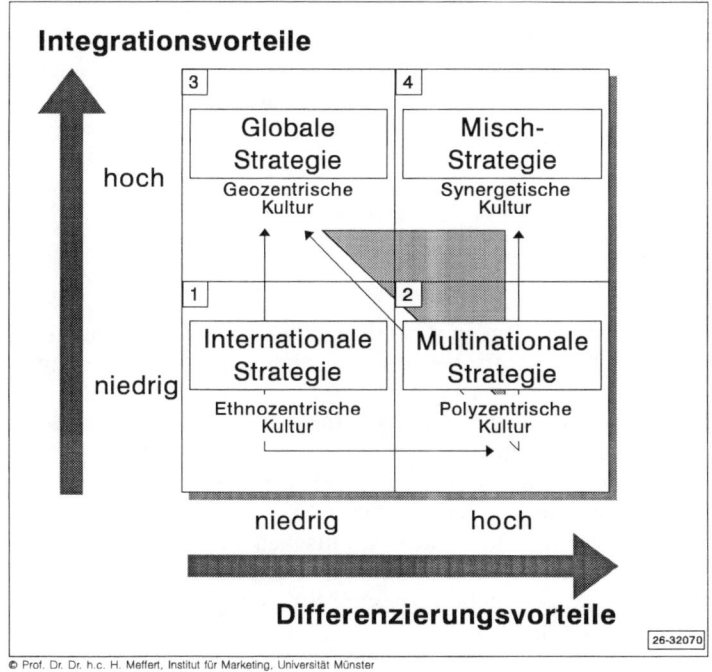

Integrationsvorteile

| 3 | Globale Strategie
Geozentrische Kultur | 4 | Misch-Strategie
Synergetische Kultur |
| 1 | Internationale Strategie
Ethnozentrische Kultur | 2 | Multinationale Strategie
Polyzentrische Kultur |

hoch

niedrig

niedrig   hoch

Differenzierungsvorteile

26-32070

Abb. 7.2: Grundtypen von Internationalisierungsstrategien
Quelle: Meffert 1986, S. 691

Bei einer ethnozentrischen Ausrichtung der Geschäftstätigkeit liegt das Augenmerk auf dem Mutterland des Unternehmens. Strategische Entscheidungen werden zentral getroffen und den Auslandsniederlassungen vorgegeben. Die Marktsicherung im Heimatland steht im Vordergrund der Unternehmensziele. Geschäfte im Ausland haben dagegen lediglich eine zuliefernde oder ausführende Funktion.

Die polyzentrische Strategie stellt hingegen das jeweilige Gastland in das Zentrum der Auslandsaktivitäten. Letztlich kann ein Unternehmen für jeden ausländischen Markt, auf dem es tätig ist, eine eigenständige Strategie verfolgen. Ziel ist es, ein nationales Image aufzubauen und Bestandteil der einheimischen Wirtschaft zu werden. Durch das landesspezifische Vorgehen können allerdings Synergiepotentiale einer zentralen Steuerung verlorengehen.

Bei der regiozentrischen Strategie wird die Sichtweise der polyzentrischen Orientierung auf Ländergruppen transportiert. Die zu Regionen zusammengefaßten Länder sind dadurch gekennzeichnet, daß sie in religiöser, politischer oder sprachlicher Hinsicht als relativ homogen einzuschätzen sind. Die regionale Marktbearbeitung konzentriert sich auf die Nutzung gemeinsamer Potentiale, bedingt jedoch eine enge Kooperation der betroffenen Länder untereinander.

Bei einer geozentrischen Ausrichtung der Auslandsaktivitäten wird in globalen Dimensionen gedacht. Das Unternehmen tritt mit standardisierten Lei-

257

stungen am (Welt-)Markt auf und verfolgt eine globale Strategie, z. B. weltweite Kosten- oder Qualitätsführerschaft. Einzelne Länderniederlassungen werden als Knoten in einem globalen Netz gesehen, innerhalb dessen ein kalkulatorischer Ausgleich von Ressourcen bis hin zu Geschäftsergebnissen angestrebt wird.

7.1.3 Strategische Allianzen

Von den genannten Formen der Internationalsierungsstrategien gewinnen die weltweiten Unternehmenskooperationen durch strategische Allianzen zunehmend an Bedeutung.
Bei der organisatorischen Gestaltung einer strategischen Allianz geht es zentral um deren individuelle Konfiguration.
Als Beispiel sei die Bildung strategischer Alianzen im Forschungs- und Entwicklungsbereich herausgegriffen. Bei internationalen Allianzen handelt es sich im allgemeinen um Vorhaben, die aus technischen oder wirtschaftlichen Gründen eine globale Größenordnung haben. Im Forschungs- und Entwicklungsbereich verursachen immer mehr Projekte sehr hohe Kosten, die von einem einzelnem Unternehmen nicht mehr bewältigt werden können. Beträchtliche Investitionsverpflichtungen wie im Bereich der Mikroprozessoren, in der Luft- und Raumfahrt verhindern eine Amortisation auf nationalen Märkten.[587]
Die Notwendigkeit, mit anderen Unternehmen gemeinsam Forschung und Entwicklung zu betreiben, wird zudem durch die regionale Vorherrschaft bestimmter Länder(-gruppen) auf einzelnen Technologiefeldern verstärkt. Der

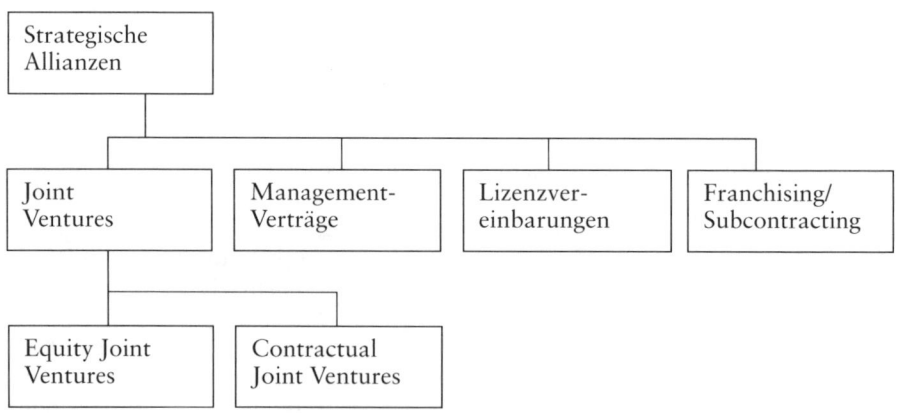

Abb. 7.3: Formen der strategischen Allianz

---

[587] Vgl. REUTER 1992, S. 425-427; zu den Motiven für die Bildung strategischer Allianzen im allgemeinen siehe z. B. GLAISTER/BUCKLEY 1996, pp. 301-332.

Phase	Konfiguration der Strategischen Allianz		

Analyse	Bestimmen des Kooperationsfeldes – Richtung – Funktion	Bestimmen der Verflechtungs-intensität	Analyse der Multiplikations-möglichkeiten – Eigendynami-sierung
	– Horizontale, vertikale oder diagonale Richtung – Forschung und Entwicklung, Marketing und Vertrieb, Produktion und Logistik, Beschaffung oder Entsorgung und Recycling	– Zeithorizont – Ressourcen-zuordnung – Formalisierungs-grad	– Systeme – Prozesse – Produkte/Dienst-leistungen – Kompetenzen – Marken

Abb. 7.4: Konfiguration der strategischen Allianz
Quelle: Bronder/Pritzl 1992, S. 31

Aufbau strategischer Allianzen mit Partnern aus derartigen Technologiezentren kann den Zugang zu hochspezialisierten Know-how-Beständen ermöglichen. Hilfreich für die Auswahl der in Frage kommenden Technologiefelder und Länder sind ein strategisches F+E-Gesamtkonzept sowie der Einsatz eines Forschungs- und Entwicklungs-Portfolios, in dem laufende und geplante Vorhaben nach dem technologischen Reifegrad und der Beherrschbarkeit durch das Unternehmen bewertet werden.[588]

Neben der ständigen Herausforderung, eine geeignete Konfiguration für die gemeinsamen F+E-Aktivitäten bereitzustellen und gemeinschaftlich Inventionen anzuregen,[589] besteht der wichtigste Schritt bei grenzüberschreitenden Kooperationsstrategien in der Wahl des richtigen Partners. Als entscheidende Voraussetzungen sind die Übereinstimmung in grundsätzlichen Fragen (›fundamentaler Fit‹), in der strategischen Ausrichtung (›strategischer Fit‹) und in der kulturellen Angleichung (›kultureller Fit‹) zu beachten. Die folgende Abbildung zeigt die im einzelnen zu berücksichtigenden Kriterien auf.

Darüber hinaus ist für den Erfolg der Allianz von besonderer Bedeutung, daß die Partner bezüglich ihrer Produktpalette, der eingesetzten Technologien und ihrer Marktpräsenz über eine vergleichbare Stärke verfügen.[590]

---

[588] Vgl. GERPOTT/MEIER 1990, S. 59-66.
[589] Je nach Inhalt und Phase der Zusammenarbeit ändert sich der Verflechtungsgrad der Allianz. Vgl. CUMMINGS 1992, S. 211 und 220.
[590] Vgl. BLEEKE/ERNST 1992, S. 120-122.

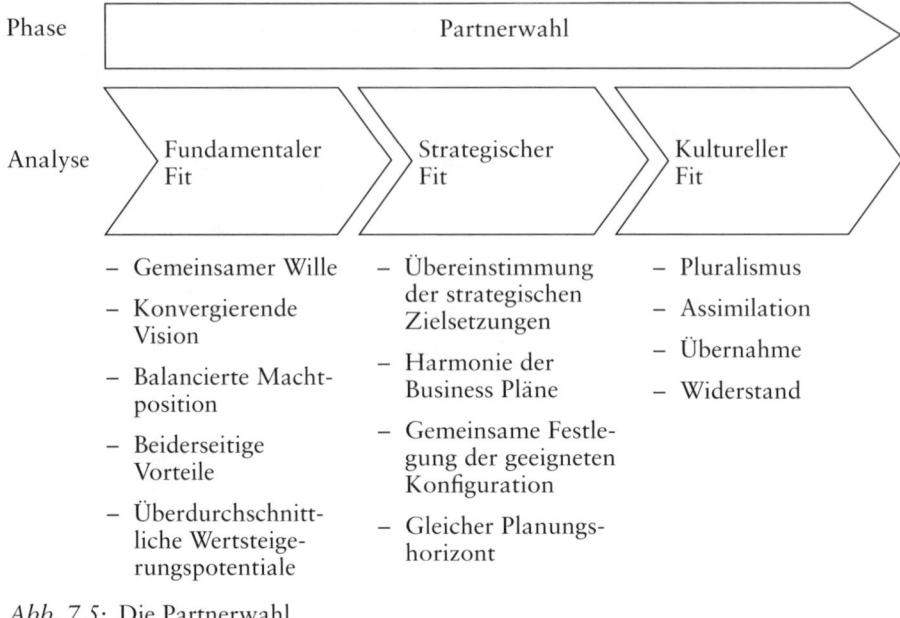

Phase — Partnerwahl

Analyse

Fundamentaler Fit	Strategischer Fit	Kultureller Fit
– Gemeinsamer Wille	– Übereinstimmung der strategischen Zielsetzungen	– Pluralismus
– Konvergierende Vision		– Assimilation
– Balancierte Macht-position	– Harmonie der Business Pläne	– Übernahme
– Beiderseitige Vorteile	– Gemeinsame Festlegung der geeigneten Konfiguration	– Widerstand
– Überdurchschnittliche Wertsteigerungspotentiale	– Gleicher Planungshorizont	

Abb. 7.5: Die Partnerwahl
  Quelle: Bronder/Pritzl 1992, S. 37

7.2 »Informationsgesellschaft 2000«

7.2.1 Multimedia und digitale Revolution

Die Möglichkeit, mit anderen Personen auch über sehr große räumliche Entfernungen zu kommunizieren, hat die wirtschaftliche und gesellschaftliche Entwicklung industrialisierter Staaten in der zweiten Hälfte des zu Ende gehenden 20. Jahrhunderts stark beeinflußt. Jederzeit an jedem Ort der Welt erreichbar zu sein, ist heute keine Utopie mehr. Der effiziente Umgang mit den Informationen in einer immer komplexer werdenden Welt erfordert intelligente Lösungen, d.h. flexible und anspruchsvolle Informations- und Kommunikationstechnologien aus Hard- und Software. Waren Informations- und Kommunikationssysteme früher auf einzelne betriebliche Funktionsbereiche beschränkt, so wurden im Lauf der Jahre hochgradig integrierte und inzwischen weltweit vernetzte Systemkomplexe geschaffen, die – je nach Ausgestaltung und Nutzung – für Unternehmen ein wichtiges strategisches Erfolgspotential darstellen. Die wirtschaftlichen und informationstechnologischen Strukturen wandeln sich kurz vor der Jahrtausendwende in entscheidender Weise. Offenbar befindet sich die Menschheit an der Schwelle zu einer digitalen Wirtschaft, in der Mikroprozessoren und Datennetze innovative Strukturen und multimediale Beziehungen möglich machen. Aus der Konvergenz von EDV, Kommunikation und veränderten Inhalten der Information entsteht ein neuer Wirtschaftszweig.[591] TAPSCOTT vermutet, daß in zehn Jahren jede Branche bis zur Unkenntlichkeit verändert sein wird.[592]

In wirtschaftlicher Hinsicht geht es um die Herausbildung neuer Konkurrenz- und Kooperationsbeziehungen, technisch betrachtet um eine weitläufige Digitalisierung von Produkten und Diensten, und gesellschaftlich um die Ablösung etablierter Institutionen.[593] Auf digitalen Technologien basierende Computerverbindungen zwischen Organisationen erlauben neue Formen von Partnerschaften zur Entwicklung neuer Leistungen und Produkte. Zahlen und Wörter werden dabei auf Sequenzen von Einsen und Nullen reduziert und über Netzverbindungen zwischen Computern transferiert. Grundlage der »digitalen Revolution« (TAPSCOTT) und der vernetzten Intelligenz sind Netze nach dem Vorbild des Internets.[594] Datennetze und computergestütze Geräte werden nach einer Prognose von BILL GATES der neue Spielplatz, der neue Arbeitsplatz und das neue Studierzimmer unserer Gesellschaft.[595]

Die konkreten Auswirkungen der Digitalisierung auf die Arbeitswelt, den privaten Bereich und die Gesellschaft sind allerdings nach wie vor unklar. Deshalb kann über die weiteren Entwicklungsphasen nur spekuliert werden. Die bevorstehende Informationsgesellschaft wird aus den drei Komponenten Informations-, Telekommunikations- und Medientechnik bestehen.[596] Als Eigenschaften der multimedialen Technik gelten Interaktivität, Multitracking, Speichern und Suchen.[597] Die Digitalisierung verbessert nicht nur die Qualität herkömmlicher Dienste und Produkte, sie unterstützt vor allem die interaktive Kommunikation (z. B. video on demand).

Allein für Europa wird für geschäftliche Anwendungen im Bereich Multimedia ein Umsatzwachstum von rund 2 Mrd. DM 1995 auf 58 Mrd. DM im Jahr 2000 erwartet.[598] Es kann also von einem beträchtlichen Wachstumsmarkt mit einer Vielzahl neuartiger Produkte und neuer Technologien gesprochen werden. Neben der Unterhaltungselektronik, der Telekommunikation und der Computerindustrie gehören auch die Verlags-, die Werbebranche und Online-Dienstleister zu den elektronischen Märkten der Zukunft. Die Wertschöpfungskette dieser multimedialen Welt setzt sich zusammen aus den Anbietern von Programmpaketen, der Übertragung, einem benutzerseitigen Zugriff und den Hörer- bzw. Benutzergruppen.[599]

Angesichts der unzureichenden Erfahrungsgrundlage und ungenügenden Datenbasis sind die gegenwärtigen Prognosen noch ungenau. Vor allem muß zunächst einmal geklärt werden, was unter Multimedia, Multimedia-Markt

---

[591] Vgl. TAPSCOTT 1996, S. 26 f. und S. 117

[592] Vgl. TAPSCOTT 1996, S. 121.

[593] Vgl. RIEHM/WINGERT 1996, S. 8

[594] Vgl. TAPSCOTT 1996, S. 31 und S. 125.

[595] Vgl. GATES 1995, S. 381.

[596] Vgl. HULTZSCH 1995, S. 93

[597] Vgl. NOAM 1995, S. 54.

[598] Vgl. HULTZSCH 1995, S. 94.

[599] Vgl. BAAN 1995, S. 74-76.

und Digitalisierung konkret zu verstehen ist.[600] Die Prognose verläßlicher Marktpotentiale ist allein deshalb kaum möglich, weil das Zusammenwachsen der Telekommunikations-, Informations-, Medien- und Unterhaltungsbranche innerhalb kürzester Zeit heute noch unbekannte Märkte und Marktsegmente entstehen lassen wird,[601] auf denen unterschiedlichste Produkte und Techniken angeboten werden. Es haben sich zwar zwischenzeitlich internationale Standardisierungsgremien konstituiert, doch nationale Lösungen genießen bisher noch Vorrang vor global gültigen Vereinheitlichungen der Netzevolution.[602] Im derzeitigen Entwicklungsstadium dominieren noch die Fragen und ungelösten Probleme.

7.2.2 Auswirkungen auf die strategische Unternehmensplanung

Multimedia-Anwendungen sind im geschäftlichen Umfeld noch längst keine Standardanwendungen. Zwar ist die Wirtschaftlichkeit von Multimedia-Systemen im Einzelfall durchaus nachweisbar, im großen und ganzen ist man zum gegenwärtigen Zeitpunkt aber auf Vermutungen angewiesen.[603] Dennoch stehen Unternehmen heute schon vor der Aufgabe, sich mit den zukünftigen Chancen und Risiken der Mediengesellschaft und der Digitalisierung auseinanderzusetzen. Gerade die frühe Beschäftigung mit medialen Trends eröffnet nachhaltige Erfolgspotentiale.
Neuartige Informationsbeziehungen werden zwischen dem Unternehmen und externen Partnern entstehen, gleichzeitig wird sich der Kommunikations- und Abstimmungsbedarf intern und extern erhöhen.[604] Je mehr Informationstechnologien entstehen und je mehr Wissen produziert wird, um so schwieriger erscheint im Gegenzug die Bewältigung dieser Informationsflut. Der Einsatz von Multimedia stellt einen neuen Versuch dar, Engpässe der Informationsversorgung und -bearbeitung zu reduzieren. Die dafür anfallenden Kosten werden zunehmend unabhängig von der Enfernung zwischen Informationsquelle und -nutzer. Das schwache Glied dieser Informationskette bildet die Verarbeitung der erzeugten und verteilten Informationen.[605] Zur Zeit entsteht eine Vielzahl an Institutionen und Berufszweigen, deren Hauptfunktion es ist, Daten nach bestimmten Suchkriterien und -anforderungen aus der Informationsflut herauszusuchen. Das Filtern von Informationen für strategische Entscheidungssysteme stellt die größte technologische Heraus-

---

[600] Vgl. Riehm/Wingert 1996, S. 34.
[601] Siehe hierzu beispielhaft die Einschätzungen zum Bereich Multimedia: Booz Allen & Hamilton/Büro für Technikfolgen-Abschätzung beim Deutschen Bundestag 1996.
[602] Vgl. Hultzsch 1995, S. 100 f.
[603] Vgl. Riehm/Wingert 1996, S. 52.
[604] Vgl. Riehm/Wingert 1996, S. 40.
[605] Vgl. Noam 1995, S. 36 f.

forderung für den Informationsbereich dar. Hochleistungsfähige Netzlösungen benötigen entsprechend leistungsfähige Filter.[606]
Die künftigen Aufgaben der strategischen Unternehmensplanung werden demnach nicht nur in der Prognose von Entwicklungsszenarien liegen, sondern auch in der selektiven Nutzung technisch-medialer Mittel. Die verschiedenen Informations- und Kommunikationsanlässe machen eine Auswahl der angebotenen Daten und Technologien zwingend erforderlich. Die Notwendigkeit dafür wird deutlich, wenn man sich die steigende Tendenz der Informationsmenge und der Zahl der Informationsproduzenten vor Augen führt. In Metropolen, wie beispielsweise San Francisco, erhält jeder Einwohner schätzungsweise ca. 100.000.000 bits an Informationen pro Jahr. Kommunikationszentren wie New York verarbeiten täglich Finanztransaktionen im Wert von 1.500 Mrd. US$.[607]
Aufgrund der rapiden Entwicklung auf den Telekommunikationsmärkten muß die Informations- und Kommunikationsstrategie eines Unternehmens unmittelbar auf den Strukturwandel reagieren. Zu berücksichtigen sind dabei folgende Faktoren:[608]
(1) Fortschritte bei der Netztechnik
(2) Gestiegene Anforderungen der Nutzer bzw. Kunden
(3) Deregulierung der Telekommunikationsmärkte
(4) Privatisierung von etablierten Telekommunikationsmonopolisten.

Fortschritte in der Netztechnik sowie wirtschaftspolitische Entwicklungen haben beispielsweise dazu geführt, daß stationäre Telekommunikationsdienste nicht mehr im Rahmen eines »natürlichen Monopols« angeboten werden.[609] Daraus läßt sich die strategische Erkenntnis ableiten, daß der Eintritt weiterer Unternehmen in den Markt für Informations- und Kommunikationsnetze und -dienste als Anbieter neben einem etablierten Systembetreiber prinzipiell attraktiv ist.
Ein wichtiges Merkmal des Telekommunikationsmarktes besteht darin, daß sich alternative Carrier aufgrund neuer Netztechnik von dem etablierten Netzbetreiber gleichzeitig durch niedrige Kosten und durch neuartige Produktmerkmale abheben können. Insofern sind die Strategien der Kostenführerschaft und der Differenzierung simultan verfolgbar.[610] Allerdings wird kein alternativer Anbieter allein den Wettbewerb gegenüber einem etablierten Telekommunikationsanbieter aufnehmen und bestehen können. Deshalb muß überlegt werden, mit welchen Partnern das Unternehmen beim Netzaufbau und -betrieb sowie bei der Vermarktung von Diensten in den ausgewählten Regionen und Ländern zusammenarbeiten will.

---

[606] Vgl. NOAM 1995, S. 52 f.
[607] Vgl. NOAM 1995, S. 39-41.
[608] Zu einer ausführlichen Beschreibung der Ursachen des Strukturwandels im deutschen Telekommunikationsmarkt siehe GERPOTT 1996, S. 17-67.
[609] Zu natürlichen Monopolen in der Telekommunikation siehe beispielsweise BURR 1995, S. 116-118.
[610] Vgl. GERPOTT 1996, S. 188.

Hinsichtlich der Anforderungen der Anwender läßt sich festhalten, daß maßgeschneiderte Lösungen und die Forderung nach persönlicher Anschlußmobilität zunehmend im Vordergrund stehen. Daneben bilden die Netzzuverlässigkeit und Übertragungsgeschwindigkeit und -flexibilität wichtige Kaufkriterien.

Die Deregulierungs- bzw. Liberalisierungsvorgaben der internationalen Telekommunikationsmärkte beziehen sich meistens auf die Bereiche Marktzugang, Preis- und Produktionsregulierung. Eine Intensivierung des Wettbewerbs zwischen verschiedenen Anbietern begünstigt einen Rückgang der Kosten bzw. Preise für Telekommunikationsnetze und -dienste sowie eine Verbesserung der Vielfältigkeit, Kundenorientierung und Qualität am Markt verfügbarer Telekommunikationsleistungen.[611] Unabhängig davon, ob der empirische Beweis für tatsächlich eingetretene Marktergebniseffekte der Deregulierung von Telekommunikationsmärkten erbracht werden kann oder nicht, wird durch die Deregulierung unbestritten ein strategisches Potential für neue Anbieter geschaffen.

Als letztes Merkmal des Strukturwandels auf den Telekommunikationsmärkten ist die (Teil-)Privatisierung der »Public Telephone Operators« zu nennen. Sie macht weltweit eine tiefgreifende Überarbeitung der Wettbewerbsstrategie seitens der etablierten und neuen Anbieter notwendig. In Verbindung mit der Deregulierung kann die Privatisierung der staatlichen Telekommunikationsunternehmen als »Treiber« von wettbewerbsstrategischen Anpassungen bezeichnet werden.[612]

Digitalisierung und Multimedia werden das bestehende Ungleichgewicht zwischen der Informationsbereitstellung und der Informationsverarbeitung nicht ausgleichen können, da jeder Nutzer nur über eine begrenzte Verarbeitungskapazität verfügt. Die strategische Unternehmensplanung wird sich darauf konzentrieren müssen, die für das Unternehmen strategischen Daten zu erkennen und in den Planungsprozeß einfließen zu lassen.

Übungsfragen:

(1) Nennen Sie Ursachen des globalen Wettbewerbs.
(2) Welche Formen von Internationalisierungsstrategien kennen Sie?
(3) Nennen Sie Gründe für die Relevanz strategischer Allianzen im F&E-Bereich.
(4) Welche Merkmale kennzeichnen den Strukturwandel der Telekommunikationsmärkte?
(5) Welche Auswirkungen hat die Informationsgesellschaft 2000 auf die strategische Unternehmensplanung?

---

[611] Vgl. PICOT/BURR 1996, S. 174-178.
[612] Siehe hierzu GERPOTT 1996, S. 60.

Literaturverzeichnis

Abell, D. F. (1980): Defining the Business. The Starting Point of Strategic Planning, Englewood Cliffs 1980.

Abels, H. (1985): Gesellschaftsorientierte Unternehmensstrategien, in: HARVARD-manager, 7. Jg. (1985), Heft 2, S. 96-101.

Adam Opel AG (1994): Geschäftsbericht, Rüsselsheim 1994.

Adam Opel AG (1996): Initiativen für den Umweltschutz, Rüsselsheim 1996.

Albach, H. (1976): Investitionsrechnung bei Unsicherheit, in: HWF, hrsg. von H. E. Büschgen, Stuttgart 1976, Sp. 893-903.

Albach, H. (1976 a): Welche Aussagen lassen Führungsgrundsätze von Unternehmen über die Auswirkungen gesellschaftlicher Veränderungen auf die Willensbildung im Unternehmen zu?, in: Albach, H. (Hrsg.): Die Bedeutung gesellschaftlicher Veränderungen für die Willensbildung im Unternehmen, Schriften des Vereins für Socialpolitik, N.F., Bd. 88, Berlin 1976, S. 739-764.

Albach, H. (1976 b): Zukunftsprobleme unserer Wirtschaft, dargestellt am Beispiel der Pharma-Industrie – Zusammenfassung der Diskussion, in: Albach, H. u.a. (Hrsg.): Zukunftsprobleme unserer Wirtschaft, dargestellt am Beispiel der Pharma-Industrie, Wiesbaden 1976, S. 105-114.

Albach, H. (1977/78): Unternehmen und Gesellschaft, in: List Forum, 9.Jg. (1977/78), Nr. 3, S. 113-131.

Albach, H. (1978): Strategische Unternehmensplanung bei erhöhter Unsicherheit, in: ZfB, 48. Jg. (1978), Heft 8, S. 702-715.

Albach, H. (1983): Mittelständische Unternehmen in der Marktwirtschaft, in: ZfB, 53. Jg. (1983), Heft 9, S. 876-888.

Albach, H. (1984): Die Innovationsdynamik der mittelständischen Industrie, in: Albach, H./Held, Th. (Hrsg.): Betriebswirtschaftslehre mittelständischer Unternehmen, Stuttgart 1984, S. 35-50.

Al-Bazzaz, S./Grinyer, P. M. (1980): How Planning Works in Practice – A Survey of 48 U.K. Companies, in: LRP, Vol. 13 (1980), No. 4, pp. 30-42.

Altschul, K. (1984): Und Multis bewegen sich doch, in: Absatzwirtschaft, 27.Jg. (1984), Nr. 6, S. 12-18.

Améry, C. (1976): Natur als Politik. Die ökologische Chance des Menschen, Reinbek bei Hamburg 1976.

Andrews, K. R. (1980). The Concept of Corporate Strategy, Rev. Ed., Homewood 1980.

Angermeyer, H. C. (1990): Informationsmanagement als organisatorische Aufgabe, in: ZFO, 59. Jg. (1990), Heft 3, S. 176-180.

Angermeyer-Naumann, R. (1985): Szenarien und Unternehmenspolitik – Globalszenarien für die Evolution des unternehmenspolitischen Rahmens. München 1985.

Ansoff, H. I. (1957): Strategies for Diversification, in: HBR, Vol. 35 (1957), No. 5, pp. 113-124.

Ansoff, H. I. (1965): Corporate Strategy, New York et al. 1965.

Ansoff, H. I. (1976): Managing Surprise and Discontinuity – Strategic Response to Weak Signals. Die Bewältigung von Überraschungen – Strategische Reaktionen auf schwache Signale, in: ZfbF, 28. Jg. (1976), S. 129-152.

Ansoff, H. I. (1979): Strategic Management, London/Basingstoke 1979.

Ansoff, H. I. (1980): Strategic Issue Management, in: SMJ, Vol. 1 (1980), pp. 131-148.

Ansoff, H. I./Declerck, R. P./Hayes, R. L. (Ed.) (1976): From Strategic Planning to Strategic Management, London et al. 1976.

Ansoff, H.I./McDonnell, E. (1990): Implanting Strategic Management, 2nd. ed., New York et al. 1990.

Anthony, R. N. (1965): Planning and Control Systems – A Framework for Analysis, Boston 1965.

Apel, K.-O. (1992): Diskurs und Verantwortung: Das Problem des Übergangs zur postkonventionellen Moral, 2. Aufl., Frankfurt/M. 1992.

Arbeitskreis»Integrierte Unternehmensplanung«der Schmalenbachgesellschaft – Deutsche Gesellschaft für Betriebswirtschaft e.V. (1991): Grenzen der Planung – Herausforderung an das Management, in: ZfbF, 43. Jg. (1991), Heft 9, S. 811-829.

Armstrong, J. S. (1982): The Value of Formal Planning for Strategic Decisions – Review of Empirical Research, in: SMJ, Vol. 3 (1982), pp. 197-211.

Ax, A./Borsig, C. (1979): Praxis der integrierten Unternehmensplanung- Planungsphilosophie und Planungssystem des Unternehmens Mannesmann, in: ZfbF, 31. Jg. (1979), S. 894-925.

Baan, A. (1995): Elektronische Produkte und Märkte der Zukunft, in: Multimedia: eine revolutionäre Herausforderung; Perspektiven der Informationsgesellschaft, hrsg. von Alfred-Herrhausen-Gesellschaft für Internationalen Dialog, Stuttgart 1995, S. 73-92.

Bamberger, I./Wrona Th. (1996): Der Ressourcenansatz und seine Bedeutung für die Strategische Unternehmensführung, in: ZfbF, 48. Jg. (1996), Heft 2, S. 130-153.

Bargel, T. (1979): Überlegungen und Materialien zu Wertdisparitäten und Wertwandel in der BRD, in: Wertewandel und gesellschaftlicher Wandel, hrsg. von H. Klages und P. Kmieciak, Frankfurt 1979, S. 147-185.

Barnett, J. H./Wilsted, W. D. (1989): Strategic Management: Text and Concepts, Boston 1989.

Barney, J. B. (1991): Firm ressources and sustained competitive advantage, in: Journal of Management 7 (1991), pp. 1231 – 1341.

Baumol, W. J. (1974): Business Responsibility and Economic Behavior, in: Anshen, M. (Ed.), Managing the Socially Responsible Corporation, New York/London 1974, pp. 59-73.

Bausch, A. (1996): Planung von integrierten Geschäfts-, Funktions- und Regionalstrategien im Industriekonzern. Ein ganzheitlicher Ansatz mit derivativer und originärer Regionalstrategieplanung (Schriftenreihe des Instituts für Unternehmensplanung; Bd. 20), Gießen 1996.

Bea, F. X./Haas, J. (1995): Strategisches Management, Stuttgart; Jena 1995.

Becker, F. (1988): Personalentwicklung im Rahmen einer strategischen Führung, in: ZfP, 2.Jg. (1988), Heft 3, S. 197-213.

Becker, F. (1991): Strategische Anreizsysteme – Mitarbeiter zukunftsorientiert motivieren, in: Ackermann, Karl-Friedrich /Scholz, Helmut (Hrsg.): Personalmanagement für die 90er Jahre: Neue Entwicklungen – neues Denken – neue Strategien, Stuttgart 1991, S. 279-299.

Becker, F. G. (1985): Anreizsysteme für Führungskräfte im Strategischen Management, Bergisch Gladbach/Köln 1985.

Behnam, M./Würthner, Chr. (1995): Der konzeptionelle Zusammenhang Strategischer Unternehmensplanung und ethischer Reflexion, Arbeitspapier Nr. 03/96 des

Lehrstuhls für Internationales Management, EUROPEAN BUSINESS SCHOOL, Oestrich-Winkel 1995.

Berg, C. C (1979): Recycling in betriebswirtschaftlicher Sicht, in: WiSt, 8. Jg. (1979), Heft 5, S. 201-205.

Bhatty, E. F. (1981): Corporate Planning in Medium-sized Companies in the U.K., in: LRP, Vol. 14 (1981), No. 1, pp. 60-72.

Birkinshaw, J. M./Morrison, A. J. (1995): Configurations of Strategy and Structure in Subsidiaries of Multinational Corporations, in: Journal of International Business Studies, Vol. 26 (1995), No. 4, pp. 729-753.

Bleeke, J./Ernst, D. (1992): Mit nationalen Allianzen auf die Siegerstraße, in: HARVARDmanager, 14. Jg. (1992), Heft 3, S. 118-127.

Bleicher, K. (1995): Das Konzept integriertes Management, 3. Aufl., Frankfurt/Main; New York 1995.

Blum, G./Müller-Böling, D./Schmidt, F. (1979): Annotierte Bibliographie der Empirischen Planungsforschung, Arbeitsbericht Nr. 13 des Seminars für Allgemeine Betriebswirtschaftslehre und betriebswirtschaftliche Planung der Universität zu Köln, 2. Aufl., Köln 1979.

Böckle, F. (1976): Die moralische Verantwortung des Unternehmers in der PharmaIndustrie, in: Albach, H., u.a. (Hrsg.): Zukunftsprobleme unserer Wirtschaft – dargestellt am Beispiel der Pharma-Industrie, Wiesbaden 1976, S. 93-98.

Böhm, H. (1979): Gesellschaftlich verantwortliche Unternehmensführung, Weilheim/Teck 1979.

Booz Allen & Hamilton/Büro für Technikfolgen-Abschätzung beim Deutschen Bundestag (Hrsg.) (1996): Zukunft Multimedia. Grundlagen, Märkte und Perspektiven in Deutschland, Institut für Medienentwicklung und Kommunikation, Frankfurt am Main 1996.

Bosch, H. (1993): Entscheidung und Unschärfe. Eine entscheidungstheoretische Analyse der Fuzzy-Set-Theorie, Bergisch Gladbach – Köln 1993, zugl. Diss. Hohenheim 1992.

Bourgeois, L. J. (1986): Strategic Management: From Concept to Implementation, in: Gemmane, G. E. (Ed.): The Executive Course: What Every Manager Needs to Know About the Essentials of Business, Reading, Mass. et al. 1986, pp. 347-391.

Bowman, E. H. (1974): Some Research on Corporate Social Responsibility Accounting, European Institute for Advanced Studies in Management, Working Paper 74-29, June 1974.

Bracker, J. S./Pearson, J. N. (1986): Planning and Financial Performance of Small Mature Firms, in: SMJ, Vol. 7 (1986), pp. 503-522.

Brockhoff, K. (1994): Forschung und Entwicklung. Planung und Kontrolle, 4. Aufl., München – Wien 1994.

Bronder, Ch./Pritzl, R. (1992): Wegweiser für strategische Allianzen: Meilen- und Stolpersteine bei Kooperationen, Wiesbaden 1992.

Bryson, J. M./Bromiley, P. (1993): Critical Factors Affecting the Planning and Implementation of Major Projects, in: SMJ, Vol. 14 (1993), pp. 319-337.

Buchner, Robert (1994): Zum Shareholder Value-Ansatz, in: WiSt, 23. Jg. (1994), Heft 10, S. 513-516.

Budäus, D./Gerum, E./Zimmermann, G. (1988): Einführung, in: Budäus, D./Gerum, E./Zimmermann, G. (Hrsg.): Betriebswirtschaftslehre und Theorie der Vefügungsrechte, Wiesbaden, S. 9-17.

Bühner, R. (1985): Strategie und Organisation, Wiesbaden 1985.

Bühner, Rolf (1990): Das Management-Wert-Konzept. Strategien zur Schaffung von mehr Wert im Unternehmen, Stuttgart 1990.

Burr, W. (1995): Netzwettbewerb in der Telekommunikation, Wiesbaden 1995.

Caeldries, F./van Dierdonck, R. (1988): How Belgian Businesses Make Strategic Planning Work, in: LRP, Vol. 21 (1988), No. 2, pp. 41-51.

Capon, N./Farley, J. U./Hulbert, J. (1980): International Diffusion of Corporate and Strategic Planning Practices, in: Columbia Journal of World Business, Vol. 15 (1980), No. 3, pp. 5-13.

Chakravarthy, B. S. (1987): On Tailoring a Strategic Planning System to ist Context – Some Empirical Evidence, in: SMJ, Vol. 8 (1987), pp. 517-534.

Chandler, A. D., Jr. (1962): Strategy and Structure: Chapters in the History of the Industrial Enterprise, Cambridge, Mass. 1962.

Check-Teck, F./Grinyer, P. H./McKiernan, P. (1992): Strategic Planning in the ASEAN Region, in: LRP, Vol. 25 (1992), No. 5, pp. 80-90.

Chmielewicz, K. (1979): Forschungskonzeptionen der Wirtschaftswissenschaften 2. Aufl., Stuttgart 1979.

Christodoulou, C. (1988): Australian Industry – Sophisticated Planning and Weak R&D?, in: LRP, Vol. 21 (1988), No. 1, pp. 82-89.

Clausewitz, C. v. (1991): Vom Kriege, Nachdruck der 19. Aufl., Bonn 1991.

Claycamp, H. J. (1985): Strategic Management Fundamentals, in: Thomas, H./Gardner, D. (Ed.), Strategic Management and Marketing, Chichester et al. 1985, pp. 9-16.

Coenenberg, A.G. u.a. (1994): Unternehmenspolitik und Umweltschutz, in: ZfbF 46. Jg. (1994), Heft 1, S. 81-100.

Covin, J. G./Slevin, D. P./Schultz, R. L. (1994): Implementing Strategic Missions – Effective Strategic, Structural and Tactical Choices, in: Journal of Management Studies, Vol. 31 (1994), No. 4, pp. 481-505.

Cummings, T. J. (1992): Konfiguration Strategischer F&E-Allianzen: Innovation durch Partnerschaft, in: Wegweiser für Strategische Allianzen: Meilen- und Stolpersteine bei kooperationen, hrsg. von Christoph Bronder und Rudolf Pritzl, Frankfurt/Main 1992, S. 211-220.

Daniel, A. L. (1992): Strategic Planning – The Role of the Chief Executive, in: LRP, Vol. 25 (1992), No. 2, pp. 97-104.

Dannenberg, J. (1990): Mikrocomputergestützte Instrumente der strategischen Unternehmensplanung, Wiesbaden 1990.

Davis, K/Blomstrom, R. L. (1971): Business, Society and Environment: Social Power and Social Response, 2nd Ed., New York 1971.

Day, G. S. (1984): Strategic Market Planning: The Pursuit of Competitive Advantage, St. Paul et al. 1984.

Day, G. S. (1986): Analysis for Strategic Market Decisions, St. Paul et al. 1986.

Day, G. S. (1986 a): Tough Questions for Developing Strategies, in: JoBS, Vol. 6 (1986), No. 3, pp. 60-68.

Day, G. S./Montgomery, D. B. (1983): Diagnosing the Experience Curve, in: JoM, Vol. 47 (1983), No. 2, pp. 44-58.

De Geus, A. P. (1989): Unternehmensplaner können Lernprozesse beschleunigen, in: HARVARDmanager, 11. Jg. (1989), Heft 1, S. 28-34.

Degussa AG (Hrsg.): Unser Denken und Handeln, Frankfurt am Main, o.J.

Demsetz, H. (1967): Toward a Theory of Property Rights, in: American Economic Review, 57, S. 347-359.

Donner, H. (1993): Umweltverträgliches Wirtschaften durch Umweltrecht? Möglichkeiten und Grenzen des Steuerungsmediums Recht, in: Rebe, B./Schlitt, M. (Hrsg.): Umweltverträgliches Wirtschaften. Wettbewerbsvorteile, Marktchancen, Wohlstandssicherung, Hildesheim 1993, S. 115-126.

Drumm, H. J. (1978): Planungs- und Anpassungsprobleme der Geschäftsbereichsorganisation, in: ZfB, 48.Jg. (1978), S. 87-104.

Drumm, H. J. (1996): Das Paradigma der Neuen Dezentralisation, in: DBW, 56. Jg. (1996), Heft 1, S. 7-20.

Dunst, K. H. (1983): Portfolio Management, 2. Aufl., Berlin/New York 1983.

Dyas, G. P./Thanheiser, H. T. (1976): The Emerging European Enterprise. Strategy and Structure in French and German Industry, London/Basinstoke 1976.

Dyllick, T. (1989): Management der Umweltbeziehungen: öffentliche Auseinandersetzungen als Herausfordeung, Wiesbaden 1989.

Eisenführ, F. / Weber, M. (1986): Zielstrukturierung: ein kritischer Schritt im Entscheidungsprozeß, in: ZfbF, 38. Jg. (1986), Heft 11, S. 907-929.

Ellinger, T. (1974): Marktperiode, in: HWA, hrsg. von B. Tietz, Stuttgart 1974, Sp. 1395-1401.

Enderle, G. (1987): Ethik als unternehmerische Herausforderung, in: Die Unternehmung, 41. Jg. (1987), Nr. 6, S. 433-449.

Engelmann, Th. (1995): Business process reengineering: Grundlagen – Gestaltungsempfehlungen – Vorgehensmodell, Wiesbaden 1995.

Esser, W.-M./Kirsch, W. (1979): Die Einführung von Planungs- und Informationssystemen. Ein empirischer Vergleich, München 1979.

Evered, R. (1983): So What is Strategy?, in: LRP, Vol. 16 (1983), No. 3, pp. 57-72.

Eybl, D. (1984): Instrumente und Orientierungsgrundlagen zur Planung wettbewerbsorientierter Unternehmensstrategien, Frankfurt u.a. 1984.

Faber-Castell A., Graf v./Steinmann, H. (1983): Probleme strategischer Unternehmensführung in einem Mittelbetriebt in: ZfB, 53. Jg. (1983), S. 1066-1075.

Faltlhauser, K. (1978): Unternehmen und Gesellschaft. Theorie und Praxis der Sozialbilanz, Berlin 1978.

Fandel, G. (1983): Begriff, Ausgestaltung und Instrumentarium der Unternehmensplanung, in: ZfB, 53. Jg. (1983), S. 479-508.

Feess, E./Hohmann, H. (1994): Aktuelle Tendenzen im Umweltrecht und ihre Auswirkungen auf Unternehmen, in: Kreikebaum, H./Seidel, E./Zabel, H.-U. (Hrsg.): Unternehmenserfolg durch Umweltschutz: Rahmenbedingungen, Instrumente, Praxisbeispiele, Wiesbaden 1994, S. 83-101.

Fischer, J. (1989): Qualitative Ziele in der Unternehmensplanung. Konzepte zur Verbesserung betriebswirtschaftlicher Problemlösungstechniken, Berlin 1989.

Forman, R. (1988): Strategic Planning and the Chief Executive, in: LRP, Vol. 21 (1988), No. 4, pp. 57-64.

Forschungsprojekt Langzeitauto (1976): Endbericht Phase I der Porsche AG, Bundesministerium für Forschung und Technologie, Bonn, Dezember 1976.

Franke, U./Müller-Böling, D. (1978): Planungsaktionen. Konzeptionelle Überlegungen zur verrichtungsorientierten Spezialisierung der Planung und erste Ergebnisse einer empirischen Untersuchung, Arbeitsbericht Nr. 15, Seminar für Allgemeine Betriebswirtschaftslehre und Betriebswirtschaftliche Planung, Köln, Januar 1978.

Franze, H.A. (1994): Recycling von Kraftfahrzeugen, in: Kaluza, B. (Hrsg.): Unternehmung und Umwelt, Hamburg 1994.

Frederick, G. D. (1983): The State of Private Sector Strategic Planning in Canada, in: LRP, Vol. 16 (1983), No. 3, pp. 40-46.

Frese, E. (1995): Grundlagen der Organisation, 6. Aufl., Wiesbaden 1995.

Fricke, J./Neumann, T. (1993): Strategische Informationsplanung – Der Weg zu Wettbewerbsvorteilen durch die Informationstechnologie, in: ZFO, 62.Jg. (1993), Heft 5, S. 304-311.

Friedman, M. (1971): Die soziale Verantwortung der Geschäftswelt, in: Schmölders, G. (Hrsg.): Der Unternehmer im Ansehen der Welt, Bergisch Gladbach 1971, S. 198-206.

Fritz, W. (1995): Umweltschutz und Unternehmenserfolg, in: DBW, 55. Jg. (1995), Heft 3, S. 347-357.

Fröhlich, O. (1992): Was ein Informationssystem an Strategieunterstützung leisten muß, in: HARVARDmanager, 14. Jg. (1992), Heft 4, S. 64-73.

Gabele, E. (1979): Unternehmungsstrategie und Organisationsstruktur, in: ZO, 48.Jg. (1979), Heft 4, S. 181-190.

Gabele, E./Kretschmer, H. (1985): Unternehmensgrundsätze, Frankfurt a. M./Bern/ New York 1985.

Gabriel, R./Frick, D. (1991): Expertensysteme zur Lösung betriebswirtschaftlicher Problemstellungen, in: ZfbF, 43.Jg. (1991), Heft 6, S. 544-565.

Gälweiler, A. (1976): Strategische Unternehmensplanung, in: Fortschrittliche Betriebsführung und Industrial-Engineering, REFA e.V., 25. Jg. (1976), Heft 2, S. 67-72.

Gälweiler, A. (1979): Strategische Geschäftseinheiten (SGE) und Aufbauorganisation der Unternehmung, in: ZO, 48. Jg. (1979), Heft 5, S. 252-260.

Gälweiler, A. (1980): Organisation der Planung, in: HWO, hrsg. von E. Grochla, 2. Aufl., Stuttgart 1980, Sp. 1884-1894.

Gälweiler, A. (1981): Was ist Strategie? Was heißt strategisch Denken, Entscheiden und Handeln?, in: Pümpin, Cuno u. a. (Hrsg.): Produkt-Markt-Strategien: neue Instrumente erfolgreicher Unternehmungsführung, Bern 1991, S. 33-54.

Gälweiler, A. (1981a): Strategische Unternehmensplanung, in: Steinmann, Horst (Hrsg.): Planung und Kontrolle: Probleme der strategischen Unternehmensführung, München 1981, S. 84 – 100.

Gälweiler, A. (1983): Zur Abstimmung zwischen Unternehmensstrategie und Finanzierungspotential, in: Töpfer, A./Afheldt, H. (Hrsg.): Praxis der strategischen Unternehmensplanung, Frankfurt 1983, S. 246-297.

Gälweiler, A. (1986): Unternehmensplanung. Grundlagen und Praxis. Neuausgabe bearbeitet und ergänzt von M. Schwaninger, Frankfurt a.M./New York 1986.

Gälweiler, A (1990): Strategische Unternehmensführung. Zusammengestellt, bearbeitet und ergänzt von M. Schwaninger. 2. Aufl., Frankfurt a.M./New York 1990.

Gaitanides, M. (1995): Je mehr desto besser? Zu Umfang und Intensität des Wandel bei Vorhaben des Business Reengineering, in: Technologie & Management, 44. Jg. (1995), Heft 2, S. 69-76.

Galbraith, J. R./Nathanson, D. A. (1978): Strategy Implementation: The Role of Structure and Process, St. Paul et al. 1978.

Gates, B. (1995): Der Weg nach vorn: Die Zukunft der Informationsgesellschaft, Hamburg 1995.

Geblen, A. (1966): Der Mensch, 8. Aufl., Bonn 1966.

Gege, M./Jung, H./Pick, H. J./Winter, G. (1986): Das Ökosparbuch, München 1986.

Gerl, K./Roventa, R. (1981): Strategische Geschäftseinheiten – Perspektiven aus der Sicht des Strategischen Managements, in: ZfbF, 33. Jg. (1981), S. 843-858.

Gerpott, T. J./Meier, H. (1990): F+E: Der Sprung über nationale Grenzen, in: HARVARDmanager, 12. Jg. (1990), Heft 2, S. 59-66.

Gerpott, T.J. (1996): Wettbewerbsstrategien im Telekommunikationsmarkt, Stuttgart 1996.

Ghemawat, P. (1985): Strategieplanung mit der Erfahrungskurve, in: HARVARDmanager, 7. Jg. (1985), Heft IV, S. 33-39.

Gilmore, F.F./Brandenburg, R.G. (1962): Anatomy of Corporate Planning, in: HBR, Vol. 40, November-December 1962, S. 61-69.

Girgensohn, T. (1980): Die Mitwirkung des Aufsichtsrats bei unternehmenspolitisch relevanten Entscheidungen, in: DB, 33.Jg. (1980), S. 337-341.

Glaister, K. W./Buckley, P. J. (1996): Strategic Motives for International Alliance Formation, in: Journal of Management Studies, Vol. 33 (1996), No. 3, pp. 301-332.

Göbel, E. (1992): Das Management der sozialen Verantwortung, Berlin 1992.

Görg, B. (1989): Zukunft des Managers – Manager der Zukunft, Wien 1989.

Götze, U. (1993): Szenario-Technik in der strategischen Unternehmensplanung, 2., aktualisierte Aufl., Wiesbaden 1993.

Greenley, G. E. (1986): Does Strategic Planning Improve Company Performance?, in: LRP, Vol. 19 (1986), No. 2, pp. 101-109.

Grimm, U. (1983): Analyse strategischer Faktoren. Ein Beitrag zur Theorie der strategischen Unternehmensplanung, Wiesbaden 1983.

Grinyer, P. H./Norburn, D. (1974): Strategic Planning in 21 U.K. Companies, in: LRP, Vol. 7 (1974), No. 4, pp. 80-88.

Güldenberg, S./Eschenbach, R. (1996): Organisatorisches Wissen und Lernen – erste Ergebnisse einer qualitativ-empirischen Erhebung, in: ZFO, 65. Jg. (1996), Heft 1, S. 4-9.

Gutenberg, E. (1983): Grundlagen der Betriebswirtschaftslehre, 1. Bd.: Die Produktion. 24. Aufl., Berlin/Heidelberg/New York 1983.

Gutenberg, E. (1984): Grundlagen der Betriebswirtschaftslehre, 2. Bd.: Der Absatz. 17. Aufl., Berlin/Heidelberg/New York 1984.

Haake, K (1987): Strategisches Verhalten in europäischen Klein- und Mittelunternehmen, Berlin 1987.

Hahn, D. (1981): Strategische Unternehmensplanung: Ein konzentrierter Überblick, in: WISU, 10. Jg. (1981), Teil I: Heft 5, S. 223-227; Teil II: Heft 6, S. 275-279.

Hahn, D. (1989): Unternehmungsanalyse, in: Handwörterbuch der Planung, hrsg. von Norbert Szyperski und Udo Winand, Stuttgart 1989, Sp. 2074-2088.

Hahn, D. (1992): Strategische Kontrolle, in: Hahn, D./Taylor, B. (Hrsg.): Strategische Unternehmungsplanung – Strategische Unternehmungsführung. Stand und Entwicklungstendenzen, 6. Aufl., Heidelberg 1992, S. 651-664.

Hahn, D. (1994): Planungs- und Kontrollrechnung – PuK- Integrierte ergebnis- und liquiditätsorientierte Planungs- und Kontrollrechnung als Führungsinstrument in Industrieunternehmen mit Massen- und Serienfertigung, 4. Aufl., Wiesbaden 1994.

Hahn, D./Oppenländer, K. H./Scholz, L. (1992): Stand und Entwicklungstendenzen der strategischen Unternehmungsplanung in der Bundesrepublik Deutschland – Erste Ergebnisse eines empirischen Forschungsprojektes, in: Hahn, D./Taylor, B. (Hrsg.): Strategische Unternehmungsplanung – Strategische Unternehmungsführung. Stand und Entwicklungstendenzen, 6. Aufl., Heidelberg 1992, S. 971-1010.

Hahn, D./Taylor, B. (Hrsg.) (1992): Strategische Unternehmungsplanung – Strategische Unternehmungsführung. Stand und Entwicklungstendenzen, 6. Aufl., Heidelberg 1992.

Haines, W. R. (1988): Making Corporate Planning Work in Developing Countries, in: LRP, Vol. 21 (1988), No. 2, pp. 91-96.

Haiss, P. R. (1996): Auswirkungen von Business Reengineering und Organizational Learning auf die Unternehmensstrategie, in: Das neue strategische Management: Elemente und Perspektiven einer zukunftsorientierten Unternehmensführung, hrsg. von Hans H. Hinterhuber, Ayad Al-Ani und Gernot Handlbauer, Wiesbaden 1996, S. 127-157.

Hall, D. J./Saias, M. A. (1980): Strategy Follows Structure, in: SMJ, Vol. 1 (1980), pp. 149-163.

Hammer, M. (1995): Reengineering I: Der Sprung in eine andere Dimension, in: HARVARD BUSINESSmanager, 17. Jg. (1995), Heft 2, S. 95-104.

Hammer, M./Champy, J. (1994): Business Reengineering. Eine Radikalkur für das Unternehmen, 3. Aufl., Frankfurt/Main; New York 1994.

Hammer, R. M. (1988): Strategische Planung und Frühaufklärung, München – Wien 1988.

Hammer, R. M. (1992): Unternehmungsplanung. Lehrbuch der Planung und strategischen Unternehmungsführung, 5. Aufl., München – Wien 1992.

Hannse, H. (1976): Die moralische Verantwortung des Unternehmens in der Pharma-Industrie, in: Albach, H., u.a. (Hrsg.): Zukunftsprobleme unsererWirtschaft – dargestellt am Beispiel der Pharma-Industrie, Wiesbaden 1976, S. 99-103.

Hansmann, K.-W. (1983): Kurzlehrbuch Prognoseverfahren. Mit Aufgaben und Lösungen. Wiesbaden 1983.

Hanssmann, F. (1981): Zur Quantifizierung der Unternehmensstrategie auf der Ebene strategischer Geschäftseinheiten, in: Bratschitsch, Rudolf / Schnellinger, Wolfgang (Hrsg.): Unternehmenskrisen – Ursachen, Frühwarnung, Bewältigung, Stuttgart 1981, S. 341-351.

Hanssmann, F. (1985): Was versteht die GSP unter strategischer Planung?, in: Strategische Planung, Band 1 (1985), Heft 2, S. 151-157.

Hanssmann, F. (1993): Einführung in die Systemforschung. Methodik der modellgestützten Entscheidungsvorbereitung, 4. Aufl., München – Wien 1993.

Hanssmann, F./Steenken, N. (1984): Ein modellgestütztes strategisches Planungssystem für ein mittelständisches Unternehmen und seine Implementierung auf einem Kleinrechner – Eine Fallstudie, in: Albach, H./Held, Th. (Hrsg.): Betriebswirtschaftslehre mittelständischer Unternehmen, Stuttgart 1984, S. 660-664.

Hartkopf, G./Bohne, E. (1983): Umweltpolitik – Grundlagen, Analysen und Perspektiven, Bd. 1, Opladen 1983.

Haspeslagh, Ph. (1982): Portfolioplanning: Uses and Limits, in: HBR, Vol. 60 (1982), No. 1, pp. 58-73.

Hauschildt, J. (1977): Entscheidungsziele, Zielbildung in innovativen Entscheidungsprozessen: Theoretische Ansätze und empirische Prüfung, Tübingen 1977.

Hauschildt, J./Chakrabarti, A. K. (1988): Arbeitsteilung im Innovationsmanagement, in: ZFO, 57. Jg. (1988), S. 378-388.

Hauschildt, J./Petersen, K. (1987): Phasen-Theorem und Organisation komplexer Entscheidungsverläufe – Weiterführende Untersuchungen, in: ZfB, 39. Jg. (1987), Heft 12, S. 1043-1062.

Hax, H. (1985): Investitionstheorie, 5. Aufl., Würzburg/Wien 1985.

Hax, A. C./Majluf, N. S. (1984, 1988): Strategic Management. An Integrative Perspective, Englewood, N.J. 1984; deutsche Übersetzung: Strategisches Management. Ein integratives Konzept aus dem MIT, Frankfurt a.M./New York 1988.

Hedley, B. (1977): Strategy and the » Business Portfolio « in: LRP, Vol. 10 (1977), No. 1, pp. 9-15.

Heenan, D. A./Perlmutter, H. V. (1979): Multinational Organization Development, Reading, Mass. 1979.

Heinen, E. (1985): Einführung in die Betriebswirtschaftslehre, 9. Aufl., Wiesbaden 1985.

Hejl, P. M. (1994): Konstruktion der sozialen Konstruktion: Grundlinien einer konstruktivistischen Sozialtheorie, in: Schmidt, Siegfried J. (Hrsg.): Der Diskurs des radikalen Konstruktivismus, 6. Aufl., Frankfurt/M. 1994, S. 303-340.

Henderson, B. D. (1986): Die Erfahrungskurve in der Unternehmensstrategie, 2. Aufl., Frankfurt a.M./New York 1986.

Henfling, M. (1978): Lernkurventheorie – Ein Instrument zur Quantifizierung von produktivitätssteigemden Lerneffekten, Würzburg 1978.

Henry, H. W. (1967): Long Range Planning Practices in 45 Industrial Companies, Englewood Cliffs/New York 1967.

Henry, H. W. (1977): Formal Planning in Major U.S. Corporations, in: LRP, Vol. 10 (1977), No. 5, S. 40-50.

Hentze, J./Brose, P./Kammel, A. (1993): Unternehmungsplanung – Eine Einführung, 2. Aufl., Bern – Stuttgart – Wien 1993.

Henzler, H. A. (1978): Strategische Geschäftseinheiten (SGE): Das Umsetzen von Strategischer Planung in Organisation, in: ZfB, 48. Jg. (1978), S. 912-924.

272

Henzler, H. A. (Hrsg.) (1988): Handbuch Strategische Führung. Wiesbaden 1988.

Heyder, B./Werther, K. (1996): Das PIMS-Konzept, USW-Lehrbrief, Schloß Gracht.

Hinterhuber, H. H. (1978): Die organisatorische Umsetzung der strategischen Planung im Unternehmen, in: ZfB, 48. Jg. (1978), S. 425-429.

Hinterhuber, H. H. (1992): Strategische Unternehmungsführung II: Strategisches Handeln, 5. Aufl., Berlin/New York 1992.

Hinterhuber, H. H. (1992a): Strategische Unternehmensführung I: Strategisches Denken; Vision, Unternehmungspolitik, Strategie, 5. Aufl., Berlin/New York 1992.

Hinterhuber, H. H. (1993): Paradigmenwechsel: Vom Denken in Funktionen zum Denken in Prozessen, in: W. Eversheim u. H. Luczak, H. (Hrsg.), Marktorientierte Flexibilisierung der Produktion, Köln 1993, S. 97-120.

Hinterhuber, H. H. (1996): Strategische Unternehmungsführung I: Strategisches Denken, 6. Aufl., Berlin/New York 1996.

Hinterhuber, H. H. u. a. (1987): EDV-gestützte Planbilanzen für strategische Geschäftseinheiten, in: HARVARDmanager, 9. Jg. (1987), Heft 1, S. 59-66.

Hofbauer, W. (1992): Lernfähige Unternehmen für das Jahr 2000. Die Evolution von Kultur und Strategie, in: ZFO, 61. Jg. (1992), Heft 5, S. 304-310.

Hofer, C. W./Schendel, D. (1978): Strategy Formulation: Analytical Concepts, St. Paul et al. 1978.

Hoffmann, F. (1980): Führungsorganisation. Band I: Stand der Forschung und Konzeption, Tübingen 1980.

Hoffmann, H. (1993): Computergestützte Planung als Führungsinstrument – Grundlagen, Konzept, Prototyp, Wiesbaden 1993.

Homburg, Chr. (1991): Modellgestütze Unternehmensplanung, Wiesbaden 1991.

Houlden, B. T. (1995): How Corporate Planning Adopts and Survives, in: LRP, Vol. 28 (1995), No. 4, pp. 99-108.

Hultzsch, H. (1995): Dir globalformierte Welt – Konsequenzen für die nationalen Wirtschaften, in: Multimedia: eine revolutionäre Herausforderung; Perspektiven der Informationsgesellschaft, hrsg. von Alfred-Herrhausen-Gesellschaft für Internationalen Dialog, Stuttgart 1995, S. 93-113.

Huntzman, S. (1994): Using Strategic Planning to Drive Organizational Change, in: LRP, Vol. 27 (1994), No. 1, pp. 50-55.

Hunziker, R. (1980): Die soziale Verantwortung der Unternehmung, Bern/Stuttgart 1980.

Illich, I. D. (1975): Selbstbegrenzung. Eine politische Kritik der Technik, Reinbek bei Hamburg, 1975.

Jacob, A.-F. (1993): Amerikanische und europäische Paradigmen: Konsequenzen für Finanzierungstheorie und Finanzierungspraxis, in: Steger, Ulrich (Hrsg.): Der Niedergang des US-Management Paradigmas: Die europäische Antwort, Düsseldorf u.a. 1993, S. 99-115.

Jacob, H. (1980): Quantifizierungsprobleme im Rahmen der strategischen Unternehmensplanung, in: Hahn, Dietger (Hrsg.): Führungsprobleme industrieller Unternehmungen, Berlin – New York 1980, S. 19 – 45.

Jacob, H. (1982): Die Bedeutung der Flexiblität im Rahmen der strategischen Planung, in: Koch, Helmut (Hrsg.): Neuere Entwicklungen in der Unternehmenstheorie, Wiesbaden 1982, S. 69-98.

Jacob, H. (1982a): Die Aufgabe der strategischen Planung – Möglichkeiten und Grenzen, in: Schriften zur Unternehmensführung, Band 29, hrsg. von Herbert Jacob, Wiesbaden 1982, S. 40-67.

Jahnke, R. (1996): Wirtschaftlichkeitsaspekte interkultureller Kommunikation, Sternenfells – Berlin 1996.

Jauch, L. R./Glueck, W. F. (1988): Business Policy and Strategic Management, 5th Ed., New York et al. 1988.

Jöhr, W. A. (1972): Die Nationalökonomie vor neuen Aufgaben, in: Walterskirchen, M. P. von (Hrsg.): Umweltschutz und Wirtschaftswachstum, Referate und Seminar-ergebnisse des ersten Symposiums für wirtschaftliche und rechtliche Fragen des Umweltschutzes an der Hochschule St. Gallen vom 19. bis 21. Oktober 1971, München 1972, S. 41-125.

Jürgensen, H. (1985): Wir haben immer das getan, was andere nicht tun wollten, in: FAZ v. 19. 8. 1985, S. 11.

Jürgensen, H. (1986): Die Umwelt-Lobby erhält Zulauf aus der Industrie, in: FAZ v. 21. 2. 1986, S. 14.

Karlöf, B. (1991): Unternehmensstrategie: Konzepte und Modelle für die Praxis, Frankfurt/Main – New York 1991.

Keeney, R. L. (1981): Measurement Scales for Quantifying Attributes, in: Behavioral Science, Vol. 26 (1981), No. 1, pp. 29 – 36.

Keeney, R. L. (1982): Decision Analysis: An Overview, in: Operations Research, Vol. 30 (1982), No. 5, pp. 803-838.

Keeney, R. L. / Raiffa, H. (1976): Decisions with Multiple Objectives. Preferences and Value Tradeoffs, New York et al. 1976.

Keil, R. (1996): Strategieentwicklung bei qualitativen Zielen. Die Abbildung und Verarbeitung qualitativer Zielinformationen in einem Fuzzy-Logik basierten Expertensystem, Diss. Frankfurt 1996.

Keil, R./Schneider, J. (1994): Die Praxis von Instrumenten der strategischen Unternehmensplanung in der Unternehmensberatungsbranche: Ergebnisse einer empirischen Untersuchung, Arbeitspapier Nr. 01/94 des Seminars für Industriewirtschaft – Johann Wolfgang Goethe-Universität, 1994.

Keppler, W. (1975): Institutionelle Aspekte einer politischen Planung in Organisationen – Theoretische Grundlegung und eine empirische Untersuchung zur Gestaltung von langfristigen Planungssystemen, Diss. Mannheim 1975.

Keppler, W./Bamberger, I./Gabele, E. (1977): Organisation der Langfristplanung, Wiesbaden 1977.

Kieser, A. (1996): Business Process Reengineering – neue Kleider für den Kaiser?, in: ZFO, 65. Jg. (1996), Heft 3, S. 179-185.

King, W. R. (1983): Evaluating Strategic Planning Systems, in: SMJ, Vol. 4 (1983), pp. 263-277.

King, W. R. (1994): Process Reengineering. The Strategic Dimensions, in: Information System Management, Spring 1994, pp. 71-73.

Kippes, Stephan (1993): Der Leitbilderstellungsprozeß -Weichenstellung für Erfolg oder Mißerfolg von Unternehmensleitbildern«, in: zfo, 62. Jg. (1993); Heft 3, S. 184-188.

Kirsch, W. (1992): Kommunikatives Handeln, Autopoiese, Rationalität: Sondierung zu einer evolutionären Führungslehre, München 1992.

Kirsch, W./Bamberger, I./Berg, C. C./Weber, W. (1975): Die Wirtschaft. Einführung in die Volks- und Betriebswirtschaftslehre, Wiesbaden 1975.

Kirsch, W./Esser, W.-M./Gabele, E. (1979): Das Management des geplanten Wandels von Organisationen, Stuttgart 1979.

Kirsch, W./Reglin, B. (1991): Umsetzung strategischer Programme: Strategische Steuerung und Operative Managementsysteme, in: Beiträge zum Management strategischer Programme, München 1991, hrsg. von W. Kirsch, S. 647-709.

Kirsch, W./Roventa, P. (1983): Bausteine eines Strategischen Managements. Dialog zwischen Wissenschaft und Praxis, Berlin/New York 1983.

Klimecki, R. G./Gmür, M. (1993): Strategie und Flexibilität: Wenn Erfolgspotentiale zu Risikopotentialen werden, Konstanz 1993 (Management Forschung und Praxis, Universität Konstanz)

Kloock, J./Sabel, H./Schuhmann, W. (1987): Die Erfahrungskurve in der Unternehmenspolitik, in: ZfB, 57. Jg. (1987), 2. Ergänzungsheft, S. 3-51.

Klotz, M./Strauch, P. (1990): Strategieorientierte Planung betrieblicher Informations- und Kommunikationssysteme, Berlin 1990.

zu Knyphausen-Aufseß, D. (1997): Strategisches Management auf dem Weg ins 21. Jahrhundert, in: DBW, 57. Jg. (1997), Heft 1, S. 73-90.

Koch, H. (1979): Die Anwendung der Theorie des Gewinnvorbehaltes, in: ZfbF, 31. Jg. (1979), S. 769-784.

Koch, L. (1991): Logik des Lernens, Weinheim 1991 (Studien zur Philosophie und Theorie der Bildung; Bd. 12).

Köhler, A. (1980): Grundlagen der Umwelttheorien. Eine kritische Beurteilung, Beiträge zur Wirtschafts- und Sozialpolitik 77, Heft 2, Köln 1980.

Kolks, U. (1990): Strategieimplementierung, Wiesbaden 1990.

Kono, T. (1976): Long Range Planning – Japan-USA – A Comparative Study, in: LRP, Vol. 9 (1976), No. 5, pp. 61-71.

Kono, T. (1984): Long Range Planning of U.K. and Japanese Corporations – A Comparative Study, in: LRP, Vol. 17 (1984), No. 2, pp. 58-76.

Kono, T. (1992): Long-Range Planning of Japanese Corporations, Berlin – New York 1992.

Kotler, P. (1992): Marketing-Management, 7. Aufl., Stuttgart 1992.

Kowalski, U. (1980): Der Schutz von betrieblichen Forschungs- und Entwicklungsergebnissen. Die Gestaltung des schutzpolitischen Instrumentariums im Innovations-/ Imitationsprozeß, Thun/Frankfurt a.M. 1980.

Kreikebaum, H. (1971): Die Potentialanalyse und ihre Bedeutung für die Unternehmensplanung, in: ZfB, 41.Jg. (1971), S. 257-272.

Kreikebaum, H. (1973): Die Lückenanalyse als Voraussetzung der Unternehmensplanung, in: ZIR, 8. Jg. (1973), S. 17-26.

Kreikebaum, H. (1975): Einführung in die Organisationslehre, Wiesbaden 1975.

Kreikebaum, H. (1980): Dokumentation, in: HdWW, hrsg. von W. Albers u.a., Bd. 2, Stuttgart u.a. 1980, S. 168-174.

Kreikebaum, H. (1982): Die Einführung und Weiterentwicklung strategischer Planungssysteme in deutschen und amerikanischen Industrieunternehmen, in: Lück, W./Trommsdorf, V. (Hrsg.): Internationalisierung der Unternehmen als Problem der Betriebswirtschaftslehre, Berlin 1982, S. 231-245.

Kreikebaum, H. (1983): Zur Akzeptanz strategischer Planungssysteme, in: Marketing, 5. Jg. (1983), S. 103-107.

Kreikebaum, H. (1984): Small Business Management in den USA. Mögliche Konsequenzen für die Theorie und Praxis der Unternehmensführung mittelständischer Unternehmen, in: Albach, H./Held, Th. (Hrsg.): Betriebswirtschaftslehre mittelständischer Unternehmen, Stuttgart 1984, S. 645-659.

Kreikebaum, H. (1985): Ansätze der strategischen Marketingplanung und Probleme ihrer organisatorischen Umsetzung, in: Raffée, H./Wiedmann, K.-P. (Hrsg.): Strategisches Marketing, Stuttgart 1985, S. 283-298.

Kreikebaum, H. (1988): Kehrtwende zur Zukunft. Stuttgart-Neuhausen 1988.

Kreikebaum, H. (1989): Strategic Issue Analysis, in: Handwörterbuch der Planung, hrsg. von Norbert Szyperski und Udo Winand, Stuttgart 1989, Sp. 1876-1885.

Kreikebaum, H. (1992): Die Einführung strategischer Planungssysteme in der Praxis, in: ZfB, 62. Jg. (1992), Heft 6, S. 671-683.

Kreikebaum, H. (1992a): Umweltgerechte Produktion. Integrierter Umweltschutz als Aufgabe der Unternehmensführung im Industriebetrieb, Wiesbaden 1992.

Kreikebaum, H. (1993): Der Mythos des Portfolio-Managements, in: Steger, Ulrich (Hrsg.): Der Niedergang des US-Management-Paradigmas: Die europäische Antwort, Düsseldorf u. a. 1993, S. 155-166.

Kreikebaum, H. (1996): Grundlagen der Unternehmensethik, Stuttgart 1996.

Kreikebaum, H./Grimm, U. (1978): Strategische Unternehmensplanung. Ergebnisse einer empirischen Untersuchung, Seminar für Industriewirtschaft an der Johann Wolfgang Goethe-Universität Frankfurt am Main 1978.

Kreikebaum, H./Grimm, U. (1986): Strategische Unternehmensplanung in der Bundesrepublik Deutschland – Ergebnisse einer empirischen Untersuchung, in: Hahn, D./Taylor, B. (Hrsg.): Strategische Unternehmungsplanung. Stand und Entwicklungstendenzen, 4. Aufl., Heidelberg/Wien 1986, S. 857-879.

Kreikebaum, H./Suffel, W. (1980): Empirische Analyse des Einführungsprozesses strategischer Planungssysteme bei 40 deutschen Industrieunternehmen mit Geschäftsbereichsorganisation, Seminar für Industriewirtschaft an der Johann Wolfgang GoetheUniversität Frankfurt am Main 1980.

Kreikebaum, H./Suffel, W. (1981): Der Entwicklungsprozeß der strategischen Planung – Erfahrungen deutscher und amerikanischer Industrieunternehmen mit Geschäftsbereichsorganisation bei der Einführung und Weiterentwicklung strategischer Planungssysteme, Thun – Frankfurt am Main 1981.

Kremer, H. -H. (1986): Die Bestimmung von Produkt-Markt-Feldern als Kernproblem bei der Bildung strategischer Geschäftseinheiten, Frankfurt a.M./Bern/New York 1986.

Kreutzer, R. (1989): Global-Marketing – Konzeption eines länderübergreifenden Marketing: Erfolgsbedingungen, Analysekonzepte, Gestaltungs- und Implementierungsansätze, Wiesbaden 1989.

Krüger, W./Pfeiffer, P. (1991): Eine konzeptionelle und empirische Analyse der Informationsstrategien und der Aufgaben des Informationsmanagements, in: Schmalenbachs Zeitschrift für betriebswirtschaftliche Forschung, 43. Jg. (1991), S. 21-43.

Krugman, P. R./Obstfeld, M. (1994): International Economics – Theory and Policy, 3rd Ed., New York 1994.

Krystek, U./Müller-Stewens, G. (1992): Grundzüge einer Strategischen Frühaufklärung, Hahn, Dietger / Taylor, Bernard (Hrsg.): Strategische Unternehmungsplanung – Strategische Unternehmungsführung: Stand und Entwicklungstendenzen, 6. Aufl., Heidelberg 1992, S.337 – 364.

Kukalis, S. (1988): Strategic Planning in Large US Corporations – A Survey, in: OMEGA International Journal of Management Science, Vol. 16 (1988), No. 5, pp. 393-404.

Kukalis, S. (1991): Determinants of Strategic Planning Systems in Large Organizations – A Contingency Approach, in: Journal of Management Studies, Vol. 28 (1991), No. 2, pp. 143-160.

Lange, B. (1981): Portfolio-Methoden in der strategischen Unternehmensplanung, Diss. Hannover 1981.

Lange, B. (1984): Die Erfahrungskune: Eine kritische Beurteilung, in: ZfbF, 36. Jg. (1984), S. 229-245.

Lange, C. (1978): Umweltschutz und Unternehmensplanung. Die betriebliche Anpassung an den Einsatz umweltpolitischer Instrumente, Wiesbaden 1978.

Laux, H. (1971): Flexible Investitionsplanung, Opladen 1971.

Laux, H. (1979): Der Einsatz von Entscheidungsgremien. Grundprobleme der Organisationstheorie in entscheidungstheoretischer Sicht, Berlin/Heidelberg/New York 1979.

Laux, H. (1979 a): Grundfragen der Organisation. Delegation, Anreiz und Kontrolle, Berlin/Heidelberg/New York 1979.

Laux, H. (1995): Entscheidungstheorie, 3. Aufl., Berlin u.a. 1995.

Lay, R. (1991): Ethik für Wirtschaft und Politik, Frankfurt – Berlin 1991.

Lederer, A. L./Mendelow, A. L. (1986): Paradoxes of Information Systems Planning, in: Proceedings of the Seventh International Conference on Information Systems, San Diego, CA, Dec. 1986, S.255-264.

Lelke, B./Werners, B. (1991): Modellierung und Implementierung von EXSTRABS: Ein Expertensystem zur Branchenstrukturanalyse der strategischen Planung, in: Wirtschaftsinformatik, 33. Jg. (1991), Heft 4, S. 316-324.

Levi, M. D. (1990): International Finance – The Markets and Financial Management of Multinational Business, 2nd Ed., New York et al. 1990.

Lewis, W. W. (1983): Avoiding Planning Backlash, in: Albert, K. J. (Ed.), The Strategic Management Handbook, New York et al. 1983, S. 24-1-24-13.

Lieberman, M. B. (1984): The Learning Curve and Pricing in the Chemical Processing Industries, in: Rand Journal of Economics, Vol. 15 (1984), No. 2, pp. 213-228.

Lindblom, C. E. (1959): The Science of » Muddling Through « in: Public Administration Review, Vol. 19 (1959), pp. 79-88.

Lindblom, C. E. (1965): The Intelligence of Democracy. Decision Making Through Mutual Adjustment, New York/London 1965.

Lindblom, C. E. (1968): The Policy-Making Process. Englewood Cliffs, N. J. 1968.

Link, J. (1985): Organisation der Strategischen Planung. Aufbau und Bedeutung strategischer Geschäftseinheiten sowie strategischer Planungsorgane, Heidelberg/Wien 1985.

Lorange, P. (1973): The Planner's Dual Role – A Suney of U.S. Companies, in: LRP, Vol. 6 (1973), No. 1, pp. 13-16.

Lorange, P. (1980): Corporate Planning – An Executive Viewpoint, Englewood Cliffs, N. J. 1980.

Lorange, P./Vancil, R. F. (1977): How to Design a Strategic Planning System, in: Lorange, P./Vancil, R. F. (Eds.): Strategic Planning Systems, Englewood Cliffs 1977, pp. 139-151.

Lord, M. A. (1993): Implementing Strategy Through Project Management, in: LRP, Vol. 26 (1993), No. 1, pp. 76-85.

Luchs, R. H./Müller, R. (1985): Das PIMS-Programm. Strategien empirisch fundieren, in: SP, Bd. 1 (1985), Nr. 2, S. 79-98.

MacCormack, A. D./Newman, L. J./Rosenfield, D. B. (1994): The New Dynamics of Global Manufacturing Site Location, in: Sloan Management Review, Vol. 35 (1994), No. 2, pp. 69-80.

Magoulas, G. (1993): Das Umwelthaftungsrecht als umweltpolitisches Instrument und unternehmerische Orientierungsgröße, in: Rebe, B./Schlitt, M. (Hrsg.): Umweltverträgliches Wirtschaften. Wettbewerbsvorteile, Marktchancen, Wohlstandssicherung, Hildesheim 1993, S. 127-142.

Malik, F./Probst, G.J.B. (1981): Evolutionäres Management, in: Die Unternehmung, 35. Jg. (1981), Nr. 2, S. 121-140.

Malnight, T. W. (1996): The Transition from Decentralized to Network-Based MNC Structures – An Evolutionary Perspective, in: Journal of International Business Studies, Vol. 27 (1996); No. 1, pp. 43-65.

Mankin, D./Cohen, S. G./Bikson, T. K. (1996): Teams and Technology: Fulfilling the Promise of the New Organization, Boston – Massachusetts 1996.

Markowitz, H. M. (1959): Portfolio Selection. Efficient Diversification of Investment, New York/London 1959.

Marx, T. G. (1991): Removing the Obstacles to Effective Strategic Planning, in: LRP, Vol. 24 (1991), No. 4, pp. 21-28.

Maturana, H. R. (1982): Erkennen: Die Organisation und Verkörperung von Wirklichkeit, Braunschweig – Wiesbaden 1982.

Mauthe, K. (1984): Strategische Analyse, München 1984.

Mauthe, K/Roventa, P. (1982): Versionen der Portfolio-Analyse auf dem Prüfstand. Ein Ansatz zur Auswahl und Beurteilung strategischer Analysemethoden, in: ZFO, 51. Jg. (1982), Heft 4, S. 191-204.

277

McPherson, J. H. (1972): Managing Business Social Concerns – III: Conflicts and Re-
solution, Report No. 482 by the Long Range Planning Service, Stanford Research
Institute, Menlo Park, London, December 1972.

McPherson, J. H./Dawson, R. W. (1972): Managing Business Social Concerns – I: Ex-
pectations and Pressures, Report No. 480 by the Long Range Planning Service,
Stanford Research Institute, Menlo Park, London, December 1972.

McPherson, J. H./Dawson, R. W. (1972 a): Managing Business Social Concems – II:
The Response, Report No. 481 by the Long Range Planning Service, Stanford Research Institute, Menlo Park, London, December 1972.

Meadows, D., u.a. (1973): Die Grenzen des Wachstums – Bericht des Club of Rome
zur Lage der Menschheit, Reinbek bei Hamburg 1973.

Meadows, D. H./Meadows, D. L./Randers, J. (1992): Die neuen Grenzen des Wachstums; die Lage der Menschheit: Bedrohung und Zukunftschancen, 2. Aufl., Stuttgart 1992.

Meffert, H. (1986): Marketing im Spannungsfeld von weltweitem Wettbewerb und
nationalen Bedürfnissen, in: ZfB, 56. Jg. (1986), Heft 8, S. 689-712.

Meffert, H. (1988): Strategische Unternehmensführung und Marketing. Beiträge zur
marktorientierten Unternehmenspolitik, Wiesbaden 1988.

Meffert, H./Kirchgeorg, M. (1992): Marktorientiertes Umweltmanagement: Grundlagen und Fallstudien, Stuttgart 1992.

Meißner, W./Hödl, E. (1978): Auswirkungen der Umweltpolitik auf den Arbeitsmarkt, Bundesminister des Inneren, Bonn 1978.

Meißner, W./Zinn, K. G. (1984): Der neue Wohlstand. Qualitatives Wachstum und
Vollbeschäftigung, München 1984.

Mensch, G. (1976): Gemischtwirtschaftliche Innovationspraxis, Göttingen 1976.

Mertens, P./Plattfaut, E. (1985): Ansätze zur DV-Unterstützung der Strategischen Unternehmensplanung, in: DBW, 45. JG. (1985), Heft 1, S. 19-29.

Metzger, R./Gründler, H.-C. (1994): Zurück auf Spitzenniveau: Ein integratives Modell zur Unternehmensführung, Frankfurt/Main; New York 1994.

Meyer-Abich, K. M. (1974): Umweltbeeinträchtigungen durch den wirtschaftlichtech-
nischen Prozeß – Beispiel: Energieumwandlungsprozesse – in: Giersch, H. (Hrsg.):
Das Umweltproblem in ökonomischer Sicht, Tübingen 1974, S. 3-25.

Meyer-Schönherr, M. (1992): Szenario-Technik als Instrument der strategischen Planung, Ludwigsburg – Berlin 1992.

Michalet, C.-A. (1994): Transnational Corporations and the Changing International
Economic System, in: Transnational Corporations, Vol. 3 (1994), No. 1, pp. 9-21.

Miettinen, A. (1980): Some Ethical Aspects of Social Responsibility of Business, in:
Liiketaloudellinen Aikakauskirja, Vol. 29 (1980), No. 2, pp. 75-86.

Mintzberg, H. (1987): The Strategy Concept I: Five Ps for Strategy, in: California Management Review, Berkeley, Vol. 30 (1987), No. 1, pp. 11-24.

Mintzberg, H. (1989): Mintzberg on Management – Inside our Strange Worlds of Organizations, New York – London 1989.

Mintzberg, H. (1995): Die Strategische Planung – Aufstieg, Niedergang und Neube-
stimmung, München – Wien – London 1995.

Mintzberg, H./Waters, J. A. (1986): Of Strategies, Deliberate and Emergent, in: SMJ,
Vol. 6 (1986), No. 3, pp. 257-272.

Moormann, J. (1988): Strategische Planung in Geschäftsbanken – Ergebnis einer Um-
frage, in: Die Bank, 28. Jg. (1988), Heft 8, S. 309-315.

Moormann, J. (1996): EIS als Unterstützungswerkzeug des strategischen Managements in vernetzten Organisationen, in: Das neue strategische Management: Elemente und Perspektiven einer zukunftsorientierten Unternehmensführung, hrsg.
von Hans H. Hinterhuber, Ayad Al-Ani und Gernot Handlbauer, Wiesbaden 1996,
S. 343-364.

278

Mrema, E. L. (1987): Strategic Planning in Tanzania, in: LRP, Vol. 20 (1987), No. 3, pp. 105-110.

Müller, W./Stoy, B. (1978): Entkopplung. Wirtschaftswachstum ohne mehr Energie?, Stuttgart 1978.

Müller-Böling, D. ·(1989): Empirische Planungsstudien, in: Szyperski, N./Winand, U. (Hrsg.): HWPlan, Stuttgart 1989, Sp. 335-348.

Müller-Wenk, R. (1978): Die ökologische Buchhaltung. Ein Informations- und Steuerungsinstrument für umweltkonforme Unternehmenspolitik, Frankfurt a.M./New York 1978.

Neumann, J. v. / Morgenstern, O. (1967): Spieltheorie und wirtschaftliches Verhalten, 2. Aufl. der deutschen Übersetzung, Würzburg 1967.

Nieschlag, R./Dichtl, E./Hörschgen, H. (1991): Marketing, 16. Aufl., Berlin 1991.

Nippa, M./Picot, A. (1996): Prozeßmanagement und Reengineering: die Praxis im deutschsprachigen Raum, 2. Aufl., Frankfurt/Main 1996.

Noam, E. M. (1995): Visionen des Medienzeitalters: Die Zähmung des Informationsmonsters, in: Multimedia: eine revolutionäre Herausforderung; Perspektiven der Informationsgesellschaft, hrsg. von Alfred-Herrhausen-Gesellschaft für Internationalen Dialog, Stuttgart 1995, S. 35-72.

Nolte, R. F. (1982). Innovation und Umweltschutz – Technologische und ökonomische Aspekte, dargestellt anhand ausgewählter Beispiele aus der Praxis, in: Ullmann, A. A./Zimmermann, K. (Hrsg.): Umweltpolitik im Wandel – Von Beschäftigungseffekten zu Innovationswirkungen des Umweltschutzes, Frankfurt/New York 1982, S. 77-95.

Nuber, W. (1994): Strategische Kontrolle. System, Organisation und kontextspezifische Differenzierung, Diss. Oestrich-Winkel 1994.

Nuber, W. (1995): Strategische Kontrolle: Konzeption, Organisation und kontextspezifische Differenzierung, Wiesbaden 1995.

O. V. (1985): Neues Rauchgasreinigungsverfahren, in: FAZ vom 24.10.1985, S. 17.

O. V. (1986): Hohe Energieeinsparung durch Motoren aus Keramik, in: BMFT-Journal, Nr. 2, Juni 1986, S. 9.

Pausenberger, E./Glaum, M. (1993): Management von Währungsrisiken, in: Gebhardt, G./Gerke, W./Steiner, M. (Hrsg.): Handbuch des Finanzmanagements – Instrumente und Märkte der Unternehmensfinanzierung, München 1993, S. 763-785.

Pellegrinelli, S./Bowman, C. (1994): Implementing Strategy Through Projects, in: LRP, Vol. 27 (1994), No. 4, pp. 125-132.

Perlitz, M. (1995): Internationales Management, 2. Aufl., Stuttgart 1995.

Peteraf, M. A. (1993): The cornerstones of competitive advantage: A resource-base view, in: Strategic Management Journal, Vol 14 (1993), pp. 179-191.

Peters, T. J./Waterman, R. H. (1983): Auf der Suche nach Spitzenleistungen. Was man von den bestgeführten US-Unternehmen lernen kann, Landsberg am Lech 1983.

Pfeiffer, W./Bischof, P. (1974): Einflußgrößen von Produkt-Marktzyklen, Heft 22 der Arbeitspapiere des Betriebswirtschaftlichen Instituts der Friedrich-Alexander-Universität Erlangen-Nürnberg, Mai 1974.

Pfeiffer, W./Dögl, R. (1992): Das Technologie-Portfolio-Konzept zur Beherrschung der Schnittstelle Technik und Unternehmensstrategie, in: Strategische Unternehmensplanung – strategische Unternehmensführung: Stand und Entwicklungstendenzen, hrsg. von D. Hahn und B. Taylor, 6. aktualisierte Aufl., Heidelberg 1992, S. 254-282.

Pfeiffer, W./Schultheiß, B./Staudt, E. (1976): Wiederverwendungskreisläufe (Recycling), in: HWB, hrsg. von E. Grochla und W. Wittmann, Bd. 3, 4. Aufl., Stuttgart 1976, Sp. 4453-4461.

Pfeiffer, W./Schneider, W. (1985): Grundlagen und Methoden einer technologieorientierten strategischen Unternehmensplanung, in: SP, Bd. 1(1985), Heft 2, S. 121-142.

Picot, A. (1977): Betriebswirtschaftliche Umweltbeziehungen und Umweltinformationen. Grundlagen einer erweiterten Erfolgsanalyse für Unternehmungen, Berlin 1977.

Picot, A. (1980): The Management of Investment Externalities within the Private Investment Decision Process, in: Management International Review, Vol. 20 (1980), No. 3, S. 71-82.

Picot, A./Burr, W. (1996): Regulierung der Deregulierung im Telekommunikationssektor, in: ZfbF, 48. Jg. (1996), S. 173-200.

Picot, A./Lange, B (1978): Strategische Planung: Synoptisch oder inkremental? Wirkungsanalyse zweier Planungskonzeptionen im Laborexperiment; Beiträge zur Unternehmensführung und Organisation, Hannover 1978.

Picot, A./Lange, B. (1979): Synoptische versus inkrementale Gestaltung des Strategischen Planungsprozesses – Theoretische Grundlagen und Ergebnisse einer Laborstudie, in: ZfbF, 31. Jg. (1979), S. 569-596.

Porter, M. E. (1989): Wettbewerbsvorteile (Competitive Advantage). Spitzenleistungen erreichen und behaupten, 4. Aufl., Frankfurt a.M./New York 1989.

Porter, M. E. (1995): Wettbewerbsstrategie (Competitive Strategy). Methoden zur Analyse von Branchen und Konkurrenten, 8. Aufl., Frankfurt a.M./New York 1995.

Probst, G. J. B./Büchel, B. (1994): Organisationales Lernen: Wettbewerbsvorteil der Zukunft, Wiesbaden 1994.

Probst, G.J.B./Gomez, P. (1992): Vernetztes Denken – Die Methodik des vernetzten Denkens zur Lösung komplexer Probleme, in: Hahn, Dietger/ Taylor, Bernard: Strategische Unternehmungsplanung – Strategische Unternehmungsführung: Stand und Entwicklungstendenzen, 6. Aufl., Heidelberg 1992, S. 903-921.

Pümpin, C. (1986): Management strategischer Erfolgspositionen: Das SEP-Konzept als Grundlage wirkungsvoller Unternehmensführung, 3. Aufl., Bern und Stuttgart 1986 (Schriftenreihe Unternehmung und Unternehmensführung; Bd. 10), S. 129-132.

Quinn, J. B. (1980): Strategies For Chance. Logical Incrementalism, Homewood/ Georgetown 1980.

Quinn, J. B. (1982): Managing Strategies Incrementally, in: OMEGA, Vol. 10 (1982), No. 6, pp. 613-627.

Rabl, K. (1990): Strukturierung strategischer Planungsprozesse, Wiesbaden 1990.

Raffée, H. (1974): Grundprobleme der Betriebswirtschaftslehre, Betriebswirtschaftslehre im Grundstudium der Wirtschaftswissenschaften, Bd. 1, Göttingen 1974.

Raffée, H. (1982): Marketingperspektiven der 80er Jahre, in: Marketing-ZFP, 4. Jg. (1982), Heft 2, S. 81-90.

Raffée, H./Förster, F./Fritz, W. (1992): Umweltschutz im Zielsystem von Unternehmen, in: Steger, U. (Hrsg.): Handbuch des Umweltmanagements: Anforderungs- und Leistungsprofile von Unternehmen und Gesellschaft, München 1992, S. 241-256.

Ramanujam, V./Venkatraman, N. (1987): Planning System Characteristics and Planning Effectiveness, in: SMJ, Vol. 8 (1987), pp. 453-468.

Razim, C. (1994): Das Spannungsfeld von Technologie, Ökologie und Ökonomie, in: ZfB 64. Jg. (1994), Heft 12, S. 1581-1590.

Rebe, B. (1993): Risse im»oikos«- Zum schwierigen Verhältnis von Ökonomie und Ökologie und von der ökonomischen Sinnhaftigkeit umweltverträglichen Wirtschaftens, in: Rebe, B./Schlitt, M. (Hrsg.): Umweltverträgliches Wirtschaften. Wettbewerbsvorteile, Marktchancen, Wohlstandssicherung, Hildesheim 1993, S. 12-37.

Reibnitz, U. von (1986): Szenarien als Grundlage strategischer Planung, in: Reibnitz, U. von/Kroy, W. (Hrsg.): Szenario-Technik, Management-Seminar des Zentrums für Unternehmensführung am 19./20. 6.1986, Zürich 1986.

Reibnitz, U. von /Geschka, H./Seibert, S. (1982): Die Szenario-Technik als Grundlage von Planungen, Battelle-Institut e.V., Frankfurt 1982.

Reiß, M. (1989): Prognose und Planung, in: Handwörterbuch der Planung, hrsg. von Norbert Szyperski und Udo Winand, Stuttgart 1989, Sp. 1628-1637.

Rendtorff, T. (1980): Ethik. Grundelemente, Methodologie und Konkretionen einer ethischen Theologie, Bd. 1, Stuttgart u.a. 1980.

Reuter, E. (1992): Globale Allianzenbildung und politische Rahmenbedingungen, in: Wegweiser für Strategische Allianzen: Meilen- und Stolpersteine bei Kooperationen, hrsg. von Christoph Bronder und Rudolf Pritzl, Frankfurt/Main 1992, S. 425-430.

Rhyne, L. C. (1986): The Relationship of Strategic Planning to Financial Performance, in: SMJ, Vol. 7 (1986), pp. 423-436.

Rhyne, L. C. (1987): Contrasting Planning Systems in High, Medium and Low Performance Companies, in: Journal of Management Studies, Vol. 24 (1987), No. 4, pp. 363-385.

Ribbe, K.-D./Zabel, H.-U. (1993): Umweltökonomie – Charakteristika, Wirkungen und Stand ökologieverträglichen Wirtschaftens, hrsg. vom Ministerium für Wissenschaft und Forschung des Landes Sachsen-Anhalt, Magdeburg 1993.

Riehm, U./Wingert, B. (1996): Multimedia – Mythen, Chancen und Herausforderungen, Mannheim 1996.

Ringbakk, K.-A. (1969): Organized Planning in Major U.S. Companies, in: LRP, Vol. 2 (1969), No. 6, pp. 46-57.

Ringbakk, K.-A. (1972): The Corporate Planning Life Cycle – An International Point of View, in: LRP, Vol. 5 (1972), No. 3, pp. 10-20.

Rink, D./Swan, J (1979): Product Life Cycle Research: A Literature Review, in: Journal of Business Research, No. 7, pp. 219-242.

Röber, M. (1977): Möglichkeiten und Gefahren der Einbeziehung des Interesse-Begriffs in die betriebswirtschaftliche Forschung, in: Journal für Betriebswirtschaft, 26. Jg. (1977), S. 43-55.

Rogers, D. C. D. (1975): Essentials of Business Policy, New York 1975.

Rommelfanger, H. (1993): Fuzzy-Logik basierte Verarbeitung von Expertenregeln, in: OR-Spektrum, 15. Jg. (1993), S. 31-42.

Rommelfanger, H. (1994): Fuzzy Decision Support-Systeme. Entscheiden bei Unschärfe, 2. Aufl., Berlin u. a. 1994.

Rosenstiel, L. von (1986): Führungskräfte nach dem Wertewandel – Zielkonflikte und Identitätskrisen?, in: ZFO, 55. Jg. (1986), S. 89-96.

Rothgängel, E. (1989): Strategische Unternehmensplanung: Instrument zur langfristigen Existenzsicherung einer Unternehmung, Frankfurt am Main 1989.

Roventa, P. (1981): Portfolio-Analyse und Strategisches Management, 2. Aufl., München 1981.

Rüegg, J. (1989): Unternehmensentwicklung im Spannungsfeld von Komplexität und Ethik, Bern – Stuttgart 1989.

Rumelt, R. P. (1974): Strategy, Structure, and Economic Performance, Boston 1974.

Rumelt, R. P. (1977): Corporate Diversification Strategies and Financial Performance, Working Paper MGL-54. Managerial Studies Center, Graduate School of Management, University of California, Los Angeles 1977.

Rumelt, R. P. (1984): Towards a Strategic Theory of the Firm, in: Lamb, R. B. (Ed.), Competitive Strategic Management, Englewood Cliffs 1984, pp. 556-570.

Sattelberger, T. (1994): Die lernende Organisation im Spannungsfeld von Strategie, Struktur und Kultur, in: Die lernende Organisation: Konzepte für eine neue Qualität der Unternehmensentwicklung, hrsg. von Thomas Sattelberger, 2. Aufl., Wiesbaden 1994, S. 11-55.

Sauer, M. (1970): Theorie and Praxis der Unternehmensplanung, in: Jahrbuch der Absatz- und Verbrauchsforschung, 16. Jg. (1970), S. 196-210.

281

Schein, E. H. (1993): How Can Organizations Learn Faster? The Challenge of Entering the Green Room, in: Sloan Management Review, Winter 1993, pp. 85-92.

Scherhorn, G. (1975): Verbraucherinteresse und Verbraucherpolitik, Göttingen 1975.

Schirmer, F./Staehle, W. H. (1990): Untere und mittlere Manager als Adressaten des Human Ressource Managements (HRM), in: DBW, 50. Jg. (1990), Heft 6, S. 707-720.

Schlicksupp, H. (1989): Kreativitätstechniken, in: Handwörterbuch der Planung, hrsg. von Norbert Szyperski und Udo Winand, Stuttgart 1989, Sp. 930-943.

Schlüchtermann, J. (1996): Planung in zeitlich offenen Entscheidungsfeldern, Wiesbaden 1996.

Schmidt, R./Sandner, W. (1996): Einführung in das Umweltrecht, in: DBW 56. Jg. (1996), Heft 3, S. 413-432.

Schmidtchen, G. (1978): Gesellschaft der falschen Bedürfnisse. Beitrag zur Entwicklung eines Konzepts sozialer Indikatoren für die Bundesrepublik, in: HoffmannNowotny, H.-J. (Hrsg.): Messung sozialer Disparitäten. Soziale Indikatoren VI. Konzepte und Forschungsansätze, Frankfurt a.M. 1978, S. 153-283.

Schneider, D. (1985): Allgemeine Betriebswirtschaftslehre, 2. Aufl. der » Geschichte betriebswirtschaftlicher Theorie « München/Wien 1985.

Schoeffler, S. (1983): The PIMS-Progam, in: Albert, K. J. (Ed.): The Strategic Management Handbook, New York et al. 1983, pp. 23/1-23/10.

Schoeffler, S./Buzzell, R. D./Heany, D. F. (1974): Impact of Strategic Planning on Profit Performance, in: HBR, Vol. 52 (1974), No. 2, pp. 137-145.

Schönberg, D. (1994): Recycling von Reststoffen: Weiterverarbeitung von säure- und metallhaltigen Reststoffen mit Hilfe von bekannten, großtechnischen chemischen Verfahren, Ludwigsburg, Berlin 1994.

Scholz, Chr. (1987): Strategisches Management. Ein integrativer Ansatz, Berlin/New York 1987.

Scholz, L. (1991): Strategische Unternehmungsplanung in der deutschen Industrie – Bestandsaufnahme und kritische Bewertung, in: ifo-Schnelldienst, 44. Jg. (1991), Heft 11, S. 17-25.

Schreyögg, G. (1984): Unternehmensstrategie. Grundfragen einer Theorie strategischer Unternehmensführung, Berlin/New York 1984.

Schreyögg, G./Steinmann, H. (1986): Zur Praxis strategischer Kontrolle – Ergebnisse einer explorativen Studie, in: ZfB, 56. Jg. (1986), S. 40-50.

Schüller, A. (1983): Property rights, Theorie der Firma und wettbewerbliches Marktsystem, in: Schüller, Alfred (Hrsg.): Property rights und ökonomische Theorie, München 1983, S. 145-183.

Schulz, H.-R. (1973): Grenzen des Wachstums – Konsequenzen für die Unternehmung?, in: Die Unternehmung, 27. Jg. (1973), S. 15-23.

Schwalbach, J. (1984): Ausmaß und Entwicklung von Größenvorteilen in der deutschen Bier- und Zementindustrie, Discussion Paper IIM/IP 84-13, Wissenschaftszentrum Berlin, April 1984.

Sepp, H. M. (1996): Strategische Frühaufklärung: eine gedamkliche Konzeption aus ökologieorientierter Perspektive, Wiesbaden 1996.

Servatius, H. G. (1985): Methodik des strategischen Technologiemanagements. Grundlage für erfolgreiche Innovationen, Berlin 1985.

Servatius, H.-G. (1994): Reengineering-Programme umsetzen: Von erstarrten Strukturen zu fließenden Prozessen, Stuttgart 1994.

Sever, M. (1985): Der Marktanteil als Kriterium für die Produkteliminierung. Eine Analyse auf der Grundlage des Erfahrungskurven-Konzeptes, Frankfurt a.M./Bern/New York 1985.

Siebert, H. (1973): Das produzierte Chaos. Ökonomie und Umwelt, Stuttgart u.a. 1973.

Siebert, H. (1978): Ökonomische Theorie der Umwelt, Tübingen 1978.

Siegert, T. (1995): Shareholder-Value als Lenkungsinstrument, in: ZfbF, 47. Jg. (1995), Heft 6, S. 580-607.

Simon, H. A./March,J. G. (1993): Organizations, 2.nd ed., New York/London/Sydney 1993.

Simon, H. (1982): Preismanagement, Wiesbaden 1982.

Simon, H. (1986): Herausforderungen an die Marketingwissenschaft, in: Marketing ZFP, 8. Jg. (1986), S. 205-213.

Simon, H. (1988): Management strategischer Wettbewerbsvorteile, in: ZfB, 58. Jg. (1988), S. 461-480.

Simon, H. (1996): Die heimlichen Gewinner = (Hidden champions): die Erfolgsstrategie unbekannter Weltmarktführer, 2. Aufl., Frankfurt/Main u.a. 1996.

Specht, G. (1979): Die Macht aktiver Konsumenten. Aktive Einflußnahme von Konsumenten auf das Marketing privater Konsumgüteranbieter unter wirkungsorientiertem Aspekt, Stuttgart 1979.

Staehle, W. H. (1994): Management. Eine verhaltenswissenschaftliche Perspektive. 7. Aufl., München 1994.

Staffelbach, B. (1987): Ethik und Management – Grundlagen und Ansätze, in: Die Unternehmung, 41. Jg. (1987), Nr. 6, S. 458-479.

Stalp,H.-G. (1978): Strategische Geschäftseinheiten?, in: ZfB, 48. Jg. (1978), S. 919-924.

Statistisches Bundesamt (Hrsg.) (1995): Statistisches Jahrbuch 1995 für die Bundesrepublik Deutschland, Stuttgart 1995.

Steiner, G. A. (1971): Top Management Planung, München 1971.

Steiner, G. A./Kunin, H./Kunin, E. (1983): Formal Strategic Planning in the United States Today, in: LRP, Vol. 16 (1983), No. 3, pp. 12-17.

Steiner G. A./Schöllhammer, H. (1975): Pitfalls in Multinational Long Range Planning, in: LRP, Vol. 8 (1975), No. 2, pp. 2-12.

Steiner, G. A./Steiner, J. E. (1977): Issues in Business and Society, 2nd Ed., New York 1977.

Steinle, C. (1988): Strategische Geschäftsfeldplanung und Früherkennungssysteme Luxus oder unverzichtbare Notwendigkeit auch in Klein- und Mittelbetrieben?, in: Jahrbuch für Betriebswirte 1988,13. Jg. (1988), S. 124-133.

Steinle, C./Harmening, S. (1991): Strategische Planung mit dem PC – Grundüberlegungen und praktische Lösungshinweise, in: Zeitschrift für Planung, Bd.2 (1991), Heft 2, S. 119-139.

Steinle, C./Lawa, D./Lier, A. (1993): Methoden der strategischen Planung und ihre Bedeutung in der Unternehmenspraxis, in: WISU – das Wirtschaftsstudium, 22. Jg. (1993) Heft 10, S. 809-821.

Steinmann, H. (1973): Zur Lehre von der » Gesellschaftlichen Verantwortung der Unternehmensführung « in: WiSt, 2. Jg. (1973), S. 467-473.

Steinmann, H./Gerum, E. (1980): Unternehmenspolitik in der mitbestimmten Unternehmung – Empirische Befunde zum Einfluß des Aufsichtsrates von Aktiengesellschaften, in: Die Aktiengesellschaft, 25. Jg. (1980), S. 1-10.

Steinmann, H. / Schreyögg, G. (1993): Management – Grundlagen der Unternehmensführung. Konzepte – Funktionen – Fallstudien, 3. Aufl., Wiesbaden 1993.

Stewart, R. F. (1963): A Framework for Business Planning, Stanford Research Institute, Menlo Park, California 1963.

Störck, M. (1986): Die Einbeziehung externer Interessenten in den Produktinnovationsprozeß der Unternehmung – Ein interessenorientierter Ansatz, Diss. Frankfurt 1986.

Stopford, J. M. (1994): The Growing Interdependence between Transnational Corporations and Governments, in: Transnational Corporations, Vol. 3 (1994), No. 1, pp. 53-76.

Strebel, H. (1980): Umwelt und Betriebswirtschaft. Die natürliche Umwelt als Gegenstand der Unternehmenspolitik, Berlin 1980.

Strebel, H. (1994): Industrie und Umwelt, in: Schweitzer, M. (Hrsg.): Industriebetriebslehre: das Wirtschaften in Industrieunternehmungen, 2. Aufl., München 1994, S. 749-848.

Strigel, W. H. (1970): Planning in West German Industry, in: LRP, Vol. 3 (1970), No. 1, pp. 9-15.

Szyperski, N./Winand, U. (1979): Duale Organisation – Ein Konzept zur organisatorischen Integration der strategischen Geschäftsfeldplanung, in: ZfbF, 31. Jg. (1979), Kontaktstudium, S. 195-205.

Szyperski, N./Winand, U. (1980): Grundbegriffe der Unternehmensplanung, Stuttgart 1980.

Tapscott, D. (1996): Die digitale Revolution: Verheißungen einer vernetzten Welt – die Folgen für Wirtschaft, Management und Gesellschaft, Wiesbaden 1996.

Taylor, B./Irving, P. (1971): Organized Planning in Major U. K. Companies, in: LRP, Vol. 3 (1971), No. 4, pp. 10-26.

Thanheiser, H./Patel, P. (1977): Strategische Planung in diversifizierten Unternehmen, Wiesbaden/Fontainebleau 1977.

Theuvsen, L. (1996): Business Reengineering – Möglichkeiten und Grnzen einer prozeßorientierten Organisationsgestaltung –, in: ZfbF, 48. Jg. (1996), H. 1, S. 65-83.

Thompson, A. A./Strickland, A. J. (1986): Strategy Formulation and Implementation, 3. Aufl., Plano, Texas 1986.

Thumfart, D. (1992): Was den Euro-Manager auszeichnet, in: Gablers Magazin, 6. Jg. (1992), Heft 9, S. 51-54.

Töpfer, A. (1976): Planungs- und Kontrollsysteme industrieller Unternehmungen. Eine theoretische, technologische und empirische Analyse, Berlin 1976.

Töpfer, A. (1989): Planungssystemkonzeptionen, in: Szyperski, N./Winand, U. (Hrsg.): HWPlan, Stuttgart 1989, Sp. 1515-1528.

Töpfer, K. (1990): Referat von Bundesminister Klaus Töpfer in: Umweltschutz und Europäischer Binnenmarkt – Herausforderungen und Chancen für die deutsche Wirtschaft, in: ifo-schnelldienst 23/1990, S. 11-18.

Traube, K. (1985): Energie und Umwelt – Konflikt zwischen Ökonomie und Ökologie, in: Wissenschaftsmagazin, Heft 8: Ökologie, Technische Universität Berlin, Berlin 1985, S. 48-50.

Treichler, C./Schmidt, S. L. (1996): Transformationsfunktion von Kernprozessen: Implikationen einer Prozeßsicht für das strategische Management, in: ZFO, 65. Jg. (1996), H. 3, S. 136-141.

Trux, W. (1993): Strategie und operative Führung als Gesamtaufgabe, in: DBW, 53. Jg. (1993), H. 3, S. 319-329.

Türck, Rainer (1991): Das ökologische Produkt: Eigenschaften, Erfassung und wettbewerbsstrategische Umsetzung ökologischer Produkte, 2. Aufl., Ludwigsburg – Berlin 1991.

Türck, Rainer (1996): Gap-Analyse, in: Schulte, Christof (Hrsg.): Lexikon des Controlling, München – Wien 1996, S: 276-279.

Tüschen, N. (1989): Objekte der Unternehmungsplanung in Softwarehäusern, in: Angewandte Informatik, Jg. 31 (1989), Heft 8, S. 325-332.

Uffmann, D./ Wagner, R. (1994):»Probleme der Strategischen Unternehmensplanung in der Entsorgungswirtschaft«, in: DBW, 54. Jg. (1994), Heft 5, S. 613-625.

Ullmann, A. A./Zimmermann, K. (1981): Umweltpolitik und Umweltschutzindustrie in der Bundesrepublik Deutschland – Eine Analyse ihrer ökonomischen Wirkungen, Berlin 1981.

Ulrich, H. (1990): Unternehmungspolitik, 3. Aufl., Bern/Stuttgart 1990.

284

Ulrich, H./Probst, G.J.B. (1988): Anleitung zum ganzheitlichen Denken und Handeln: Ein Brevier für Führungskräfte, 3. erw. Aufl., Bern und Stuttgart 1988.

Ulrich, P. (1977): Die Großunternehmung als quasi-öffentliche Institution. Eine politische Theorie der Unternehmung, Stuttgart 1977.

Ulrich, P. (1993): Transformation der ökonomischen Vernunft: Fortschrittsperspektiven der modernen Industriegesellschaft, 3. Aufl., Bern – Stuttgart – Wien 1993.

Umweltbundesamt (Hrsg.) (1994): Daten zur Umwelt 1992/93, Berlin 1994.

Vacano, K. (1979): Standortplanung in der Automobilindustrie. Aufbau von Produktionsstätten im Ausland oder Export, in: ZfB, 49. Jg. (1979), 1. Ergänzungsheft, S. 144-160.

Vancil, R. F./Lorange, P. (1979): Die drei Phasen strategischer Planung, in: Harvard manager, 1. Jg. (1979), Heft II, S. 61-68.

Veliyath, R./Shortell, S. M. (1993): Strategic Orientation, Strategic Planning System Characteristics and Performance, in: Journal of Management Studies, Vol. 30 (1993), No. 3, pp. 359-381.

Venkatraman, N. (1990): Performance Implications of Strategic Coalignment – A Methodological Perspective, in: Journal of Management Studies, Vol. 27 (1990), No. 1, pp. 19-41.

Venkatraman, N./Prescott, J. E. (1990): Environment-Strategy Coalignment – An Empirical Test of ist Performance Implications, in: SMJ, Vol. 11 (1990), pp. 1-23.

Venohr, B. (1987): »Marktgesetze«und strategische Unterenehmensführung: eine kritische Analyse des PIMS-Programms, Diss., Wiesbaden 1988.

Voigt, K.-I. (1992): Strategische Planung und Unsicherheit, Wiesbaden 1992.

Voigt, K.-I. (1993): Strategische Unternehmensplanung – Grundlagen, Konzepte, Anwendung, Wiesbaden 1993.

Wagner, G. R./Matten, D. (1995): Die unternehmerische Bedeutung des Kreislaufwirtschaftsgesetzes, in: WiSt, 24. Jg. (1995), Heft 11, S. 578-583.

Weber, H. (1964): Die Spannweite des betriebswirtschaftlichen Planungsbegriffes, in: ZfbF, 16. Jg. (1964), S. 716-724.

Weber, W. (1981): Strategien zur Verbesserung des Managements in kleinen und mittleren Unternehmen, München 1981.

Wee, C. H./Farley, J. U./Lee, S. K. (1989): Corporate Planning Takes off in Singapore, in: LRP, Vol. 22 (1989), No. 2, pp. 78-90.

Weidner, B./Weidner, U. (1979): Altemativer Lebensstil, 2. Aufl., Wuppertal 1979.

Weizsäcker, C. F. von (1979): Wege in der Gefahr. Eine Studie über Wirtschaft, Gesellschaft und Kriegsverhütung, München/Wien 1979.

Weizsäcker, E. U. von/Lovins, A. B./Lovins, L. H. (1996): Faktor vier: Doppelter Wohlstand – halbierter Naturverbrauch. Der neue Bericht an den Culb of Rome, München 1996.

Welge, M. K./Al-Laham, A. (1992): Planung: Prozesse – Strategien – Maßnahmen, Wiesbaden 1992.

Welge, M. K./Rüth, D. (1989): Empirische Studien zur Planungseffizienz, in: Szyperski, N./Winand, U. (Hrsg.): HWPlan, Stuttgart 1989, Sp. 348-360.

Wenke, K. E./Zilleßen, H. (Hrsg.) (1978): Neuer Lebensstil. Verzichten oder verändern?, Opladen 1978.

Wensley, R. (1981): Strategic Marketing: Betas, Boxes, or Basics, in: JoM, Vol. 45 (1981), No. 3, pp. 173-182.

Wensley, R. (1982): PIMS und BCG: New Horizons or False Dawn?, in: SMJ, Vol. 3 (1982), pp. 147-158.

Werner, R. (1975): Soziale Indikatoren und politische Planung. Einführung in Anwendungen der Makrosoziologie, Reinbek bei Hamburg 1975.

Werners, B. (1993): Unterstützung der strategischen Technologicplanung durch wissensbasierte Systeme, Aachen 1993.

Wild, J. (1982): Grundlagen der Unternehmensplanung, 4. Aufl., Reinbeck bei Hamburg 1982.

Witte, E. (1968): Phasen-Theorem und Organisation komplexer Entscheidungsverläufe, in: ZfbF, 20. Jg. (1968), S. 625-647.

Witte, E. (1973): Organisation für Innovationsentscheidungen. Das Promotorenmodell, Göttingen 1973.

Wöhe, G. (1993): Einführung in die Allgemeine Betriebswirtschaftslehre, 18. Aufl., München 1993.

Wohlgemuth, A.C. (1989): Erfolgreich eine neue Struktur einführen, in: IO Management Zeitschrift 58.Jg. (1989), Heft 7/8, S. 39-44.

Wright, T. P. (1936): Factors Affecting the Cost of Airplanes, in: Journal of the Aeronautical Sciences, Vol. 3 (1936), pp. 122-128.

Wunderer, R. (1992): Internationalisierung als strategische Herausforderung für das Personalmanagement, in: ZfB-Ergänzungsheft, S. 161-181.

Zabel, H.-U. (1991): Ökologisch orientierte Marktwirtschaft und Wertewandel, in: Wissenschaftliche Zeitschrift der TU Magdeburg, 35. Jg. (1991), Heft 1, S. 72-79.

Zabel, H.-U. (1993): Ökologieverträglichkeit in betriebswirtschaftlicher Sicht, in: ZfB, 63. Jg. (1993), Heft 4, S. 351-372.

Zabel, H.-U. (1994): Wirtschaft und Umwelt – Systembetrachtungen unter Erfolgsgesichtspunkten, in: Kreikebaum, H./Seidel, E./Zabel, H.-U. (Hrsg.): Unternehmenserfolg durch Umweltschutz: Rahmenbedingungen, Instrumente, Praxisbeispiele, Wiesbaden 1994, S. 1-29.

Zadeh, L. A. (1965): Fuzzy Sets, in: Information and Control, Vol. 8 (1965), pp. 338-353.

Zimmermann, H.-J. (1988): Modellierung von Unsicherheit in Expertensystemen, in: Wolff, Manfred, R. (Hrsg.): Entscheidungsunterstützende Systeme im Unternehmen, München – Wien 1988, S. 175-191.

Zimmermann, H.-J. (1989): Strategic Planning, Operations Research and Knowledge Based Systems, in: Verdegay, Jose-Luis / Delgado, Miguel (Eds.): The Interface between Artificial Intelligence and OR in Fuzzy Environment, Köln 1989, pp. 253 – 274.

Zimmermann, H. -J. (1991): Fuzzy Set Theory and Its Applications, 2nd Edition, Boston – Dordrecht – London 1991.

Zimmermann, H. -J. (Hrsg.) (1993): Fuzzy Technologien. Prinzipien, Werkzeuge, Potentiale, Düsseldorf 1993.

Stichwortverzeichnis

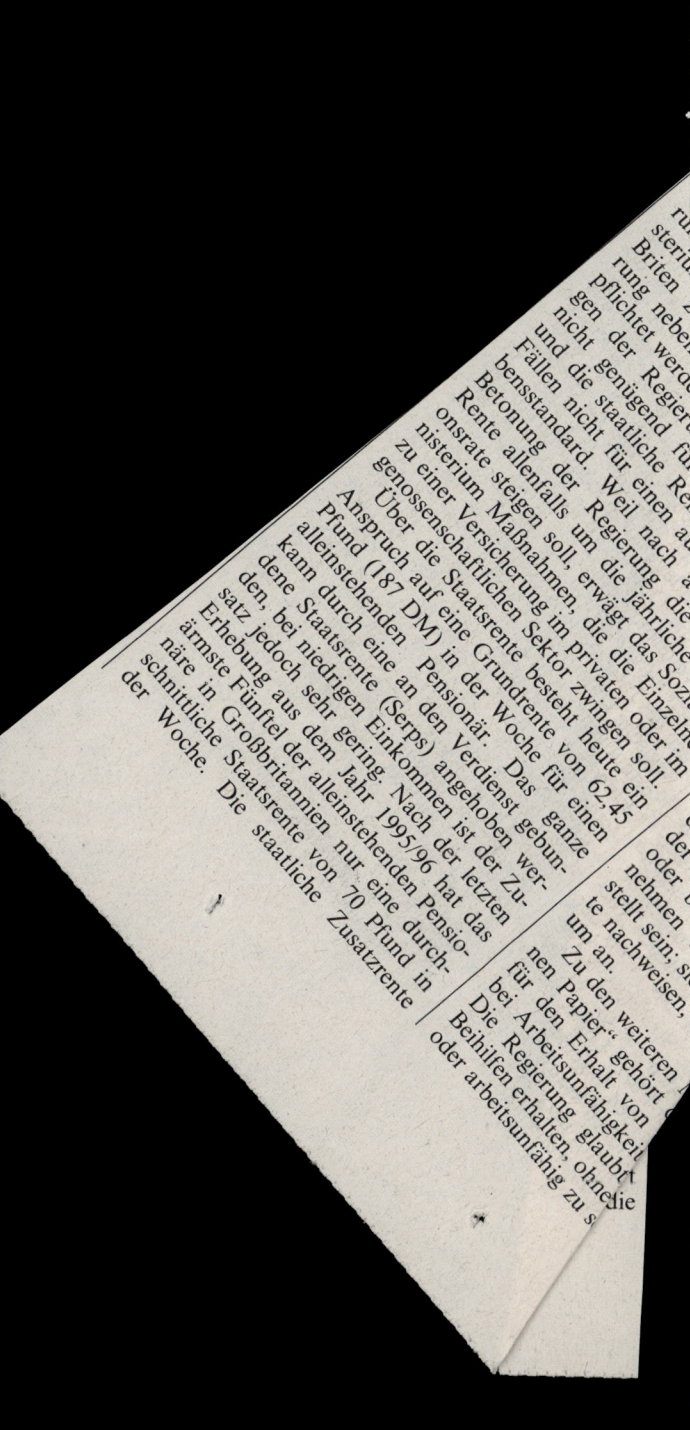